Joachim Schult

Yachtpiraten

Joachim Schult

Yachtpiraten

Kriminalfälle auf See

DELIUS KLASING VERLAG

Man kennt die Klippe,
nachdem das Schiff darauf gestoßen ist.
(Seemännisches Sprichwort)

Die Deutsche Bibliothek – CIP-Einheitsaufnahme

Schult, Joachim:
Yachtpiraten: Kriminalfälle auf See / Joachim Schult. –
Bielefeld: Delius Klasing, 1992
(Segeln & Abenteuer)
ISBN 3-7688-0750-9

Umschlag: Ekkehard Schonart
Umschlagfoto: Kurt Schubert
Karten: Joachim Schult, Hans-Georg Berkau
Printed in Germany 1992
Druck und Bindung: Clausen & Bosse, Leck

Inhalt

Vorwort

Es läßt sich nicht leugnen: Eine neue Art des Verbrechens ist entstanden, die Yachtkriminalität – entweder *auf* Yachten oder *mit* Yachten, aber immer *gegen* die Eigner oder die Besatzungen von Yachten. Man erfährt wenig darüber; denn die Fachzeitschriften beschäftigen sich lieber mit der Sonnenseite des Yachtsports und veröffentlichen höchstens sporadisch und dann in Kurzform Meldungen über solche Geschehnisse, die in der bunten Fülle fröhlicher touristischer oder sportlicher Ereignisse ganz einfach untergehen. Ein kritischer Chronist würde jedoch seine publizistische Pflicht verletzen, wenn er die ihm bekanntgewordenen Tatsachen nicht zu gegebener Zeit sichten, kommentieren und in einer ihnen angemessenen lesbaren Form zur Veröffentlichung vorlegen würde. Aus juristischen Gründen mußten vielfach die Namen von Personen, Yachten und Orten geändert werden, wofür ich um Verständnis bitte.

In diesem Buch habe ich alle erreichbaren Erlebnisse und Berichte einschließlich meiner eigenen, die sich in den letzten Jahren mit Überfällen auf Segler und ihre Yachten auf den Meeren dieser Welt, an ihren Küsten und in ihren Häfen beschäftigen, zusammengefaßt und bearbeitet. Beim Beginn meiner Arbeit kam es mir zuerst nur darauf an, die umfangreiche Dokumentation aus der Abgeschiedenheit ihrer Ablagefächer ins Blickfeld der Öffentlichkeit zu holen und sie auch für andere lesende Segler oder segelnde Leser zugänglich zu machen. Je mehr Einzelerlebnisse ich dabei jedoch wieder zutage förderte, desto mehr eröffnete sich mir der Blick in eine eigentlich noch nie so umfassend und damit auch so erschreckend erkannte Form einer uns bedrohenden Kriminalität auf See.

Yachtkriminalität ist ein Negativfaktor, den man nicht nur bei weltweiten Reisen beachten muß. Man hat ihr heutzutage die gleiche Aufmerksamkeit und Vorsorge zu schenken wie den Problemen: „Was passiert, wenn ich auf See krank werde?“, „Wie kann mein Boot einen Sturm abwettern?“ oder: „Was muß ich unterwegs zur Versorgung mit Geld und Lebensmitteln tun?“

Man ist betroffen, wie viele Kriminelle sich unter uns Segler eingeschlichen haben: Sie stehlen Seekreuzer in Werten von Einfamilienhäusern in der Manier von Fahrraddieben, veruntreuen Charteryachten, die sie sich zum sicheren Entkommen vorher gemietet haben, versenken ihre eigenen Yachten, weil sie durch Entschädigung für Verlust von ihrer Versicherung mehr Geld erlösen als durch den Verkauf, oder wollen durch einen betrügerisch behaupteten Totalverlust gleich doppelt kassieren.

Wo es der Autor, seine Informanten und der Verlag aus juristischen Gründen für erforderlich hielten, wurden die Namen von betroffenen Personen, Firmen, Yachten und sonstigen Einrichtungen sowie alle mit ihnen in Zusammenhang stehenden Ortsangaben in Falschnamen verwandelt und gegebenenfalls auch Zeiten, Daten sowie relevante nautische Angaben verändert, um mögliche Persönlichkeitsrechte Betroffener nicht zu verletzen.

Der Autor beließ es jedoch bewußt bei einer lesbaren und einprägsamen Personifizierung, um den erzählenden Charakter des Buches nicht durch Kürzel, Initiale oder störende Verallgemeinerungen zu beeinträchtigen.

Mein besonderer Dank gilt an dieser Stelle noch einmal den vielen Seglerinnen und Seglern im In- und Ausland, die durch kurze Meldungen oder lange Erfahrungsberichte von der heimischen Küste bis zu den entlegensten Revieren der Welt die unzähligen Mosaiksteine für dieses realistische Bild des Fahrtensegelns lieferten, das ich mit ihrer Hilfe für alle jene Besatzungen zu zeichnen versuchte, die ihrem Kielwasser folgen wollen. Sie kennen nun die neuen, bisher unbekannten Klippen, die ihr Leben und die Sicherheit ihrer Yachten gefährden könnten, wenn sie nicht auf der Hut sind.

Mit der zunehmenden Anzahl von Yachten, die aus ihrer reichen Heimat unterentwickelte Länder und einsame Küsten aufsuchen, und der ständig wachsenden Kluft zwischen den Yachtseglern aus den reichen Industriestaaten und den Bewohnern der übervölkerten, unterentwickelten Länder wird die Yachtkriminalität auch in fernen Revieren zunehmen, und Überfälle, Diebstähle und Erpressungen werden zu immer größeren Gefahren werden. Sie zu kennen bedeutet auch, sich dagegen wappnen zu können.

Tespe bei Hamburg,
September 1989 — Joachim Schult

Teil I
Überfälle

1. Auf hoher See sind wir vogelfrei

Verfolgung von Yachten und Überfälle auf See · „Die schießen auf uns!" · Der tragische Tod einer tapferen Seglerin · Ist Angriff in Notwehr die beste Verteidigung? · Gefährlich ist es, mit Selbststeueranlage und ohne Ausguck zu segeln · Einhandsegler sind eine besonders leichte Piratenbeute · Das Gefahrengebiet der Karibik beginnt an der nordbrasilianischen Küste · Piratenangriff durch Funkkontakt abgewehrt · Yachtpiraterie – so alt wie das Fahrtensegeln

Selbst wenn eine Yacht unter vollen Segeln über die Meere zieht, macht sie nur relativ langsame Fahrt, verglichen mit ebenso großen Motorfahrzeugen. Und damit ist sie – nicht nur auf den Barfußrouten der Weltumsegler, sondern überall auf hoher See und insbesondere in Küstennähe – ein schwimmendes Objekt, dem man sich mit hoher Geschwindigkeit von weit her ungehindert nähern und von dem man auch in kürzester Zeit wieder ablaufen kann. Man muß sich somit auch auf erholsamen Urlaubsfahrten eingestehen: Yachten auf See sind verletzlich, und auf der grenzenlosen Weite des Meeres sind ihre Besatzungen vogelfrei.

Auf der freien See sind überall Begegnungen mit anderen Schiffen und Booten möglich, und man muß bei solchen Annäherungen nicht immer nur mißtrauisch sein. Doch es gibt unter den Fischern, die weit draußen ihrem gefährlichen Handwerk nachgehen, nicht nur harmlose Besatzungen. Nicht alle Motoryachten, die mit überlegener Schnelligkeit auf uns zulaufen oder uns überholen, sind nur von Urlaubern besetzt. Und oft ist die Überzahl an Fahrzeugen oder Personen bei solchen Begegnungen kein harmloser Zufall, sondern lebensgefährliche Absicht.

Hier finden sich nicht nur Beispiele für die Verletzlichkeit von Yachten unter Segeln gegenüber Piraten und die Beschreibung der unterschiedlichen Schiffe, die sie für ihre Überfälle benutzt haben, sondern auch Hinweise für die spontane, besser aber wohlvorbereitete Abwehr dieser Annäherungen und Überfälle: Kann man solche Begegnungen vermeiden? Kann man vor verdächtigen Schiffen fliehen? Soll man sich mit einer Waffe wehren? Gehören heutzutage sogar mit Bordmitteln hergestellte Molotowcocktails zur Sicherheitsausrüstung einer Crew?

In anderen Fällen ist zu fragen: Ist Angriff bei einer eindeutig beginnenden Kaperung die beste Verteidigung? Besonders verletzlich sind Einhandsegler, weil sie bei einer Verfolgung ja doch irgendwann einmal schlafen müssen, und Besatzungen, die sorglos stundenlang unter Selbststeueranlage segeln, ohne richtig Ausguck zu halten und auf die verdächtige Annäherung von Piratenschiffen zu reagieren.

Vor einem Jahrhundert waren es bettelnde Eingeborene in der Wildnis, die Joshua Slocum in der Magellanstraße bedrängten. Heutzutage sind es arbeitslose Halbwüchsige in manchem Entwicklungsland, die es nicht nur auf Lebensmittel abgesehen haben. Die gefährlichen Küsten, an denen sich die hier geschilderten Überfälle auf Yachten ereigneten, liegen nicht nur in der Karibik zwischen Brasilien und Panama oder im Süden der USA, sondern auch an der westafrikanischen Küste auf dem Weg zu den Kanaren und im ostasiatischen Inselgebiet, nicht weit von den Südseeparadiesen entfernt.

Endete die gute alte Zeit des Fahrtensegelns auf den Weltmeeren um 1980, als eine europäische Besatzung auch an einsamen Küsten in Übersee noch überall willkommen war? Kann man seither keinem fremden Kleinfahrzeug auf See mehr arglos entgegensehen, wenn es sich auf Kollisionskurs nähert? Verbirgt sich hinter den Aufbauten jedes Fischerbootes, das gestoppt liegt und von unserem Segelkreuzer nahebei passiert werden muß, eine bewaffnete Piratengang? Können wir künftig nicht mehr auf optimalen Kursen unsere fernen Fahrtenziele ansteuern, sondern müssen Zickzackkurse segeln, damit jede gefährliche Annäherung an andere Fahrzeuge, Fischerboote und Motoryachten, Segelboote und Eingeborenenkanus unterbleibt? Müssen sich Fahrtensegler künftig bewaffnen, um sich in einer Notwehrsituation verteidigen zu können? Und ist es richtig, sich mit Gewehren und Pistolen zu wehren, wenn man tatsächlich von anderen Fahrzeugen verfolgt, von Bewaffneten angegriffen oder von Piraten an Bord überfallen wird?

Es mag viele Antworten auf diese Fragen geben, und jede Antwort mag viele seglerische Ratschläge enthalten, die sich nicht nur auf Kurswahl und Fahrtenziel, Seemannschaft und Segeltechnik beziehen. Fest steht, daß spätestens seit 1980 und nicht nur an den Küsten jener Länder, die wir zwar als „Dritte Welt“ bezeichnen, aber nicht nur wegen der Armut ihrer Bevölkerung, sondern auch nach den von uns geschaffenen Zivilisationsmaßstäben als „drittklassig“ einstufen, Fahrtensegler nicht immer wohlgelitten sind. Zu groß ist die Diskrepanz zwischen dem Eigner einer Yacht, egal wie klein und bescheiden oder wie groß und komfortabel sie nach unseren Maßstäben ist, und den fremden Menschen, die im Umfeld eines ausländischen Yachthafens in Slums wohnen oder hinter dem weißen Strand unseres Ankerplatzes in primitiven Hütten hausen.

Für diese armen Leute ist jeder Yachteigner ein potenter Millionär. Denn er besitzt nicht nur ein Neid erregendes, schwimmendes Heim, mit dem er entlegene Gegenden fernab seiner Heimat erreichen konnte, er muß auch nicht für seinen Lebensunterhalt arbeiten und kann sich mit dem Geld, das er aus seiner Heimat mitführt, Lebensmittel und Kleidung in Qualitäten kaufen, die für den einheimischen Vater einer kinderreichen Familie lebenslang unerschwinglich sind. Ein solcher reicher Yachteigner wird es verschmerzen können, so denkt der Einheimische, wenn man ihm das Bargeld nimmt, das er in seiner Tasche trägt oder an Bord versteckt hat – im nächsten Hafen wird er sich mit seinen Papieren neues Bargeld holen können.

Wenn der ausgeraubte Fahrtensegler dem Dieb dabei kein Haar krümmt, wird ihm nur die schreckliche Erinnerung an das unerwartete Erlebnis und vielleicht die ohnmächtige Wut über den materiellen Verlust bleiben. Aber wenn sich der Segler wehrt? Wenn er sich nicht bestehlen läßt? Wenn Diebstahl zum Raub oder gar zum Raubmord wird? Wenn von beiden Seiten Waffen mit ins Spiel gebracht werden? Oder wenn die Räuber beim Überfall auf eine Yacht schon von Beginn an mit Waffengewalt drohen, weil sie vielleicht bei einem früheren ungebetenen Besuch oder einem fruchtlosen Diebstahlsversuch schlechte Erfahrungen gesammelt und selbst Schaden an Leib und Leben genommen haben?

Wir müssen heutzutage erkennen: Die friedliche Welt des Fahrtensegelns ist vergangen. Überfälle auf Yachten sind vielerorts möglich, Verfolgungen von Seekreuzern auf der hohen See finden nicht nur in gefährdeten Seegebieten statt. Die Kenntnis solcher Überfälle von einem oft harmlosen Beginn bis zu einem gelegentlich auch tragischen Ende gehört heutzutage mit allen Einzelheiten dazwischen zur seglerischen Allgemeinbildung. Hier folgen einige ausgewählte schreckliche Erlebnisse.

„Die schießen auf uns!“

Jeder deutsche Segler kennt Wilfried Erdmann, der bisher dreimal um die Welt segelte: von 1966 bis 1968 einhand auf der Passatroute von Ost nach West, von 1984 bis 1985 ebenfalls allein von West nach Ost auf der Südhalbkugel um Kap Horn, und von 1969 bis 1972 mit seiner Frau Astrid auf der Passatroute. Keine Weltumsegelung, aber eine nicht minder erlebnisreiche Weltreise war die Langfahrt, die im April 1976 in Neuseeland begann und Wilfried Erdmann mit Astrid und seinem bei Fahrtbeginn drei Jahre alten Sohn Kym durch abgelegene Gebiete der Südsee und ostasiatische Inselreviere führte. Hier, wo die Piraterie zwar seit Jahrhunderten zu Hause ist, aber Yachten bis dahin als ungefährdet galten, sah er sich selbst plötzlich bewaffneten Piraten gegenüber.

Es ist Samstag, der 28. Januar 1978, als sich die 10 m lange KATHENA FAA mit ihrer dreiköpfigen Familiencrew an der Nordostküste von Borneo auf einer Tagestour zwischen den kleinen Inseln Silingaan und Billean auf etwa 6° 20′ Nord und 118° Ost befindet. Das Wetter ist klar, und der konstante Nordostpassat weht mit Stärke 5. Die Crew segelt entlang der Seegrenze zwischen den Philippinen und dem im Norden Borneos gelegenen Staat Sabah.

Als die Erdmanns am Morgen dieses Tages südlich einer winzigen Insel ein großes Fischerboot entdecken, denken sie sich nichts dabei. Im Gegenteil, sie spotten auf ihrer schlanken Yacht noch über den großen plumpen Kasten in ihrer Nähe. Doch gegen 0745 Uhr hören sie plötzlich Schüsse. Wilfried fragt arglos: „Worauf schießen die denn? Da fliegen nicht mal Vögel!“ Aber dann bemerkt Astrid rund um die kleine Yacht Wasserspritzer, und dem Seglerehepaar wird klar: Die schießen auf uns!

Nur wenige Augenblicke starrt der Skipper noch ungläubig zu dem anderen Fahrzeug hinüber. Das sind doch Fischer? Dann belehren ihn neuerliche Einschläge im Wasser eines besseren. Er zögert jetzt keinen Augenblick mehr, startet den Hilfsmotor und läßt ihn mit voller Kraft laufen. Unter Segeln und Motor macht die KATHENA FAA nahezu acht

Knoten Fahrt. Die Crew nimmt Reißaus – aber wohin? Am besten in Richtung auf das vorgesehene Tagesziel.

Schnell wird das fremde Fahrzeug kleiner, und als seine Silhouette zu einem schmalen Strich am Horizont verschwimmt, stellt Wilfried die Maschine ab. War alles nur ein Mißverständnis oder ein makabrer Spaß? Aber zum Nachdenken bleibt wenig Zeit: Der Schornstein des anderen Schiffes schickt plötzlich eine dunkle Wolke in die Luft. Aus dem schmalen Strich am diesigen Horizont wachsen Aufbauten und Masten heraus, und dann besteht kein Zweifel mehr: Das fremde Fahrzeug hat die Verfolgung aufgenommen!

Also wieder den Motor an und auf Gegenkurs ablaufen! Aber die Höchstfahrt der KATHENA FAA reicht nicht aus. Der Verfolger ist schneller. Er holt die deutsche Yacht allmählich ein, und die Erdmanns haben keinen Zweifel mehr: Die Leute wollen etwas! Sind es Piraten?

Aber erst eine Stunde später ist das fremde Fahrzeug bis auf Schußweite herangekommen. Salven von Gewehrschüssen fliegen der Crew um die Ohren. Alle drei werden von Angst gepackt, der nackten Angst um das Leben, wie sie es selbst in schwersten Stürmen nicht erlebt haben.

Wilfried stellt den Motor ab und schießt mit der kleinen Yacht in den Wind, um die Segel zu bergen. Beim Beschlagen der Fock streift eine Kugel seinen Fuß. Er läßt den Seekreuzer treiben und wirft sich mit Astrid und Kym auf den Boden der Kajüte, wo sie vor den Einschlägen, die jetzt auf die achtere Sitzbank und die Selbststeueranlage treffen, am besten geschützt sind. Aber Astrid hält es hier nicht aus. Sie ergreift ein Bettlaken, stürzt hinaus zum Achterstag und befestigt dort das weiße Tuch als Zeichen der Kapitulation.

Auch dieses Signal der Übergabe bewirkt vorerst nichts. Die Fremden schießen weiter, bis sich die drei Segler mit erhobenen Händen in die Plicht stellen, als der Verfolger nur noch etwa 50 m querab liegt. Sie wollen zeigen, daß hier eine harmlose Familie friedlich segelt und daß sie keine Schmuggler oder andere Personen sind, die irgendwo und irgendwie mit dem Gesetz in Konflikt gekommen sein könnten. Doch das andere Schiff ist kein Polizeiboot – im Gegenteil! Die wild angezogenen Männer darauf, die den Namen ihres Fahrzeugs mit einer Persenning abgedeckt haben, scheinen selbst nicht im Einklang mit den Gesetzen zu leben. Mit Handbewegungen fordern sie Wilfried Erdmann auf, die KATHENA FAA längsseits zu bringen. Dies ist jedoch bei dem herrschenden Seegang unmöglich. Wilfried muß daraufhin mit dem Dingi zu den Fremden hinüberrudern, während anschließend zwei Burschen mit Gewehren an Bord des deutschen Seekreuzers gehen.

Die Piraten sind böse, daß sie so lange hinter der Yacht herfahren mußten. Ein Kerl zieht Wilfried am Ohr zur primitiven Brücke, ein anderer schlägt ihm die Faust zwischen die Zähne. Die Männer werfen eine Schleppleine zur KATHENA FAA hinüber, die dort von den Bewachern belegt wird, und dann geht es mit Ostkurs und voller Fahrt in Richtung auf die 12 sm entfernte nächste Insel, die zu den Philippinen gehört.

Wilfried hat Angst, daß sein Boot durch die hohe Fahrt im Seegang Schaden nehmen könnte, aber der Piratenkapitän lacht ihn aus. Hat er ohnehin nur vor, die KATHENA FAA im Schutz einer einsamen Insel auszuschlachten? Dann interessiert ihn der Yachtrumpf natürlich nicht mehr. Aber welches Schicksal hat er der Seglerfamilie zugedacht?

Wilfried hockt auf einem Poller am Heck des Piratenschiffes und blickt unverwandt zu seiner geschleppten Yacht hinüber, an deren Pinne Astrid sitzt. Äußerlich gibt er sich kühl und unbeteiligt, aber seine Gedanken arbeiten fieberhaft. Kann er etwas tun? Acht Gestalten springen hier an Deck herum, zwei Bewaffnete sitzen dort neben Astrid in der Plicht. Die Schußverletzung an der Ferse blutet, sein abgesplitterter Zahn schmerzt. Nahebei im Ruderhaus liegen Waffen – könnte er damit etwas anfangen? Aber allein gegen eine zehnfache Übermacht? Schutzlos und tatenlos dazusitzen, während sich Frau und Kind in der Gewalt von unberechenbaren Piraten befinden – Wilfried wird es ganz übel.

Aber nach knapp einer Stunde Schleppfahrt entsteht plötzlich Unruhe unter den Piraten. Ein Fernglas wandert von einer Hand in die andere, und während noch die beiden Anführer abwechselnd durch das Glas zur Borneoküste blicken, lärmt ihre Mannschaft auf dem Vordeck wild durcheinander. Kein Zweifel, dort scheint irgendein Wachboot aufzutauchen. Die Kerle bekommen es mit der Angst zu tun. Dann überstürzen sich die Ereignisse: Ein Beiboot des Piratenschiffes holt schnell Astrids Bewacher von der KATHENA FAA, und dann kappen die Piraten die Schleppleine. Wilfried darf ins Wasser springen und zu seinem Boot hinüberschwimmen. Der Piratendampfer braust mit voller Fahrt davon – und bald danach auch die KATHENA FAA, unter Motor und Segeln, in entgegengesetzte Richtung.

„Mein Gott – soll es das gewesen sein?“ denkt Wilfried Erdmann, während Astrid bitterlich weint und der fünfjährige Kym apathisch in der Koje liegt. Es war der glückliche Abschluß! Wie durch ein Wunder ist dieser Piratenüberfall noch einmal glimpflich abgegangen.

Der tragische Tod einer tapferen Seglerin

Nur ein Jahr später ereignet sich im gleichen Seegebiet ein zweiter Überfall von Piraten auf eine Segelyacht. Er ähnelt zuerst der Verfolgung und Enterung von Erdmanns KATHENA FAA, doch dann nimmt die Begegnung durch die spontane Gegenwehr der Bordfrau eine tragische Wende.

Der Amerikaner Peter Tangvald ist ein erfahrener Langfahrtsegler, der 1979 Länder und Küsten in Ostasien besucht. Er hatte 1967 nach einer fünfjährigen Weltumsegelung seinen 9,75 m langen Seekreuzer DOROTHEE im Seegebiet von Barbados durch eine Kollision mit einem Fremdkörper verloren und anschließend in Guayana den 15 m langen Kielschwert-Gaffelkutter L'ARTEMIS DE PYTHEAS gebaut, mit dem er durch das Mittelmeer, das Rote Meer und den Indischen Ozean bis in das Chinesische Meer segelte. 1976 hatte er, kurz vor dem Start zu seiner neuen Weltreise, die damals 23 Jahre junge Französin Lydia geheiratet, und mitten im Indischen Ozean und fernab jeder Küste war 1977 an Bord der Yacht Sohn Thomas geboren worden. Bis zu dem schicksalsschweren 10. Februar 1979 hatte der in einfacher Handwerksarbeit erbaute und simpel ausgerüstete Seekreuzer auch gefährliche Gebiete durchsegelt, ohne jemals mit den in Südostasien hin und wieder auftauchenden Seeräubern, von denen die Berufsschiffahrt berichtete, in Berührung zu kommen.

Es ist ein schöner sonniger Tag, als sich die L'ARTEMIS DE PYTHEAS nördlich der Insel Cancoran auf dem Weg von den Philippinen nach Borneo in der Sulu-See befindet, gar nicht weitab von jener Stelle, an der die KATHENA FAA ein Jahr zuvor von Piraten geentert wurde. Aber davon weiß Peter Tangvald nichts. Bei leichtem Wind hält der gemütliche, etwas schwerfällige Gaffelkutter unter Selbststeueranlage Kurs. Niemand ist an Deck, und so kann auch keiner das fremde Boot sichten, das schon lange auf Kollisionskurs mit der Yacht liegt und diese aus weiter Entfernung direkt ansteuert. Als Peter und Lydia schließlich, durch ein unerwartetes Geräusch aufgeschreckt, in die Plicht kommen, ist das Fahrzeug schon nahe heran, und die fremde Besatzung bereitet sich gerade darauf vor, an der segelnden Yacht längsseits zu gehen. Dem

Seglerehepaar bleibt wenig Zeit zum Überlegen und noch weniger Spielraum zum Handeln.

„Laß uns einen Warnschuß abgeben", sagt Lydia zum Skipper, der sofort die Pinne übernommen hat und die Steuerleinen zur Windfahne loswirft, „nur über die Köpfe hinweg, damit sie nicht noch näher herankommen können!"

Aber Peter schüttelt den Kopf. „Das ist jetzt zu spät", sagt er leise. „Ehe wir den Revolver hervorgekramt und in der Kajüte geladen haben, sind die Burschen mit ihrem Boot an unserer Bordwand. Dann ist der Waffengebrauch kein Warnschuß mehr, sondern eine Kriegserklärung, und in einem Gefecht sind wir mit Sicherheit die Verlierer. Sehr wahrscheinlich sind es auch nur Fischer, die ein Geschäft machen und Fisch gegen Zigaretten oder Whisky tauschen wollen. Sollten es schlimmstenfalls doch Piraten sein, dann laß sie lieber nehmen, was sie wollen, ohne daß wir sie daran hindern. So haben wir die besten Aussichten, ungeschoren davonzukommen."

Aber Lydia teilt wohl diese Meinung nicht. Sie hat die Männer die ganze Zeit mit zornigen Blicken beobachtet und glaubt nicht an ihre friedlichen Absichten. So hastet sie, ehe es sich Peter versieht, wortlos den Niedergang zur Kajüte hinab, und zu seinem Entsetzen sieht der Skipper sie wenig später vom Vorluk aus wieder an Deck klettern – mit dem Revolver in der Hand und gerade in jenem Augenblick, als die fremden Männer sich mit ihren Händen an der Bordwand der Yacht festhalten.

Peter sieht, wie Lydia den ungebetenen Anhaltern zornige Worte zuruft, die er von achtern nicht verstehen kann. Dann hebt die Seglerin schnell die Waffe und feuert. Aber nahezu im selben Augenblick hört Peter einen anderen Schuß, der im Steuerhaus des fremden Fahrzeugs abgegeben wird, und dann sieht er, wie Lydia rückwärts in die See taumelt, während gleichzeitig ihr Blut über das Vordeck spritzt. Mit einem Satz springt der Todesschütze aus dem Steuerhaus an Deck. Sofort richtet er sein Gewehr auf den Skipper am Ruder, und Peter wird in Sekundenschnelle klar, daß ihn jetzt das gleiche Schicksal erwartet, das seine Frau traf.

Doch der Gegner zögert noch – und plötzlich setzt er langsam die Waffe ab, während sein Blick an der Gestalt des Skippers entlang nach unten wandert. Erst jetzt bemerkt der Vater, daß sich sein fast dreijähriger Sohn Thomas an seine Beine klammert. Und dieser unerwartete Anblick des kleinen Kindes mit blonden Haaren, das dem Vater nur wenig über die Knie reicht und diesen so unsäglich vertrauensvoll umarmt hat, scheint den skrupellosen Seeräuber weich zu machen. Während zwei der anderen Männer an Bord springen, schnell das Geld suchen und finden und dann den auf das Vordeck gefallenen Revolver Lydias aufsammeln, geschieht Vater und Sohn nichts. Mit ihrer Beute machen sich die Piraten eiligst aus dem Staube.

Peter Tangvald erreicht den nächsten Hafen in der Verfassung eines Schiffbrüchigen – nach endlos scheinenden Segelstunden, die er nicht zählen kann. Als er den Vorfall den Behörden meldet, wird er tagelang verhört. Zum Abschluß dieser Ermittlungen sagt der Polizeichef schließlich: „Lydias Vorschlag, einen Warnschuß abzugeben, wäre bei noch weitem Abstand der Piraten sicher gut gewesen. Wer jedoch als Yachtsegler auf so nahe Entfernung das Feuer eröffnet, beschwört einen solchen tragischen Ausgang geradezu herauf."

Noch während Peter nickt, fährt der Beamte fort: „Aber auch Ihr Vorschlag, sich gewaltlos zu ergeben, kann Ihnen nur bei weniger hartgesottenen Verbrechern das Leben retten. Die meist brutalen Seeräuber töten zuerst jedes Besatzungsmitglied, ehe sie die Yacht vollkommen ausplündern. Anschließend versenkt man sie, um Spuren und Zeugen zu beseitigen. Sie haben sehr viel Glück gehabt, daß Sie nicht auch über die Klinge springen mußten. Ihr Gegner, dem Sie Auge in Auge gegenüberstanden, sah Ihren Sohn, dessen Mutter er erschossen hatte. Er liebte Kinder, wie übrigens alle Menschen hier. Auch noch den Vater töten – und was dann mit dem armen Wurm? Dieses Problem konnte er so spontan nicht lösen. Also ließ er Sie ungeschoren, und die Piraten suchten schnell das Weite."

Viele Besatzungen von Frachtschiffen müssen sich jährlich in diesen ostasiatischen See- und Küstengebieten gegen Piratenüberfälle wehren. Von Überfällen auf Yachten wird nur vereinzelt berichtet. Das kann nicht nur daran liegen, daß Yachtsegler diese gefährlichen Gebiete meiden. Die Spuren solcher Überfälle auf kleine Fahrzeuge sind eben einfacher zu beseitigen. Große Schiffe kann man weder verstecken noch so leicht versenken, und erfahrungsgemäß leistet kein Seemann Widerstand auf einem Schiff, auf dem ihm weder die Ausrüstung noch die Ladung gehört und an dem er auch sonst keinen Eigentumsanteil besitzt.

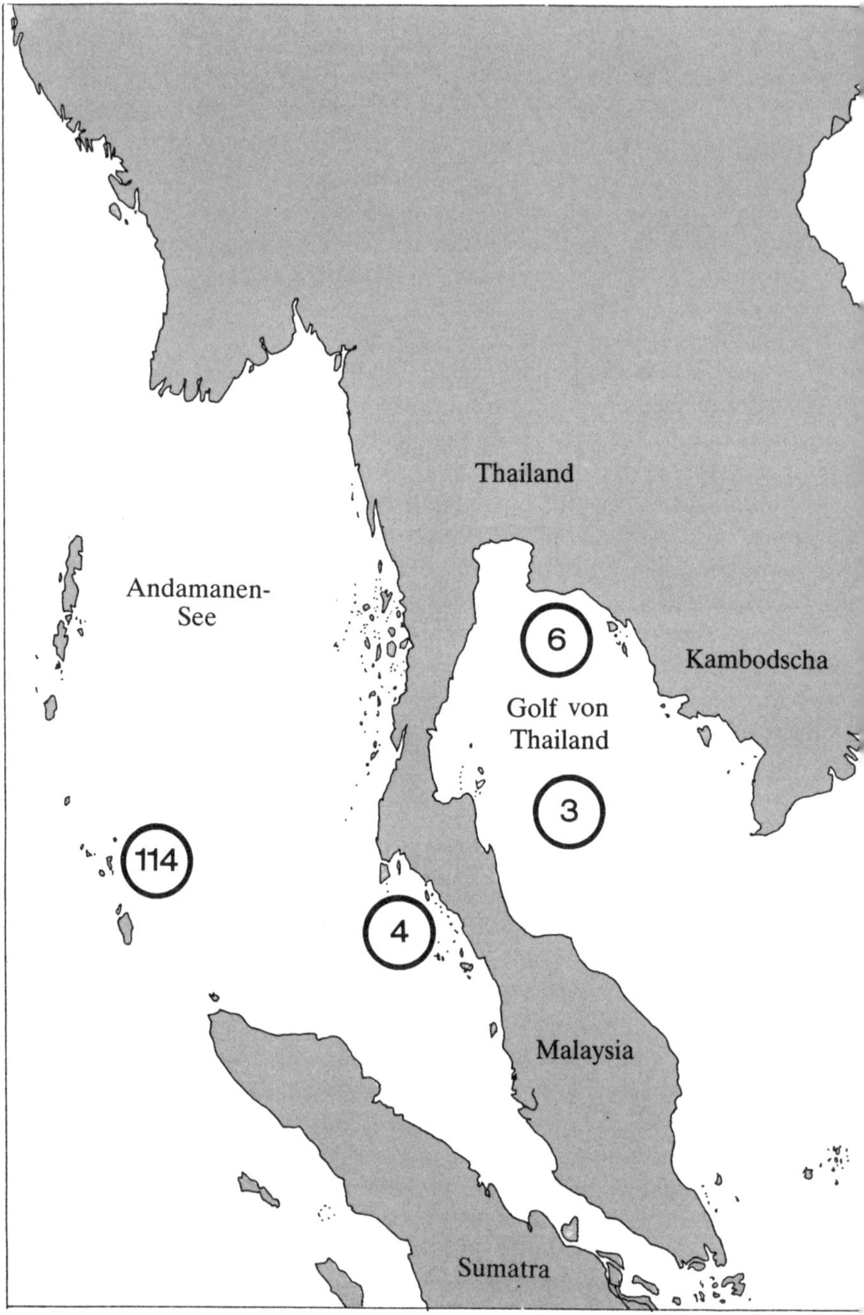
Thailand
Andamanen-
See
6
Kambodscha
Golf von
Thailand
3
114
4
Malaysia
Sumatra

Orte der Piratenvorfälle im südchinesischen Meer und in den angrenzenden Gewässern

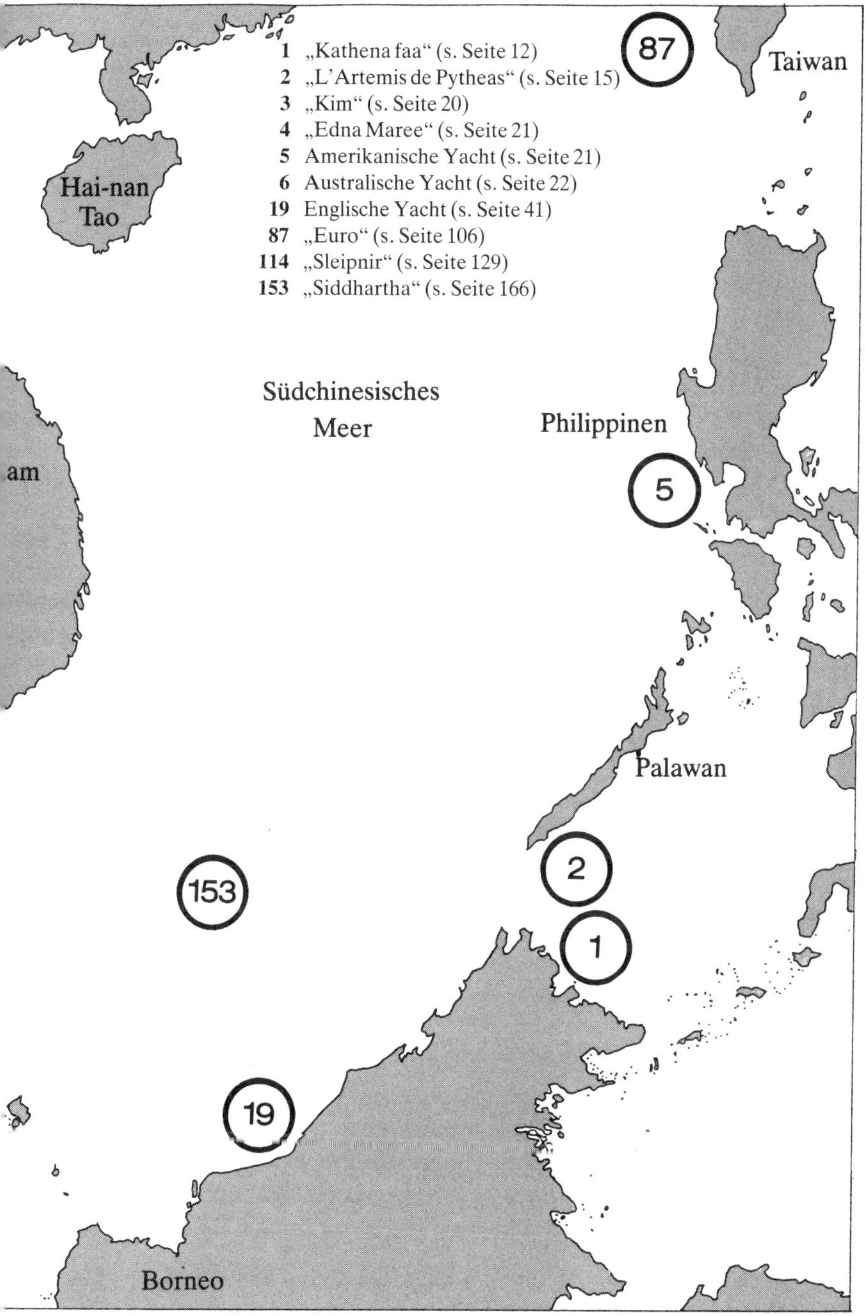

Nicht nur wegen dieser Vorfälle haben sich Yachtbesatzungen, die im gleichen Seegebiet dennoch unterwegs sein wollen, mit Waffen ausgerüstet. Bevorzugt werden Schnellfeuergewehre, die weiter tragen und besseres Zielen von einer schwankenden Yacht aus erlauben als Revolver und Pistolen.

Mit einer solchen automatischen Waffe war auch der Eigner der amerikanischen Yacht KIM ausgestattet, der 1979 im Golf von Thailand vor Nakorn Si Thammarat kreuzte. Die Polizei hatte ihn vor den in der Nähe lauernden Piraten gewarnt und ihn veranlaßt, sich südwärts nach Songkhla zu begeben. Hier wachte er gegen 0200 Uhr nachts auf, als ein großes graues Fahrzeug längsseits kam und zwei starke Schweinwerfer auf das Yachtdeck richtete. Er konnte erkennen, daß zwei bewaffnete Männer mit Karabinern in den Händen an Deck des Piratenbootes standen, bereit zum Entern der Yacht, und andere ihnen vom Brückendeck aus Feuerschutz geben wollten.

Der Skipper der KIM zögerte keinen Augenblick und eröffnete das Feuer. Schon der erste Feuerstoß tötete zwei der Bewaffneten und ließ die anderen, die verwundet schienen, in Deckung gehen. Sie ließen daraufhin von der Yacht ab und verschwanden mit ihrem Boot im Schutz der Dunkelheit. Die Crew der KIM rettete einen verwundeten Piraten aus dem Wasser und erfuhr von ihm, daß das fremde Fahrzeug im Auftrag eines reichen Landbesitzers der Umgebung unterwegs gewesen war, um Schutzgeld von den Fischern zu erpressen: Piraterie als organisiertes Verbrechen, mit dem man auch andernorts in Küstennähe rechnen muß.

Aus demselben Jahr 1979 und demselben Seegebiet ist noch ein versuchter Überfall auf eine Yacht bekannt geworden: Als die beiden Segler an Bord die nächtliche Annäherung des abgedunkelten fremden Fahrzeuges bemerkten, schalteten sie die Salingleuchten an und ließen ihren Lichtschein auf die Gewehre fallen, die sie griffbereit in Händen hielten. Es heißt, daß die Piraten sie daraufhin in Ruhe ließen.

Aber es ist gewiß nicht jedermanns Sache, sich bei Beginn eines Überfalls als Zielscheibe mit nächtlicher Festbeleuchtung an Deck oder in die Plicht zu setzen. Denn einen Schußwechsel aus dem Dunkel hätten die beiden mutigen Segler bei solcher Ausgangslage wohl kaum überlebt.

Gefährlich ist es, mit Selbststeueranlage und ohne Ausguck zu segeln

Wenn man sich jedoch auf See und dazu bei hellem Tag von Piraten überrumpeln läßt, nützen auch die besten Waffen nichts. Das mußte der australische Segler James Henry Montgomery, 33, erfahren, als er 1980 mit seiner 18-m-Stahlyacht EDNA MAREE an der Westküste von Malaysia seewärts von Pulau Langkawi schipperte. Der Skipper und zwei dänische Freundinnen waren unter Deck, als der Seekreuzer unter Motor und mit Selbststeuerung über die unbewegte See lief. Unbemerkt paddelte in dieser Zeit eine Horde thailändischer Piraten heran und stieg lautlos auf den Seekreuzer über.

Hätte James Montgomery die Annäherung der Piraten frühzeitig bemerkt, wäre es leicht gewesen, sie mit einigen Warnschüssen aus seinem Schnellfeuergewehr zu vertreiben, und auch das Erklimmen der Bordwand wäre bei dem hohen Freibord von dem offenen Kanu aus nicht einfach gewesen. So aber sah er sich plötzlich an Deck mehreren Männern gegenüber, gegen die er nur mit Fäusten kämpfen konnte. Zwar vermochte er einen der Angreifer über Bord zu werfen und den zweiten an Deck niederzuschlagen, aber der dritte stieß ihm nicht nur die Machete in den Bauch, sondern trennte ihm mit ihrer scharfen Klinge auch fast die rechte Hand ab. Schwerverletzt mußte er danach hilflos zusehen, wie seine zierliche Freundin Meta von jedem der drei Piraten vergewaltigt wurde. Das andere Mädchen, das während des Überfalls nicht im Salon war, kam mit Glück um die gleiche Tortur herum, weil es sich im Vorschiff verstecken konnte, wo die Piraten nicht mehr nach ihm suchten.

Nachdem die Piraten die Yacht ausgeplündert hatten, verschwanden sie so schnell und lautlos, wie sie gekommen waren. Es waren übrigens Thais, die in malaiischen Gewässern operierten. James Montgomery konnte anschließend Funkverbindung zu einer nahegelegenen Militärbasis herstellen, die ihn mit einem Hubschrauber von Bord holen und ins Krankenhaus nach Penang bringen ließ. Obwohl er viel Blut verloren hatte und seine Hand nur noch über wenige Muskeln mit dem Arm verbunden war, konnten ihm die Ärzte helfen. Derweil segelten die beiden Mädchen die EDNA MAREE nach Penang.

Am hellichten Tag und auf hoher See, etwa zehn Seemeilen von Manila, der Hauptstadt der Philippinen, entfernt, wurde im selben Jahr eine amerikanische Yacht von Piraten geentert, ohne daß es die mehrköpfige Besatzung merkte. So sorglos sollte man nicht nur aus Gründen der Sicherheit, sondern auch aus nautischen Gründen unterwegs nicht sein. Auch hier herrschte wenig Wind, und die Yacht lief unter Motor und mit Selbststeuerung.

Niemand hatte wohl lange Zeit von Deck aus einen Rundblick zur Kimm geworfen, und bei dem Lärm des laufenden Motors hörte man auch in der Kajüte nicht den Außenborder des Auslegerkanus, mit dem sich die Piraten herangepirscht hatten. Als sie plötzlich mit angelegten Schnellfeuergewehren an Kajütniedergang und Vorluk standen, blieb der Crew gar keine andere Wahl, als Geld und Wertsachen herauszugeben. Und die amerikanischen Segler hatten noch Glück, daß dieser Überfall ohne Blutvergießen abging.

Einhandsegler sind eine besonders leichte Piratenbeute

Besonders gefährdet sind natürlich Einhandsegler. So gelang es im selben Jahr 1980 zwar einem australischen Segler, vor der thailändischen Küste die Verfolger immer in sicherem Abstand zu halten, indem er ab und zu ein paar Schüsse aus einem alten Repetiergewehr abgab. Deshalb wagten die Piraten bei Tag keinen Angriff, und im Schutz der Dunkelheit konnte der Australier schließlich entkommen. Die Nachtwachen bei permanenter Gefahr, wieder von ihnen entdeckt zu werden, und das ständige Ausguckgehen während der folgenden Tage griffen die Kondition des Alleinseglers jedoch so stark an, daß er drei Tage später, als er völlig übermüdet in einer kleinen Bucht vor Anker lag und schlief, doch noch überfallen und seiner Geld- und Wertsachen beraubt wurde.

Einhandsegler sind auch in anderen Revieren gefährdet und selbst an Küsten, die am Rand Europas liegen, nicht vor Piraten sicher.

So berichtet zum Beispiel Wolf-Rüdiger Barthels, der im September 1987 auf dem vielbefahrenen Seglerweg von Europa zu den Kanaren mit seinem Seekreuzer ORION wegen ungünstiger Wetterverhältnisse in Casablanca an der marokkanischen Atlantikküste überliegen mußte, von einem Erlebnis schon wenige Stunden nach dem Auslaufen.

„Ich segle bis zum nächsten Kap in etwa vier Seemeilen Abstand von der Küste, um dann Lanzarote anzuliegen. Cirka 14 Seemeilen hinter Casablanca kommt ein offenes, mit einem starken Außenborder motorisiertes Fischerboot zu mir herangefahren. Man will mir Fisch verkaufen. Ich verneine. Sie zeigen mir durch Gesten, ob ich zu rauchen und zu trinken hätte. Ich verneine wiederum.

Nun beratschlagen die drei Männer und fahren immer im Kreis um meine ORION herum. Sie drohen mit Fäusten und kommen langsam näher, wohl um zu sehen, wie viele Leute außer mir an Bord sind. Dann fangen sie an, mich mit ihrem Bug dauernd von achtern zu rammen. Ich gehe ans UKW-Gerät und rufe Casablanca Radio. Man antwortet mir. Ich erkläre den Vorfall und gebe meine Position durch. Danach Schweigen. Als die Fischer sehen, daß ich telefoniere, beratschlagen sie. Ich bekomme langsam Angst."

Was kann ein Einhandsegler in einer solchen Situation tun? Die Telefonverbindung zur Außenwelt beruhigt vielleicht, aber sie gibt ihm weder Schutz noch Sicherheit. Selbst wenn die Polizei ihm helfen wollte, könnte sie mit einem schnellen Boot erst in Stundenfrist an Ort und Stelle sein. In dieser Zeit hätten die Piraten aber nicht nur ihren Überfall beendet, sondern sie wären auch wieder in die Anonymität einer Fischerflotte auf der weiten See zurückgekehrt. Das wissen natürlich auch die Piratenfischer. Barthels erzählt weiter:

„Dann kommen sie wieder. Einer versucht, das Schiff zu erklimmen. Ich starte die Maschine und gebe voll voraus. Sie halten aber mit. Ich nehme den Bootshaken und drohe zuzuschlagen. Sie bleiben zurück, wild gestikulierend. Ich rufe wieder Casablanca Radio auf Kanal 16. Keine Antwort. Die Fischer bleiben immer noch in meinem Kielwasser. Ich bereite einen Molotowcocktail mit Petroleum, Benzin und Spiritus in einer Einwegflasche vor, klar mit einem Feuerzeug zum Zünden. Endlich lassen die Piraten von mir ab. Vielleicht sollte ich mir doch eine Schrotflinte zulegen."

Ein Molotowcocktail ist wohl eine gute Notwehrwaffe, die man nicht nur an Bord anfertigen, sondern für die man auch alle Einzelteile als simples Zubehör für Außenborder oder Ersatzkocher ganz unbehelligt mitführen könnte.

Das Schweigen einer Küstenfunkstelle kann übrigens Bände sprechen: Ein Ruf, der nicht gehört wurde, ist ein Ereignis, das nicht stattgefunden hat und an einer einsamen Küste auch nicht registriert wurde.

„Ich vermute, daß man mich schon im Hafen beobachtet hat, um mich draußen abzufangen", beendet Wolf-Rüdiger Barthels seine Schilderung. „Von einem Franzosen hörte ich, daß ihm in Casablanca gleiches geschah. Ich meine heute, daß sie es dort speziell auf Alleinsegler abgesehen haben."

Von schwerbewaffneten Fischern wurde 1987 auch der amerikanische

Skipper Reese Palley bedroht, als er auf seiner Weltumsegelung mit der UNLIKELY vor der Küste Äthiopiens am Eingang zum Roten Meer kreuzte. Es war hier wohl nicht nur die Höchstfahrt, die ihn auf seiner Flucht vor den Piratenfischern rettete, sondern auch die Tatsache, daß mit der Segelyacht SAIL TRADER ein zweites Boot in der Nähe war, das den Angriff beobachten und vielleicht später melden konnte. „Makkern", wie man dieses gemeinsame Segeln nennt, ist wohl der beste Schutz gegen Überfälle aller Art auf See. Wenn man sich zu solchem Segeln im Konvoi entschließt, ist man wahrscheinlich (und nicht nur auf der freien See, sondern auch am Ankerplatz) sehr viel sicherer, als wenn man mit Gewehren herumfuchteln muß. Die Problematik, die man sich mit Waffen an Bord aufhalst, besprechen wir an anderer Stelle.

Das Gefahrengebiet der Karibik beginnt an der nordbrasilianischen Küste

Von einem Überfall durch Fischer in einem anderen, für Yachten nicht weniger gefährlichen Seegebiet berichtet der Schweizer Max Ritter, Mitglied des deutschen Vereins Trans-Ocean: Der Seekreuzer MOANA war auf dem letzten Teil seiner Weltumsegelung mit Ritter und seiner Frau am 20. 4. 1987 in Cayenne in Französisch-Guayana mit dem Ziel Pointe-à-Pitre auf Guadeloupe ausgelaufen. Bei regnerischem Wetter, bedecktem Himmel und Windstärke 5 aus ENE ging die MOANA etwa 45 Seemeilen vor der südamerikanischen Küste unter Fock, Großsegel und Besan auf einen Amwindkurs nach Norden.

„Um Mitternacht sichteten wir viele Fischerboote, nach deren Lichterführung es sich um Trawler handeln mußte", berichtet Max Ritter. „Wir mußten durch diesen weit auseinandergezogenen Schwarm hindurchsegeln. Um die Fischer bei ihrer Arbeit nicht zu stören, beobachtete ich die Fahrzeuge im Radar und kreuzte ihre Kurse mit mindestens einer Meile Abstand.

Um 0300 Uhr sah ich auf der Position 06° 13′ N und 53° 09′ W in 6 sm Entfernung ein Schiff auf Gegenkurs, dem ich wiederum mit 1 bis 1,5 sm Abstand aus dem Weg gehen wollte. Doch kurz vor meinem Ausweichmanöver änderte es seinen Kurs und lief uns von Backbord direkt vor den Bug."

Zu dieser Zeit zeigte der Seekreuzer die üblichen Positionslichter und hatte, als die Annäherung kritisch wurde, zusätzlich den Kollisionsblitz im Topp eingeschaltet. Außerdem leuchtete die Crew die Segel mit dem Handscheinwerfer an, so daß die Yacht, die sich ja ohnehin freihalten wollte, in Fahrt und Lage deutlich zu erkennen war.

„Wir wichen nach Steuerbord aus“, fährt Max Ritter fort, „doch der Trawler drückte uns um 180° nach Steuerbord herum. In unserer Überraschung fanden wir keine Zeit, die Segel zu bedienen. Das Fischerboot stoppte nun, und wir sahen mehrere Männer an Bord herumspringen. Ihr Verhalten war uns völlig unerklärlich, also nahmen wir unter Segeln wieder Fahrt auf.“

Aber die Moana kommt nicht weit. Das fremde Fahrzeug nähert sich von achtern. Es hat an beiden Seiten lange Ausleger heruntergelassen und blendet die Seglercrew mit einem starken Scheinwerfer. Ritter wirft den Motor an.

„Jetzt begann eine wilde Verfolgungsjagd mit Vollgas“, erzählt er weiter. „Erst in diesem Moment begriffen wir, daß sie uns zwischen Ausleger und Vorschiff einklemmen und dann entern wollten. Immer wieder entwischten wir ihnen in letzter Sekunde, riskierten aber dabei, daß sie mit ihren Auslegern unsere Wanten kappten. Unsere Waffen lagen noch im Versteck, meine Frau war unfähig, sie hervorzuholen. Und ich konnte das Rad nicht verlassen. Ich war so wütend, daß ich hemmungslos geschossen hätte, wäre eine Waffe zur Hand gewesen.“

Die Ritters fürchten, daß auf dieser letzten Etappe ihrer Weltumsegelung alles aus sein könnte, und kämpfen gut 30 Minuten lang um Leben und Freiheit: „Wir holten das Letzte aus dem Motor heraus, und die Segel knallten fürchterlich, aber die Fischer erwischten uns nicht. Zwar waren sie schneller, aber wir kurvten enger. Warum sie nach dieser halben Stunde von uns abließen, frage ich mich noch heute. Lange hätten wir die Verfolgungsjagd nicht mehr durchgehalten.“

Das Seglerehepaar setzt die Fahrt verunsichert fort und hält in den kommenden Nächten argwöhnisch Ausguck nach fremden Fahrzeugen. Bei jedem Licht, das gesichtet wird, ändert die Moana ihren Kurs und vermeidet jede Annäherung schon mit weitem Abstand. Die Freude an ihrer schönen Weltreise ist dem Seglerehepaar vergangen.

„Meine Frau glaubt, während der Verfolgung am Trawler die Kennzeichen US-8 gelesen zu haben“, beendet Max Ritter seinen Bericht, „aber es könnte auch SU-8 gewesen sein, wie es für Surinam wahrscheinlicher wäre. In Guadeloupe hören wir dann, daß in dieser Region öfter Yachten geentert werden. Gesucht sind Waffen und Munition, auch Kraftstoff und Bargeld werden nicht verschmäht.“

Ritters Fazit für Langfahrten- und Weltumsegler, die heute vermehrt mit solchen Übergriffen auf vielen Revieren rechnen müssen: „Die beste Gegenmaßnahme bei kleiner Crew ist meines Erachtens, nach dem Auslaufen möglichst schnell 150 bis 200 sm Abstand von der Küste zu gewinnen und erst dann einen Generalkurs abzusetzen. Auf See sollte man jede Annäherung an kleine Schiffe vermeiden."

Nicht so glimpflich davon kam im September 1981 die Besatzung der Yacht SUSAN ANNE II, die von drei bewaffneten Männern vor der Küste Kolumbiens geentert und nach Cartagena entführt wurde. Wahrscheinlich waren die Hijacker Drogenschmuggler, die sich hier nicht der ersten Yacht bemächtigten. Sie sollen anschließend von den kolumbianischen Behörden verhaftet worden sein; der Verbleib der Besatzung ist ungewiß.

Auf dem Weg von Recife in Nordostbrasilien nach Barbados in der Karibik wurde 1980 auch ein britischer Segler fernab der Küste von einem Fischerboot verfolgt. Er schreibt in einem Brief an Konrad Eriksen, ein Mitglied der Slocum-Gesellschaft: „Als ich auf hoher See einhand mit Nordwestkurs unterwegs war, näherte sich ein koreanisches Fischerboot, versuchte längsseits zu kommen und wollte einige seiner Besatzungsmitglieder zu mir an Bord geben. Eine schwere See drückte jedoch beide Fahrzeuge wieder auseinander, und da der fremde Kapitän wohl annahm, ich hätte mein Boot absichtlich von dem unwillkommenen Nachbarn weggesteuert, zog er einen Revolver und gab auf mich mehrere Schüsse ab. Eine Kugel traf mich ins Bein, die anderen Geschosse blieben in Deck und Aufbauten stecken. Daraufhin zog auch ich meinen Revolver und drohte damit zuerst zwei Fischern, die bereits außen am Schanzkleid hingen und sich zum Entern meiner Yacht anschickten. Ich schoß auch hinüber und traf den fremden Skipper am Arm. Er verschwand daraufhin in seinem Steuerhaus, wo ein anderer am Ruder stand, und gab über Seefunk eine Nachricht durch.

Diese wurde jedoch auch von einem brasilianischen Küstenwachboot mitgehört, das sich daraufhin zu uns auf den Weg machte. Bei seiner Annäherung und einem Warnschuß vor den Bug des koreanischen Trawlers nahmen die Fischer Reißaus, und die brasilianischen Polizisten geleiteten mich den Rest des Tages über nordwärts, bis mich die schützende Nacht vor weiteren Mißhelligkeiten auf See bewahren konnte."

Von Surinam im Osten bis zur Pazifikküste von Panama im Westen reicht das karibische Gefahrengebiet für Yachten. Es sind also nicht nur die Küsten von Venezuela und Kolumbien, wo Yachtsegler zum Freiwild für Piraten werden können, und es sind auch nicht nur ausschließlich Drogenschmuggler, die hier Jagd auf hauptsächlich größere Seekreuzer und Motoryachten machen, um sie als Schmugglerfahrzeuge zu mißbrauchen. So wurde zum Beispiel die YANG HI im Frühjahr 1985 im Golf von Panama verfolgt. Hierüber berichtet Skipper Arnold Wagner: „Wir hatten im Golf von Panama während der Nacht eine unangenehme Begegnung und sind von einem Fischkutter oder einem ähnlichen Fahrzeug eine halbe Stunde lang verfolgt worden. Mehrmals haben wir den Kurs geändert, um den Verfolger abzuschütteln, und zuletzt fuhren wir mit Segel und Motor gut neun Knoten. Losgeworden sind wir die Klette erst, als ich drei weiße Leuchtraketen abgeschossen hatte."

Völlig überraschend wurden auch zwei Katamaransegler auf einer Nachtfahrt von Florida zu den Bahamas Opfer von Drogenschmugglern, die sich bei einer wohl unerwarteten Kollision in Piratenmanier über alle Regeln selbstverständlicher Hilfeleistung hinwegsetzten. Wie Charles E. Kanter berichtet, waren in der Nacht vom 6. auf den 7. Dezember 1988 zwei große Kreuzerkatamarane mit je einer Zwei-Personen-Crew mit Ostkurs von Marathon in den Florida Keys nach Cat Cay auf den Bahamas unterwegs über die Floridastraße.

Sie segelten mit geringem Abstand in Sichtweite, vorn der 11,30-m-Kreuzerkat SULI SULI vom Typ Snowgoose mit Eigner Ronald Brennan, 65, und dessen Freund John Ziegler, 64, an Bord. Dicht dahinter der 10-m-Katamaran SAWA SAWA vom Typ Catalac 34, mit dem Eignerehepaar Bill, 53, und Jenny Botto als Crew. Die Besatzungen waren seit vielen Jahren befreundet. Sie hatten mit beiden Katamaranen bereits den Atlantik überquert und auch die Floridastraße oftmals übersegelt.

Kurz vor Mitternacht während dieser Dezemberüberfahrt 1988 brach die Vorschot auf der SAWA SAWA, und der kleinere Katamaran blieb etwas zurück, um die Genua zu bergen und den Schaden zu beheben. Über Seefunk teilte Bill Botto der SULI SULI die Probleme mit, und Ron Brennan erwiderte in diesem Gespräch, er würde wenden, wieder zurücklaufen und sich in der Nähe halten, falls die SAWA SAWA Hilfe brauche. Die Bottos schalteten daraufhin auf der SAWA SAWA die Salingleuchten an, damit der inzwischen außer Sicht gekommene größere Katamaran sie ansteuern konnte. Gegen 0000 Uhr meldete sich Ron Brennan zum letzten Mal über Seefunk und sagte, er hätte jetzt die SULI SULI sicher ausgemacht und würde direkt unter Segeln auf sie zuhalten.

Das war das letzte Lebenszeichen der SULI SULI und ihrer beiden erfahrenen Hochseesegler.

Am 7. Dezember ging gegen 0030 Uhr bei der Coast Guard in Isla Morada über Seefunk auf dem internationalen UKW-Seenot-Kanal 16 der anonyme Anruf eines Funkers ein, der den Namen seines Bootes nicht nannte. „Er gab seinen ungefähren Schiffsort an, der etwa sechs Meilen südöstlich von Kay Largo liegen sollte", sagte später der Wachoffizier der Coast Guard, „und teilte mit, daß sein Boot wahrscheinlich in diesem Seegebiet eine Kollision verursacht hätte und daß dabei Personen ins Wasser gestürzt seien. Der anonyme Seefunker sagte weder seinen Namen noch beschrieb er, mit welcher Art Boot er unterwegs war."

Ungefähr zur selben Zeit sichteten Bill und Jenny Botto auf der Sawa Sawa ein großes hochseetüchtiges Sportmotorboot mit kräftigen hellen Lichtern am Bug und einem hin- und herschwenkenden hellen Deckscheinwerfer, das direkt aus der Richtung der havarierten Suli Suli auf sie zuraste. Mit hoher Fahrt steuerte es wilde, unberechenbare Zickzack-Kurse, und die Crew der Sawa Sawa mußte mit Manövern des letzten Augenblicks ausweichen, um nicht selbst von dem unbekannten Rennboot überlaufen zu werden. Daher riefen auch die Bottos die Coast Guard an und meldeten diesen Vorfall.

Hier setzte man die Informationen zusammen und erkannte schnell, daß zwischen der Meldung der Bottos und dem anonymen Anruf ein Zusammenhang bestehen mußte. Daher starteten sofort ein Suchhubschrauber und ein Boot der Küstenwache in das angegebene Seegebiet, doch konnten sie dort weder Brennan noch Ziegler noch den Katamaran Suli Suli entdecken. Als die Suche bei Tagesanbruch intensiviert wurde, sichtete man eine Vielzahl kleiner, schwimmender Wrackteile der Suli Suli und fand am Nachmittag auch den treibenden Leichnam von Skipper Ron Brennan.

„Alle Sportschipper beidseits der Floridastraße waren nicht nur erschüttert über diese Tragödie", schreibt Charles E. Kanter. „Kaum einer zweifelte daran, daß es ein Drogenschmuggler war, der diese Kollision verursacht hatte. Nur ein Hochsee-Rennboot ist auch vom Typ und der Bauweise her in der Lage, eine so folgenschwere Kollision ohne größeren Eigenschaden zu überstehen."

Natürlich kann auch die Möglichkeit nicht ausgeschlossen werden, daß die Suli Suli von einem Frachter überlaufen wurde. Es herrschte in dieser Nacht starker Schiffsverkehr; der Track der südgehenden Schiffe verläuft in größerem Abstand von der Küste, weil hier der nordsetzende Golfstrom nicht so stark ist. „Aber", fragt Kanter mit Recht, „würde ein

Frachter, der eine solche Kollision verursacht hat, nicht stoppen und Hilfe leisten? Der Kollisionsgegner hatte ja den Zusammenstoß bemerkt und ihn – anonym – an die Coast Guard gemeldet. Die Crew der SAWA SAWA sichtete aber keinen Frachter in diesem Seegebiet, obwohl sie in der klaren Nacht ein großes Schiff nicht hätte übersehen können."

Die Seglergemeinschaft entlang der Floridaküste mobilisierte in den nächsten Tagen alle Skipper auf See wie in den Häfen, um ein Boot des verdächtigen Typs Cigarette zu entdecken, auf den alle beschriebenen Details paßten – von Größe und Motorisierung bis hin zu Buglichtern und Deckscheinwerfer. Doch diese Fahndung blieb erfolglos.

Drogenschmuggel ist ja auch so profitabel, und Drogenpiraten sind derart auf ihre Sicherheit bedacht, daß sie das beschädigte teure Rennboot unmittelbar nach Anlandung ihrer heißen Ware wahrscheinlich versenkten, um alle Spuren zu beseitigen.

Piratenangriff durch Funkkontakt abgewehrt

Von der Küste Kolumbiens im Süden bis zu den Bahamas im Norden reicht dieses weite, für Yachten nicht ungefährliche Revier, in dem jederzeit und überall mit Überfällen gerechnet werden muß. Wie ein solcher Angriff durch ein zuerst harmlos wirkendes Motorboot abläuft, schilderten Anna-Christina und Claus-Wolfgang Döhring in der Zeitschrift YACHT.

Der Seekreuzer CHRISTINA ist im Frühjahr 1985 mit dem Ehepaar Döhring im Inselgebiet der Bahamas unterwegs, als er einem Motorboot begegnet, das ständig seinen Kurs ändert, um der CHRISTINA möglichst nahe zu kommen. Es ist ein Daycruiser mit hochgezogenem Backdeck, an dessen Ruder ein bärtiger Farbiger mit dem Fernglas zu erkennen ist.

„Sicherheitshalber mache ich unsere Schußwaffen klar", berichtet Claus-Wolfgang Döhring. „Dann gehe ich unter Deck und setzte über UKW auf Kanal 16 einen Ruf an alle Schiffe ab, in dem ich das Motorboot beschreibe und von der Verfolgung berichte. Ich bitte sie, auf Empfang zu bleiben. Ein Frachter bietet sich als Übermittlungsstation zur Coast Guard in Miami an."

In der Zwischenzeit hat sich das fremde Motorboot mit langsamer Fahrt bis auf 20 m genähert. Im Glas können die Döhrings das Bootskennzeichen an seiner Außenhaut erkennen. Mit weiteren Einzelheiten des fremden Fahrzeugs geben sie es auf dem Funkweg weiter.

„Wieder an Deck, hebe ich grüßend die Hand“, berichtet der Christina-Skipper weiter. „Der Mann am Ruder des Motorboots starrt jedoch nur mit ausdruckslosem Gesicht zu uns herüber. Er scheint uns aber genau zu beobachten. Ich winke ihm unmißverständlich zu, sich zu entfernen. Als er nicht reagiert, nehme ich unsere automatische Flinte in die Hand und halte sie gut sichtbar hoch. Dabei gebe ich weiter energische Zeichen, daß er sich entfernen soll. Als ich keine Reaktion feststelle, lege ich das Gewehr an und feuere einen Warnschuß über seinen Kopf ab. Da dreht er unmittelbar mit einer scharfen Rechtskurve ab. Wir sehen drei weitere Männer, die schreiend hinter dem Schanzkleid aufspringen. Dort hatten sie sich vor uns versteckt.“

In einer sicheren Entfernung von 80 Metern hält das fremde Motorboot mit gleicher Marschfahrt wie die Christina Fühlung. Auch Frau Döhring hat jetzt ein Gewehr gut sichtbar in die Hand genommen. „Wir wollen unsere Haut so teuer wie möglich verkaufen“, sagt Skipper Döhring. „Nach etwa zehn Minuten überholt uns das Boot. Der Steuermann läßt es langsam auf uns zurückfallen. Wir machen ab, sie bis auf eine Bootslänge herankommen zu lassen und dann zu schießen. Wir wollen uns wehren. Unseren Plan teile ich per Funk dem Frachter mit, der uns als Relaisstation dient.“

Aber glücklicherweise kommt es nicht zu einem Angriff. Plötzlich gibt der fremde Bootssteurer Vollgas und läuft in die Richtung ab, aus der er gekommen ist.

Am Horizont sehen die Döhrings eine große Motoryacht direkt auf sie zuhalten und denken, daß sie ihnen zu Hilfe kommen will. Dann erkennen sie jedoch, daß das Piratenboot Kurs auf das größere Fahrzeug nimmt, das wohl sein Mutterschiff ist. Beide preschen nach wenigen Minuten mit offenbar gemeinsamem Ziel davon.

Piraten operieren häufig von zwei Booten aus, von denen das kleinere dann meistens den Angreifer spielt, während das größere, das erst später in Sicht kommt, wie eine harmlose Yacht wirken soll, die sich ungehindert dem angegriffenen Fahrzeug nähern darf, weil sie vermeintlichen Schutz verspricht. Tatsächlich aber kommt ein angegriffener Skipper bei dieser Taktik vom Regen in die Traufe, und es ist ratsam, auch einem vermeintlichen Helfer nach einem Überfall weiträumig aus dem Weg zu gehen. Vertrauen ist gut, Mißtrauen ist besser.

Der erste Segler übrigens, der sich vor fast einem Jahrhundert mit Waffengewalt eines Angriffs erwehren mußte, war kein Geringerer als Joshua Slocum auf seiner legendären SPRAY. Als der Vater der Einhandsegler im Februar 1896 durch die Magellanstraße segelte und niemand ihn auf dieser rauhen Strecke begleiten wollte, lebten noch viele der Eingeborenensippen auf Feuerland und seinen Inseln von Strandraub und Piraterie. Strafexpeditionen der Regierung mit Kanonenbooten waren an der Tagesordnung. Für die kleine SPRAY aber gab es keinen Geleitschutz. Slocum war auf sich allein gestellt. Wie er trotzdem eine gefährliche Überfallsituation meisterte, erzählt er in seinem Buch „Allein um die Welt“:

„Der 20. Februar war mein Geburtstag, und ich war völlig allein – kaum ein Vogel war zu sehen – vor Cabo Froward, dem südlichsten Punkt des amerikanischen Festlands... Vor leichtem, raumem Wind schaffte die Slup 30 Meilen; damit kam sie bis in die Fortescue Bay und zugleich mitten unter die Signalfeuer der Eingeborenen, die plötzlich von allen Seiten her aufloderten... Bei Tagesanbruch kamen Kanus mit Wilden aus Fortescue und verfolgten mich. Da der Wind leichter wurde, kamen sie rasch bis auf Rufnähe heran, hörten mit dem Paddeln auf, und ein säbelbeiniger Wilder stand auf und rief mich an: ‚Jammerschoner! Jammerschoner!‘ Das ist ihr Bettelruf. Ich sagte: ‚Nein!‘ Nun, ich wollte sie nicht merken lassen, daß ich allein war, und so ging ich in die Kajüte, zog mir rasch etwas anderes an und kam am vorderen Niedergang wieder hervor. Das machte zwei! Dann nahm ich das Stück vom Bugspriet, das ich in Buenos Aires abgesägt, aber immer noch an Bord hatte, verkleidete es als Seemann, stellte es ins Vorluk und brachte auch noch eine Leine daran an, mit der ich es bewegen konnte. Damit waren wir zu dritt, und wir wollten nichts von ‚Jammerschoner‘ wissen. Trotzdem kamen die Wilden schneller heran als vorher. Ich sah, daß in dem Kanu, das mir am nächsten war, außer den vier Mann an den Paddeln noch andere auf dem Boden lagen und daß sie sich beim Paddeln oft ablösten. Als sie auf 80 Yards heran waren, feuerte ich dem nächsten Kanu vor den Bug; alle hielten an, doch nur für einen Augenblick. Als ich merkte, daß sie unbedingt näherkommen wollten, feuerte ich an dem Burschen, der es mit seinem ‚Jammerschoner‘ so eilig hatte, den zweiten Schuß dicht vorbei, so daß er schnell seine Meinung änderte und voll Furcht heulte: ‚Bueno jo via Isla‘ (Ich gut Weg zu Insel). Er setzte sich hin und rieb eine Zeitlang seinen Steuerbord-Kranbalken. Ich dachte an den Rat des Hafenkapitäns, als ich den Finger krumm machte, und muß wohl ziemlich genau gezielt haben."

So entwischte die SPRAY den Wilden und ihrem räuberischen Anführer zumindest unterwegs. Wie sich Slocum am Ankerplatz gegen sie wehrte, ist eine andere, fast amüsante Geschichte, die ins nächste Kapitel aufgenommen wurde.

2. Das große Risiko: Überfall am Ankerplatz

Weder eine Bagatelle noch amüsant · Verriegelte Luken und Niedergänge · Eine Bordfrau als Geisel · Das Martyrium der SEVERANCE-*Crew · Gefährliche Karibik · Der Wächter in der Plicht Bordhunde können nützlich sein · Was das Beiboot verrät · Riskante Gastfreundschaft · Das Deck leerräumen! · Schießen oder nicht schießen? · Überfallen, beraubt – und verurteilt!*

In seinem klassischen Bericht einer Weltumsegelung erzählt uns Joshua Slocum in fast belustigender Art, wie er 1896 am Ankerplatz von Wilden überfallen wurde. Bis vor wenigen Jahren schien es das letzte lebensgefährliche Abenteuer für Yachtsegler gewesen zu sein. Dem Dichter Hans Leip blieb es vorbehalten, entflohene Sträflinge als Pseudopiraten zu bezeichnen, die 1958 eine Yacht kaperten, um über See in neue Freiheiten zu segeln. Was damals von dem Lili-Marleen-Romantiker noch wie ein amüsantes Abenteuer bewertet wird, entwickelt sich in der Diskrepanz zwischen Arm und Reich knapp zwei Jahrzehnte später zu einer wachsenden Gefahr für Fahrtensegler.

Zuerst sind es Räuber, die es nur auf die Barschaft der Yachtbesatzungen abgesehen haben. Aber dann sind in zunehmendem Maße die Frauen an Bord durch Androhung der Vergewaltigung gefährdet. Ab 1980 diskutieren Yachtsegler die Frage: Waffen an Bord – ja oder nein? Als Alternative lernt man, die Innenräume seines Bootes mit sinnvollen Beschlägen zu verriegeln. Bald kommt es auch zu Entführungen von Yachten am Ankerplatz, die unter anderem für den Drogenschmuggel benutzt werden, und Vergewaltigungen werden nicht mehr nur angedroht.

Die Karibik ist von allen das gefährdetste Revier. Spätestens ab 1985 sind räuberische Yachtpiraten mit Messern und Pistolen bewaffnet, und es fallen die ersten tödlichen Schüsse auf Yachtskipper, die in dunkler

Nacht die Einbrecher in ihrer Kajüte überraschen. Wer als Segler nicht gleich schießen will, nimmt einen Hund als Wächter mit. Beiboote am Heck schrecken zwar die Yachtpiraten nicht ab, aber ohne festgemachtes Dingi lädt eine anscheinend verlassene Yacht zum Überfall besonders ein. Vorsicht ist auch bei unbekannten Gästen angebracht: Es könnten harmlos wirkende Kundschafter für brutale Räuber sein. Mit solchen Erfahrungen gewappnet, weiß man, was eine Yacht in ungünstigen Fällen am Ankerplatz erwartet, aber man erfährt auch viele Möglichkeiten, wie man in ungewissen Situationen sicher überliegen kann.

Weder eine Bagatelle noch amüsant

Bis vor wenigen Jahren war es nur amüsant, die Schilderungen von Piratenüberfällen zu lesen, die sich in geschichtlicher Vergangenheit ereignet hatten, und spitzbübische Tricks zu erfahren, wie man sie vor einem Jahrhundert abwehren konnte. Was uns beispielsweise Joshua Slocum von seinen Abenteuern in der Magellanstraße erzählt, läßt so gar nicht die Lebensgefahr erkennen, in der sich der Einhandsegler in der Einsamkeit dieser Region damals befand. Wer hätte seinerzeit auch abschreckende Stories eines Yachtseglers lesen wollen, als sich um 1900 an wenigen vereinzelten Küstenplätzen der Alten und Neuen Welt nur eine Handvoll Eigner ähnlicher Yachten zur Gründung der ersten feudalen Segelklubs zusammenfand?

Am 14. Februar 1896 war Slocum auf seiner Weltumsegelung, die ihn bisher von Boston über Gibraltar bis zur Südküste Südamerikas geführt hatte, mit seiner SPRAY in Sandy Point, dem heutigen Punta Arenas, gegenüber der Feuerlandküste vor Anker gegangen. Die vor ihm liegende Strecke der Magellanstraße bis zur pazifischen Küste wurde noch von Wilden beherrscht, und kleine Fracht- und Fahrgastschiffe, die diesen Weg nehmen wollten, warteten damals immer auf ein chilenisches Kanonenboot, das sie während der Passage beschützen mußte. Slocum hält nichts von einem solchen Geleit. Ohne Motor wird er den Dampfbooten ohnehin nicht folgen können. Stattdessen will er mindestens zwei zusätzliche Besatzungsmitglieder anheuern, um nicht nur beim Segeln, sondern auch bei den Ankerwachen Hilfe und Unterstützung zu erhalten. Er findet aber nur einen Mann – und auch dieser will nur mitsegeln, wenn Slocum noch einen zweiten Mann und in jedem Fall einen Hund an Bord nimmt.

„Da jedoch niemand sonst mitkommen und ich mit Hunden nichts zu tun haben wollte, sagte ich nichts weiter dazu, sondern lud nur meine Gewehre. Als meine Lage sich so zugespitzt hatte, kam Kapitän Pedro Samblich, ein netter Österreicher mit großer Erfahrung, vorbei und gab mit einen Beutel voll Reißzwecken, die mehr wert waren als all die tapferen Männer und Hunde der Tierra del Fuego. Ich protestierte; was sollte ich mit Reißzwecken an Bord! Samblich lächelte über meinen Mangel an Erfahrung und behauptete steif und fest, daß ich sie schon brauchen würde. „Sie müssen sie aber mit Vorsicht benutzen", sagte er. „Passen Sie auf, daß Sie nicht selbst darauf treten." Dieser vage Hinweis... reichte mir aus, und ich begriff, wie ich nachts mein Deck klarhalten konnte, ohne Wache gehen zu müssen."

So ausgerüstet, machte sich Slocum allein auf den Weg nach Westen. Er war überzeugt, daß er mit dieser „Geheimwaffe" auch am Ankerplatz ungestörte Nachtruhe finden würde. Wie er sich zuerst und unterwegs gegen angriffslustige Eingeborene verteidigte, die ihn mit Bettelrufen verfolgten, habe ich weiter vorn erzählt. Es hatte den Einhandsegler viel Mühe gekostet, bei Tage und unter Segeln genügend Meilen zwischen sich und die ihn verfolgenden Ureinwohner zu legen. Fast am Ende seiner Kräfte, legte er die SPRAY am 8. März 1896 in der sogenannten Diebesbucht vor Anker.

„Hier dachte ich über die Erlebnisse der letzten Tage nach", berichtet Slocum, „völlig zerschlagen und ermattet. Eine warme Mahlzeit von geschmortem Wildbret brachte aber bald meine Lebensgeister wieder zurück, so daß ich schlafen konnte. Ehe mich die Müdigkeit übermannte, streute ich Reißzwecken auf das Deck und dachte an den Rat meines alten Freundes Samblich, nicht selber draufzutreten. Ich paßte auf, daß alle mit der Spitze nach oben lagen; denn als die SPRAY Thieves' Bay passierte, waren ihr zwei Kanus gefolgt. Ich konnte nicht länger verheimlichen, daß ich allein war.

Nun weiß man ja, daß man nicht auf eine Reißzwecke treten kann, ohne seinen Gefühlen Luft zu machen. Ein guter Christenmensch pfeift vielleicht, wenn er auf das spitze Ende einer Reißzwecke tritt; ein Wilder heult wahrscheinlich und springt in die Luft. Genau das geschah in dieser Nacht etwa um 2400 Uhr, während ich in der Kajüte schlief und die Wilden mich, die Slup und alles andere schon zu haben glaubten. Doch sie änderten ihre Meinung rasch, als sie an Deck kamen. Denn da dachten sie, daß ich oder ein anderer *sie* hätte. Ich brauchte auch keinen Hund. Sie selber heulten wie ein ganzes Rudel. Hals über Kopf sprangen

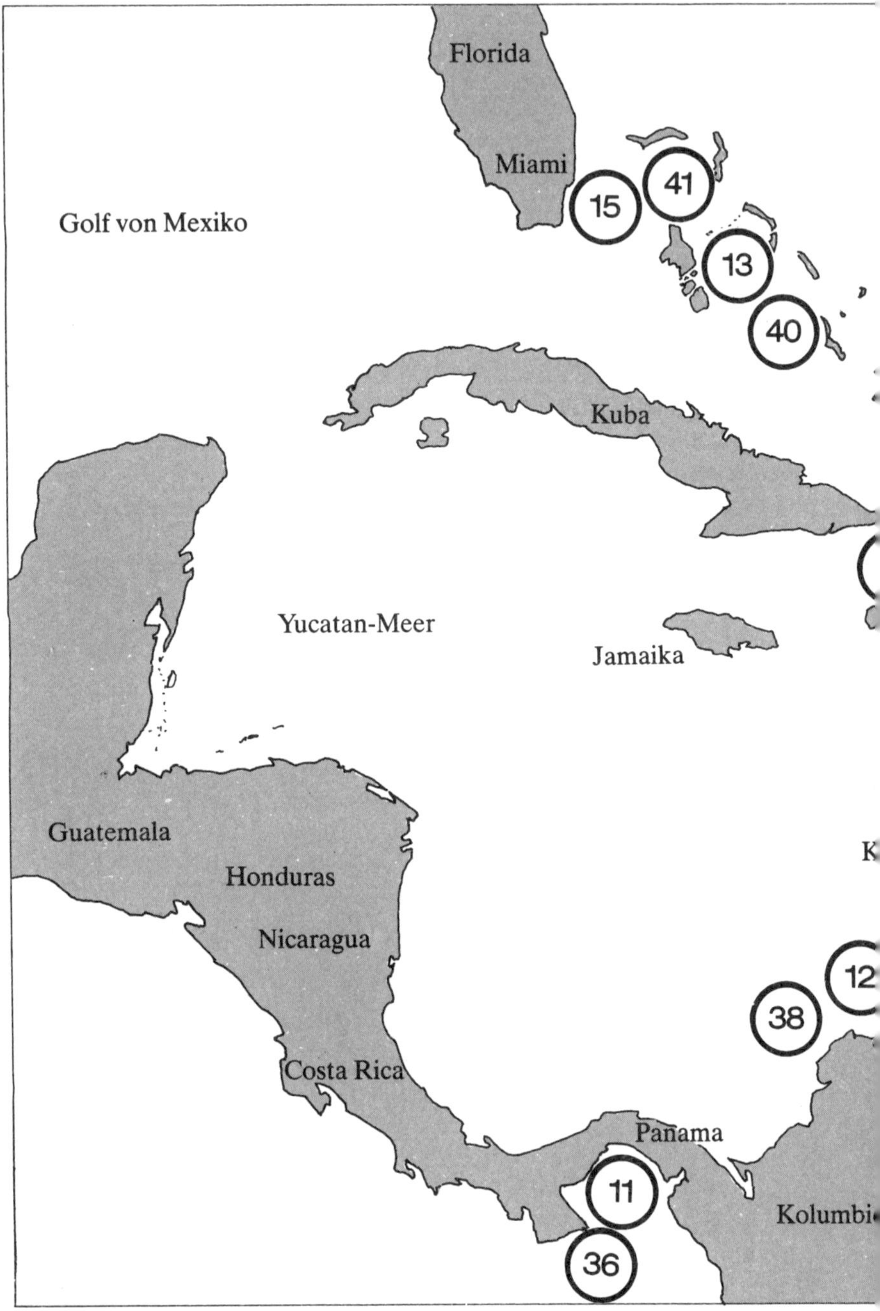
Florida
Miami
Golf von Mexiko
41
15
13
40
Kuba
Yucatan-Meer
Jamaika
Guatemala
Honduras
Nicaragua
12
38
Costa Rica
Panama
11
Kolumbi
36

Orte der Überfälle auf See und am Ankerplatz in der Karibik

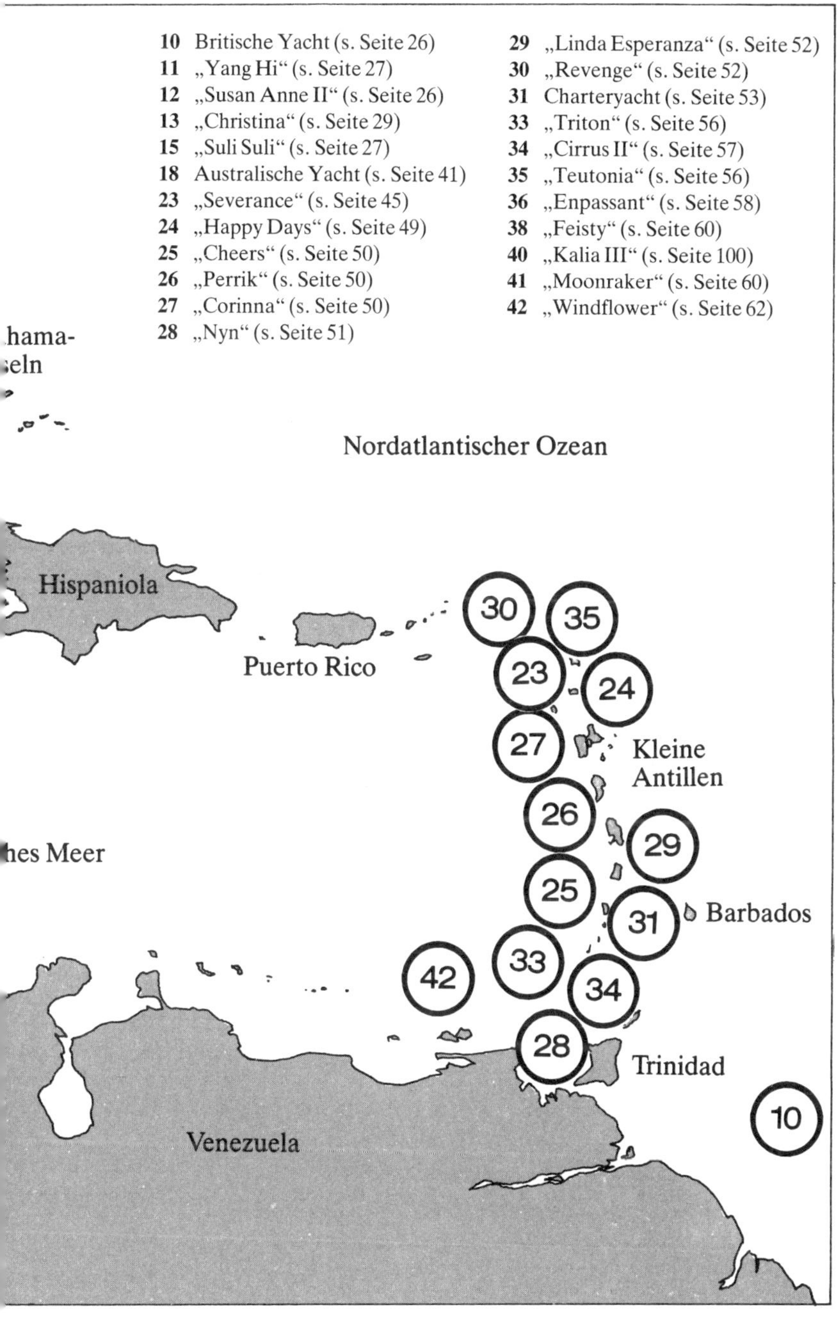

sie in ihre Kanus, einige auch in die See, um sich abzukühlen . . . Als ich an Deck kam, gab ich ein paar Schüsse ab, damit die Schurken wußten, daß ich zu Hause war. Dann legte ich mich wieder in die Koje im sicheren Gefühl, daß ich von einer Bande, die so sehr in Eile war, nicht wieder gestört werden würde."

Man liest es schmunzelnd, aber ich werde den Verdacht nicht los, daß Slocum diesen Überfall nicht so auf die leichte Schulter nahm, wie er ihn hier beschrieben hat.

Belustigend fand auch Hans Leip den einzigen Piratenüberfall auf eine Yacht, den er in seinem „Bordbuch des Satans" als „Pseudo-Piratenstreich vor den Galapagos Anno 1958" mit leichter Hand beschreibt:

„Die Einwohner der größten Insel Albemarle (auch Isabella genannt) sind allesamt deportierte Verurteilte Ecuadors. Auch ihre Aufseher. Daß auch ehemalige echte Piraten darunter sind, ist zweifelhaft. Dennoch geschah dort kürzlich ein rechtes Piratenstück: Einer der Strafkolonisten, der noch jugendliche Gangster ‚El Parisian', ein geborener Franzose, war nach einer Lagerrevolte zusammen mit 21 Mann ausgebrochen. Sie hatten das Glück, zwei Fischerboote am Strand zu überraschen, und waren mit denen nach der unbewohnten San-Salvador-Insel gelangt." (Daß die überfallenen Fischer fünf Tage lang von den Sträflingen gebunden und mißhandelt wurden, erfährt man später beiläufig an anderer Stelle.) „Und wieder hatten die Häftlinge Glück: Ehe sie völlig verdurstet waren, rauschte sanft und schön – wie von einem Filmregisseur bestellt – eine amerikanische Luxusyacht in die grandios trostlose Öde der James-Bucht. Eben verschwendete der abendliche Äquatorhimmel sein stummes eiliges Monstre-Feuerwerk, da knatterten zwei Fischerboote heran, die Stille kaum mehr störend als der laut jazzende Luxusyacht-Plattenspieler. Es dunkelte rasch. ‚Vielleicht haben die Leute frische Hummern!' meinte die Gattin des Yachtbesitzers."

Sicherlich waren die amerikanischen Segler auf die Kaperung ihrer Yacht VALINDA nicht vorbereitet. Aber ob sie wirklich so blauäugig den Überfall über sich ergehen ließen und in den folgenden Stunden so gar keine Angst um ihr Leben empfanden, wie es Hans Leip uns weismachen will?

„Da legten die Kähne auch schon an", fabuliert er weiter. „Lord, wie überfüllt sie waren, wenn auch nicht mit Hummern! Das Badefallreep hing noch einladend außenbords. Aber die Kerle nahmen auch die Ankerkette oder nichts. Es schienen alte Fassadenkletterer dabei zu sein. Kurzum, plötzlich fegte eine brüllende Horde, Knüppel und Revolver schwingend, aufs Deck, Schwarze, Weiße, Gelbe, Kreolen, Mestizen, alles durcheinander, zerlumpt, unrasiert, stinkend. Sie übernahmen die Funkbude, das Schiff, die Vorräte, die Garderobenschränke, die Wohnräume und Salonbäder, den Plattenspieler nebst Radio. Dann zwangen sie den Besitzer, den Kapitän, den Maschinisten und das Personal höflich, aber dringend, Kurs auf das Festland zu nehmen."

Für Hans Leip ist dieser Überfall nichts anderes als ein Kavaliersdelikt, und so nennt er die Kaperer auch nur „Pseudo-Piraten". Als Kontrast zu den Scheußlichkeiten der „echten" Piraten, die er in seiner Chronik der Freibeuterei bis ins Altertum verfolgt, und im Gegensatz zu Goldmünzen und Diamanten, die bis in die Neuzeit zur bevorzugten Beute gehörten, zählt er als Verlust für den Yachteigner im einzelnen auf: „Sie vertilgten unterwegs in 64 Stunden außer dem Weißbrot: 100 Kilo Fleischkonserven, 60 Kilo Butter, 832 Eier, 35 Kilo Zucker, 22 Kilo Biskuits, 240 Liter Fruchtsäfte, 5000 Liter Süßwasser (teils als Schaum-, Parfüm- und Brausebäder), 43 Flaschen Wein und 12 Flaschen Schnaps." Und fast entschuldigend fügt er hinzu: „Letztere beiden Artikel waren nicht etwa rar an Bord der VALINDA, aber ‚El Parisian', der seine Pappenheimer kannte, ließ nach kurzem Nippen den ganzen üppigen und exquisiten Schampus-, Whiskey- und Likörvorrat durch seinen riesigen sottfarbenen Leibwächter über die Seite kippen. Die einzige Dame an Bord hat dieser Umsicht zu verdanken, daß es zu keiner Illustration dessen kam, was man in üblichen Piratengeschichten zu lesen gewohnt ist."

Weder Hans Leip, der hier eine eher genüßliche Anspielung macht, noch der Leser seines Buches oder überhaupt jemand konnte sich um 1960 wohl vorstellen, daß nur wenige Jahre später in einer veränderten Welt nicht nur junge Mädchen, sondern auch Mütter mit Kleinkindern und überhaupt Frauen jeden Alters auf ihren Yachten solchen Piraten schutzlos ausgeliefert sein oder nicht nur von einzelnen Banditen vergewaltigt werden würden.

„Mister Harvey, als Anwalt in jeder Sachlage geschult, meisterte auch diese Situation", schreibt Hans Leip beruhigend. „Er schiffte die Herren an der gewünschten Stelle des ecuadorianischen Ufers aus. Sie verschwanden nach innigen Hochrufen auf die Besitzer, die Besatzung und Präsident Eisenhower." Und dann schließt er ex cathedra: „Die so abenteuerlich errungene Freiheit der Pseudo-Piraten aber – es war nicht einer dabei, der etwas von Seefahrt verstand – währte nicht lange. Sie verirrten sich im Dschungel und waren schließlich froh, daß sie von der Polizei wieder aufgestöbert wurden und neuerlich in die Hölle auf Albemarle zurückgelangten, wo es zwar nicht so etwas gibt wie auf der VALINDA, aber sich immer noch besser als im Urwald hausen läßt."

Kamen die Kaperer einer Yacht 1958 an der Küste Ecuadors wirklich so ungeschoren davon, wie es Hans Leip berichtet? Zumindest haben sie dann großes Glück gehabt. Denn fast zu gleicher Zeit verurteilte man zwei Amerikaner, die am Rande der Bahamas die Motoryacht MURIEL III (siehe Seite 110) gekapert und entführt hatten, zum Tode durch Erhängen. Nach internationalem Recht hätte Leips „El Parisian" mit einer kaum geringeren Strafe rechnen müssen. War die Entführung der VALINDA von ihrem Ankerplatz in den Galapagos-Inseln wirklich nur eine Bagatelle?

Verriegelte Luken und Niedergänge

Nirgends ist eine Yacht gegen Piraterie und Überfälle so wehrlos wie am Ankerplatz. Anders als auf See, wo sie sich bei Annäherung verdächtiger Fahrzeuge durch Kursänderungen oder Höchstfahrt einer Bedrohung entziehen könnte, ist sie dort bewegungsunfähig. Wegen ihres schweren Grundgeschirrs, das notfalls erst eingeholt werden muß, kann sie sich auch nicht schnell von diesem Ruheplatz entfernen. Das Ufer, dessen Schutz gegen Wind und Seegang sie ja gesucht und auch bewußt so nahe wie möglich angelaufen hat, liegt oft nur eine Steinwurfweite von ihrem offenen Deck entfernt. Schwimmend oder mit kleinen Booten können Leute, die der Yacht und ihrer Crew Böses wollen, in wenigen Minuten von Land aus an Bord kommen. Gegen solche unerwarteten Überraschungen ist niemand gefeit. Nicht zuletzt geht ja eine Yacht vor Anker, damit die Crew sich ausruhen und ausschlafen kann. Insbesondere bei Dunkelheit und in jenen Stunden der Nacht, wenn die Crew im Tiefschlaf liegt, wird sie daher Eindringlinge nicht bemerken – es sei denn, sie hätte alle Zugänge zum Innenraum sorgfältig verschlossen. Aber in warmen oder tropischen Gewässern nachts mit geschlossenen Luken zu schlafen, ist keiner Besatzung sympathisch.

Die ersten Meldungen von Überfällen am Ankerplatz datieren vom Ende der 70er Jahre und sind nur kurz. Da berichtet zum Beispiel Donald Holm in seinem Buch „The Circumnavigators" von dem pensionierten australischen Heeresoffizier Pat Falconbaker, der 1972 auf seinem Ankerplatz an der Küste von Haiti nahe der Massacre Bay bei Nacht überfallen wurde. Das Boot mußte dort überliegen, weil die Crew unter einer Fischvergiftung litt. Die Angreifer kamen in einem Kanu. Als die australische Crew zu den Waffen griff, starben bei dem schaurigen Gemetzel zwei Piraten unter ihren Schüssen und ein australischer Segler durch Messerstiche der Piraten.

Peter Tangvald, der als einer der ersten Segler tragische Piratenerlebnisse hatte, berichtet von seinem Freund Jean Charles, mit dem er zusammen 1978 in den Gewässern von Borneo segelte. Eines Nachts wachte dieser am Ankerplatz auf, weil ein Mann an seiner Koje saß und ihm ein Messer an die Kehle hielt. Während er so bedroht wurde, räumten zwei Kumpane des Seeräubers das Boot vollständig aus. Sie nahmen nicht nur alle Wertsachen und sonstigen Gebrauchsgegenstände mit, sondern auch Jeans Kleidung und die Segel. Sie lösten sogar die Bolzen des Motorenfundaments, schafften den Motor über Deck in ihr Boot und verschwanden damit zum nahen Ufer. Jean Charles hatte Glück, daß sie ihm kein Haar krümmten.

In einem Gespräch erinnerte sich Peter Tangvald an das Erlebnis eines anderen Freundes namens George, der 1979 an einem Ankerplatz vor der westafrikanischen Küste überfallen wurde. George war durch Schritte an Deck wach geworden. Er griff sich sofort seinen Revolver, der nachts immer unter seinem Kopfkissen lag, und feuerte auf die beiden Eindringlinge. Sie waren sofort tot. Da er fürchtete, daß die örtliche Polizei ihn zur Rechenschaft ziehen würde, wenn er anderntags nicht nur den Überfall, sondern auch die beiden tödlichen Schüsse meldete, setzte er noch in der Nacht Segel, ging ankerauf und versenkte die beiden Leichen im Meer.

Von einem Überfall am Ankerplatz im selben Jahr berichtet auch Paul Malkinson: „Ich traf einen Franzosen und seine Frau, deren Boot von Piraten geentert wurde, während sie am Ankerplatz in einem Seitenarm des Amazonasdeltas schliefen. Zwar hatten sie Waffen an Bord, konnten aber nicht mehr zu ihnen greifen, so schnell hatten die Piraten sie überwältigt und gebunden. Die Räuber nahmen anschließend mit, was nicht niet- und nagelfest war, einschließlich Waffen, Geld, Kleidung sowie persönliche Sachen und Bordausrüstung. Das Seglerpaar blieb jedoch unverletzt und konnte sich nach dem Überfall selbst befreien. Obwohl die Franzosen nicht nur alle gestohlenen Teile neu kauften, sondern sich auch wieder Waffen beschafften, wollten sie nach diesem Vorfall als beste Verteidigungswaffe kräftige Riegel einsetzen, mit denen sie zur Nacht, wenn sie schliefen, alle Luken, Niedergänge und andere Decksöffnungen sicher verschließen konnten."

Dies ist eine Sicherheitsmaßnahme, die ich auch auf unserem CORMORAN seit vielen Jahren benutze. Kräftige Vorreiber, die sich von innen überall anbringen lassen, kosten nicht viel Geld. Wer jetzt unbefugt des Nachts an Deck kommt, kann Fenster und Luken ohne Werkzeug nicht aufbrechen, und selbst mit Hammer, Meißel oder Stecheisen müßte er viel Lärm machen. Sein Überraschungsvorteil ist dann dahin. Außerdem weiß ein Eindringling nicht, mit wie vielen Personen er es an Bord zu tun haben wird, von welcher der zugesperrten Öffnungen aus sie sich wehren könnten und welche Mittel sie hierzu einsetzen. Selbst wenn es hart auf hart geht, habe ich unter solchen Bedingungen immer noch Zeit, über Seefunk einen Notruf abzugeben, was die Piraten mit anhören können. Vier Doradelüfter und mehrere schmale Bordfenster, die nachts geöffnet bleiben können, sorgen auch in tropischen Revieren für genügend Frischluft unter Deck.

Das Schlüsselerlebnis für diese vorsorgliche Sicherung der Luken verdanke ich Peter Tangvald, der im November 1980 an seinem Ankerplatz vor der tunesischen Küste einen besonders brutalen Überfall erleben mußte.

Eine Bordfrau als Geisel

Die gut 15 m lange Gaffelyawl L'ARTEMIS DE PYTHEAS liegt zu dieser Zeit als einzige Yacht in Gabes vor Anker. In den beiden Jahren zuvor ist Peter von Malaysia durch den Indischen Ozean und das Rote Meer ins Mittelmeer gesegelt. An Bord sind sein jetzt sechsjähriger Sohn Thomas und die zierliche Chinesin Ann, die den Jungen zuerst als Lehrerin unterrichtet und dann als Peters Frau und Tommys Stiefmutter an Bord der geräumigen Yacht angemustert hat. Nach den Gefahren der Vergangenheit (siehe Seite 15), die immer noch wie Alpträume auf Peter lasten, fühlen sich die Globetrotter erstmals wieder in Sicherheit. Sie ist jedoch trügerisch. Denn nach einigen Tagen Aufenthalt am ruhigen Ankerplatz ganz im Süden Tunesiens wacht die Crew plötzlich mitten in der Nacht auf und sieht sich drei maskierten Männern gegenüber, die sie mit Messern und Totschlägern bedrohen. Die Eindringlinge, die nur Arabisch und etwas Französisch sprechen, verlangen die Herausgabe von Geld und Wertsachen – ohne Lärm und ohne Widerstand!

Peter Tangvald sagt von sich, er sei keine Kämpfernatur. Wenn eine Familie aus tiefstem Schlaf erwacht und sich halbnackt und wehrlos drei Bewaffneten gegenübersieht, ist Widerstand ohnehin selbstmörderisch. Wer wüßte das besser als Peter, der schon einmal mit ansehen mußte, wie seine erste Frau Lydia spontan Widerstand leistete und dabei erschossen wurde.

Diesmal bleibt keine andere Wahl, als die Banditen nehmen zu lassen, was sie wollen – Hauptsache, der Bootsfamilie wird kein Haar gekrümmt. Peter verrät also ein Geldversteck, in dem die Banditen aber nur (umgerechnet) 250,– DM finden. Das scheint ihnen natürlich eine unerwartet geringe Barschaft für den Eigner einer so großen Yacht.

In ihrer wütenden Enttäuschung werden die fremden Männer brutal. Sie traktieren den Skipper mit Faustschlägen und Fußtritten und setzen ihm schließlich ein Messer an die Gurgel. So wollen sie unmißverständlich auch „den Rest“, wie sie es nennen, aus ihm herauspressen. Noch in dieser Notlage versucht Peter zu argumentieren. Er hätte immer nur einen Teil Bargeld an Bord. Wenn das alle sei, hole er von der Bank neues. So würden es alle Eigner machen, eben wegen der Gefahr von Überfällen.

Aber die Männer lassen sich weder beirren noch überzeugen. Sie ziehen die Fesseln strammer, stopfen dem Skipper einen Knebel in den Mund und schleppen ihn ins Vorschiff, wo sich einer der Banditen mit gezogenem Messer über ihn stellt. War die Weigerung richtig? überlegt Peter. Aber auch wenn er ihnen mehr gäbe, würden sie nicht aufhören, ihn zu bedrohen und immer wieder „den Rest“ verlangen.

Doch wenn er schweigt, haben die Banditen noch zwei Geiseln: Sohn Thomas und Frau Ann. Beide haben die Brutalitäten bisher nur mit ansehen müssen. Jetzt ist zuerst Ann dran, kaum 80 Pfund schwer und zwei schwerbewaffneten, kräftigen Banditen hoffnungslos unterlegen.

Natürlich kann sie nicht anders, als in panischer Angst zu versprechen, alle Wertsachen rückhaltlos auszuliefern, wenn die Männer ihr nur nichts antun. Und die Kerle verhalten sich auch so, als würden sie auf den Handel eingehen. Sie bedienen sich hier und dort, an jenen vielen und keinem Uneingeweihten bekannten Plätzen, wo Segler an Bord Bargeld und Wertsachen aufzubewahren pflegen. Aber je mehr die Räuber finden, um so größer wird ihre Gier. Als schließlich nichts Materielles mehr zu holen ist, wollen sie Ann selbst haben und packen sie, um sie zu vergewaltigen.

Der zu einem Bündel verschnürte Skipper, dem ein Messer an der

Kehle sitzt, muß alles mit ansehen. Die beiden anderen Tunesier versuchen, die junge zierliche Frau mit ihren groben Händen zu packen, können aber vorerst nur ihr Nachthemd zerreißen. Ann wehrt sich mit der Geschmeidigkeit und Kraft einer wilden Katze, die nicht nur um ihr eigenes Leben kämpft. Dafür handelt sie sich unzählige Hiebe mit den Waffen und Faustschläge ins Gesicht ein. Aber ihre verzweifelte Gegenwehr bewirkt schließlich, daß die Banditen in der für sie ungünstigen Enge der Kajüte von ihr ablassen. Mit ihrer Beute verschwinden sie im Schutz der dunklen Nacht.

Ann kann Peter befreien und dieser seine übel zugerichtete Frau verbinden. Die junge Chinesin hat tiefe Würgemale am Hals, einen gebrochenen Zahn und ein blaues Auge sowie zwei Dutzend Striemen kreuz und quer im Gesicht. Aber mehr noch: Sie fühlt sich in ihrer menschlichen Würde abgrundtief verletzt und schreit wie von Sinnen: „Ich wünschte, sie hätten mich getötet – aber dann könnte ich der Polizei diesen Vorfall nicht melden!“

Peter versucht vergeblich, sie zu beruhigen. Was sollen nach all dem, was die Banditen angerichtet haben, noch die Meldung bei einer örtlichen Polizeidienststelle und ein vielleicht langwieriges Verhör bewirken? Die Chancen, die Verbrecher aufzuspüren, sind gering. Die Solidarität der Einheimischen ist groß. Fremdenhaß ist stärker verbreitet, als man gemeinhin glaubt. Und der Zusammenhalt der armen Leute gegenüber „reichen“ Yachtseglern ist sprichwörtlich. Haben letztlich nicht auch die Behörden ein Interesse daran, ein solches Verbrechen zu vertuschen, weil es dem Ansehen ihres Landes schadet und Urlauber aus dem Ausland von einem Besuch abschrecken kann? So nimmt Peter zwar Meldung, Verhöre und Untersuchungen auf sich, schreibt aber resignierend an seine Freunde:

„Die uns durch Piraten und Banditen drohenden Gefahren sind größer, als manche glauben. Unliebsame Zwischenfälle mit Yachten und Touristen werden von manchen Behörden tunlichst totgeschwiegen, und auch die örtlichen Zeitungen berichten nicht darüber, weil unter einer solchen Veröffentlichung der Ruf einer Stadt oder eines ganzen Landes leiden und andere Segler oder Touristen vielleicht abgehalten werden könnten, das gleiche Gebiet aufzusuchen. Die Menschen in manchen unterentwickelten Ländern leben aber von dem Geld der Touristen, und die Regierungen benötigen deren Devisen. Von meinem Überfall in Tunesien ist trotz der mir bekannten intensiven Fahndung der örtlichen Polizeibehörden nach den Verbrechern in der Öffentlichkeit nichts bekannt geworden außer meinen eigenen Erzählungen und meinen Berichten an Freunde."

So ist die Bootsfamilie auf der L'ARTEMIS DE PYTHEAS trotz des Schreckens dieses Überfalls, trotz Anns jammervollem körperlichem Zustand und trotz Peters Selbstvorwürfen, daß er es zum zweiten Male nicht vermochte, eine junge Frau, die sich seinem Schutz anvertraut hatte, vor der Gewalttätigkeit von Piraten zu schützen, dennoch dankbar, daß sie von noch mehr Unheil verschont geblieben ist.

Auch nach diesem Überfall hat Peter Tangvald seine Meinung über Waffen an Bord nicht geändert: „Sie bringen Unheil, hätten auch diesen Überfall nicht verhindert und gehören nach wie vor nicht an Bord!"

Das Martyrium der SEVERANCE-Crew

Bei dem Überfall auf die SEVERANCE im Januar 1984 in der Karibik blieb es nicht bei einer Androhung der Vergewaltigung. John Hutchinson, 47, ein britischer Concorde-Pilot, und seine Frau Susan, 47, bis zu ihrer Heirat Lehrerin für Krankenpflege, hatten zur Feier ihrer Silberhochzeit in Antigua den Seekreuzer SEVERANCE mit dessen Eigner Pat Tisdall als bezahltem Skipper und dessen Freundin Sue Northcote als Köchin gechartert.

Erwartungsvoll landete das Charterpaar an einem sonnigen Januartag auf dem Inselflugplatz, wurde von der Crew an Bord willkommen geheißen und verbrachte eine ruhige Nacht in English Harbour, der immer noch guterhaltenen Flottenbasis aus Nelsons Zeiten. Am übernächsten Tag verließ die SEVERANCE ihren Liegeplatz und segelte bis zur Deep Bay, einem landschaftlich schönen und ebenfalls vor allen Winden sicheren Ankerplatz. Fünf andere Yachten waren bereits da, als der Anker der SEVERANCE fiel, und nach einem Barbecue in der Plicht gingen beide Paare gegen 2130 Uhr in die Kojen. Nach einem so ruhigen und friedlichen Abend freuten sie sich auf eine erholsame Nacht.

Aber kurz nach Mitternacht gab es ein schreckliches Erwachen: Das Schiebeluk der Kajüte wurde aufgebrochen, und als sich John Hutchinson schlaftrunken aufsetzte, wurde er vom Strahl einer Taschenlampe geblendet und spürte die Mündung eines Revolvers an seiner Schläfe. Susan erstarrte vor Schreck, als ihr irgendjemand ein Messer an die Kehle hielt.

Erst langsam dämmerte es den beiden Chartergästen, daß sie von zwei

Farbigen bedroht wurden, die schwimmend an Bord gekommen und in die Kajüte eingedrungen waren. Von Alkohol und Drogen enthemmt brüllten die Fremden: „Wo ist das Kokain? Gebt eure Waffen her! Heraus mit euren Drogen!" Der ältere der beiden Räuber hatte derweil den Siegelring von Johns Finger gezogen und Susans Armbanduhr in die Taschen einer braunen Militärbluse gesteckt. Dann fesselten die Farbigen John und Susan an Händen und Füßen, zerrten den Skipper Pat Tisdall in den Salon, wo sie ihn an den Mast banden, und verschnürten Sue Northcote zu einem hilflosen Bündel in der Kajüte. Anschließend lichteten sie den Anker, starteten den Motor und fuhren die SEVERANCE auf die freie See hinaus. Auf den anderen Booten hatte niemand diesen Überfall bemerkt.

Fast eine Stunde lang hatten John und Susan, die gefesselt nebeneinander in der Kajüte lagen, Zeit und Gelegenheit, über die Geschehnisse nachzudenken und, vor allem, sich die weitere Entwicklung vorzustellen. Susan war sicher, daß die beiden Räuber sie vergewaltigen würden. Auch John war überzeugt, daß seiner Frau eine solche Tortur nicht erspart bleiben würde. Aber welche Motive hatten die beiden Entführer der Yacht sonst noch für diesen Überfall? Wollten sie die Yacht stehlen? Wollten sie mit ihr Drogen schmuggeln? Würden sie die vier Menschen, die sie in ihre Gewalt gebracht hatten, lebend oder tot über Bord werfen?

Der Pilot und die ehemalige Krankenschwester hatten in ihrem Leben gelernt, wie man sich in einer für sich und andere gefährlichen Situation verhält: äußerlich gelassen und ruhig. Und so entschieden sie gemeinsam, daß es am besten war, wenn sie bei allem, was auf sie zukam, so gefügig wie möglich blieben, keinen Widerstand leisteten, sich möglichst passiv verhielten und dabei scharf beobachtend auf mögliche Vorteile oder eine plötzliche Chance zur Befreiung warteten.

Etwa vier Meilen vor der Küste stellten die Gangster den Motor ab und ließen die SEVERANCE mit ihrem Beiboot im Schlepp vor Topp und Takel treiben. Dann kamen sie in die Kajüte und fragten Susan höhnisch: „He, du dumme Gans, hast du's schon einmal mit einem schwarzen Mann getrieben?" Susan antwortete nicht. Die fremden Männer zerrten den gefesselten John in den Salon, stellten ihn an den Mast und zurrten ihn dort neben Skipper Pat fest. Dann kehrte der größere und ältere der beiden zu Susan in die Kajüte zurück, schlitzte mit seinem Messer ihr Nachthemd auf und stülpte ihr eine Plastiktüte über den Kopf. Vor Angst, sie könne in dieser engen Hülle ersticken, schrie sie auf und bettelte, er möge ihr wenigstens genügend Luft zum Atmen geben. Der Gangster machte aber nur zwei kleine Schlitze mit dem Taschenmesser. Anschließend zerschnitt er ihre Fußfesseln, und dann war Susan dem brutalen Mann fast eine Stunde lang hilflos ausgeliefert.

Als es dem anderen zu lange dauerte, kam er in die Kajüte zurück und fragte seinen Kumpan: „Hey , Mann, bist du noch immer nicht fertig?“ Dann legte er seine Waffe auf die Koje, zog sich aus und verging sich ebenfalls an der gefesselten Seglerin. Schließlich löste man Susans Fesseln und schickte sie an Deck, damit sie sich waschen konnte. Mit einer Schot um den Bauch sprang sie über Bord, kletterte anschließend über die Badeleiter wieder an Deck und kehrte zu den anderen drei Gefesselten in den Salon zurück. Sie war immer noch ungemein beherrscht und versuchte, eine Situation zu schaffen, in der sie die beiden Männer außer Gefecht setzen konnte.

Der größere der beiden Piraten, den der andere Jack nannte, hockte derweil zusammengesunken am Fußboden der Kombüse, betrunken und voller Drogen. Susan kniete sich zu ihm, legte den Arm um ihn und spielte ihm zärtliche Anteilnahme vor. Da sie immer noch nackt war, wuchs das Vertrauen des Gangsters zu ihr, und er erlaubte schließlich, daß Sue als angebliche Krankenschwester ihm Medikamente aus der Bordapotheke holen durfte.

So verlor auch Sue ihre Fesseln, und beide Frauen konnten sich jetzt in der Kajüte frei bewegen. Als Susan nach ihren Kleidern suchte, um sich wieder anzuziehen, gelang es ihr, das große Brotmesser aus dem Besteckfach der Kombüse zu nehmen und an ihrem Körper zu verstekken. In den folgenden drei Stunden – die Männer waren noch immer an den Mast gefesselt – saßen die beiden Piraten, stets eine Waffe im Anschlag, mit den beiden Frauen um den Kajüttisch: die Verbrecher offenbar unschlüssig, wie es während der Nacht weitergehen sollte; die beiden Frauen in Erwartung einer günstigen Gelegenheit, um ihre Männer zu befreien und den furchtbaren Spuk unblutig zu beenden. Es wurde eine lange Wartezeit.

Als John schließlich um etwas zu trinken bat, lösten die Piraten die Leine, mit der sie seinen Hals an den Mast gebunden hatten; danach erlaubten sie ihm sogar, zur Toilette zu gehen, und banden hierzu seine Füße los. Gehorsam legte sich John anschließend bäuchlings auf eine der Kojen; ihn neuerlich zu fesseln, vergaßen die Piraten.

Als der Morgen graute, banden sie auch Skipper Pat los und forderten ihn auf, die SEVERANCE in die Deep Bay zurückzufahren. Dort fiel gegen

0645 Uhr der Anker, und der kleinere der beiden Täter, der auf den Namen Cox hörte, setzte sich ins Dingi und ruderte zum nahen Ufer. In der Zwischenzeit bewachte Jack mit einer abgesägten Schrotflinte die Crew; er sagte: „Cox wird in wenigen Stunden zurück sein. Wir werden dann Waffen und Rauschgift einladen und mit euch zu einem längeren Seetörn auslaufen."

Kein Zweifel also: Die Yacht sollte zum Drogenschmuggel mißbraucht werden. Wenn es überhaupt eine Möglichkeit zur Befreiung gab, dann jetzt, weil nur *ein* Pirat an Bord und zu überwältigen war.

So begann John plötzlich in seiner Koje zu jammern und zu stöhnen, und Susan weinte und bettelte, daß Jack ihr gestatten möge, eine Arznei aus dem Medizinschränkchen zu nehmen. Der Pirat erlaubte es, und als Susan John die Tabletten reichte, steckte sie ihm das Brotmesser zu. Jetzt simulierte John einen Herzanfall und wand sich vor Schmerzen wegen seiner vermeintlichen Fesselung. Als er Pirat sich über ihn beugte, um die Leinen zu zerschneiden, richtete sich John plötzlich auf und hielt ihm das Messer vor die Brust. Während Susan ans Seefunkgerät stürzte und Mayday rief, überwältigte John den Räuber und entwaffnete ihn.

Nun ging alles Schlag auf Schlag: Eine große Motoryacht stoppte neben der SEVERANCE, und mit ihrem Beiboot kamen drei Personen der Crew, alle bewaffnet, auf den Seekreuzer hinüber. In der Zwischenzeit hatten sich hunderte Einwohner am Strand versammelt, als Susan mit dem Beiboot ankam und von dort mit einem Auto ins Krankenhaus fuhr. Die Polizei des Inselstaates benötigte jedoch fast drei Stunden, ehe sie am Ankerplatz eintraf und zuerst Jack und später Cox festnahm. Ihre Ermittlungen ergaben, daß beide Täter Besucher aus Jamaika und keine Einwohner der Insel Antigua waren.

Das Ehepaar Hutchinson setzte diesen so schrecklich begonnenen Chartertörn nicht fort. Pat Tisdall, der Eigner der Charteryacht, versorgte sich anschließend mit einem Gewehr, um sich gegen neuerliche Überfälle verteidigen zu können. Er bereute, daß er sich nicht vorher bewaffnet hatte. Aber wäre der Überfall dann glimpflicher abgelaufen?

Gefährliche Karibik

Winter und Frühjahr sind herrliche Zeiten für das Segeln in der Karibik: Es herrschen ideale Windverhältnisse bei täglich lachender Sonne und wolkenlosem Himmel, und es gibt traumschöne, einsame Buchten, in denen man sich wie im Paradies fühlen kann. Wenn Liebhaber dieses Reviers, zu denen auch ich gehöre, jedoch behaupten, es gäbe dort nur zwei wirkliche Gefahren für den Segler, nämlich den Planter's Punch und den Sonnenbrand, dann haben sie leider nur noch zum Teil recht: Piratenüberfälle stellen eine wesentlich größere Gefahr dar.

So berichtet zum Beispiel das Schweizer Seglerehepaar Yvonne und Erich Läuffer, das auf seiner Weltumsegelung mit der Stahlketsch HAPPY DAYS im Frühjahr 1984 die Karibik besuchte, von einem anderen Überfall an der Küste Antiguas. Ebenfalls kurz nach Mitternacht überfielen zwei Gangster am Ankerplatz in der Five Islands' Bay die beiden Schlafenden in ihren Kojen. Die Alarmanlage, die die beiden Piraten beim Anbordkommen ausgelöst hatten, und die Rufe und Schreie des Ehepaars hielten die Eindringlinge nicht davon ab, zuerst auf die Besatzung zu schießen und dann, als die Waffen offenbar streikten, im Handgemenge mit Eisenstangen auf sie loszugehen.

Yvonne und Erich Läuffer wehrten sich und wurden dabei schwer verletzt. Es gelang ihnen jedoch, sich im Vorschiff hinter einer stählernen Schottür in Sicherheit zu bringen. Als sich die beiden Gangster dann am Motor zu schaffen machten, um mit der Ketsch den Ankerplatz zu verlassen, konnte der Skipper eine versteckte Waffe erreichen und die beiden Verbrecher von Bord vertreiben. Die Verletzungen der beiden Trans-Ozean-Segler mußten im Krankenhaus behandelt werden.

Wie das Ehepaar Läuffer berichtet, waren kurz zuvor auch andere Segler in derselben Bucht von offenbar denselben Gangstern überfallen und bedroht worden. Die Polizei verhaftete sie nach einer Anzeige, ließ sie aber gegen Kaution wieder frei.

Die wichtigste Erfahrung des Schweizer Seglerpaares: In einer Bucht nicht allein ankern! Zumindest ein Hotel sollte am Strand stehen. Bei Nacht die Luken schließen, auch wenn es warm ist, damit sich Eindringlinge durch Geräusche von außen rechtzeitig bemerkbar machen. Dringen Einbrecher dennoch in die Kajüte vor, muß man sich auch unter Deck wehren können und hierzu frühzeitig eigene Verteidigungsmethoden entwickeln.

Da das Mitführen und Tragen von Waffen vielerorts verboten ist und mitgeführte Waffen meistens an Land in Verwahrung gegeben werden müssen, sollte man einsame Ankerplätze, an denen man noch dazu nachts allein ist, nicht aufsuchen.

Bleiben wir bei den Gefahren der Karibik: Am 11. Juli 1981 wurde der

Seekreuzer Cheers in der Friendship Bay von Bequia überfallen. Bei Nacht griff ein mit einer Machete bewaffneter Eingeborener den Skipper Jim Holman an und verletzte ihn durch Stiche in Bauch und Rücken schwer. Die Bordfrau Betsy Hitz konnte sich gegen die Versuche des nackten Mannes, sie zu vergewaltigen, erfolgreich wehren. Sie mußte aber mit ansehen, wie alles Geld und sämtliche Wertsachen gestohlen wurden.

Am 25. August 1981 wurden der Franzose Michel Virlogeoux und seine Freundin auf ihrem Seekreuzer Perrik am Ankerplatz in der Bucht Deux Pitons auf San Lucia überfallen. Zwei Gangster kamen kurz nach Mitternacht und versuchten, die junge Französin zu vergewaltigen. Skipper Michel wurde durch laute Hilferufe aus dem Schlaf gerissen und fand seine blutüberströmte Freundin im Vorschiff. Die mit Macheten bewaffneten Einheimischen ergriffen die Flucht. Die schwerverletzte Bordfrau wurde in ein Krankenhaus gebracht, wo die tiefen Schnittwunden am Hals und an einer Hand genäht werden mußten.

Als der Skipper die Perrik nach Fort de France weitersegelte, um auf einheimischem Territorium Anzeige zu erstatten, erntete er bei der französischen Polizei nur Achselzucken: Die Körperverletzung seiner Bordfrau und der Diebstahl von immerhin 20 000 Francs reichten nicht einmal aus, um wenigstens ein Protokoll aufzunehmen. Gegenüber solchen Anzeigen von Yachtseglern hat die Polizei nach seiner Meinung längst resigniert. Sie sagte ihm: „Warum sollen wir uns die Arbeit machen? Wir erwischen diese Verbrecher ja doch nicht!"

Glücklicherweise scheinen nicht alle Sicherheitskräfte auf den karibischen Inseln, die ja – bis auf die französischen Besitzungen – souveräne Staaten mit eigener Gerichtsbarkeit sind, die gleiche Meinung zu haben und in passive Bequemlichkeit zu verfallen. Den Überfall auf den deutschen Trans-Ozean-Segler Hans Herbert Schwarz, 48, jedenfalls beantworteten die Behörden von Dominica mit schneller Aufklärung und drakonischen Strafen. Mit seinem Seekreuzer Corinna lag Schwarz in der Bucht von Portsmouth vor Anker. Der Vater von zwei erwachsenen Töchtern hatte drei Jahre vorher den Atlantik überquert und hielt sich seit dieser Zeit in der Karibik auf. Mit ihm an Bord war ein junges Mädchen, das er von der französischen Insel Guadeloupe mitgenommen hatte, wo es Freunde besucht und Urlaub gemacht hatte. Die Prince Rupert Bay, zu der der Ankerplatz gehörte, ist für Yachtsegler nicht ungefährlich. Schon oft ist vor der Aggressivität der Einwohner, die ich selbst bei meinem dortigen Besuch 1978 und 1979 erleben mußte, gewarnt worden. Auch Schwarz wußte sicherlich davon, übersah aber wohl bewußt diese Warnungen. So wurde ihm Vertrauensseligkeit zum Verhängnis: In den frühen Morgenstunden eines Sonnabends, am 18. 1. 1986, überfielen Fagan John Hope, 24, und Orlando Dinnard, 18, aus Portsmouth den vor Anker liegenden Seekreuzer, erschossen den Eigner und vergewaltigten seine Mitseglerin. Die Polizei nahm schon wenige Stunden später die beiden Täter fest, die am 28. Januar vor Gericht gestellt wurden. In dem Prozeß, der acht Tage dauerte, präsentierte der Ankläger Desmond Christian 16 Zeugen. Die aus fünf Männern und vier Frauen bestehende gemischte Jury beriet zweieinhalb Stunden, ehe sie die beiden jungen Männer für schuldig erklärte. Richterin Monica Joseph verurteilte die beiden Mörder zum Tode durch Erhängen. So tragisch der Anlaß, so beeindruckend war das Verfahren, in dem auch der ärmste dieser Karibikstaaten demonstrierte, wie sehr er an der Sicherheit der Yachtsegler, die vertrauensvoll seine Küsten besuchen, interessiert ist.

Leider ist dies nicht überall und immer der Fall. So konnte zum Beispiel der Täter entkommen, der im Januar 1982 den Engländer Mike Crocker, Eigner und Skipper des Seekreuzers NYN, auf einem Ankerplatz vor Port of Spain in Trinidad tötete. Mit ihm, seiner Frau und einem befreundeten Ehepaar hatte die NYN von den Kanarischen Inseln aus den Atlantik überquert und zum ersten Mal an der Küste Südamerikas geankert. Nach der gelungenen Trans-Ozean-Reise freute sich die Crew auf einen erholsamen Schlaf. Es wurde jedoch eine schreckliche Nacht. Ein Einwohner des karibischen Inselstaates schwamm in der Dunkelheit auf die NYN hinüber, und als er bei der Suche nach Geld und Wertsachen vom Skipper ertappt wurde, erdrosselte der Räuber Mike Crocker vor den Augen der Besatzung. So endete das Leben eines Londoner Geschäftsmannes, der seine Läden verkauft hatte, um mit der NYN in zehn Jahren um die Welt zu segeln, schon nach der ersten Etappe seiner Traumreise.

Der Wächter in der Plicht

Gesundes Mißtrauen an einem unbekannten Ankerplatz ist unverzichtbar, und bei einer mehrköpfigen Crew ist es eigentlich selbstverständlich, während der Nacht einen Wächter in die Plicht zu setzen, wenn man sich nicht sicher fühlt. Seine wichtigste Aufgabe wird darin bestehen, einen möglichen Überfall zu melden, bevor in dunkler Nacht ein Boot oder ein Schwimmer in die Nähe der Yacht kommen. Wenn der Wächter seine Anwesenheit durch Licht oder Geräusche schon weit vor dem eigentlichen Entern der Bordwand anzeigen kann, werden die meisten Seeräuber ihren verbrecherischen Plan wohl aufgeben.

Als zum Beispiel im Mai 1981 Jan Heinze mit seiner 9,30 m langen LINDA ESPERANZA in der Anse Chastanet auf San Lucia vor Anker ging, fühlte er sich dort sicher; denn es lagen bereits zwei andere Yachten vor dem Strand. Deren Besatzungen waren jedoch nur zu einem Badeaufenthalt gekommen und segelten bei beginnender Dunkelheit wieder davon. Heinze war auf dieses schnelle Ankerlichten nicht vorbereitet. So mußte er sich auf andere Art für eine Nacht wappnen, die vielleicht gefährlich werden konnte.

„Ich legte mich, ausgerüstet mit Tauchermesser, Machete, Knüppel, Revolver und Scheinwerfer, ins Cockpit", erzählt er. „Die Familie war unter Deck. Mitten in der Nacht sah ich dann am Strand einige Schatten hin und her huschen, die mit Taschenlampen Lichtzeichen gaben. Plötzlich hörte ich auch ein Motorboot." Der Spuk dauerte bis zum Morgengrauen. Jan Heinze mußte nicht eingreifen – aber zumindest sorgte er durch seine Verteidigungsbereitschaft dafür, daß die Crew ungestört schlafen konnte.

Viele Eindringlinge, die auf frischer Tat ertappt werden, lassen sich aber gar nicht einschüchtern. Sie bleiben sogar an Bord, wenn sie mit Waffen bedroht werden, da sie einem Skipper einen Schuß aus einem Revolver einfach nicht zutrauen. So erging es zum Beispiel dem amerikanischen Seglerehepaar Allen und Betsy Force, die am 17. August 1986 mit ihrem 13,5-m-Seekreuzer REVENGE vor Plum Beach an der Westspitze der Karibikinsel St. Maarten ankerten. Bei klarem Wetter und Vollmond waren Allen und Betsy früh in die Koje gegangen, weil sie im ersten Licht die Überquerung der Anegada Passage beginnen wollten.

„Gegen 2230 Uhr wurde ich durch Geräusche wach", erzählt Allen Force. „Um nachzusehen, woher der Lärm kam, ging ich von unserem Schlafplatz im Vorschiff durch den Salon an Deck. Betsy steckte in dieser Zeit ihren Kopf aus dem Vorluk, stieß einen erschreckten Schrei aus und rief: ‚Da klettert ein Mann über den Bugspriet an Bord!' Ich trat einige Schritte zurück, griff mir meine 9-mm-Pistole, die seit vielen Jahren in einem Notrack am Niedergang hing, und rief dem Eindringling in der Dunkelheit zu: ‚Halt! Keinen Schritt weiter! Ich habe eine Pistole in der Hand und werde schießen!'

Aber als ich dann mit meiner Waffe an Deck stand, machte meine Verteidigungsbereitschaft auf den Eindringling keinen Eindruck. Er hatte in der Zwischenzeit das Deck erreicht und stand nun wenige Meter entfernt mit verschränkten Armen vor mir. ‚Ich dachte, dies ist das Boot meines Freundes', sagte er ganz ruhig, ‚das Boot von Pierre. Habe ich mich geirrt?'

Sein Selbstbewußtsein machte mich unsicher. Ich schob das Magazin hörbar in die Waffe, legte sie auf ihn an und forderte ihn auf, die REVENGE sofort zu verlassen. Aber stattdessen trat er zwei Schritte auf mich zu und sagte leise: ‚Kein Problem, mein Herr, wenn Sie wollen, gehe ich wieder!' Und er kam noch einen Schritt näher.

Ich hob die Pistole, zielte auf seinen Kopf und sagte: ‚Wenn Sie noch einen einzigen Schritt tun, schieße ich Ihnen drei Löcher in Ihren Kopf. Ich meine es ernst!' Der Mann blieb stehen, machte aber keine Anstalten, sich von mir zu entfernen oder dorthin zu gehen, woher er gekommen war – ins Wasser. Ich war gerade dabei, die Waffe zu entsichern, als hinter mir das dumpfe Bellen unserer ausgewachsenen englischen Bulldogge Igor ertönte, die schon seit langer Zeit zu unserer Besatzung gehört und sich nun auf ihre Art in die Diskussion einschaltete.

Meine Drohung mit der Waffe hatte nichts bewirkt. Aber Igor veränderte die Situation: Den Hund hören, seinen bulligen Körper schemenhaft hinter mir entdecken und mit einem kühnen Satz die Sicherheit des Wassers und das Weite zu suchen, war eins für den Eindringling. Wie von Furien gehetzt kraulte der Mann zum Strand zurück."

Haben Yachten für die Nacht die Badeleiter hochgeklappt und das Beiboot an Deck genommen, dann kann ein Schwimmer mit unlauteren Absichten das hohe Freibord zwar nicht vom Wasser aus überwinden, aber er kann, wenn er sportlich und kräftig genug ist, über die Ankerleine an Deck klettern. Hat man jedoch alle Luken und Fenster durch kräftige Vorreiber sicher verschlossen, dann ist natürlich der Zugang zu den Innenräumen und weiteres Unheil für die Besatzung erst einmal abgewehrt. Aber damit hat man, wenn der Überfall während des Tiefschlafs der Crew und auf leisen Sohlen erfolgt, die Decksausrüstung jedem Eindringling freigegeben. Viele Räubergangs beschränken sich daher auf die Plünderung des Decks, wo man mit Beiboot und Außenbordmotor, Tauwerk und Fendern nicht weniger wertvolle und verkaufsfähige Bootsteile entwenden kann als in den Innenräumen.

Ich erlebte an meinem Ankerplatz in der Blue Lagoon von St. Vincent 1978, wie eine aufgebrachte bayerische Chartercrew schon am zweiten

Tag ihres Segelurlaubs zum Stützpunkt zurückkehrte, weil in der berüchtigten Cumberland Bay bei Nacht das Schlauchboot von Deck gestohlen worden war. Das war kein Einzelfall.

Die erste, spontane Überlegung, was denn die armen Einwohner dieser Insel mit einem so hochwertigen und yacht-typischen Beiboot anfangen sollten, wenn vielleicht sogar die örtliche Polizei danach fahndete, wurde mir schon wenige Tage später beantwortet: Als wir in einer anderen Bucht vor Anker lagen und gegenseitiges Zutrauen zu einigen halbwüchsigen Einheimischen hergestellt hatten, die uns mit Früchten versorgten, nahmen sie uns zu ihrer Behausung mit und boten uns ein festes Dingi sowie zwei Fender zum Kauf an. Während wir noch über dieses Angebot staunten, sagten sie ganz ohne Arg: „Das Boot haben wir auf See treibend gefunden, und die Fender sind am Strand angetrieben." Wer wollte ihnen das Gegenteil beweisen? Nun, wir kauften nicht, aber der nächste Skipper schlug ein so preisgünstiges Angebot, vor allem falls er selbst sein Beiboot eingebüßt hatte, sicherlich nicht aus.

Bordhunde können nützlich sein

Gegen solche Art von Diebstahl ist natürlich ein Bordhund der ideale Wächter, auch wenn Hunde an Bord eigentlich nicht zu empfehlen sind. In den meisten Staaten dürfen sie nicht mit an Land genommen werden. An Bord haben sie nicht genügend Auslauf, es sei denn, sie schwimmen gern – wie manche Neufundländer – und verschaffen sich die nötige Bewegung rund um das Boot im Wasser. Bei längeren Seetörns sind sie jedoch nicht zu beneiden. In einer Situation, wie sie die Crew der REVENGE erlebte, ist ein Hund jedoch unbezahlbar.

„Dank meiner Bulldogge Igor wurde ich der gräßlichen Entscheidung enthoben, entweder den Eindringling niederzuschießen oder auf die Verteidigung mit der Waffe zu verzichten", schließt Allen Force seinen Bericht. „Beides hätte ich nicht gewollt. Schon viele Leute haben uns für verrückt gehalten, weil wir einen so großen Hund als Bordkameraden besaßen. Aber durch sein so selbstverständliches Eingreifen in dieser verzwickten Situation hat er seinen Schlafplatz an Bord bis zum Ende seiner Tage verdient."

Heutzutage nehmen viele Besatzungen Haustiere auch auf Langfahrten mit, aber die wenigsten können einen ähnlichen Schutz gewähren wie die Bulldogge Igor. Auf einem Seekreuzer von 13,5 m Länge, wie es die REVENGE war, findet zumindest ein kleinerer Hund genügend Bewegungsfreiheit – und kleinere Hunde müssen ja nicht weniger angriffslustig und laut sein als ihre großen Artgenossen.

Die Heldentat eines solchen kleinen Hundes erlebte ich an einem Ankerplatz unweit der Seglermetropole Newport an der nordamerikanischen Atlantikküste und in einem eigentlich überfallsicheren Seegebiet. Hier lag im Mai 1979 in einem Anker- und Bojenfeld mit 70 amerikanischen Yachten unmittelbar neben der Marina von East Greenwich der deutsche Seekreuzer ANDROMEDA, ein 15 m langer deutscher Glattdecker aus Mahagoni. Der Bordhund, ein kleiner schwarzer Spitz, hieß Zwockel. Eigner Jochen Scheidt hatte ihn zwei Jahre vorher aus einem Tierheim geholt, und der kleine Spitz hatte bei Atlantiküberquerungen richtige Seebeine bekommen. Sein Schlafplatz lag an Deck in einer Backskiste am Heck und hatte einen gegen Wind und Seegang geschützten Eingang. Wegen der steilen Niedergangstreppe zur Kajüte konnte Zwockel niemals in die Innenräume gelangen, was er aber auch nicht entbehrte. Denn nur an Deck konnte er sich ungehindert tummeln, und dieses Revier verteidigte er mit Gebell, Krallen und Zähnen gegen jeden Fremden.

In einer Mainacht 1979 räumte eine Gang von etwa zehn Verbrechern mit zwei Lastwagen an Land, zwei Booten auf dem Wasser und einem weiteren Dutzend Helfern über 60 der großen Yachten aus, die vor East Greenwich auf Reede lagen. Sie alle waren unbesetzt, und die Beute an elektronischen Geräten und anderen Wertsachen war groß.

Jochen Scheidt und seine Frau, die in ihren Kojen schliefen, vernahmen von diesen Überfällen nichts. Nur Zwockel schien stumm, aber zumindest mit gespitzten Ohren das Geschehen rundum verfolgt zu haben. Als schließlich auch die ANDROMEDA an der Reihe war, ein Boot mit vier Männern anlegte und der erste Einbrecher barfuß an Deck stand, während zwei andere Männer sich an der Seereling festhielten, war Zwockel zur Stelle. Wie eine Furie schoß der schwarze Kerl im Nachtdunkel knurrend aus seinem Versteck heraus, bohrte seine spitzen Zähne in die Beine des an Deck stehenden Einbrechers und biß in die Hände der anderen. In panischer Angst sprang der eine Mann ins Wasser, und vor Schreck setzten die anderen ihr Beiboot ab. Als schließlich Jochen Scheidt noch schlaftrunken an Deck stand, waren die Einbrecher längst verschwunden. Was wäre passiert, wenn Zwockel nicht eingegriffen hätte und das deutsche Seglerpaar unerwartet vier Einbrechern in der Kajüte gegenübergestanden hätte?

Hunde an Bord ist ein Thema für sich, das hier nur angerissen werden kann. Ein Bordhund ist aber auch nützlich, wenn man bei Tag das Schiff verläßt und er nicht mitkommen darf. So regte sich zum Beispiel die Ehepaarcrew der amerikanischen TRITON über die Unverfrorenheit von Dieben auf, die ihren 14-m-Seekreuzer bei einer nur zweistündigen Abwesenheit am hellen Vormittag am Ankerplatz vor dem Yachthafen der Grenada-Hauptstadt St. George heimsuchten.

„Unser Boot lag 1986 auf der Yachtreede vor der Marina“, berichten Jack und Jean Slasor, „und wir verschlossen alle Zugänge, als wir gegen 0900 Uhr morgens ins Beiboot stiegen und den kurzen Weg zur Stadt hinüberfuhren, um in einer Bank Geld einzuwechseln. Nach einigen Einkäufen kamen wir gegen 1100 Uhr zurück und fanden die TRITON aufgebrochen. In der Kajüte sah es wie nach einem Erdbeben aus. Backskisten waren ausgeräumt, Schubladen herausgezogen und geleert worden und alle Winkel unseres Bootes hatte man sorgfältig durchsucht. Der Einbrecher war offenbar vom Ufer herübergeschwommen, denn man sah überall nasse Fußspuren und kleine Wasserlachen. Wir waren betroffen von der Frechheit, mit der ein Dieb am hellichten Tag, mitten unter einem Dutzend anderer Yachten, zu Werk gegangen war. Glücklicherweise fand er nur meine Armbanduhr, nicht aber unser Geldversteck und vor allem nicht Jeans Schmuckkästchen, so daß sich unsere materiellen Verluste in Grenzen hielten.“ Ein Bordhund hätte die Nachbarn mit seinem Gebell alarmiert.

Was das Beiboot verrät

Von so frechen Überfällen bei Tag hört man auch auf anderen Ankerplätzen. So berichtet Horst Krömker, der mit dem Seekreuzer TEUTONIA im März 1988 nicht weit von der zuvor erwähnten REVENGE ankerte: „Wir sind immer noch in der Simson Bay Lagoon auf St. Maarten. Hier ist es momentan nicht so rosig. Es wird viel eingebrochen und geplündert. In den letzten drei Monaten sind viele Schiffe ausgeraubt worden. Uns selbst ist eine Werkzeugkiste im Wert von fast 1000 DM gestohlen worden, und das am hellichten Tag um 0900 Uhr morgens. Wenn es so weitergeht, kann man St. Maarten bald vergessen. Schade, es gibt hier so vieles zu kaufen, was man nirgendwo anders so preiswert erwerben kann.“

In der Nacht jenes Tages im Frühjahr 1986, als die TRITON auf der

Reede von St. George überfallen wurde, enterte ein Dieb auch die in der Nachbarschaft verankerte CIRRUS II. Der Eindringling glaubte sich aus einem ganz bestimmten Grund unbeobachtet und sicher, denn an der Yacht hing kein Beiboot. Was er nicht wußte: Die Crew der CIRRUS II hatte ihr Beiboot zur Nacht an Deck genommen. Da also kein Dingi am Heck festgemacht war, hätte man erfahrungsgemäß annehmen können, die Crew sei noch mit dem Beiboot an Land.

Als Skipper Bob nachts durch Lärm wach wurde, sah er einen farbigen Mann im Halbdunkel der Kajüte stehen und dort die Wäschefächer ausräumen. „Der Kerl glaubte sich offenbar allein an Bord“, erzählt Bob. „Er war in einem gestohlenen Dingi gekommen, verließ aber fluchtartig die Kajüte, als er meiner ansichtig wurde, und sprang ins Wasser, um schwimmend zu flüchten.“

Das Beiboot am Heck als Beweis, daß die Besatzung an Bord ist, narrte mich mehrmals im Februar 1979 auf der Yachtreede von Castries, der Hauptstadt von St. Lucia. Hier ankerte der Seekreuzer des uns bekannten deutschen Ehepaars Friedrich, das wir an Bord besuchen wollten. Da das Beiboot an einer kurzen Leine am Heck hing, mußten wir annehmen, daß jemand zu Hause war. So fuhren wir von unserem CORMORAN mit dem eigenen Dingi hinüber. Es war aber nicht nur niemand an Bord, die Yacht war offenbar schon seit Wochen unbewohnt. Wie wir später erfuhren, war das Eignerpaar für einige Wochen nach Deutschland zurückgekehrt. Das Deck des Seekreuzers war in der Zwischenzeit von Staub und Möwendreck verschmutzt, das aufblasbare Gummiboot hatte bereits den größten Teil seiner Luft verloren und war zu einer traurigen Form zusammengeschrumpft. Aber aus der Entfernung einiger Bootslängen und besonders vom Ufer aus spiegelte es doch einen Zustand des Bewohntseins vor.

Wir haben uns diesen Trick gemerkt und später immer ein kleines, billiges Zweitdingi achteraus gehängt, wenn wir zum Einkaufen an Land oder zum Besuch bei Nachbarn von Bord gingen.

Riskante Gastfreundschaft

Wenn man am Ankerplatz einklariert, läßt es sich nicht vermeiden, daß mit den Behördenbooten eine Vielzahl von Personen an Bord kommt, die sich alle an Deck wie in der Kajüte genau umsehen können. Nicht immer sind es dazu berechtigte Grenzpolizisten, Zollbeamte, Hafenarzt, Hafenmeister und andere offizielle Vertreter; oft sind es nur zudringliche Besucher, Agenten oder Händler, deren Ansinnen man ihnen vorher nicht ansieht und die man daher nicht unfreundlich abwimmeln kann oder darf. Wurden wir an Bord unseres Bootes der einen oder anderen Gruppe gegenüber mißtrauisch, dann legten wir bei der unverbindlichen Unterhaltung einfach unsere Sternsignalpistole mit dem respektablen Kaliber 38 mm auf den Tisch und fingen an, sie ostentativ zu reinigen. Diese Waffe macht mächtigen Eindruck auf Besucher. Eine wie nebensächliche Bemerkung über ihre Wirkung hat sicherlich in mehr als einem Fall bewirkt, daß mutmaßliche Diebe und Räuber unter den Besuchern auf einen Überfall verzichteten.

Vielen Yachtseglern wurde zu große Vertrauensseligkeit zum Verhängnis. So berichtet zum Beispiel Manfred Hausner, als er die Inseln Del Rey und San José vor der Pazifikküste Panamas besuchte: „Wir waren noch etwas von San José entfernt, als wir eine Yacht aus einer Bucht kommen und Richtung Süden segeln sahen. Es war das holländische Boot ENPASSANT, jetzt auf dem Weg nach den Galapagos, dessen Crew zwei Nächte zuvor das Opfer eines Überfalls geworden war: Das holländische Seglerehepaar Max und Yvonne Postma ankerte vor der Nachbarinsel Del Rey bei dem Dorf Esmeralda, nahe Punto de Cocos. Am Nachmittag luden sie einige Neger auf ein Bier ein. Den Grund kennen wir nicht, vielleicht stand die Aktion unter dem Motto: Sei freundlich zu den Eingeborenen!

Diese Freundlichkeit wurde aber nicht erwidert. Noch am selben Abend, während das ältere Ehepaar im Cockpit saß und beim Schein einer Lampe las, näherten sich unbemerkt zwei Auslegerkanus mit vier Schwarzen, die mit Pistolen und Messern bewaffnet waren. Die Holländer wurden gefesselt und die Yacht um einen neuen Außenborder, 500 Dollar Bargeld, Uhren, den gesamten Zigarettenbestand und einen Fotoapparat erleichtert. Nachdem die Beute in den Kanus verstaut war, wurden der Frau die Fesseln etwas gelöst, und die Bande verschwand wieder. Am nächsten Morgen wollten Max und Yvonne nichts wie weg und meldeten auch nicht den Vorfall den Behörden, was weiteren Überfällen dort fast den Weg ebnen dürfte."

Hinterher ist man natürlich immer schlauer, aber ein vorsichtiges Verhalten lernt man nur, wenn man möglichst viele mögliche Gefahren kennt. Ich erinnere mich mit Unbehagen an eine Situation am Ankerplatz, die eigentlich in ganz zivilisierten Gewässern eintrat und dennoch unbehagliche Hilflosigkeit auslöste:

Auf dem Weg durch die Ionischen Inseln erreichte unser Cormoran am 21. 8. 1985 gegen 1330 Uhr die abgelegene Bucht Ormos Valtou im Grenzgebiet der griechisch-albanischen Festlandküste. In den Jahren davor hatten wir schon einige Male hier geankert und jeweils eine Nacht übergelegen, denn wir genossen die Einsamkeit dieses Geheimtips unberührter, menschenferner Abgeschiedenheit. Wir hatten jedoch immer mindestens eine weitere Yacht als Nachbarn gehabt, wenn wir vor diesem schmalen griechischen Uferstreifen mit dem albanischen Hochgebirgsland dahinter übernachteten.

Der schöne Ankerplatz lag ganz innen in der dritten, durch Untiefen verengten Bucht, wo an diesem Augusttag gegen 1330 Uhr unser Anker auf 4 m Wassertiefe fiel. Wir waren zwei Ehepaare an Bord sowie ein Junge von 15 Jahren. Wir schwammen und sonnten uns und fühlten uns in der paradiesischen Einsamkeit äußerst wohl.

Am Ufer lagen einige Kleinfischer, die im Lauf des Nachmittags jedoch ablegten. Gegen 1900 Uhr liefen zwei andere Fischerboote in die Bucht ein. Sie boten uns Fisch an, doch wir lehnten den Kauf höflich, aber bestimmt ab. Daraufhin warf das größere Boot mit vier Männern an Bord seinen Anker direkt über unseren und steckte soviel Leine, daß sein Heck fast unseren Bug berührte. Anschließend ging das zweite Boot mit einem Fischer am größeren Boot längsseits, so daß unser Auslaufen nun von zwei Fischerbooten blockiert wurde. An Bord der fremden Fahrzeuge wurde Wein getrunken, getuschelt und immer wieder zu Cormoran hinübergezeigt und hinübergesehen. Wir saßen zu fünft in der Plicht und fragten uns: Warum waren die Leute so aufdringlich? Worauf warteten die Fischer? Wann würden sie ankerauf gehen? Wollten sie etwas von uns? Drohte uns eine Gefahr?

Langsam dunkelt es, und mit zunehmender Dämmerung wird die Situation beängstigend. Wir bleiben die einzige Yacht in der Bucht, und die Fischer machen keine Anstalten, den Platz vor Cormorans Bug zu verlassen. Es ist 2150 Uhr, und die Belagerung dauert nun immerhin fast zwei Stunden. Was sollen wir tun? Welche Entscheidung muß ein verantwortungsbewußter Skipper treffen?

Wir entscheiden uns zum Ankerlichten, holen Hand über Hand die Kette ein, halten dabei die beiden Fischerboote von der Bordwand ab und sind froh, daß wir den Anker heraufbekommen, ohne dabei fremdes Geschirr mit aus dem Grund zu reißen. Und dann laufen wir mit dem allerletzten Licht aus der unbefeuerten Bucht und durch die unbetonnten Engstellen hinaus. Andere Fischerboote sind dabei, ihre Netze mit

Oberflächenschwimmern über die Flachstellen zu spannen und somit jede mögliche Ausfahrt bei Nacht mehrfach zu blockieren. Mit Glück passieren wir die letzten Lücken, ehe auch sie versperrt werden. Es ist schon stockdunkel, als wir die Mausefalle verlassen haben. Mit Kurs über das freie Wasser nach Korfu fällt uns ein Stein vom Herzen.

Von einem tödlichen Zwischenfall am Ankerplatz erfahren wir im Frühjahr 1976 durch eine einfache Pressenotiz: „Miami: Beim Überfall auf eine mit vier Amarikanern besetzte Yacht sind zwei Personen getötet worden, gab die US-Küstenwache des Bundesstaates Florida bekannt. Nach Darstellung ihres Sprechers wurde die vor der kolumbianischen Küste vor Anker liegende Yacht Feisty von vier spanisch sprechenden Männern unbemerkt geentert. Zwei Segler der vierköpfigen Besatzung, die an Deck gegangen waren, als sie ungewohnte Geräusche hörten, seien sogleich von den Piraten niedergeschossen worden. Dann hätten die Eindringlinge versucht, den Anker zu lichten und mit dem Boot auszulaufen. Das Manöver gelang ihnen jedoch nicht. Sie ließen daher von der Yacht ab und kehrten, von der Restcrew unbehelligt, in ihrem Ruderboot zum Ufer zurück."

Am 7. März 1981 wurde die amerikanische Yacht Sabie Star auf ihrem Ankerplatz vor Belem in Brasilien von drei bewaffneten Räubern überfallen. Sie kamen bei Nacht in einem Kanu, stahlen Kleidung und Kameras, Geld und Wertsachen, Pässe und Schecks, kappten anschließend die Ankertrosse und ließen die Yacht auf Drift gehen. Der Anführer der Gang war ein gesuchter Mörder. Einen seiner Mittäter verhaftete man später und stellte bei ihm auch einen Teil der gestohlenen Yachtausrüstung sicher.

Das Deck leerräumen!

Am 28. August 1987 wurde die 10,50 m lange Ketsch Moonraker am Ankerplatz direkt vor Nassau, der Hauptstadt der Bahamas, zwei Stunden nach Mitternacht von drei bewaffneten Männern überfallen. Sie kamen mit einem Beiboot, nötigten das Eignerpaar Mike und Sher Latimer mit Gewalt zur Herausgabe von Bargeld und Wertsachen und verletzten sie bei dieser Tortur erheblich. Wie die Tageszeitung „Nassau Tribune" meldet, wurden bereits im Juni 1987 zwei im Hafen verankerte Yachten bei Nacht geentert und ausgeraubt. Einheimische Bootseigner warnen die Gastbesatzungen ausdrücklich davor, ihre Yachten, insbesondere bei Nacht, unbeaufsichtigt liegen zu lassen, und raten, auch wenn die Crew an Bord ist, sich im Innern zu verbarrikadieren. Die Sicherheit am Ankerplatz könne nicht gewährleistet werden, und auf den Schutz der örtlichen Polizei sei nicht zu rechnen.

Ich weiß aus eigener bitterer Erfahrung, daß sich Räuber und Diebe am Ankerplatz immer diejenigen Boote aussuchen, die schon äußerlich besonders lohnend aussehen. Das müssen nicht unbedingt die größten Yachten sein, aber Beiboot mit Außenborder, mehrere Anker an Bug und Heck, Windfahnen-Selbststeueranlage, Rollreffanlagen, Maststufen, Antennen für UKW, Loran und SatNav, Fenderkörbe, Gangway und viele andere an Deck gut sichtbare Ausrüstungsteile sind ein Indiz dafür, daß man nicht nur außen, sondern auch im Innern der Yacht fette Beute erwarten kann. Wer mehrere Tage oder gar Wochen am Ankerplatz bleibt, sollte daher einen regelrechten „Deck-Strip" vornehmen, das heißt für ein möglichst kahles Deck sorgen.

Nicht alle genannten Ausrüstungsteile lassen sich in verschlossenen Backskisten der Plicht, Ankerkästen an Bug und Heck oder im Vorschiff verstauen, aber schon die Mehrzahl der losen Teile, die man von Deck genommen hat, sind in den verschlossenen Innenräumen sicherer aufbewahrt. Ein solcherart erleichtertes Deck läßt einen Langfahrtkreuzer im Kreise der übrigen Yachten nicht mehr besonders auffallen.

Damit das Beiboot, mit dem man vom Ankerplatz zum Ufer gepullt ist, am Kai keine Liebhaber findet, sollte man keine Vorleine aus Textilfaser benutzen, sondern zusätzlich (bei meinem Dingi: vorn und achtern) einen Drahtstander als Festmacher verwenden. Ein Durchmesser von 4 mm, also ähnliches Material wie für Strecktaue an Deck, ist flexibel und fest genug. Mit einem Vorhängeschloß kann man gegebenenfalls das eingespleißte Auge an einem Ringbeschlag der Kaimauer oder einem anderen geeigneten Beschlag anschließen.

Schießen oder nicht schießen?

Beim Tod des amerikanischen Seglers Richard Raymond Rogers an einem Ankerplatz in Venezuela drängen sich Vergleiche zum tragischen Tod von Lydia Tangvald bei einem Piratenüberfall auf See auf (siehe Seite 16): Der Segler schoß und wurde erschossen. Nach den Protokollen der venezolanischen Polizei ereignete sich folgendes:

Am 26. November 1987 ankerte der in den USA registrierte Seekreuzer WINDFLOWER mit Richard Raymond Rogers und seiner Frau Susan in der Bucht von Pampatar vor der Margarita-Insel, einem offiziellen Einklarierungshafen für Venezuela. Während der Skipper und seine Frau schliefen, stahlen drei Männer am Ufer ein kleines Boot, ruderten zur amerikanischen Yacht hinüber und enterten sie.

Richard wurde durch die dabei entstehenden Geräusche wach, ergriff seine Pistole, kletterte den Niedergang empor und schoß auf die drei Männer, um sie zu vertreiben. Im selben Augenblick eröffnete jedoch auch einer der drei Räuber das Feuer, und der Skipper stürzte, von drei Kugeln tödlich getroffen, zu Boden. Im Niederfallen gab er noch einen weiteren Schuß auf die Eindringlinge ab und fügte einem von ihnen eine stark blutende Wunde zu. Vor Schreck sprangen alle drei Räuber über Bord und schwammen ans Ufer. Susan konnte der Polizei nur den Überfall und den Tod ihres Mannes melden.

Der schwerverletzte Räuber suchte noch in der Nacht das Krankenhaus in Barcelona auf, der nächstgelegenen Stadt auf dem Festland, um sich ärztlich versorgen zu lassen. Hier benutzte er einen falschen Namen und erzählte den Ärzten, er wäre das Opfer eines bewaffneten Straßenraubs geworden. Zwei Tage später wurde er entlassen, aber die Polizei konnte ihn und seine Kumpane wenige Tage darauf verhaften, um sie wegen gemeinschaftlichen Mordes vor Gericht zu stellen.

Der Mord an dem WINDFLOWER-Skipper Rogers hat in den USA die leidenschaftlich geführte Diskussion über Waffen an Bord wieder aufleben lassen. Dazu schreibt zum Beispiel Klaus Hardtmann: „Ich bin fest davon überzeugt, daß Richard noch leben würde, wenn er seine Waffe nicht benutzt hätte. Das ist immer ein Spiel mit dem Feuer. Ich fühle mich in dieser Meinung noch bestärkt, weil die drei Eindringlinge sich vorher noch niemals an einem solchen Raubzug beteiligt hatten und vor allen Dingen noch nie an Bord einer Yacht gewesen waren. Ich glaube fest daran, daß sie mehr erschrocken waren als Richard, als sie seiner ansichtig wurden, und daß einer von ihnen mehr in einer ängstlichen Reflexbewegung als mit festem Vorsatz abgedrückt hat. Auf der anderen Seite hätte Richard, ein erfahrener Skipper, der schon viele schwierige Situationen nicht nur auf See gemeistert hatte, niemals das Feuer ohne Zuruf und Warnung eröffnen sollen.

Jeder Segler, der so selbstbewußt ist, zuerst tödliche Schüsse abzugeben und hinterher die entsprechenden Fragen zu stellen, wird danach in einem fremden Land viele Schwierigkeiten bekommen, und er kann froh sein, nicht ins Gefängnis geworfen und vor Gericht gestellt zu werden. Niemand von uns ist wohl darauf vorbereitet, einfach mirnichts-dir-nichts in dunkler Nacht einem Unbekannten mit unserer Waffe ohne Zögern das Lebenslicht auszublasen. Also lassen wir unsere Waffen stecken, prüfen zuerst die überraschend eingetretene Situation und überlegen uns dann noch zweimal, ob wir die Waffen tatsächlich einsetzen müssen." Und Klaus Hardtmann schließt seine Überlegungen: „Wenn ich nach diesem Mord an Richard Rogers gefragt würde, ob Venezuela ein gefährliches Land sei, dann würde ich antworten: nicht gefährlicher als die Vereinigten Staaten."

Überfallen, beraubt – und verurteilt!

Fremden kann es anderswo noch schlimmer ergehen. So berichtet zum Beispiel Daniel Bayard, der französische Skipper des Seekreuzers APSARA, in einem Brief an Konrad Eriksen von der Slocum Society in Kapstadt, wie er in Male, der Hauptstadt der Malediven, überfallen, ausgeraubt und dann noch von einem Gericht verurteilt wurde:

„Als ich vor einer kleinen Insel im Nordteil der Malediven ankerte, kam ein gut angezogener, offenbar wohlhabender Mann mit einem Begleiter in einem kleinen Motorboot längsseits. Beide sprachen fließend englisch, waren sehr freundlich und sagten, sie wären Verwaltungsbeamte der Insel. Während sie meine Papiere durchsahen, gaben sie mehreren in der Nähe liegenden Fischern den Auftrag, mir einige Kokosnüsse am Ufer zu pflücken. Fünf Fischer brachten dann die Nüsse an Bord, obwohl ich nur einem von ihnen das Betreten meines Decks erlaubt hatte.

Ich war auf nichts Böses gefaßt, denn alle Männer sahen sympathisch aus, und insbesondere vertraute ich dem Boß dieser Gruppe. Man öffnete mir eine Kokosnuß, aber als ich die Milch trank, brüllte mich der Boß plötzlich an, gab seinen Männern laute Befehle, und ehe ich mich's versah, wurden mir von zwei Fischern Hände und Füße gebunden. Nach meiner langen Einhandfahrt war ich zu müde und auch zu überrascht, um mich gegen diese Gewaltanwendung wehren zu können. Schließlich fesselte man mich sogar mit den Händen an eine Schotwinsch und mit den Füßen an den Besanmast. Ich blutete, und meine Gliedmaßen begannen abzusterben.

Als ich so dalag, rief der gutgekleidete Mann, der sich als Verwaltungsbeamter ausgegebenen hatte, weitere Fischerboote zu meiner Yacht heran und erzählte ihren Besatzungen, ich wäre ein gefährlicher Mann, der zu ihren Inseln gekommen sei, um sie zu bedrohen und einen Umsturz herbeizuführen. Zwei Dutzend weiterer Leute wurden dadurch veranlaßt, eine Art Skalptanz auf meinem Boot aufzuführen und mir mit Messern vor dem Gesicht herumzufuchteln. Die Teilnehmer dieser hysterischen Demonstration stiegen dann in die Kajüte der APSARA hinunter und nahmen alles mit, was nicht niet- und nagelfest war, einschließlich 2000 Dollar Bargeld, Kameras, Uhr und anderer Wertsachen."

Bayard erzählt weiter in der Cape Times, wie er für sechs Tage in Male ins Gefängnis geworfen und während dieser Zeit auf der APSARA das Unterste zuoberst gekehrt wurde, wobei er den Rest seiner Habe verlor. Anschließend verurteilte man ihn „wegen Beleidigung und Bedrohung des maledivischen Volkes" zu 1000 Dollar Geldstrafe.

Blank wie er nun geworden war, konnte er natürlich diese Strafe nicht bezahlen. Aber mit Hilfe eines einheimischen Ehepaares gelang es ihm wenigstens, gegen die Zusicherung der Zahlung nach Rückkehr in sein Heimatland erst einmal wieder an Bord seiner Yacht zu kommen und mit den verbliebenen Reservesegeln den ungastlichen Staat zu verlassen.

Bayard berichtete über sein Schicksal im Januar 1981 in den Cape Times. Im März 1981 konnte man die Schilderungen ähnlicher, fast unglaublicher Yachtsegler-Erlebnisse durch Cheryl Carmen, 28, in anderen Tageszeitungen Südafrikas lesen. Zusammen mit ihrem Freund Lazio Groh, 35, wurde das Seglerpaar im Seegebiet der Malediven auf ihrer 7-m-Slup MISS X von einem Sportflugzeug beschossen und gezwungen, das Male-Atoll anzulaufen. Hier wurde die Besatzung von der Polizei am Ankerplatz verhaftet und grundlos mehrere Tage festgehalten, ehe sie nach einer saftigen Geldstrafe weitersegeln durfte.

3. Werden Yachtsegler zu Freiwild im Hafen?

Einbrüche am Liegeplatz · Manche Diebe sind wählerisch · Die kriminellen „Betreuer“ · Im Hafen überfallen · Straßenraub an Land Auch in Europa immer dreister

In fremden Ländern sind Segler mit ihren Yachten viel zahlreicheren und größeren Gefahren ausgesetzt als die Touristen in Reisegruppen oder abgeschirmten Hotelkomplexen. Segler bewegen sich meistens nur paarweise oder allein durch die Straßen, haben ihre Liegeplätze in entlegenen Hafengebieten und suchen bewußt einsame Orte auf. Von Einbruch und Diebstahl auf bewohnten oder verlassenen Yachten, von Überfällen und dem Verlust von Geld und Wertsachen bis zu Mord reicht die Palette der Gefahren. In fast zwei Dutzend Beispielen werden hier nicht nur unzählige Spielarten solcher Gewalttaten geschildert, sondern auch die am meisten gefährdeten Orte und Gebiete genannt.

Einbrüche am Liegeplatz

Als ich Anfang 1981 mit einem bekannten Hamburger Yachtversicherer einen Vertrag für unseren neuen 13-m-Stahlseekreuzer CORMORAN abschloß, dachte ich hauptsächlich an eine Vermögenssicherung. Denn selbst auf der beabsichtigten weltweiten Fahrt fühlten wir uns als erfahrene Crew auf dem optimal ausgerüsteten Schiff allen nur denkbaren seemännischen Gefahren gegenüber gewappnet – einschließlich Kollision, Feuer, Sinken und Strandung. Der erste und bisher einzige Versicherungsfall trat dann aber auf ganz andere unerwartete Art ein: Einbruch an Bord!

Unsere Yacht schien in einer jugoslawischen Marina, deren Anlagen durch hohe Drahtzäune wirklich optimal geschützt waren und über deren Stege Tag und Nacht mehrmals bewaffnete Posten patrouillierten, absolut sicher zu liegen. Als wir jedoch – eigentlich mehr zufällig – zwei Monate nach dem Einwintern im Wasser noch einmal an Bord kamen und das scheinbar ordnungsgemäß verschlossene Kajütluk öffneten, bot sich in den Innenräumen ein Bild grausamer Verwüstung.

Die Einbrecher hatten, wie sich später herausstellte, das Schiebeluk geschickt hochgehebelt, so daß Schloß und Steckschott unversehrt geblieben und Spuren des Einbruchs von außen nicht zu erkennen waren. Sie waren offenbar schwimmend gekommen und über die Badeleiter an Bord geklettert; denn die Teppiche in der Kajüte, über die sie gegangen, und die Kojen, auf denen sie gelegen hatten, trugen Spuren großer Salzwasserlachen. Aber schlimmer noch: an über 100 Stellen, von der Bilge bis in die Seekartenschubladen, fanden wir Wachskleckse von Kerzen, mit denen sie geleuchtet hatten.

Die Diebe hatten sich bei ihrer Durchsuchung Zeit gelassen und waren sehr wählerisch gewesen: Von den zwei Dutzend Frotteehandtüchern beispielsweise, die zur Bordausrüstung gehören, nahmen sie nur die 18 besten, und von der Landgangskleidung und den Schipperjacken wählten sie nur die Erwachsenengrößen von Ruth und mir, nicht aber die kleineren unserer Kinder aus. Bettzeug, Bestecke, Radioapparate und Kassettenrekorder, Schuhe und Unterwäsche gehörten genauso zum Diebesgut wie Funkpeiler und Lorangerät. Nautische Geräte nahmen die Diebe wohl nur zufällig und zur Irreführung bei möglichen Nachforschungen mit, denn Log, Lot und Seefunktelefon wurden nicht angetastet. Vielleicht glaubten sie auch, in den gestohlenen Navigationsgeräten verwertbare Rundfunkempfänger vor sich zu haben. Die voluminöse und schwergewichtige Beute wurde offenbar mit einem Schlauchboot oder ähnlichem bei Nacht und schlechtem Wetter weggefahren.

Natürlich blieben die Nachforschungen der Polizei ergebnislos, und der Leitung der Marina war die Angelegenheit überaus peinlich. Uns natürlich auch – denn wer geht in einem fremden Land gern zur Polizei und meldet dort einen Einbruch in seine Yacht? Könnte man nicht vielleicht denken, wir hätten ihn selbst inszeniert, um unsere deutsche Versicherung zu betrügen?

Glücklicherweise erfuhren wir während der polizeilichen Ermittlungen, daß man einige Tage zuvor auf einer anderen deutschen Yacht am selben Steg einen ähnlichen Einbruch entdeckt hatte. Die Diebe auf der REGULUS aus Berlin waren offenbar gestört worden; denn nautische

Geräte und Rundfunkempfänger aus ihrer Beute lagen hinter dem Heck der Yacht auf Grund. Die Identität der Täter auf CORMORAN und REGULUS ließ sich aus einem (bewußten oder unbewußten) Erkennungszeichen herleiten: Auf dem Pantrytisch stand in beiden Fällen eine halb ausgetrunkene Bierdose.

Einbruchdiebstahl gehört heutzutage leider zu den alltäglichen Gefahren, die einer Yacht und ihrem Eigner drohen. In der Öffentlichkeit werden sie jedoch nur bekannt, wenn sie prominente Segler treffen. So war zum Beispiel Burghard Pieske besonders wütend, als seine SHANGRI-LA im März 1989 in ihrem Winterlager in Lübeck aufgebrochen und ausgeraubt wurde. Der bekannte Weltenbummler büßte elektronische Geräte und alle Segel im Wert von etwa 30 000 DM ein. „Zehn Jahre bin ich über die Weltmeere gesegelt und habe unbeschadet vor vielen Küsten ankern können", sagte Pieske verbittert. „In meinem deutschen Heimathafen hätte ich einen solchen brutalen Einbruch niemals erwartet."

Aber auf diese Weise bringen meistens nur Leute unrechtmäßig fremdes Eigentum an sich, die nicht in Seglerkreisen oder unter ihren dienstbaren Geistern zu suchen sind. Wenn Max Ritter berichtet, daß er auf seinem Seekreuzer MOANA 1983 in Durban, Südafrika, einen Dieb bei seinem nächtlichen Besuch ertappte und ihn unsanft an die Luft beförderte, ehe er größeren Schaden anrichten konnte, oder wenn wir hören, daß Jürgen Lechte im selben Jahr von Dieben auf seiner TAIGUN heimgesucht wurde, als er an einer Muringboje nahe Rio de Janeiro lag, dann sollen damit nur weitere geographische Gefahrenstellen genannt werden. Durch den Einbruch in seine TAIGUN verlor Lechte nicht nur Radio- und Funkgerät, Fernglas und Kamera, sondern auch alle Schiffspapiere, Reisepaß, Scheckkarte und andere wichtige Dokumente. Er mußte lange warten, ehe Ersatzpapiere aus Deutschland nachgeschickt werden konnten.

Aus dem fernen Fidschi meldete Jan Wooller im Herbst 1986 einen folgenschweren Einbruch in seinen 12-m-Seekreuzer YAWARRA. Die Diebe stahlen am Ankerplatz in der Herald Bay, etwa 50 sm östlich von Suva, am hellen Nachmittag aus dem sorgfältig verschlossenen Boot nautische Geräte und persönliche Ausrüstung im Wert von etwa 10 000 DM. „Das war ein unfreundliches Ende einer sehr erholsamen, drei Monate langen Kreuzfahrt durch diese Gewässer, bei der wir eigentlich immer nur gastfreundliche Menschen trafen", schreibt Jan Wooller. „Man muß sich jedoch vergegenwärtigen, daß die Kriminalität in Fidschi in schnellem Ansteigen ist und besonders die Diebstähle erschreckend zunehmen. Dieser Gefahr sahen sich sogar viele Yachten ausgesetzt, die an Muringbojen vor dem Royal Suva Yacht Club lagen, aufgebrochen und ausgeraubt wurden."

Auch in den Yachthäfen Venezuelas gehört Einbruch in die Yachten ausländischer Gäste zum Tagesgeschehen. So berichten Dorothy und Claire Benjamin, wie es ihnen im November 1986 mit ihrer 11-m-Ketsch SPINDRIFT erging: „Am ersten Tag, als wir in Cumana festgemacht hatten, brachen Diebe am hellichten Tag um die Mittagszeit in unser Boot ein und stahlen Ausrüstung im Wert von 2000 DM. Diebe schleichen sich auch nachts auf die Yachten, und die Raubüberfälle nehmen zu. Die Polizei kann Yachtseglern keinen ausreichenden Schutz gewähren – aber unabhängig von solch schlechten Erfahrungen ist Venezuela ein wunderschönes Land mit einer freundlichen, hilfsbereiten Bevölkerung."

Natürlich kann man sich hier wie anderswo Wachmänner engagieren, die während der Abwesenheit der Crew auf die Yacht aufpassen. Diese Vorsichtsmaßnahme setzt jedoch voraus, daß ein solcher Einheimischer an Bord kommt, wenn das Boot vor Anker oder an der Boje liegt; oder daß man das Boot an den Kai legt, damit er dort aufpassen kann, ohne die Yacht zu betreten. In beiden Fällen ist nicht zu vermeiden, daß Ratten oder Kakerlaken an Bord gelangen oder Ungeziefer vom Wächter eingeschleppt wird – eine beunruhigende Vorstellung, obwohl seine bezahlte Anwesenheit doch beruhigen soll.

Yachten sind im Ausland – selbst unter einer vereinbarten Aufsicht – meistens schlecht aufgehoben, wenn die Besatzungen sie für Erkundungsreisen in das Landesinnere zu lange Zeit verlassen.

„Ich schreibe Ihnen aus Venezuela, wo wir auf dem Weg nach Australien fast unser Boot verloren hätten", berichtet zum Beispiel Heidi Färber im April 1989 aus Los Altos de Santa Fee. „Unser WANDERING STAR ist ein 37-Fuß-Katamaran vom Typ Snowgoose, mit dem der Vorbesitzer bereits die Welt umsegelt hatte. Wir kamen im Juni 1988 in Venezuela an und starteten Ende September zu unserer Südamerikareise mit dem Auto. Nach Abwägen aller Möglichkeiten glaubten wir, einen sicheren Liegeplatz für unser Schiff gefunden zu haben. Im Dezember erfuhren wir von der Beschlagnahme unseres Schiffes durch die Guardia National. Ohne Grund, ein reiner Willkürakt. Was sich in den folgenden Monaten abspielte, ist schier unglaublich. Man versucht, ein Delikt zu konstruieren. Botschaft und Anwälte bemühen sich vergeblich um unseren Fall. Das Schiff wurde mehrfach aufgebrochen und geplündert. Es entstanden große Schäden an den Rümpfen. Unser Schaden beläuft sich auf mehrere tausend Dollar."

Und dann warnt Heidi Färber alle Yachteigner vor einem ähnlichen Mißgeschick: „Obwohl Venezuela für Yachten einiges zu bieten hat, ist dort größte Vorsicht geboten."

Manche Diebe sind wählerisch

Die Verelendung weiter Bevölkerungskreise in Ländern der Dritten Welt, an deren Küsten jedoch die von Fahrtenseglern gesuchten schönsten Ankerplätze liegen, wird die Zahl der Diebstähle in Zukunft weiter wachsen lassen. So berichtet zum Beispiel Dave Cohn von einem Einbruch in seinen 11-m-Seekreuzer DREAMER im Frühjahr 1988 in Jamaika: „Die Diebe kamen, als wir einen Tagesausflug machten, und fanden natürlich reiche Beute. Sie stahlen allerdings nur Kleidungsstücke und Gegenstände für den persönlichen Gebrauch, rührten jedoch kein einziges Teil der seemännischen oder nautischen Ausrüstung an. Niemand hier in der Montego Bay Marina bemerkte etwas, auch nicht die drei Wachmänner, die regelmäßig über die Stege gehen, oder die Besatzung eines neben uns an der Boje liegenden Polizeibootes. Pflichtgemäß nahm die Polizei unsere Einbruchs- und Verlustmeldung auf, aber natürlich werden wir die gestohlenen Dinge niemals wiedersehen."

Und Jim Owen vom 9,50-m-Seekreuzer TEAL berichtet aus Mexiko: „Als wir im Herbst 1987 im Handelshafen von Manzanillo vor Anker lagen und zum Abendessen die einzige andere Yacht im Hafen besuchten, drangen Diebe gewaltsam in unsere Kajüte ein. Bei der Rückkehr bot sich uns ein Bild der Verwüstung. Als wir jedoch eine Bestandsaufnahme unseres verbliebenen Eigentums machten, stellten wir überrascht fest, daß von der seemännischen und nautischen Ausrüstung bis auf den Funkpeiler, den man offenbar für ein Radiogerät gehalten hatte, nichts fehlte. Mitgenommen hatte man nur das Fernseh- und Stereogerät, die gesamte Kameraausrüstung und kleinere persönliche Gegenstände. Viele wertvolle Teile, die man eigentlich zuerst hätte einsacken müssen, waren noch unversehrt an Ort und Stelle."

Jim Owen meint, die Diebe wären wahrscheinlich gestört worden, weil sie viele Wertgegenstände nicht mitnahmen. Für wahrscheinlicher halte ich jedoch, daß sie sich nur mit solchen Geräten bedienten, die für ihren eigenen Haushalt Gebrauchswert hatten, oder die – da sie auch aus Diebstählen an Land stammen konnten – über Hehler ohne Risiko abzusetzen waren.

Besonders zudringlich sind erfahrungsgemäß die Diebe in italienischen Häfen. Da konnten zum Beispiel im Herbst 1988 Segler einer deutschen Yacht in Brindisi zwei gut gekleidete Männer beobachten, die ganz selbstverständlich über die Gangway an Bord einer in der Nähe festgemachten Yacht gingen und das Schloß zur Kajüte aufzubrechen versuchten, wobei sie so taten, als hätten sie den Schlüssel verloren. Als die deutschen Fahrtensegler daraufhin näherkamen und die fremden Männer zur Rede stellten, zuckten diese nur mit den Achseln, ließen von dem Einbruch ab und gingen so selbstverständlich von Bord, wie sie gekommen waren.

Die kriminellen „Betreuer"

Es sind nicht immer und allein Einheimische, die gewaltsam in Yachten eindringen, um sich durch den Diebstahl zu bereichern. Immer mehr muß man auch mit Seglern benachbarter Boote rechnen, die durch Einbruch in verlassene Yachten Gegenstände zu erbeuten trachten, mit deren Verkauf sie ihr Aussteigerleben finanzieren können. Besonders gefährdet sind Seekreuzer, die an jenen internationalen Drehscheiben für kürzere oder längere Zeit unbeaufsichtigt zurückgelassen werden, wo ein ständiges Kommen und Gehen von Yachten herrscht, zum Beispiel in Gibraltar oder Vilamura an der portugiesischen Küste. Nicht selten macht auch ein Yachtsegler, der von hier aus schnell für einige Tage in seine Heimat zurückkehren muß, den Bock zum Gärtner, wenn er unbekannte Nachbarn um die vorübergehende Beaufsichtigung seines Bootes bittet.

So erging es unseren Freunden von dem deutschen 11-m-Seekreuzer Laroca, mit denen wir auf unserem gemeinsamen Weg von der Nordsee ins Mittelmeer im Sommer 1982 in Vilamura für einige Tage Station machten. Die landschaftlich schön gelegene und unter allen Wetterbedingungen sichere Marina hat hauptsächlich Durchlaufkundschaft, da sie ein idealer Anlaufpunkt sowohl auf nord-südlichen als auch auf west-östlichen Kursen ist. Aber die meisten Yachten verweilen auf dieser Durchgangsstation des internationalen Yachtverkehrs nur wenige Tage oder höchstens zwei bis drei Wochen. Dementsprechend unpersönlich ist die gesellschaftliche Atmosphäre unter den Fahrtenseglern: Man läuft ein, erhält seinen Gastplatz und wird Nachbarn zugeordnet, die weitersegeln, ehe man mit ihnen warm geworden ist. Bei dem bunten Völkergemisch reicht die Zeit des Kennenlernens oft kaum aus, um nach dem Woher oder Wohin zu fragen. Und die Zahl der Aussteiger unter diesen Langfahrtseglern ist groß.

Als wir mit unserem CORMORAN Vilamura verließen, wurde Harry Birkholz aus beruflichen Gründen nach Berlin heimgerufen und ließ seine LAROCA in der Obhut der Marina. Natürlich hatte er auch Nachbarbesatzungen von seiner Abreise erzählt. Da setzte sich dann eine fremde Crew, wie man später rekonstruieren konnte, tags darauf in die Plicht der LAROCA und machte die neu einlaufenden Boote mit diesem Bild vertraut: Die dort sitzenden Unbekannten schienen Freunde der Eigner zu sein; sie hatten vielleicht sogar den Auftrag, die verlassene Yacht in ihre Obhut zu nehmen.

Und so fiel es nicht auf, daß sie tags darauf auch in der Kajüte ein- und ausgingen; niemand hatte bemerkt, wie sie in der Nacht den Niedergang aufgebrochen hatten. Auch was diese „Betreuer" dann in der Kajüte taten, blieb unbekannt oder wurde von Außenstehenden als bestellte Dienstleistung für den Eigner verstanden. Verdächtige Transporte von Boot zu Boot ließen sich in den Nachtstunden vornehmen, wenn die Besatzungen der Nachbarboote entweder noch an Land waren oder bereits schliefen.

Jedenfalls wurde die LAROCA nicht nur all ihrer reichhaltigen nautischen Ausrüstung beraubt; es fehlten auch alle persönlichen Gegenstände und nicht zuletzt alle brauchbaren Teile der seemännischen Ausrüstung, als das Eignerpaar nach der angekündigten Vier-Wochen-Frist wieder in der nach außen gegen die einheimische Bevölkerung sicher abgeschirmten Marina eintraf. Wer vorher mit seinem Boot neben oder gegenüber der LAROCA angelegt hatte, ob es Besatzungen aus Deutschland, England, Frankreich, Amerika oder anderen Ländern gewesen waren, ob sie zu den Kanaren, ins Mittelmeer oder in die Biskaya unterwegs waren, ließ sich nicht mehr ermitteln.

Nicht einmal wir wurden in diesen Wochen mißtrauisch, als uns Yachties in Gibraltar und Las Palmas, anderen Drehscheiben des Ozeansegelns, Logs und Lote anboten – „ganz preiswert". Erst auf den zweiten Blick wurde uns klar: Die Anbieter waren Aussteiger, und wer unter der Hand und unter Preis nautische Geräte verscherbelt, kann sie nur unrechtmäßig erworben haben – aus der LAROCA beispielsweise.

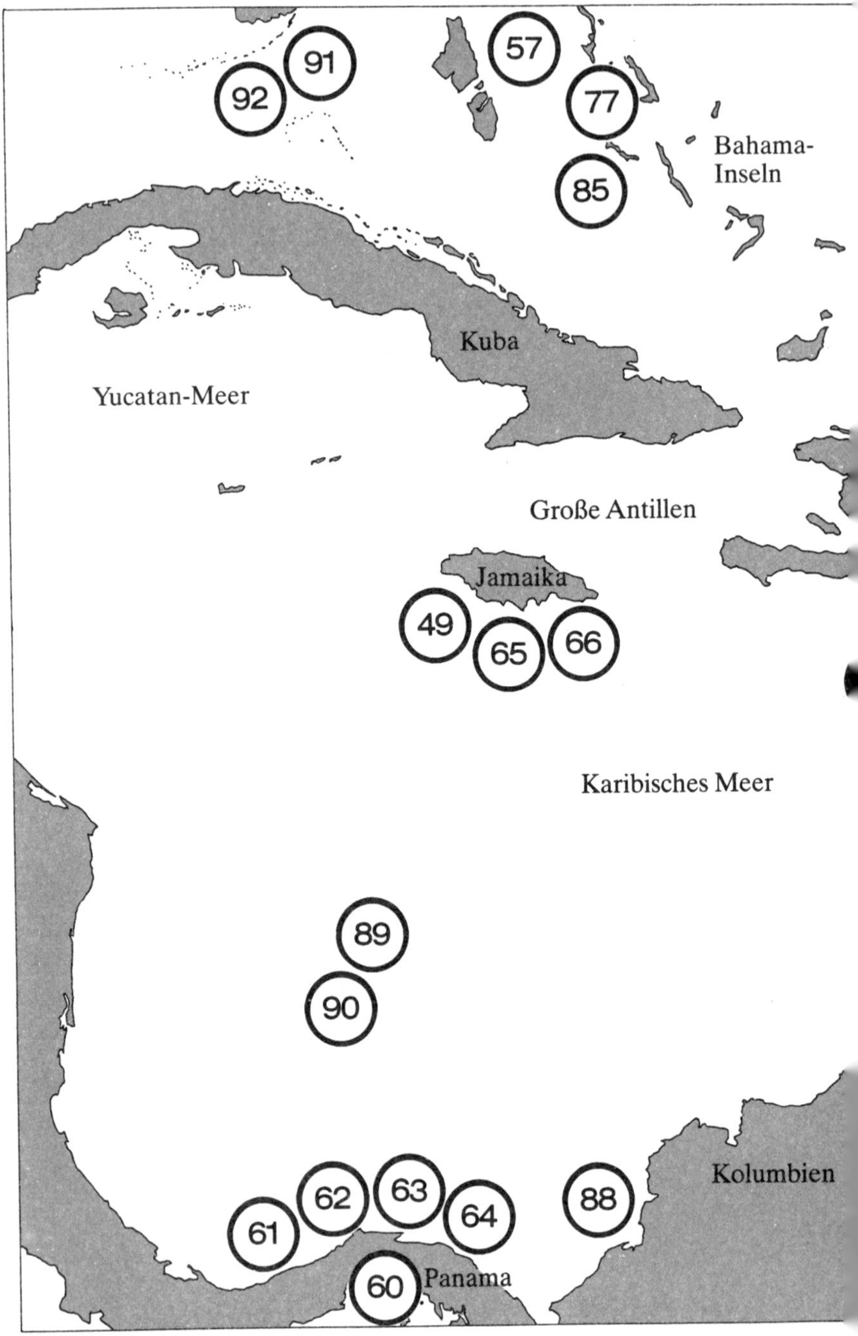
91
92
57
77
85
Bahama-
Inseln
Kuba
Yucatan-Meer
Große Antillen
Jamaika
49
65
66
Karibisches Meer
89
90
62
63
61
64
88
Kolumbien
60
Panama

ɔindrift“ (s. Seite 68)
reamer“ (s. Seite 69)
ɜal“ (s. Seite 69)
ɔrmoran“ (s. Seite 74)
abibi“ (s. Seite 74)
atydid“ (s. Seite 77)
ɔana“ (s. Seite 77)
cond Life“ (s. Seite 78)

62 „Demmy“ (s. Seite 78)
63 Amerikanische Yacht (s. Seite 78)
64 „Second Life“ (s. Seite 78)
65 „Dreamer“ (s. Seite 78)
66 „Cinq Gars Pou“ (s. Seite 79)
68 „Winsome“ (s. Seite 79)
69 Seglerehepaar (s. Seite 79)
70 „Shazam“ (s. Seite 79)
74 „Winnie Rig“ (s. Seite 87)
75 „Rêve d'amour“ (s. Seite 88)
76 Swan 38 (s. Seite 89)
77 „Moonrise“ (s. Seite 90)
85 „Kalia“ (s. Seite 100)
86 „Katouka“ (s. Seite 104)
88 „Mister Bee“ (s. Seite 107)

89 „Lou IV“ (s. Seite 108)
90 „Evergreen“ (s. Seite 108)
91 „Muriel III“ (s. Seite 110)
92 „Honiara“ (s. Seite 111)
93 „Spöker“ (s. Seite 117)
94 „Nordstern“ (s. Seite 117)
95 „Divorsea“ (s. Seite 118)
96 mehrere Schiffe (s. Seite 117)
97 „Pegaso“ (s. Seite 119)
98 „Donna B.“ (s. Seite 120)
99 „Vivaldi“ (s. Seite 120)
100 „Ahahenko“ (s. Seite 120)
101 „Isnogoud“ (s. Seite 120)
105 „Escape“ (s. Seite 121)
(weitere Yachten Seite 183/184)

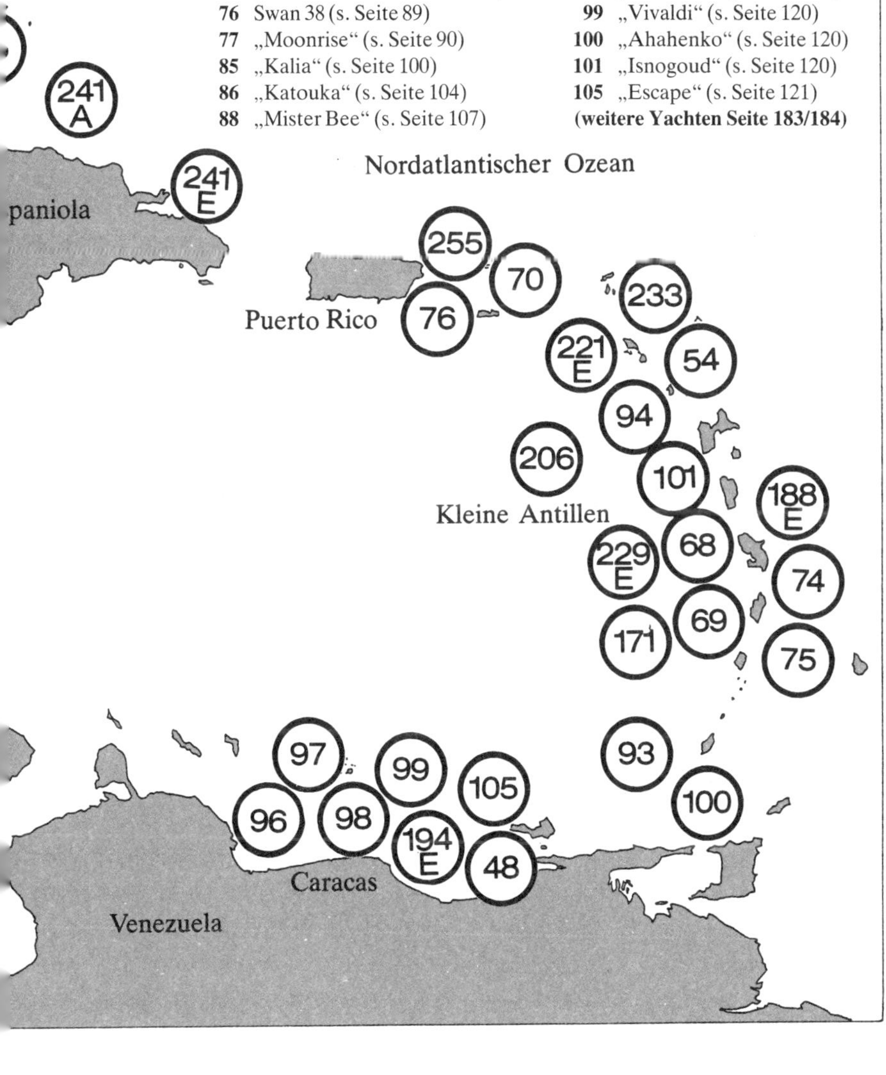

Einbrecher und Diebe suchen ein Boot eigentlich nur heim, wenn niemand an Bord ist. Persönlich wird ein Segler dadurch nicht gefährdet. Bei einem Überfall hingegen sieht er sich dem Angreifer Auge in Auge gegenüber, und meistens ist er dabei auf einen bewaffneten Gegner nicht vorbereitet. Ob ein Dieb sich nur überrascht fühlt oder ein Räuber auf Gewaltanwendung schon vorbereitet ist, läßt sich in den Sekundenbruchteilen einer solchen Begegnung nicht feststellen. Dementsprechend sind auch die Reaktionen nicht zu kalkulieren.

Den ersten Überfall in einem Hafen erlebten wir auf unserem CORMORAN im Februar 1979 in Cape Haitien auf Haiti. Sicher festgemacht am Kai und mit nur wenigen anderen einheimischen Booten in der Nachbarschaft, wachten wir im Vorschiff etwa zwei Stunden nach Mitternacht durch ein eigenartiges Geräusch in der Plicht auf. Als ich nach einem leisen Gang durch den Salon das Kajütluk zurückschob und den Oberkörper durch die Öffnung steckte, sah ich mich einem halbnackten, tropfnassen, großen und kräftigen Farbigen mit einer Machete gegenüber. Ein Raubüberfall? durchzuckte es mich, und ich rief meinen Sohn Jochen, der in der nur durch eine kleine Decksluke zugänglichen Achterkajüte auf der anderen Seite der Plicht schlief, zu Hilfe. Während der Eindringling und ich uns fast in Handreichweite wohl eine Minute lang reglos gegenüberstanden und keiner wußte, was der andere vorhatte, öffnete Jochen im Rücken des Angreifers leise das Luk, steckte den Kopf heraus, schob vorsichtig den Arm nach und umfaßte dann kräftig einen Fuß des Eindringlings. Dieser war auf einen Angriff von hinten nicht vorbereitet, ließ seine Machete fallen und hechtete mit einem mächtigen Satz in das schmutzige Hafenwasser.

So war der Überfall zwar unblutig abgewehrt – aber uns steckte der Schreck über diese unerwartete Verletzung unserer Privatsphäre so in den Gliedern, daß wir wenige Minuten später die Leinen loswarfen und den ungastlich gewordenen Hafen mit Kurs auf die Bahamas verließen. Das Risiko eines neuerlichen Überfalls schien uns zu groß, denn wir hatten schon vorher von einem anderen Überfall in einem karibischen Hafen gehört, der nicht so glimpflich abgegangen war. Davon berichtete Käthe Köhnlein, die in den Wochen nach Weihnachten 1973 mit ihrem Mann, ihrem Sohn Claus, 19, sowie ihren beiden Töchtern im Alter von 17 und 15 Jahren in der Karibik segelte. Ihren Seekreuzer HABIBI hatte Claus mit zwei Freunden nach seinem Abitur über den Atlantik gebracht, und im Mai 1974 wollte er ihn auch wieder mit einem Freund nach Deutschland zurücksegeln.

„Am Abend vor der Rückfahrt ging Claus noch in eine Bar in Antigua, wo er andere deutsche Segler traf“, erzählt Käthe Köhnlein. „Sie war von Einheimischen und Seglern aller Hautfarben besucht. Als Claus müde war und die Bar verließ, sagte draußen plötzlich ein Farbiger, in dem Claus den Barkeeper erkannte, er solle seine Pistole wegwerfen, die er angeblich in der Tasche hätte. Überrascht zeigte Claus dem Mann seine leeren Taschen und Hände. Der Barkeeper forderte jedoch die Umstehenden auf, Claus zu durchsuchen. Als Claus daraufhin aus Furcht vor einem Überfall an den Männern vorbei und zu seinen Freunden zu gelangen versuchte, zog der Schwarze eine Pistole, setzte sie meinem Sohn auf die linke Brustseite und drückte ab. Ein Blitz, ein dumpfer Knall – und das Blut rann Claus aus der Brust. Der letzte Gedanke meines Sohnes war: Nun wird wohl niemand mehr von diesem Erlebnis hören!

Aber die Freunde fanden Claus und brachten ihn ins Holberton Hospital von St. John's, wo sofort die zwischen Herz und Lunge festsitzende Kugel in einer Thorax-Operation entfernt wurde.“

Nach seiner Krankenhausentlassung bekam Claus Köhnlein nicht nur seine Wertsachen, sondern auch seine Handtasche mit viel Geld wieder zurück. Aber die Polizei konnte nicht klären, warum der junge deutsche Segler so grundlos und lebensgefährlich angeschossen wurde.

Von einem Überfall im Hafen berichtet auch Rollo Gebhard, der am 16. Oktober 1975 mit seiner SOLVEIG III vor dem Club Nautico in Las Palmas auf Gran Canaria mit den Crews der deutschen Seekreuzer KLEINER BÄR und LUMME auf die Atlantik-Überquerung wartet: Es ist ein schöner ruhiger Abend mit Sommerwetter, an dem der Einhandsegler am Beginn seiner zweiten Weltumsegelung allein in der Plicht sitzt, während die Besatzungen der beiden anderen Boote an Land gegangen sind.

Kurz nach 1800 Uhr kommt ein Beiboot längsseits. Zwei etwa 30jährige Männer halten sich an der SOLVEIG III fest, stellen den Motor ab und beginnen eine Unterhaltung, scheinbar unter Landsleuten, und fragen, ob der Skipper von hier aus nach Deutschland zurück wolle.

„Nein, ich segle über den Ozean in die Karibik“, antwortet Gebhard kurz.

„In dem kleinen Boot? Da haben doch höchstens zwei oder drei Mann Platz?“

„Ich segle allein.“

Diese letzten Worte hat Rollo Gebhard kaum ausgesprochen, als einer der beiden Männer eine Pistole aus der Tasche zieht, sich ins Cockpit schwingt und ihm die Mündung vor die Brust hält.

„Sie fahren uns nach Afrika und folgen meinen Befehlen, sonst lege ich Sie um“, droht der Mann. „Ich habe ein Ding gedreht und muß von der Insel verschwinden! Holen Sie Ihren Anker auf!“

Rollo überlegt fieberhaft: Was kann er tun? Die Besatzungen der beiden anderen Boote müssen bald mit ihren Dingis zurückkommen. Also Zeit gewinnen! Er erzählt von allem möglichen, was am Boot nicht in Ordnung sei, auch hätte er kein Wasser an Bord.

„Wir werden heute nacht gemeinsam welches holen, ich kenne mich hier gut aus“, winkt der Erpresser ab.

Inzwischen lädt sein hünenhafter Komplize schon das Gepäck ins Cockpit der Solveig, spricht aber kein Wort. Rollo kämpft mit Ausflüchten um jede Minute, bis sich ein anderes Beiboot mit einem englischen Ehepaar nähert. Als der Mann festmacht und nichtsahnend an Deck der Solveig III klettert, sieht er sich ebenfalls der Mündung einer Pistole gegenüber. Seine Frau kann Rollo gerade noch in ihr Beiboot zurückschieben.

Jetzt wird die Situation noch heikler: Wenn der Engländer von Bord geht, kann er Hilfe holen. Und wenn er mitsegeln muß? Zwei Männer als Geiseln für die beiden Pistolenhelden, das kann noch angehen. Aber was passiert mit der Frau im Dingi? Der Erpresser könnte mit seiner Waffe sie alle in Schach halten, aber für fünf Personen ist die Solveig III natürlich viel zu klein.

Bei diesen Überlegungen bekommen es die Bewaffneten allmählich mit der Angst. Als ihnen Rollo Gebhard Geld als „Fluchthilfe“ anbietet, damit sie die Insel mit dem nächsten Schiff verlassen können, nehmen sie hastig die paar tausend Peseten und ergreifen in der Dunkelheit die Flucht. Ihr Beiboot, es war gestohlen, lassen sie auf den Ufersteinen zurück.

Nicht immer geben Täter auf, weil sie einen Überfall am hellichten Tage und damit vor möglichen Zeugen allzu leichtsinnig versuchten. Nächtliche Überfälle sind sehr viel gefährlicher – erst recht für eine Seglerin, die mehrere Tage lang, wie sich ja vorher ermitteln läßt, allein an Bord lebt. So berichtet zum Beispiel Walter Clemens:

„In der Nacht vom 25. auf den 26. November 1986 wurde meine Frau

Karin im Hafen Darsena Pesquera auf Teneriffa von einem illegal hier anwesenden Marokkaner, der auf einem Fischerboot hauste, überfallen. Ich war für eine Woche in Deutschland. Für Karin entwickelte sich ein Kampf um ihr Leben. Sie schrie, so laut sie konnte. Der Marokkaner würgte sie. Unser kleiner Hund bellte und griff in den Kampf mit ein, bis endlich ein Deutscher, der in seinem Boot neben uns lag und erst von seiner Frau zur Hilfeleistung aufgefordert werden mußte, dann doch zu Hilfe kam. Die Polizei war bald zur Stelle und konnte den Kerl noch in der Nacht festnehmen."

Ist bei einem Angriff der Gegner ein Mann und mischen sich noch andere Personen in die Verteidigung ein, ergreifen die meisten Eindringlinge wahrscheinlich die Flucht. Dieses Glück hatte zum Beispiel John Kettlewell, der im April 1987 im Hafen von Nassau auf den Bahamas überfallen wurde. „Wir glaubten hier unseren Seekreuzer KATYDID sicher festgemacht, als wir nachts gegen 0130 Uhr durch einen Dieb wach wurden, der gerade das Kajütschiebeluk öffnete", berichtet er. „Darauf schrieen meine Frau und ich, so laut wir konnten, und der Eindringling verduftete. Glücklicherweise hatten wir seit langer Zeit zum ersten Mal wieder den Zugang zur Kajüte durch Schiebeluk und Steckschott geschlossen, ohne ihn allerdings zu verriegeln, sonst hätte der Dieb nicht nur durch meine gefüllte Geldbörse auf dem Kartentisch fette Beute gemacht, sondern uns selbst Schaden zufügen können."

Straßenraub an Land

Weitaus gefährlicher sind geplante Raubüberfälle. Die Zahl der Hafenplätze, an denen Yachtsegler besonders bedroht sind, nimmt leider zu, und auch die Methoden solcher Gewaltanwendung erfahren immer neue, unerwartete Spielarten.

Wie aus mehreren übereinstimmenden Berichten hervorgeht, ist Panama ein besonders riskanter Platz für Fahrtensegler. So berichtet Max Ritter von der MOANA: „In Panama City wurden wir 1984 am hellichten Tag, nur 200 m vor dem Bahnhof, Opfer eines Raubüberfalls. Wir wehrten uns und erhielten auch bewaffnete Hilfe, trugen aber eine gebrochene Rippe davon."

Ausführlicher ist der Bericht von Anneliese Vogelsang, die 1985 über die Kriminalität in Cristobal Colon schreibt: „Fast täglich kommen Segler aus der Stadt zurück und haben einen Raubüberfall hinter sich. In vier Tagen sind fünf Segler überfallen worden, darunter auch wir von der SECOND LIFE. Als wir, mit Obst und Gemüse beladen, vom Markt kamen, liefen plötzlich aus dem Hinterhalt zwei junge Männer heran, rissen Christoph zu Boden, zerbrachen seine Brille und nahmen ihm seine Armbanduhr ab. Sein Portemonnaie konnten sie nur deshalb nicht erwischen, weil Christoph es in der linken Hosentasche trug und seine Hand in dieser Tasche hatte. Zudem lag er nach dem Sturz auf der linken Seite. Ich griff dem einen Mann mit beiden Händen in seinen Lockenkopf und zog mit Leibeskräften. Dann ließen sie von Christoph ab und liefen in die nächste Nebenstraße. Das Ganze spielte sich in Sekundenschnelle ab. Das Geld haben wir behalten. Doch die Armbanduhr und vor allem die Brille sind Verlust genug, und der Schreck war auch nicht gerade klein. Er saß uns noch den ganzen Tag in den Gliedern."

Anneliese Vogelsang berichtet weiter, daß dem Seglerehepaar Bernd und Alvard Maierhofer vom deutschen Seekreuzer DEMMY im Frühjahr 1985 in Panama eine unter den Arm geklemmte Plastiktüte entrissen wurde, in der sich Geld und die Reisepässe der gesamten Crew befanden. „Der Verlust des Geldes war für die jungen Leute nach der Strandung und der langwierigen Reparatur ihres Seekreuzers besonders groß", schreibt Anneliese Vogelsang, „und die Beschaffung neuer Pässe war mit viel Mühe und zusätzlichen Kosten verbunden."

Aber damit nicht genug. Ihr Horrorbericht aus Panama geht noch weiter: „Einem Segler wurde auf der Straße mit einem Messer die Gesäßtasche aufgeschnitten. Der Räuber wollte an das Portemonnaie kommen, schnitt aber so hart zu, daß er mit der Tasche auch gleich ein Stück vom Popo abschnitt. Der Segler war reif fürs Krankenhaus."

Und zum Schluß schreibt sie: „Am letzten Tag, bevor wir in den Kanal gingen, waren wir noch einmal recht früh auf dem Markt. Wir dachten, die frühen Morgenstunden wären sicherer. Wir wurden jedoch von zwei Männern bedroht, hatten aber Glück, daß wir zurück in den Markt liefen und ihnen damit entkommen konnten." Die Bordfrau der SECOND LIFE schließt mit dem Rat, so schnell wie möglich den Behördenkram für die Kanalfahrt zu erledigen und Cristobal zu verlassen.

Als gefährliches Pflaster für Yachtsegler muß auch Jamaika gelten. Dave und Sherry Cohn von der DREAMER wurden hier im Frühjahr 1988 in Montego Bay an der Bushaltestelle vor dem Flughafen gegen Mittag von einem Mann mit einer Machete angegriffen und beraubt. „Wir entgingen einer Verletzung nur deshalb, weil der Stoß der Machete den Drahtzaun um die Haltestelle statt uns traf", berichten sie. „Wir büßten

unsere Handtasche ein, in der Bargeld, Schecks und die Pässe lagen."
Das Seglerpaar berichtet auch von einem anderen Überfall in Negril Beach: „Ein befreundeter Segler auf der Yacht CINQ GARS POU wurde an Bord bei Nacht von einem Mann mit einer Machete angegriffen und so schwer verletzt, daß er sofort in einem Notflug ins Krankenhaus nach Miami geschafft werden mußte. Nach diesem Vorfall hielt es uns nicht länger in Jamaika, und wir klarierten am nächsten Tag aus."

Die jüngste Meldung über unfreundliche Ereignisse stammt von der Crew der SANTA LUCIA. Im Februar 1989 meldete das Ehepaar Walter und Lucia Adams aus Rabaul in Papua Neuguinea: „Sehr heiß, sehr schwül, viele Raubüberfälle, auch auf Schiffe. Kein idealer Platz zum Überwintern."

Aber nicht nur in den Ländern der sogenannten Dritten Welt muß ein Fahrtensegler auf der Hut sein, wenn er in seiner unverkennbaren Kleidung durch die Straßen schlendert oder seine Besorgungen erledigt. Selbst auf der Insel Martinique, die ja rechtlich als Departement des französischen Mutterlandes gilt, muß er sich vorsehen. So berichtet Fred Doery, der mit seinem 15-m-Seekreuzer WINSOME, einer Hallberg Rassy 49, 1988 zum Einklarieren in Fort de France vor Anker lag: „Auf unserem Weg zum Schiffsausrüster und mitten auf einer Geschäftsstraße wurde meine Frau Nan von zwei jungen Männern auf einem Motorrad überfallen. Sie versuchten, ihr die Handtasche zu entreißen, und schleiften sie dabei etwa 10 m weit mit, ehe der Griff abriß. Nan behielt die Tasche mit Geld und Pässen zwar in der Hand, aber sie mußte sich anschließend mit einem verletzten Knie in ärztliche Behandlung begeben. Dies alles geschah am frühen Nachmittag, ohne daß die Polizei davon Notiz nahm. Später stellen wir fest, daß solche Überfälle hier zum Tagesgeschehen gehören und von Handtaschendiebstahl bis zum Hoteleinbruch reichen. Die Polizei wollte nicht einmal ein Protokoll dieses Überfalls aufnehmen."

Fred Doery erwähnt in seinem Brief einen weiteren Raubüberfall, bei dem ein anderes Seglerehepaar um fast 1 000 DM Bargeld erleichtert wurde.

Zu Raubüberfällen im Hafen von Charlotte Amalie auf den US Virgin Islands übermittelt Richard Wittig von der 13-m-Slup SHAZAM einen Bericht. Er lag im Frühjahr 1987 in St. Thomas und schreibt: „Ich bin sicher, daß du schon davon gehört hast, wie hier fast täglich in der Stadt Segler überfallen und auch auf ihren Booten angegriffen werden. Es sollen schon mehrere Morde vorgekommen sein. Kehrt sich dieser

Trend nicht um, dann wird aus St. Thomas bald ein zweites Jamaika werden.“

Kommt es zu einer Ansammlung von vielen Seglern und ihren Yachten, wie zum Beispiel beim Start der jährlichen ARC (Atlantic Rallye for Cruisers) Anfang November in Las Palmas, wird ein solches Sportereignis zwangsläufig auch zum Stelldichein der Diebe. So hatten im November 1986 von den ursprünglich gemeldeten 286 Yachten aus fünfzehn Ländern immerhin 210 in der Hafenstadt festgemacht oder waren unmittelbar vor ihr vor Anker gegangen. Dabei hatten nicht nur die Hafenkneipen Hochkonjunktur.

Unter der Überschrift „Segler bestohlen, Schiffe ausgeräumt“ schrieb die YACHT: „Die Kehrseite der ‚Völkerverständigung unter Segeln‘ (Cornell) wurde bei der spanischen Polizei aktenkundig. Viele Segler wurden bestohlen, einige überfallen, Schiffe wurden ausgeräumt, Leihwagen aufgebrochen. Manch einer mußte den Traum von seiner ersten Atlantiküberquerung schon in Las Palmas begraben, weil es ihm nicht mehr gelang, für den gestohlenen Paß Ersatzpapiere zu beschaffen. Ohne Ausweis aber verweigern die Behörden auf der Zielinsel Barbados strikt die Einreise.“

Das Wissen um diese möglichen Gefahren hätte sicherlich manche Crew vorsichtiger und manchen Skipper bei der Betreuung von unbekannten Gästen an Bord mißtrauischer gemacht. Aber diese Dokumentation des Schreckens soll hier nicht noch durch einen Kommentar verlängert werden. Mögen geschlossene Reisegruppen in der Sicherheit einer Herde oder Urlaubstouristen im Ghetto ihrer Hotelburgen vor solchen Überfällen sicher sein, nicht nur Ehepaar-Besatzungen, sondern auch jede zahlenmäßig größere Crew einer Yacht kann leicht zum Freiwild für Verbrecher werden. Je genauer wir diese Gefahren kennen, desto besser können wir auf uns aufpassen, wenn wir Ausflüge machen oder einkaufen.

Auch in Europa immer dreister

Man könnte die bisher berichteten Überfälle mit dem Hinweis abtun: „Nun ja, das ist der ferne Wilde Westen, an unseren europäischen Küsten kommen solche Ereignisse glücklicherweise nicht vor. Aus diesem Grunde müssen wir derlei Gefahren nicht in unsere Vorsicht einbeziehen, wenn wir an einer europäischen Außenküste unterwegs sind, die

Die Aluminiumslup TRAMADOR, *deren Raub vom Skipper gerade noch verhindert werden konnte.* *Foto: Winter*

in ihrer Gliederung der amerikanischen Küste rund um die Karibik ähnelt."

Tatsächlich ist es aber bedrückend, daß es bereits jetzt Beweise gibt, wie auch europäische Yachtpiraten die kriminellen Handlungen ihrer offensichtlichen Vorbilder in der westlichen Hemisphäre kopieren. „Die Diebe in italienischen Häfen werden immer dreister", las ich im November 1988. „So wurde einem Segler aus Deutschland morgens auf dem Weg zum Bäcker der um den Hals hängende Geldbeutel von einem vorbeifahrenden Mopedfahrer brutal abgerissen."

Da ist zum Beispiel im Sommer 1988 Manfred Winter mit seiner bildschönen TRAMADOR mit Heimathafen Hamburg auf dem Weg von der Nordsee ins Mittelmeer. Die Slup vom Typ Nordsee 51 ist 15 m lang und 1983 aus Aluminium gebaut worden. Mit ihrem 6-Zylinder-Mercedes-Dieselmotor von 96 kW ist sie auch unter Motor schnell, und sie ist natürlich auch mit Rollreffanlagen in seglerischer Hinsicht und mit allen modernen Navigationsgeräten inklusive Radar in nautischer Beziehung optimal ausgestattet. Kurz und gut: Man sieht der eleganten Yacht mit ihrem schnittigen Deckshaus nicht nur ihren hohen Wert an, sie ist in Größe und Aussehen auch genau der Yachttyp, den Drogenschmuggler mit Vorliebe aufs Korn nehmen, wenn sie ein Fahrzeug stehlen wollen. Aber Drogenschmuggler in Europa? Ja, sie gibt es, und sie sind unter uns!

Am 15. 7. 88 lief Manfred Winter mit seiner TRAMADOR und zwei Mitseglern in Lelystad, Holland, nach Süden aus. Der Kurs führte ihn zuerst durch den Ärmelkanal und dann über die Biskaya zum ersten Zielhafen La Coruña in Spanien. „Nach acht Tagen mit Starkwind aus Südwest und vier Tagen an der Kreuz durch die Biskaya liefen wir am 23. 7. 88 in La Coruña ein", schreibt er in seinem Bericht. „Um die Zollformalitäten ordnungsgemäß zu erledigen, legten wir im Hafenbekken Darsena de la Marine an der Pier an. Nachdem die TRAMADOR ordnungsgemäß vertäut war und wir auch alle Einklarierungsformalitäten erledigt hatten, beschlossen wir, den Tag mit einem Landgang und anschließendem Abendessen ausklingen zu lassen."

Natürlich ließ die dreiköpfige Crew ihre gut festgemachte Yacht an dem belebten Kai, auf dem nicht nur Spaziergänger promenierten, sondern wo auch ein starker Autoverkehr herrschte, ohne Argwohn zurück. Wer denkt schon an einen Überfall an einem solch belebten Platz während der Abendstunden? Aber diese Meinung haben wir zu revidieren, wenn wir Manfred Winter weiter zuhören:

„Wir kamen kurz nach 2300 Uhr zurück und verholten uns gegen 2345 Uhr in unsere Kojen. Ich war gerade tief eingeschlafen, als ich plötzlich durch das Starten des Motors und durch das starke Geräusch der an der Kaimauer entlangschrammenden Steuerbord-Bordwand meiner TRAMADOR wach wurde. Ein schneller Blick auf die Uhr zeigte 0030, also früher Morgen des 24. 7. 1988."

Der Skipper stürzt ins Ruderhaus, um zu sehen, wer seine Yacht auf diese brutale Weise in Bewegung setzt. Zu seiner Überraschung stellt er fest, daß sich dort keiner seiner Mitsegler zu schaffen macht. Sein Freund Volker schläft offenbar noch in seiner Kammer, und sein Freund Karl steckt gerade den Kopf durch das Vorluk und fragt: „Was ist los?" Schlagartig wird es Manfred Winter, als einziger der Besatzung im Ruderhaus, klar: Die TRAMADOR wird überfallen! Fremde Männer wollen seinen Seekreuzer stehlen! Und bis auf eine Leine ist das Ablegemanöver auch bereits beendet.

„Es waren insgesamt drei Männer im Alter von 20 bis 25 Jahren", berichtet er weiter. „Im Cockpit stand ein großer, dunkelhäutiger Mann hinter dem Ruder, der mit Vollgas immer vorwärts und rückwärts schaltete. Der zweite Mann stand auf Steuerbordseite an Deck neben der Plicht. Was er tat, konnte ich so schnell nicht feststellen. Der dritte Mann auf der Pier hatte bereits die abgenommene Achterleine in der Hand.

In diesem Augenblick sah ich auch, daß das Steckschott zum Niedergang aus 15 mm Plexiglas aufgebrochen und zersplittert war. Hier waren die Männer also gewaltsam eingedrungen! Zur Abwehr dieses Angriffs durchzuckte mich nur ein Gedanke: Messer oder Pistole? Impulsiv griff ich zu meinem Messer als der nächstliegenden Waffe und stürzte mich mit viel Geschrei auf den Rudergänger. Dabei kam mir meine frühere Nahkampfausbildung bei der Bundeswehr zu Hilfe. Der Überraschungsangriff gelang! Es kam zu einem kurzen Handgemenge, bei dem ich nur leicht verletzt wurde. Der Rudergänger und sein an Deck stehender Komplize waren sichtlich auf diese Verteidigung der TRAMADOR nicht vorbereitet. Es gelang mir, die Piraten in die Flucht zu schlagen und somit Schlimmeres, zum Beispiel den Diebstahl der Yacht, zu verhindern."

Durch seinen Alarmschlaf und sein beherztes Eingreifen hat der Skipper aber wohl noch sehr viel Ärgeres verhindert. Denn es ist nicht auszudenken, was passiert wäre, wenn die drei Piraten, die den großen Seekreuzer offenbar unbesetzt wähnten, erst draußen auf See die schlafende Besatzung entdeckt hätten. Wäre es dort zu einer bewaffneten Auseinandersetzung gekommen, wäre der Ausgang ungewisser gewesen; denn die an drei verschiedenen Orten und in drei getrennten Kammern schlafenden deutschen Segler hätten von den Piraten einzeln überwältigt werden können. Mögliche Konsequenzen sind nicht auszudenken.

Aber jetzt besitzt Manfred Winter die Initiative, und die drei Piraten ergreifen die Flucht. „Ich verfolgte sie noch bis zu der nur 5 m entfernten Hauptstraße, wo sie zwischen den schnell fahrenden Autos hindurch rasten", erzählt er weiter. „Fast wäre es zu einer Massenkarambolage gekommen, da die Straße zu dieser Zeit noch sehr belebt war. Aber die Fußgänger, die noch auf dem Kai promenierten, hatten von dem Überfall nichts bemerkt."

Es ist kaum zu fassen, daß der Diebstahl der großen auffälligen Yacht in einem belebten spanischen Hafen zu einer noch geschäftigen Nachtzeit fast unbemerkt gelungen wäre. Noch unverständlicher ist die Reaktion der Polizei, wie Manfred Winter berichtet: „Nachdem ich wieder zur Ruhe gekommen war, erstattete ich auf der Polizeistation Anzeige. Es dauerte fast vier Stunden, bis wir alles zu Papier gebracht hatten. Die Polizei war auch nicht sonderlich beeindruckt. Die wiederholten Äußerungen des aufnehmenden Beamten: ‚Nur keine Aufregung, das kann schon mal passieren! Besser aufpassen und im Hafen Wache gehen!' waren nicht gerade beruhigend. Das Auslaufen am nächsten Morgen wurde uns von der Polizei verboten, da ihre Spezialisten gegen 1000 Uhr Fingerabdrücke nehmen wollten." Aber die Fachleute der Kriminalpolizei kommen nicht, und als Manfred Winter gegen 1300 Uhr zur Wache geht, legt man ihm statt dessen ein Album mit den Fotos von Verdächtigen vor.

„Da es bei dem Überfall dunkel war und die Straßenlaternen im Rücken der Piraten standen, konnte ich keinen Mann beschreiben", sagt Manfred Winter. „Sie sahen alle gleich aus. Somit verzichtete ich auf die Durchsicht, und wir durften auslaufen. Nach Aussage des Beamten würde man den Vorfall weiterverfolgen." Aber dies ist einem ausländischen Gast gegenüber auch nur eine vertröstende Floskel wie „Mañana". Interessant ist hingegen die juristische Bewertung seiner Selbstverteidigung, die Manfred Winter einige Tage später mit einem spanischen Beamten in einem anderen Hafen erörterte.

„Im nächsten Hafen Bayona sagte der Zöllner, der schon von dem Überfall gehört hatte, in gebrochenem Deutsch zu mir: ‚Du mußt schießen kaputt, dann keine Probleme. Kampf mit Messer nicht gut. Du kommen ins Gefängnis, dann viele Probleme.' Da die TRAMADOR im Schiffsregister eingetragen ist, genießt man deutsches Hoheitsrecht an Bord. Nach Auskunft meines Anwalts hört aber deutsches Hoheitsrecht am Bugkorb auf. Man muß halt genau treffen, und das möglichst an Bord."

Ich halte diese Rechtsauskunft für nicht ganz korrekt; sie gilt meines Erachtens nur für die Verhältnisse außerhalb der Hoheitsgewässer eines Staates, also auf der freien See. Am Kai des Hafens La Coruña gilt auch für ein deutsches Schiff spanisches Recht. Und danach wäre gegebenenfalls zu entscheiden gewesen, ob die Notwehr des Skippers angemessen gewesen wäre, wenn er sich nicht mit dem Messer gewehrt, sondern die Piraten an Bord durch Pistolenschüsse „kaputt"geschossen hätte.

Immerhin kommen die TRAMADOR und ihr Eigner mit geringen Schäden davon: Positionslaterne im Bugkorb abgefahren, Buganker aus seiner Halterung gerissen, Bugkorb eingedrückt, Relingstützen verbogen, an der Reling festgezurrte Sturmfock an der ölverschmierten Kaimauer zerfetzt, Fender mit Scherbrett abgerissen, Steuerbord-Bordwand stark verschrammt, Beule im Rumpf. Diese und viele andere Schäden, die die Versicherung für 8000 DM beseitigen läßt, sind eine weniger schmerzliche Erinnerung, als wenn die TRAMADOR bereits während des Abendessens der Crews überfallen worden und unbemerkt auf Nimmerwiedersehen verschwunden wäre.

4. Die Huckepack-Piraten sind unter uns

Vorsicht bei „Hand gegen Koje"! · Im Labyrinth der Kleinstaaten · Der Entführer mit den Harpunen · Vier Tote im Kielwasser? · Gefährliche Schiffbrüchige · Nie aufgeklärt: der Doppelmord auf K*ALIA* *III*

Seeräuber kommen nicht nur in Booten und überfallen uns auf hoher See, sie schleichen sich auch als Yachtsegler getarnt an Bord ein. Niemand verwehrt es heutzutage einem Fremden, im Borddreß und mit Segelschuhen über die Stege zu schlendern, sich bei einer Besatzung anzubiedern oder einem Skipper seine Dienste anzubieten. Doch dabei ist Unbekannten gegenüber Vorsicht geboten. Da gibt es zum Beispiel einen deutschen Segler, der als Anhalter einstieg, am Ende der Fahrt das gastfreie Boot ausraubte und sich mit dem Nachbarboot davonmachte. Oder da ist ein anderer Deutscher, der eine Familiencrew als Geiseln nahm, um sich mit ihrem Schiff über See in ein anderes Land bringen zu lassen. Umgekehrt erging es einer Seglerin, die bei einem Einhandsegler für eine begrenzte Strecke anheuerte, aber von diesem am Zielort gegen ihren Willen für die Weiterfahrt gewaltsam an Bord festgehalten wurde.

Immer häufiger wenden Huckepack-Piraten auch Gewalt an. So brachte ein deutscher Segler eine dreiköpfige Familiencrew um, ehe er sich mit ihrer Yacht davonmachte, und ein amerikanisches Pärchen tötete nach dem Schiffbruch seiner Yacht ein anderes Seglerehepaar auf einem einsamen Ankerplatz, um mit dessen Seekreuzer die unterbrochene Langfahrt fortzusetzen. In beiden Fällen wurden die Mörder verurteilt. Nur ein Fall, bei dem ein Seglerehepaar durch unbekannte Gäste sein Leben verlor, blieb bis heute ungesühnt.

Vorsorgliches Mißtrauen ist stets der beste Schutz gegen Piraten in Jeans und Segelschuhen, die uns überall begegnen können, wie die folgenden Berichte zeigen.

In vielen Häfen schlendern sie über die Stege oder stehen an der Pier, und man kann sie nicht von reiselustigen Globetrottern unterscheiden, die auf eine Chance zum Mitsegeln warten. Besonders häufig trifft man sie an den Drehscheiben des Trans-Ozean-Segelns an, wo wochenlange Kurse von Kontinent zu Kontinent beginnen. Sie bieten „Hand gegen Koje“ und finden besonders bei jenen Skippern Gehör, denen es mehr um einen zusätzlichen Helfer an Bord als um eine Unkostenbeteiligung geht.

An den europäischen Küsten sind es vor allem Gibraltar und die Häfen der Kanarischen Inseln, wo sich nicht nur junge Segler und Seglerinnen, Studenten in Geldnot oder mittellose Arbeiter um einen Arbeitsplatz an Deck mit Kojenbenutzung in der Kajüte bemühen oder Frauen ganz offen auch sich selbst für die Kojen anbieten. Unter den scheinbaren Seglern sind jedoch gelegentlich dunkle Existenzen, die als Anhalter zur See nicht nur ein seglerisches Erlebnis auf blauem Wasser suchen, sondern auch andere, oft recht bösartige Ziele verfolgen. Während es früher kaum Mißtrauen gegenüber unbekannten Mitseglern gab, ist heutzutage kritische Distanz bei spontanen Bekanntschaften dringend geboten; denn in der mehrwöchigen Isolation einer kleinen Nußschale auf See ist der eine dem anderen auf Gedeih und Verderb ausgeliefert. Und wer von Beginn an Böses im Schilde führt, ist einer zutraulichen Eignercrew gegenüber im Vorteil.

Vorsichtig sollte man sogar dann sein, wenn sich auf das Angebot des Skippers „eine Hand für eine Koje“ ein Segler meldet, für den sich der Hafenmeister als Respektsperson verbürgt. Dies passierte dem englischen Skipper Peter Prankerd, der im November 1976 vor dem Sprung über den Atlantik noch einen Abstecher nach Gibraltar machte. Auf seiner kleinen WINNIE RIG segelte er mit Frau und drei kleinen Kindern, weshalb es für ihn mit Segelführung und Wachen, Navigation und Seemannschaft mehr als genug zu tun gab. Eine zusätzliche Hand war ihm willkommen, und er glaubte gern dem Hafenmeister in Gibraltar, als dieser ihm einen jungen deutschen Segler als Hilfe für seine Atlantiküberquerung anbot.

Er heiße Peter Erik Marschner, sagte der Mann, seine Luxusyacht sei bei einem Sturm im westlichen Mittelmeer gesunken, und er sei als einziger der Crew in der Nähe von Almeria in einem Rettungsboot von einem russischen Tanker aufgefischt und in Gibraltar abgesetzt worden.

Aber was der gutgläubige Hafenmeister als verbriefte Tatsache an ebenso gutgläubige Yachteigner weitergab, war nie überprüft worden, und weder der Schiffbruch der Yacht noch der Abgang des deutschen Seglers von dem Frachter hatten wirklich stattgefunden. Nur das russische Schiff hatte, allen Leuten sichtbar, kurz in Gibraltar angelegt.

Aber nach einer solchen Empfehlung hatte Yachtskipper Prankerd natürlich keine Bedenken, dem scheinbar leidgeprüften jungen deutschen Segler, der dazu noch einen sympathischen Eindruck machte, die Fortsetzung seiner so tragisch beendeten Überfahrt in die neue Welt zu ermöglichen. Er schlug ein und nahm Marschner an Bord. Außerdem durfte noch ein 21jähriger Engländer, der ebenfalls als Anhalter über den Atlantik wollte, auf der Winnie Rig mit anmustern. Peter Prankerd merkte nicht, daß es sich hierbei wohl um ein Verbrecherduo handelte, das gemeinsam auf krumme Tour reisen wollte.

Auch während der mehrwöchigen Überfahrt fiel es der Familie Prankerd nicht auf, daß Marschner sehr kamerascheu war und sich niemals fotografieren ließ. Er übernahm auch ausschließlich die Nachtwachen – was man ihm eher hoch anrechnete, weil Eltern und Kinder dadurch immer ungestört schlafen konnten. Als die Winnie Rig am 16. Februar 1977 die Karibikinsel St. Lucia anlief, ließen Marschner und sein englischer Kumpan ihre Masken, die sie sechs Wochen lang geschickt getragen hatten, schnell fallen: Als die Familie am 17. Februar morgens aufwachte, waren beide Mitsegler verduftet. Verschwunden waren auch alle elektronischen Navigationsgeräte der Yacht, die Sextanten mit den HO-Tafeln, das Bargeld der Familie und ein beträchtlicher Teil der Lebensmittelvorräte.

Als die englische Familie den Diebstahl auf der örtlichen Polizeiwache meldete, lag dort schon eine zweite Anzeige vor: Die neben der Winnie Rig festgemachte Rêve d'amour, ein handiger Kunststoffkreuzer von 9,60 m Länge, war zu gleicher Zeit gestohlen worden. Die beiden Huckepack-Piraten hatten ihr Diebesgut von der Winnie Rig auf die Nachbaryacht geschafft und mit ihr das Weite gesucht.

Im Labyrinth der Kleinstaaten

Mehr noch als in Europa mit seinen kurzen Wegen zwischen den Yachthäfen und seinem gut funktionierenden Kommunikationsnetz zwischen Polizei und Hafenbehörden ist es in der Karibik fast unmöglich, eine gestohlene Yacht wiederzufinden. Hier liegen nicht nur über ein Dutzend unabhängige Staaten mit eigener Polizeiorganisation nur wenige Meilen voneinander entfernt, der internationale Nachrichtendienst in mehreren Landessprachen ist auch noch unterentwickelt. Wer erst einmal auf und davon gesegelt ist, kann wegen eines anderen Delikts vielleicht in das Polizeinetz eines anderen Staates geraten. Was er vorher und anderswo angestellt haben mag, muß durch Unkenntnis der Behörden zwangsläufig unter den Tisch fallen.

So ging es auch dem Diebesduo Peter Marschner und Co.: Beide erreichten ohne Hast einige Wochen später den Yachthafen von Fujardo an der Ostküste von Puerto Rico, wo sie sicherlich kein Aufsehen erregt hätten, wenn sie nicht mit einem havarierten Rigg eingelaufen wären. Aber auch damit schöpfte man noch keinen Verdacht. Anstatt jedoch die havarierte RÊVE D'AMOUR wieder segelklar zu machen, sahen sich die beiden Yachtpiraten in Fujardo einfach nach einer anderen, größeren und natürlich besseren Yacht um und klauten eine nagelneue Swan 38 von 11,50 m Länge. Aber mehr noch: Sie bemühten sich gar nicht erst, die Swan im Hafen zu knacken, sondern warfen einfach deren Leinen los, hängten sie hinter die gestohlene RÊVE D'AMOUR und schleppten die neue Beute hinter der alten auf See hinaus. Hier luden sie in aller Seelenruhe Gepäck und Ausrüstung um, machten sich dann mit den technischen Einrichtungen des neuen Bootes vertraut und suchten mit der Swan das Weite. Die ausgeschlachtete RÊVE D'AMOUR ließen sie treibend zurück.

Erwischt wurde Marschner schließlich auf der französischen Insel Martinique, wo er einige Wochen später mit der Swan und inzwischen gefälschten Papieren eintraf. Er wurde hier jedoch nur mit 40 Tagen Haft bestraft, weil er die Swan nicht ordnungsgemäß einklariert und bei ihrem angestrebten Verkauf gegen die Zollbestimmungen verstoßen hatte. Nach seiner Freilassung konnte er mit „seiner" Yacht ungehindert davonsegeln. Die hier geschilderten Zusammenhänge deckte man erst später auf.

Umgekehrt ist die Situation, in die im April 1983 die Seglerin Kaki Holt in den Bahamas geriet. Hier war es der Skipper einer amerikanischen Yacht, der sie zuerst auf der Basis „Hand gegen Koje" an Bord nahm, sie dann aber anschließend nicht wieder aus seinen „Diensten" entlassen wollte.

Darüber schrieb sie im Juli 1983 in einem Brief: „Ich würde gern zwei Segler zur Auszeichnung als ‚Barmherzige Samariter' vorschlagen, weil sie mich aus einer mehr als mißlichen, ja eigentlich sehr gefährlichen Situation befreit haben. Ich wurde im April in Waderick Wells Cay in den Bahamas von einem Einhandsegler mitgenommen, dem ich bei der Bordarbeit half. Ihm gefiel diese Zweisamkeit jedoch offenbar so gut, daß er sich weigerte, mich zur gewünschten Zeit an dem vereinbarten Platz wieder an Land zu setzen, damit ich meinen gebuchten Heimflug antreten konnte. Statt dessen segelte er weiter, benutzte nur einsame Ankerplätze und drohte, mich zu fesseln und in der Toilette einzusperren, wenn ich unterwegs versuchen sollte, ins Wasser zu springen, zu anderen Booten hinüber oder an Land zu schwimmen.

Als ich dennoch diesen Versuch wagte, um mein Leben schwamm und der Einhandskipper mit dem Dingi hinter mir her pullte, so schnell er konnte, um mich wieder einzufangen, hatte ich das unendliche Glück, daß meine Flucht von Bob Martin und Kevin Foley auf der MOONRISE bemerkt wurde. Die beiden freundlichen Segler zogen mich aus dem Wasser und beschützten mich vor meinem Entführer. In der folgenden Woche segelten wir nach Miami zurück, und die beiden ritterlichen, zurückhaltenden Segler gaben wir mein erschüttertes Vertrauen in menschliches Zusammenleben wieder zurück. Ihre Bereitschaft, einer unbekannten Fremden zu helfen und dabei vielleicht noch in einen ominösen Fall von Flucht oder Entführung verwickelt zu werden, verdient meine uneingeschränkte Hochachtung. Noch einmal meinen herzlichsten Dank an diese beiden nettesten Männer auf dem Wasser, die ich bisher getroffen habe.“

Ist nicht auch Freiheitsberaubung ein Akt von Piraterie auf Yachten?

Der Entführer mit den Harpunen

Eine Entführung anderer Art erlebte die deutsche Seglerfamilie Neuschütz, die in Schleswig-Holstein zu Hause ist, im Sommer 1982 in den Balearen: Mit ihrem Motorsegler CASSIO PEIA, einem Finnclipper 35, ist Rainer Neuschütz, 40, mit seiner Frau Ilse und den Söhnen Ralf, 15, Bernd, 13, und Dieter, 6, durch das Mittelmeer unterwegs zu den Kanarischen Inseln, wo im Herbst die Atlantiküberquerung beginnen soll. Gut 50 Tage ist die Crew bisher von der französischen Küste durch das Mittelmeer geschippert und ankert jetzt bei Espalmador vor der Insel Formentera.

Als Rainer Neuschütz an diesem Morgen in seiner Koje aufwacht, ist es nicht die Sonne, die ihn weckt, sondern ein eigenartiges Geräusch draußen. Durch die geöffnete Kajüttür erkennt der Skipper eine Person in der Plicht, die mit einem Neoprenanzug bekleidet ist und Schwimmflossen, Taucherbrille und Schnorchel trägt. Ein Einbrecher an Bord, durchzuckt es ihn, und er tastet auf dem Kojenbord nach seiner Tränengaspistole, die er aber in der Aufregung nicht so schnell finden kann.

Der Fremde bemerkt es und kommt drohend näher. „Keine falsche Bewegung!" sagt er. „Sonst mache ich Ernst!" Und dabei richtet er zwei geladene Harpunen auf die Brust des Skippers. „Es passiert Ihnen nichts, wenn Sie meinen Anweisungen folgen. Ich habe Schwierigkeiten mit der Guardia Civil", fährt er nach kurzem Rundblick durch die Kajüte fort. „Sie verfolgt mich, weil ich aus der spanischen Legion getürmt bin. Sie müssen mich nur nach Marokko bringen."

Was bleibt dem kräftigen Skipper, der von Beruf Dreher ist, anderes übrig, als sich zu fügen? Soll er, halbnackt in der Koje, den Mann mit seinen Harpunen angreifen? Und wenn er den Helden spielt – was wird dann aus Frau und Kindern? So gehorcht er widerstrebend, setzt sich an den Kartentisch und steckt den Kurs zur afrikanischen Küste ab. Die Kinder lichten derweil die Anker und setzen die Segel.

„Los geht's", sagt der Fremde dann, der jede Bewegung der Crew argwöhnisch verfolgt. Anschließend will er essen und sich trockene Kleidung anziehen. Ilse Neuschütz muß ihm Kaffee kochen und Brote schmieren. Derweil überlegt Rainer Neuschütz an der Pinne, was der Pirat tatsächlich im Schilde führt und welches Schicksal er dem Schiff und seiner Besatzung zugedacht hat. Der Skipper hat keinen Zweifel: Der Mann mit den Harpunen will die CASSIO PEIA; denn immer wieder läßt er sich erklären, wie der Motor gestartet wird und die Navigationsgeräte funktionieren, wo die Lenzpumpen liegen und wie man den Kocher bedient. Auch für die Bootspapiere interessiert er sich und für die Art und Weise, wie man in fremden Häfen einklariert.

Und was wird aus der Besatzung? denkt Rainer Neuschütz. Den Eindringling, einen muskulösen, bärtigen Kerl mit narbenbedeckten Armen, wird er nicht so leicht überwältigen können. Bei einem Zweikampf werden ihm auch seine Frau und die Kinder nicht helfen können.

Aber die Chance zur Befreiung der Crew kommt eher als erwartet. Die Sonnenhitze fordert ihren Tribut, und immer häufiger fällt dem Eindringling am Nachmittag das Kinn auf die Brust. Ohne Zweifel ist er übermüdet, und immer öfter nickt er einige Minuten ein. Das ist das Signal für den Skipper, in einer Backskiste nach der eigenen Harpune zu suchen, die Waffe zu spannen und den spitzen Pfeil dem Entführer auf die Brust zu drücken.

„Steh auf und dreh dich um!" schreit der Skipper ihn an. „Und keine Bewegung, sonst drücke ich ab!" Rainer Neuschütz meint es ernst, und der Eindringling versteht, daß er verspielt hat. Er gehorcht nach dieser Überrumpelung und läßt sich widerstandslos fesseln.

Glücklicherweise hat die CASSIO PEIA jetzt den Schiffahrtstrack erreicht, und als ein italienischer Tanker mit Westkurs vorüberkommt, schießt Rainer Neuschütz mehrmals hintereinander rote Signalsterne. Der Tanker ändert seinen Kurs und stoppt vor der deutschen Yacht, die im Seegang dümpelt. Die Verständigung zwischen dem Yachtskipper und dem Tankerkapitän ist schwierig, und der Italiener will – verständlicherweise – den überwältigten Entführer der CASSIO PEIA nicht haben.

Fast drei Stunden lang muß Rainer Neuschütz in Lee des Tankers warten, bis der Kapitän mit seiner Reederei, den spanischen Behörden und wer weiß mit wem sonst noch endlos lange Seefunkgespräche geführt hat. Aber dann darf die CASSIO PEIA den gefesselten Piraten doch abgeben. Kein leichtes Manöver, an der Bordwand eines hoch aus dem Wasser ragenden Schiffsriesen, der in Ballast fährt, eine Leine von dessen Deck zu übernehmen, an ihren Tampen einen gefesselten Mann anzustecken und diesen dann, nachdem man erst ganz zuletzt seine Handfesseln zerschnitten hat, über die Jakobsleiter an Bord klettern zu lassen.

Aber schließlich ist die deutsche Yacht ihren Entführer los und kann wieder Kurs nach Cartagena auf dem spanischen Festland nehmen. Angeblich sind die dortigen Behörden vom Tankerkapitän über die Vorfälle unterrichtet worden. In Cartagena weiß jedoch niemand bei der spanischen Polizei von dieser Entführung. So gibt Rainer Neuschütz die drei Ausweise, die er in dem zurückgelassenen Neoprenanzug des Piraten gefunden hat, an die Polizei ab und dazu noch die beiden Harpunen und zwei Messer, die der Entführer an seinen Waden trug. Jeder der deutschen Pässe ist übrigens auf einen anderen Namen ausgestellt.

Nach diesem schrecklichen Erlebnis setzten Rainer und Ilse Neuschütz mit ihren Kindern die Fahrt zu den Kanarischen Inseln fort und überquerten anschließend den Atlantik. Welches Schicksal den Entführer ereilte, wurde nicht bekannt. Übrigens hat sich Skipper Neuschütz wenig später einen Revolver angeschafft.

Schußwaffen mögen ihre Besitzer beruhigen, aber ein Yachtsegler kann in fremden Ländern nicht immer mit einem Revolver im Halfter an Land gehen oder bei allen Arbeiten an Bord, auf See wie im Hafen, eine Pistole in der Hosentasche tragen. Er kann auch nicht in jedem anderen Segler, der ihm auf dem Steg begegnet oder in einem Boot vorbeifährt, einen potentiellen Dieb, Entführer oder Mörder sehen. Was nach einem Überfall oder Verbrechen wie eine ganz logische, aber versäumte Vorsichtsmaßnahme aussieht, ist zu Beginn eines scheinbar zufälligen Zusammentreffens kaum als notwendig zu erkennen.

Dieser tragischen Fehleinschätzung erlagen wohl auch die Opfer des Frankfurters Rolf Melsner, der – damals 43 Jahre alt – auf wahrscheinlich harmlose Art Mitte Juli 1980 in der Nähe der italienischen Stadt Chiavari bei Genua die Bekanntschaft des Seglerehepaars Ruth, 32, und Bernhard Gerke, 33, suchte. Zusammen mit ihrer 13jährigen Tochter Michaela verlebten die Gerkes ihren Segelurlaub auf dem kleinen Seekreuzer BERUMI II, einer 7 m langen und 2,50 m breiten Slup vom Typ Neptun 22 an der Ligurischen Küste.

Warum sich Melsner, der sich auch Heinz Gschwandner nannte, gerade eine so kleine Yacht und diese dreiköpfige Bootsfamilie für seine Verbrechen aussuchte, bleibt schleierhaft. Tatsächlich raubte Melsner wenige Tage nach dem Zusammentreffen die BERUMI II, gab ihr einen grauen Anstrich und änderte den Namen in THAI. Die Familie des Eigners wurde seit dem 23. Juni 1980 nicht mehr gesehen. In der Nähe ihres Liegeplatzes fand man nur persönliche Gegenstände sowie Kleidungsstücke des Ehepaars und seiner Tochter. Am 24. Juni verließ der Raubmörder mit der gestohlenen Yacht die italienische Küste.

Am 28. Juni begegnete Melsner im Mittelmeer der italienischen Yacht LISOR, deren Eigner Claudio Torresan einhand zu Frau und Töchtern nach Sardinien unterwegs war. Der italienische Segler war offenbar froh, einen Gefährten mit gleichem Kurs nach Süden getroffen zu haben, und lud Melsner, der sich wohl als deutscher Einhandsegler ausgab, zum Fischen ein. Der Frankfurter stieg hierzu von der BERUMI II auf die größere LISOR über und nutzte die Gelegenheit, sich auf der italienischen Yacht genau umzusehen. Später erwürgte er Claudio Torresan und warf seine Leiche, mit einem Anker beschwert, ins Meer. Die komfortable Beute wurde ihm dann offenbar doch zu heiß, so daß er sie treiben ließ und auf die kleine BERUMI II zurückkehrte.

Orte der kriminellen Vorfälle der Kapitel 1 – 7 im westlichen Mittelmeer

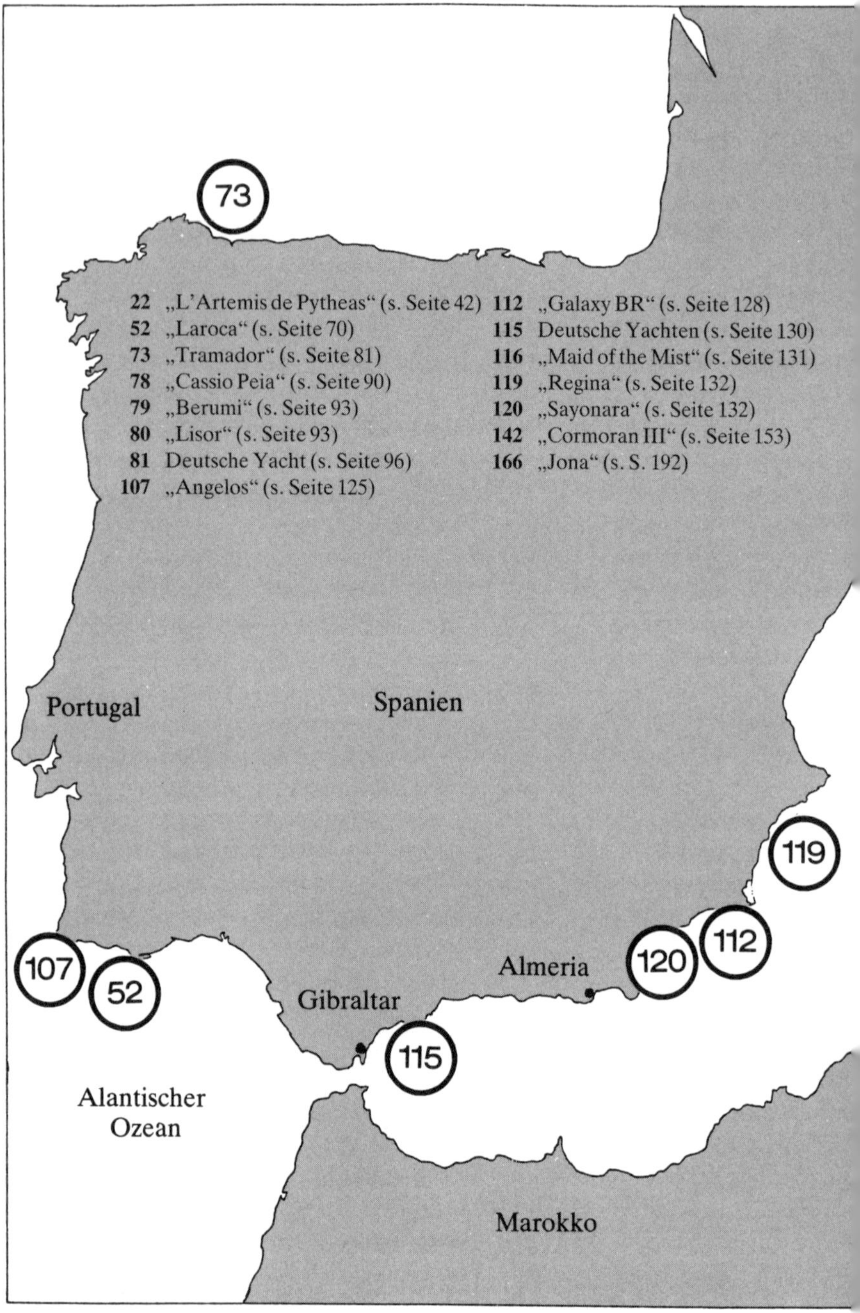

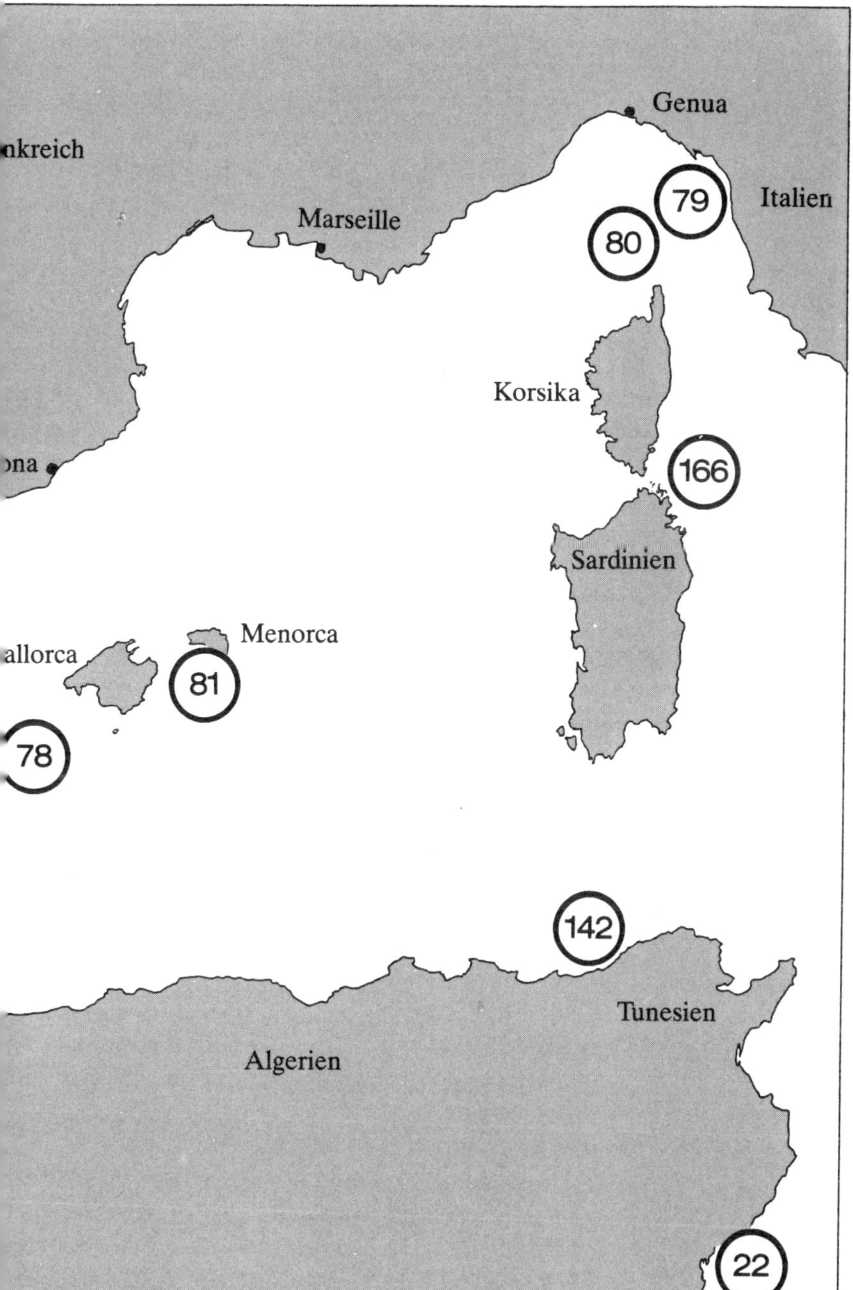
Genua
nkreich
79
Italien
Marseille
80
Korsika
na
166
Sardinien
Menorca
allorca
81
78
142
Tunesien
Algerien
22

Melsner segelte mit dem gestohlenen Boot zuerst über Elba, wo er am 14. Juli 1980 gesichtet wurde, nach Korsika und dann weiter nach Sardinien, das er am 12. August 1980 erreichte. Von hier aus setzte er Kurs nach Formentera in den Balearen ab, wo die kleine Neptun 22 Mitte September strandete.

Die Spur der BERUMI II läßt sich durch die gestohlenen Schecks von Bernhard Gerke, die Melsner in den von ihm angelaufenen Häfen einlöste, ziemlich genau verfolgen. Obwohl er inzwischen mit internationalem Haftbefehl gesucht wurde, versuchte er nach dem Verlust der BERUMI II noch einmal in Menorca, eine andere deutsche Yacht an sich zu bringen. Hierzu nahm er die aus Mannheim stammende Ehepaarbesatzung als Geiseln. Nur mit Glück blieb ihr das Schicksal der Familie Gerke erspart.

Als Melsner auf Menorca scheiterte, ließ er sich nach Mallorca zurücksegeln, stahl dort ein kleines Boot und verließ den Hafen von Porto Christo. Doch auch dieses Fahrzeug strandete bald an der Küste, und der Pirat erreichte den Strand nur schwimmend. Wenig später wurde er in Palma de Mallorca festgenommen.

Zuerst machten die spanischen Gerichte dem Frankfurter Yachtpiraten den Prozeß und verurteilten ihn wegen Geiselnahme des Mannheimer Ehepaars auf Menorca zu sechs Jahren Haft. Melsner verbüßte diese Strafe im Gefängnis El Dueso nördlich von Madrid und wurde im Winter 1986 an die deutschen Justizbehörden ausgeliefert. Hier verurteilte die 22. Strafkammer des Landgerichts Frankfurt den inzwischen 48 Jahre alten Piraten am 21. 3. 1986 zu einer lebenslangen Freiheitsstrafe wegen dreifachen Mordes und zu einer zusätzlichen Haftstrafe von einem Jahr wegen Unterschlagung und Betrugs.

Nach Überzeugung des Gerichts hat Melsner am 23. oder 24. Juni 1980 bei Chiavari die Eheleute Ruth und Bernhard Gerke an Bord der BERUMI II erschossen und am 25. Juni die 13jährige Tochter an Land gebracht und ebenfalls ermordet. Von den Leichen ist nie eine Spur gefunden worden.

Melsner selbst hat im Verlauf des elf Monate dauernden Prozesses erklärt, die Eltern Gerke seien bei einem Segelunfall ertrunken; er hätte die Tochter an Italiener aus der Unterwelt von Neapel übergeben, die das Mädchen einige Tage hätten festhalten sollen, damit er sich mit dem gestohlenen Segelboot ungestört absetzen konnte. Die Italiener hätten die 13jährige Michaela Gerke jedoch nach Ägypten verschleppt, wo sie vermutlich jetzt noch lebe.

Unstreitig verschwand die Besatzung der Segelyacht zur selben Zeit, als sie Melsner entwendete, umtaufte und mit ihr davonsegelte. Aber nicht nur auf diese Indizien stützt das Gericht seinen Schuldspruch vom 21. März 1986, gegen den die Verteidigung Revision beim Bundesgerichtshof eingelegt hat. Von dessen endgültiger Entscheidung hängt es ab, ob gegen Melsner auch noch vor einem italienischen Gericht wegen des einem spanischen Mithäftling gestandenen Mordes an Claudio Torresan verhandelt wird.

Der Yachtpirat Melsner hat auf seinem Kurs mit mehreren gekaperten Yachten eine gewalttätige, blutige Spur hinterlassen, die uns warnt: Schließt als Segler Freundschaft mit Bedacht, seid auf der Hut gegenüber Fremden, die Interesse heucheln. Selbst wenn nur ein einziger Mann in Jeans und Segelschuhen unter tausend ähnlich Gekleideten unlautere Absichten hat, ist ein gesundes Mißtrauen heutzutage (leider!) unerläßlich.

Gefährliche Schiffbrüchige

Das muß auch gegenüber einer ganzen Besatzung gelten, wenn man an einsamen oder weltfernen Ankerplätzen nur mit einer einzigen anderen Yacht zusammenliegt oder wenn man in eine einsame Bucht einläuft und eine Gruppe unbekannter Personen in einem am Ufer errichteten Zelt oder einer anderen Behausung in Wassernähe antrifft.

Zwar kann sich kein Segler vorstellen, daß so friedlich an seinem Ankerplatz zeltende Segler verkappte Piraten sind, die es auf seine Yacht abgesehen haben und nicht einmal vor einem Mord zurückschrekken würden, um sie sich anzueignen. Aber ein solcher Fall, der sich tatsächlich ereignet hat, ließ sich bis über das bittere Ende hinaus verfolgen. Liegt in ähnlichen Ereignissen nicht vielleicht auch der Schlüssel dazu, warum andere Yachten verschollen sind und unter ihrem richtigen Namen nirgends wieder auftauchten?

Eine beliebte Zwischenstation der Blauwassersegler auf dem Pazifikweg von der amerikanischen Westküste über Hawaii nach Tahiti ist das Palmyra-Atoll, das auf etwa 06° N und 162° W oder ungefähr 1000 sm südwestlich von Hawaii liegt. Es ist auch ein beliebtes Urlaubsziel der Yachten, die im Inselgebiet von Hawaii zu Hause sind und diese geschützte Lagune gern für einen längeren Aufenthalt zum Fischen, Tauchen und Schnorcheln anlaufen.

Im Sommer 1974 gehörte auch die 11,45 m lange Ketsch Seawind mit ihrem Eignerpaar Mac und Muff Graham zu den Yachten, die hier im Kreis vieler anderer vor Anker gingen. Das sympathische Ehepaar aus San Diego in Kalifornien, das bereits 1971 eine Weltumsegelung beendet hatte und in guten finanziellen Verhältnissen lebte, war mit vielen Blauwasserseglern bekannt und befreundet. Auch hier, auf dem weltfernen Ankerplatz, wurde die Seawind schnell zum gesellschaftlichen Mittelpunkt. Als Funkamateur stand Mac Graham mit vielen amerikanischen Freunden in Verbindung, und aus diesen Ham-Radio-Kontakten stammen auch die Informationen, nach denen sich die tragischen Vorfälle ziemlich genau rekonstruieren lassen.

Zur Gesellschaft der Yachties in der Palmyra-Lagune gehörte auch das Seglerpaar Buck Walker und Stephanie Stearns, das mit wenigen Habseligkeiten am Strand kampierte. Die beiden hatten Pech gehabt: Einige Tage vorher hatten sie ihren Seekreuzer Iola auf das Riff neben der schmalen Einfahrtrinne gesetzt und waren nun nicht nur schiffbrüchig, sondern auch mittellos. Wie bei den meisten segelnden Globetrottern war ihr Boot ihr Ein und Alles gewesen.

Da das Landpärchen scheinbar unbeschwert die Heiterkeit der übrigen Besatzungen teilte und ganz selbstverständlich zu den Bordparties mit eingeladen wurde, traute ihm keiner Böses zu, besonders nicht die Grahams, die es offenbar sogar unterstützten. Denn als einige Tage später die beiden letzten anderen Yachten aus der Lagune ausliefen, blieben nur noch die allein vor Anker liegende Seawind und das schiffbrüchige Seglerpärchen in seiner Strandbehausung zurück. Lange lag im dunkeln, was dann geschah.

Mac Graham meldete sich bei der nächsten mit seinen Ham-Radio-Freunden vereinbarten Sprechzeit überraschenderweise nicht, und weil der als besonders zuverlässig bekannte Funkamateur sich auch in den folgenden Tagen und Wochen nicht mehr bei seinen Ätherfreunden hören ließ, erstatteten diese Vermißtenanzeige. Man forschte natürlich zuerst am letzten Ankerplatz nach, aber vor der Palmyra-Insel lag die Seawind nicht mehr. Wohin war sie ausgelaufen? Hatte sie auf See Schaden genommen? Auf diese und viele andere Fragen konnte lange Zeit niemand eine Antwort geben. Die erfahrene Crew mußte mit ihrer bewährten Yacht als verschollen gelten. Nur eine Tatsache war nach den übereinstimmenden Protokollen der Funkamateure gesichert: Buck Walker und Stephanie Stearns von der gestrandeten Iola hatten Mac und Muff Graham mit der Seawind als letzte lebend gesehen!

Als drei Monate später, im Oktober 1974, ein Seekreuzer mit Namen LOKAHI in den Alawai-Yachthafen von Hawaii einlief, erregte er kein Aufsehen; denn er war nur einer der hunderte von Booten, die täglich die Molenköpfe ein- oder auslaufend passierten. Aber einer der Yachteigner, die im Hafen lagen, erkannte in der LOHAKI die umgemalte SEAWIND der Grahams wieder und alarmierte die Polizei. Als diese die Papiere des Seglerpaars überprüfte, das mit der LOHAKI eingelaufen war, hatte sie Buck Walker und Stephanie Stearns vor sich. Das Piratenpaar wurde festgenommen.

Die Prozesse gegen Walker und Stearns fanden im Juni und Dezember 1975 in Hawaii statt, doch konnte die Anklage nur auf Diebstahl und Fortschaffen von gestohlenem Eigentum lauten. Zwar war jedermann klar, daß die Grahams irgendwie zu Schaden gekommen sein mußten und die Diebe ihrer Yacht daran nicht unbeteiligt waren. Aber da der Staatsanwalt keine Leichen vorweisen konnte, mußte eine Anklage wegen Mordes unterbleiben.

„Wir haben die SEAWIND an einem Abend, als wir zum Essen an Bord eingeladen waren, von ihren Eignern verlassen aufgefunden", verteidigte sich Walker. In der Kajüte hätte ein Zettel gelegen: „Wir sind noch unterwegs zum Fischen. Macht es Euch schon gemütlich, falls wir uns verspäten sollten." Das schiffbrüchige Seglerpaar hätte dann an Bord gewartet, aber die Grahams seien in der Nacht nicht mehr auf die SEAWIND zurückgekehrt. Tags darauf hätten sie das Beiboot draußen in der Lagune kieloben treibend entdeckt, ohne eine Spur der Grahams. Daraufhin hätten sie die SEAWIND als herrenloses Eigentum in Besitz genommen und ihr gleichzeitig einen neuen Namen gegeben.

Immerhin reichte auch dieses Geständnis, um beide zu einer mehrjährigen Freiheitsstrafe zu verurteilen. Stephanie Stearns verbüßte nur ein Jahr davon, dann wurde sie zur Bewährung ausgesetzt. Auch Buck Walker wußte seine zehnjährige Haftstrafe zu verkürzen. Im August 1979 brach er aus dem McNeil-Gefängnis aus und tauchte unter – wohl wissend, daß er bei Bekanntwerden der ganzen Wahrheit mit sehr viel Ärgerem zu rechnen hatte.

Diese befürchtete Wahrheit kam nahezu sechs Jahre nach dem Verschwinden der Grahams rein zufällig ans Licht: Im Frühjahr 1981 machte das Seglerpaar einer anderen amerikanischen Yacht am Strand von Palmyra einen grausigen Fund: Es entdeckte einen nur wenig aus dem Sand ragenden und durch die Witterung halb verrotteten Aluminiumkoffer, dessen Deckel durch einen vorangegangenen Sturm von der See freigespült worden war. Als das Paar den Koffer öffnete, schreckte es entsetzt zurück: Darin lagen die sterblichen Überreste von Muff Graham.

Erst jetzt stand also eindeutig fest, daß das Eignerpaar der SEAWIND im Juli 1974 genau dort ermordet wurde, wo Walker und Stearns sie als letzte lebend gesehen hatten. Und jetzt konnte die Staatsanwaltschaft auch Anklage wegen Mordes und wegen Verschwörung zu gemeinsamem Mord gegen Walker und Stearns erheben. Stephanie Stearns stellte sich bald freiwillig und beteuerte ihre Unschuld. Nach Buck Walker mußte man über drei Jahre fahnden, ehe der ausgebrochene Sträfling wieder gefaßt und unter Mordanklage vor Gericht gestellt werden konnte.

Am 12. Juni 1985 meldete der Honolulu Advertiser, daß Buck Walker als Mörder der Seglerin Eleanor „Muff" Graham zum Tode verurteilt wurde. Macs Leichnam wurde nicht gefunden. Wie das San Diego Log schrieb, wurde er schon einige Jahre vor dem Mordprozeß für tot erklärt. Das Verfahren gegen Stephanie Stearns sollte im Herbst 1985 beginnen. Über dessen Verlauf konnte ich bisher nichts erfahren.

Es ist eine makabre, erschütternde und fast unbegreifliche Vorstellung: Da ermordet ein schiffbrüchiges Seglerpaar ein anderes, um mit dessen Yacht eine Reise fortzusetzen, die durch den (wahrscheinlich selbst verschuldeten) Verlust des eigenen Bootes ihr Ende gefunden hatte. Eine neue Form der Yachtpiraterie? Ein nicht wiederholbarer Einzelfall? Nach seinem Bekanntwerden und mit unser aller Hilfe wird er sich hoffentlich nicht wiederholen können.

Nie aufgeklärt: der Doppelmord auf KALIA III

Zwar beruhigt es nicht, daß ein Piratenpärchen inzwischen seiner gerechten Strafe für Seeraub und Raubmord zugeführt wurde, aber der Mord an einem anderen Seglerehepaar, der immer noch ungesühnt ist und es wahrscheinlich auch bleiben wird, erschüttert uns vielleicht noch mehr.

Sie hießen Bill und Patti Kammerer und liebten abgelegene Naturhäfen, die sie mit ihrem 12,80 m langen, kuttergetakelten Seekreuzer KALIA III aufsuchten. Um solche verschwiegenen Plätze zu finden, mußten sich die amerikanischen Segler von ihrem Heimathafen in Florida gar nicht weit entfernen. Denn in den Bahamas, jenem weitflächigen, souveränen Inselstaat fast vor ihrer Haustür, gibt es unzählige kleine Eilande mit einsamen Ankerplätzen, und diese kleinen Cays liegen oft in geringen Abständen nebeneinander, in allen Richtungen aufgereiht wie auf Perlenschnüren.

Aber diese Abgeschiedenheit am Rand der geschäftigen USA birgt auch ihre Gefahren. Welcher Fahrtensegler weiß das nicht? Zweifellos hatte auch das Seglerehepaar Kammerer seine Kurse durch die Bahamas nicht nur mit nautischer Vorsicht abgesetzt, denn die Besatzung der Kalia III kannte ja das Revier. Sie kannte auch verschwiegene Ankerplätze gut. Aber wurde ihr gerade diese genaue Ortskenntnis zum Verhängnis?

Am 31. Juli 1980 fand man die Kalia III segelklar, aber von ihrer Besatzung verlassen vor der kleinen Insel Pipe Cay. Der Amerikaner Bus Yourell, der auf dem Eiland Urlaub machte, sichtete den Seekreuzer als erster. Er schien von See mit ausgebrachtem Anker ungefähr 300 m vor der Küste langsam auf den Strand zu treiben; das Beiboot hing am Heck. Es war ein eigenartiger und unnatürlicher Zustand, in dem die Yacht, ohne daß eine Menschenseele zu entdecken war, dort am Flachwasserrand hing: gekrängt, auf Drift und verankert.

Bus Yourell preite die geheimnisvolle Yacht an, und als er keine Antwort erhielt, watete er durch das flache Wasser zu ihr hinaus und stellte fest, daß die leicht gekrängte Yacht aufgelaufen war. Ehe er die Kalia III jedoch erstaunt prüfend umrundet hatte, sah er im Beiboot einen Leichnam, der halb außenbords im Wasser hing. Da alarmierte er die Polizei und andere Yachten in der Nähe.

Die Beamten und Freunde des Ehepaars identifizierten zuerst den Skipper und Eigner Bill Kammerer, der offenbar im Dingi an seinen Verletzungen verblutet war. Sie fanden dann ein in der Kajüte zwar verschmutztes Boot vor, das aber offensichtlich nicht geplündert worden war. Alle persönlichen Gegenstände der Crew lagen wohlverwahrt an ihrem Platz. Alle Kleidungsstücke waren in den Schränken sorgfältig zusammengefaltet, und mit Ausnahme einiger inzwischen ausgedörrter Bananen und einer Menge Wasser im Boot und Blut an vielen Stellen sah die Kalia III noch genauso wohnlich und seefähig aus wie drei Wochen vorher, als sie am 10. Juli mit ihrer Besatzung zum letzten Mal an einem anderen Ankerplatz gesehen worden war. Nur der Revolver des Skippers und das Bargeld fehlten. Aber selbst Schmucksachen waren nicht angerührt worden.

Am Fuß des Niedergangs lag Pattis blutiges Bikini-Oberteil. Blut bedeckte auch die Stufen des Niedergangs und den Plichtboden. Auch die Spüle in der Kombüse war voller Blutflecken. Im Heckspiegel des Bootes und in den Seiten der Plichtsitze waren zahlreiche Geschoßeinschläge zu erkennen. Die Nationale, die Gastlandflagge und der Klubstander waren noch ordentlich gesetzt. Nur der Rundfunkempfänger war ein anderer als jener, den das Ehepaar noch drei Wochen vorher an Bord benutzt hatte. Wer hatte ihn ausgetauscht?

Und wo war Patti Kammerer? Sie blieb verschollen. Ihr Leichnam wurde wahrscheinlich im Meer versenkt.

Die Polizei der Bahamas hat, selbst mit Unterstützung des FBI, diesen mysteriösen Fall nicht aufklären können. So bleibt bis heute rätselhaft, welche Ereignisse zum tragischen Tod der KALIA-III-Besatzung führten. War der Seekreuzer, als er bei Nacht und unter Segeln lautlos einen einsamen Ankerplatz aufsuchen wollte, unerwartet in die Warenübergabe von Drogenschmugglern geplatzt? Wo gute Ortskenntnis, wertvolle Waren und viel Geld auf dem Spiel stehen, müssen alle unfreiwilligen Zeugen um ihr Leben fürchten. Auch wenn Bill und Patti Kammerer eine Drogentransaktion selbst vielleicht nicht störten, fanden sie möglicherweise an Land Anzeichen, die auf eine solche Übergabe schließen ließen, oder sie befanden sich an ihrem verschwiegenen Ankerplatz gerade dort, wo eine solche Übergabe stattfinden sollte. Auch in diesem Fall könnte man sie als hinderliche Störer beseitigt haben.

Es besteht kein Zweifel nach diesen Vorfällen an verschiedenen Küsten unserer Erde: Die Piraten sind unter uns, auch wenn man sie gemeinhin nicht als solche bezeichnet, sondern die Delikte, derer sie sich schuldig machen, Drogenschmuggel, Raub, Mord, Entführung oder Yachtdiebstahl nennt. Es ist schade, daß wir heute in einigen Revieren der Welt so mißtrauisch sein müssen. Aber dieses vorsorgliche Mißtrauen ist noch der beste Schutz gegen Piraten, die unerkannt und gut getarnt herumlaufen.

5. Überfälle in getürkten Notsituationen

Aus Mißtrauen die Hilfe verweigert · Mit Rotfeuer angelockt · Motiv: Drogenschmuggel · Zwei abschreckende Todesurteile

Warum hilft ein Fahrtensegler dem anderen nicht, der ihn auf See mit erhobenem Tampen um Schlepphilfe bittet? Warum steht er ihm nicht einmal bei, wenn er Notsignale gibt? Die Antwort ist so makaber wie einfach: Er hat Angst, dabei Piraten in die Falle zu laufen und nicht nur seine eigene Yacht, sondern auch sein Leben zu verlieren. Leider gibt es zunehmend mehr Beispiele dieser Art von lockenden Notfeuern, die man erst im letzten Augenblick als Piratentrick erkannte, und die vom Verlust von Yachten bis zum Tod des Skippers führten, der ganz selbstverständlich helfen wollte, wie es seemännische Pflicht ist, aber diese Hilfsbereitschaft mit dem Leben bezahlte. Als sich in einem Fall mehrere Männer mit diesem Seenot-Trick an Bord einschlichen, mußte nahezu die gesamte Crew daran glauben. Zwei Yachtpiraten dieser Art, die ersten in der Geschichte der modernen Freizeitschiffahrt, wurden schon gehängt.

Wie weit müssen wir vor getürkten Notfällen auf der Hut sein? Wie können wir uns in undurchsichtigen Situationen schützen? Und welche Vorsorge müssen wir treffen, wenn wir anderen Menschen in Seenot beistehen wollen, ohne dabei selbst in Lebensgefahr zu geraten?

Aus Mißtrauen die Hilfe verweigert

Wenn man jemandem etwas vormachen will, sagt man nicht nur in der Seemannssprache, man „baut einen Türken". Dementsprechend ist eine Notsituation „getürkt", wenn das Fahrzeug, das Notsignale gibt, in Wirklichkeit gar nicht in Not ist. Da es nach den Gesetzen der Seefahrt –

und auch aus moralischen Gründen der Hilfeleistungspflicht – geboten ist, daß sich ein Fahrzeug, das Notsignale ausmacht, unverzüglich und auf dem schnellsten Wege in Richtung auf die vermeintliche Unfallstelle in Bewegung setzt und das offenbar in Not geratene Fahrzeug so nahe wie möglich anläuft, benutzen Piraten immer häufiger solche Tricks zum Anlocken ihrer Opfer.

Viele Segler, die Piraten schon einmal in eine solche Falle gegangen sind oder die zumindest von verbrecherisch mißbrauchten Notsignalen gehört haben, sind leider auf See nicht mehr bereit, einer anderen Yacht, die Notsignale gibt, zu helfen. Denn ob ein Boot tatsächlich in Not ist – außer vielleicht, man sieht einen gebrochenen oder gar fehlenden Mast –, kann man gemeinhin erst feststellen, wenn man mindestens auf Rufweite oder vielleicht noch näher an den Havaristen herangelaufen ist. Im Abstand einer „Pistolenschußweite“ – einer Maßeinheit, wie sie noch heutzutage in alten Segelanweisungen über die Karibik enthalten ist – ist aber eine rettende Crew der Besatzung eines Bootes, die einen solchen Notfall nur verbrecherisch inszeniert hat, nahezu unentrinnbar ausgeliefert.

Muß man daher Verständnis dafür haben, daß einem selbst andere Yachtsegler nicht helfen, wenn man Notsignale abgegeben hat? Und hat man als verantwortlicher Skipper andererseits ein moralisches Recht, erbetene Nothilfe zu verweigern, nur weil man nicht in Gefahr kommen möchte, auf einen getürkten Notfall hereinzufallen und dabei Leuten auf den Leim zu gehen, die es auf die Yacht selbst oder nur auf ihre Ausrüstung oder auf die Barschaft der Crew abgesehen haben?

So zürnte ich vor Jahr und Tag dem Eigner der großen französischen Yacht KATOUKA, der mich etwa 15 Seemeilen vor Haiti mit unserem CORMORAN in der Flaute dümpeln ließ (wo wir ohne einsatzklaren Motor schon drei Tage lang ohne Fahrt, aber in einer gefährlichen, mit der Tide wechselnden Strömung vor einem tödlichen, meilenlangen Riff lagen) und uns keine Schlepphilfe gewährte. Der französische Seekreuzer kam zuerst bis auf etwa zwei Kabellängen heran, und wir konnten einander zuverlässig identifizieren: Schon auf den Kanaren vor unserer Atlantiküberquerung hatten wir längsseits der KATOUKA im Hafen gelegen und gelegentlich den üblichen Seglerplausch miteinander gehalten. Vor Barbados ankerten wir nicht weit voneinander entfernt; der Eigner segelte dann allein an Bord der KATOUKA mit Kurs auf die Bahamas, wie wir es taten. Jetzt hatte er einen farbigen Helfer an Bord, was für die etwa 15 m lange Yacht wohl angemessen war.

Wir winkten also, als er von See her anlief, hielten zuerst einen Tampen hoch und machten schon die Schleppleine klar – heilfroh, der brennenden Sonnenhitze in der tropischen Flaute und dem zermürbenden Nervenkitzel in der Riffströmung bei Nacht bald entronnen zu sein. Aber je ungestümer wir signalisierten und schließlich die ganze Palette optischer Notsignale (außer Rauchzeichen und Rotfeuer) abgaben, desto mehr drehte die KATOUKA von uns ab. Als wir schließlich sogar weiße Signalsterne schossen, wurde der Bogen um unseren kleinen Seekreuzer noch weiter, und dann entfernte sich die KATOUKA schnell in Richtung Küste.

Als wir schließlich einen ganzen Tag später mit aufkommendem Wind den auch von der KATOUKA angesteuerten Hafen Cape Haitien erreichten, machte ich dem dort bereits eingelaufenen französischen Skipper natürlich Vorwürfe, die nicht frei von Bitterkeit und Enttäuschung waren. Er entschuldigte sich wortreich und gestand dann: „Wir waren nur zu zweit an Bord, und ich hatte Angst. Niemand hätte mir helfen können, wenn die Crew eures Bootes aus Piraten bestanden hätte, die sich mit diesem Trick meiner Yacht bemächtigen wollten.“

Wir haben anschließend auf CORMORAN lange über diesen Vorfall diskutiert, und ich spürte im Frühjahr 1979 zum ersten Mal, welch dunkle Schatten die Kriminalität auf See auf die Freundschaft der Segler wirft. Die Angst vor Piraterie blockiert sogar gelegentlich die früher selbstverständliche Hilfsbereitschaft, die ja nicht nur in einem Seenotfall gefordert ist.

Mit Rotfeuer angelockt

Trotz allem hat der deutsche Yachtskipper Eugen Roth wohl klug und richtig gehandelt, als er nächtliches Rotfeuer im Chinesischen Meer als getürkten Seenotfall und verwerfliches Lockmittel von Piraten bewertete. 1980 überführte Eugen Roth mit einer Familiencrew seinen neu gebauten 54-Fuß-Taiwan-Clipper von Taipeh über Hongkong nach Europa. Seine 28 Tonnen schwere und mit einem 120-PS-Motor ausgerüstete EURO überquerte Anfang Februar die Formosastraße und hatte nach dem Auslaufen aus Taipeh gut 500 sm vor dem Bug. Als letzter gibt ein verankerter Frachter der deutschen Yacht seine besten Wünsche mit auf den Weg: „Kommen Sie gut nach Europa! Und nehmen Sie sich vor Piraten in acht!“ Skipper Roth glaubt, er traut seinen Ohren nicht. Er schüttelt über die Piratenwarnung den Kopf und denkt: Mein Gott, wo leben wir denn! Dann beginnt die Bordroutine seines Seetörns: Wache, Segeln, Freiwache, Schlafen.

Doch Skipper Roth kann in seiner Freiwache nicht lange schlafen. Er erzählt: „Kaum habe ich nach der Wachablösung eine halbe Stunde geschlafen, da rüttelt mich Hilde wach, weil Peter nach mir gerufen hat. Ich klettere schlaftrunken an Deck, wo mich der vom Sturm gepeitschte Regen wie ein wildes Tier anfällt. Ringsum ist es schwarz wie in einem Sack. Nur der Schein unserer Positionslaternen wird von den Schaumkronen reflektiert. Doch da – ein schwimmendes Objekt! Mit dem Nachtglas kann ich es erkennen. Es sieht aus wie ein flaches Boot mit zerschmetterten Segeln und merkwürdigen Stangen. Ein Fischer? Bei diesem Wetter unwahrscheinlich."

Eine typische Situation, in der an Bord oft Entscheidungen getroffen werden müssen: Was ist das für ein Fahrzeug? Und was will es? Muß ich ausweichen, weil es ein Ruderboot oder ein Fischerboot ist? Habe ich Wegerecht, weil es unter Motor läuft? Ausguck im Regen, Kurshalten am Ruder, auf die Segel achten, auf den Kompaß blicken. Läßt sich das Glimmerlicht noch mehr abblenden? Haben sich die Augen an die Dunkelheit gewöhnt? Und so entwickelt sich diese Situation, wie Eugen Roth berichtet:

„Während ich überlege, flammt querab ein offenes Feuer auf: ein zweites Boot mit ebensolchen Stangen und zerzausten Segeln. Menschen kann ich darauf nicht erkennen, deshalb durchzuckt mich der Gedanke an einen Seenotfall. Hilde hat die Leuchtpistole schon bereit. Ich schieße einmal Weiß."

Im Schein der Leuchtkugeln erkennt die Wache der EURO die Gesichter von Menschen. Unsicher fragt sie sich: „Warum winken sie nicht, wenn Hilfe naht? Warum geben sie keine Zeichen, wie es bei einem Seenotfall zu erwarten wäre? Im Gegenteil – sie verstecken sich hinter der Bordwand ihrer kleinen Dschunken. Ich schieße eine weitere Leuchtkugel und sehe ganz deutlich wieder zwei Gesichter, die schnell wegtauchen. Warum mögen sie sich nur vor uns verbergen? Warum das offene Feuer? Warum keine Positionslichter, nicht einmal eine Petroleumfunzel?"

Und da durchzuckt es den Skipper wie ein Blitz: Es sind Piraten! Zwei länger brennende Fallschirmraketen lassen klar erkennen, daß dies nur ein vorgetäuschter Seenotfall ist, mit dem man die Yacht in eine Falle locken will: „Die Dschunken laufen jetzt auf gleichem Kurs neben uns.

Unsere Nerven sind zum Zerreißen gespannt. Die gesamte Crew wird geweckt, die Gewehre werden geladen, Munition wird bereitgelegt. Was es auch sein mag – wir sind fest entschlossen, uns zur Wehr zu setzen."

Die Antwort auf einen Funkspruch an Hongkong-Radio, den die EURO absetzt, bestätigt Roths Vermutung: „Das offene Feuer ist ein bekannter Piratentrick!" Während ein amerikanischer Kabelleger, der nur wenige Meilen entfernt ist und den Funkverkehr mitgehört hat, ebenfalls weiße Leuchtkugeln schießt und der deutschen Yacht beistehen will, ist das offene Rotfeuer erloschen. Die Dschunken haben abgedreht und sind im Dunkel der Nacht verschwunden.

Motiv: Drogenschmuggel

Wie die Folgen aussehen, wenn ein Kapitän gutgläubig Seeleute in vermeintlicher Seenot an Bord nimmt, berichtete Karin Beume, die Trans-Ocean-Stützpunktleiterin von Panama, am 4. Oktober 1985: Der Kapitän des unter honduranischer Flagge fahrenden Fischerbootes MISTER BEE nahm um den 19. September auf hoher See vier anscheinend in Not geratene Kolumbianer an Bord. Diese selbstverständliche Hilfeleistung bezahlten noch in derselben Nacht elf Seeleute mit ihrem Leben. Sie wurden entweder kaltblütig in ihren Kojen erschossen oder kamen um, als sie ihren Kollegen beistehen wollten. Am Leben ließen die Piraten nur einen zwölfjährigen Jungen und einen Seemann, den sie für Navigation und Schiffsführung benötigten. Die Reise endete einige Meilen vor der kolumbianischen Insel San Andreas mangels Treibstoff. Hier setzten sich die Piraten mit einem Beiboot ab. Die beiden überlebenden Besatzungsmitglieder konnten sich retten.

Die Sicherheitsbehörden gaben später bekannt, daß drei der vier Mörder verhaftet wurden. Als Motiv für die Piraterie wurde Drogenschmuggel genannt. In derselben Mitteilung wurde berichtet, daß sich in diesem Seegebiet vor der kolumbianischen Küste bereits ähnliche Piratenfälle mit getürkten Seenotsituationen ereignet haben. Darum meinte Karin Beume: „Diese schlechte Nachricht dürfte zu verstärkter Vorsicht in diesem Seeraum mahnen."

Müssen auch Yachtsegler sich so makabre Gedanken machen, wenn sie Schiffbrüchige aus einer Rettungsinsel aufnehmen? Und wie weit reicht gesundes Mißtrauen, ob es sich um eine „echte" Notsituation handelt? Die deutsche Weltumseglerin Ilsemarie Gieseking ließ genau das richtige Maß an Vorsicht und Mißtrauen erkennen, mit dem eine Ehepaar- oder Familiencrew an ein Rettungsmanöver auf hoher See gehen muß, zu dem sie sich moralisch und gesetzlich verpflichtet fühlt.

Mit ihrer 9,50 m langen Ketsch Lou IV befindet sich das Ehepaar Herbert und Ilsemarie Gieseking im Winter 1977 bei seiner in Hamburg begonnenen Weltumsegelung auf dem Weg von Jamaika zum Panamakanal. Während die beiden gerade beim Frühstück sitzen und das Boot auf der blauen See vor dem stetigen Passat nur unter Selbststeueranlage ruhig seinen Kurs zieht, hören sie in ihrem Seefunkgerät plötzlich einen Mayday-Ruf: Die amerikanische 44-Fuß-Yacht Evergreen aus Miami mit drei Männern an Bord ist in Seenot! Die Yacht sinkt!

Die Giesekings scheinen die einzigen zu sein, die den Seenotruf hören können. Sie nehmen sofort über Seefunk Verbindung mit dem Havaristen auf, der nach seiner Standortangabe etwa 50 sm luvwärts steht, und sagen ihre Hilfe zu: „Aber wir werden es schwer haben, gegen 32 Knoten Wind und brechende See gegenan zu euch zu kommen!"

Es stellt sich jedoch schnell heraus, daß die angegebene Position unrichtig ist – was auch einem ordentlichen Skipper passieren kann. Schon nach zwei Stunden sichtet die Lou IV die Evergreen, die noch Segel gesetzt, aber nur noch 30 Zentimeter Freibord hat. Eine grellfarbige Rettungsinsel liegt neben ihr. Als die Lou IV nahe genug heran ist, beginnt die amerikanische Besatzung, in die Rettungsinsel zu steigen und kappt die Halteleinen. Es dauert einige Zeit, bis die Giesekings die Insel auffischen können; es ist auch keine leichte Arbeit, die Männer und ihr Gepäck in der hochgehenden See auf den kleinen deutschen Seekreuzer zu übernehmen.

Ilsemarie will jetzt versuchen, noch eine Leinenverbindung zur sinkenden Yacht herzustellen. Das ist in zweifacher Hinsicht riskant, und so zischelt ihr der Käpten ins Ohr: „Wie stellst du dir das vor? Willst du etwa hinübergehen und mich hier mit den drei Fremden alleinlassen?" Erst da fallen der Bordfrau jene zahlreichen Geschichten von gekaperten Yachten und nie wieder aufgetauchten Besatzungen ein, die man sich insbesondere an den Ankerplätzen hier in der Karibik erzählt. So unterläßt sie das Vorhaben, und die Lou IV nimmt ihren Kurs wieder auf. Die sinkende Evergreen bleibt im Kielwasser zurück.

Dann sehen sich die Giesekings ihre ungebetenen Gäste an: ein amerikanischer Skipper, ein Engländer und ein Mexikaner, die angeblich die erste Fahrt dieser Art machen und nach ihrer Bekundung auf dem Weg von Miami nach Puerto Rico sind. Drei kräftige Männer, das ist nicht nur eine Überzahl der Fremden an Bord. Im Rhythmus der Seewachen bis zum nächsten Hafen wird oft auch nur einer der Lou-Besatzung gleich zwei Fremden gegenübersitzen. Und wenn diese dann Böses im Schilde führen? Mißtrauen bleibt also lebenswichtig.

Schon vorher haben die Giesekings bemerkt, daß ihre Schiffbrüchigen von Navigation und Seemannschaft wenig Ahnung haben. Jetzt versuchen sie zu erfahren, was die Evergreen so weit abseit ihres angegebenen Kurses und 150 sm südlich von Jamaika zu suchen hatte. Angeblich war die amerikanische Yacht mit allen denkbaren nautischen Instrumenten ausgestattet – aber ihr Standort war dennoch falsch. Und dieser Schiffsort in bezug zur vorgesehenen Route? Und wie kam es zu dem Wassereinbruch? Auch das wissen die Männer nicht. Sie können auch nicht viel darüber aussagen, wie sie die Evergreen gelenzt haben. Auf die Frage, warum sie denn nicht an die gute alte Pütz gedacht und mit der Hand gelenzt hätten, als alle komplizierte Technik ausgefallen war, antworten sie mit einem Achselzucken. Sind es also nur unerfahrene Segler auf einer teuren Yacht? Oder sind es Yachtdiebe?

Die Giesekings glauben schließlich, daß ihre ungebetenen Gäste nach dem ersten Eindruck nette junge Leute sind – aber Vorsicht bleibt die Mutter der Porzellankiste! So läßt Ilsemarie sie unter dem Vorwand, die mitgenommenen Siebensachen zu trocknen, ihre Taschen auspacken. Nur Kleidungsstücke, eine Kamera und Papiere kommen in der einen zum Vorschein; mit Konserven, ein paar Pampelmusen und einem Erste-Hilfe-Kasten ist die andere gefüllt. Aber kann das ein getarnter Behälter für Rauschgift sein? Oder steckt da etwa noch eine Pistole? Vorsichtshalber wirft Ilsemarie Gieseking auf ihrer Nachtwache den verdächtigen Behälter über Bord.

Als die Lou IV einige Tage später ihre Schiffbrüchigen in Panama an Land setzen kann, ist dieses Erlebnis bald vergessen. Was bleibt, ist die quälende Frage: Ist jede Seenotrettung für eine Yachtbesatzung riskant, wenn mehr Personen (und vor allem kräftige Männer) aufgenommen werden, als selbst an Bord sind?

Zwei abschreckende Todesurteile

Keineswegs arglos, sondern im gesunden Maße mißtrauisch war auch der amerikanische Yachtskipper Angus Boatwright, als er am 24. April

1960 etwa 100 sm südlich von Miami am Rand des Seegebiets der Bahamas einen Schwimmer an Bord nahm, der für seine Crew, die sich auf dem verlassenen Leuchtturm Elbow Cay befand, Hilfe erbitten wollte. Hier, weit vor der Südküste Floridas, liegen Hunderte kleiner Inseln und verlassener Eilande, an deren Küsten es sich nicht nur prächtig fischen läßt und wohin man abenteuerliche Tagestouren mit Yachten unternehmen kann; hier liegen auch die Treffpunkte der Waffen- und Drogenschmuggler, kurzzeitige Aufenthaltsorte für kubanische Flüchtlinge und die Schlupfwinkel anderer Abenteurer nicht immer einwandfreier Herkunft.

Das wußte natürlich auch Boatwright, der hierher seine seetüchtige 11,50-m-Motoryacht MURIEL III immer mit Chartergästen zum Fischen steuerte. Er beobachtete daher besonders sorgfältig im Fernglas den verlassenen Leuchtturm und den auf den Klippen davor gestrandeten und auseinandergebrochenen Seekreuzer. Drei Personen winkten dort, als die MURIEL III in Sichtweite kam.

Boatwright wollte kein Risiko eingehen. Er rief die Coast Guard über Seefunk an und meldete das gestrandete Boot mit seiner Crew am Leuchtturm. Für den Skipper und seine vier Chartergäste gab es nun natürlich keinen Gedanken mehr an Fischen. Alle sahen zum Strand hin, dem sich die MURIEL III weiter näherte. Und sie erkannten zwei Männer und ein rothaariges Mädchen in Hemd und Shorts.

Als Boatwright sein Fahrzeug schließlich gestoppt hatte und treiben ließ, zog sich einer der beiden Männer an Land das Hemd aus, watete nur mit Shorts bekleidet ins Wasser und schwamm zur MURIEL III hinaus. Das dauerte seine Zeit. Der Motorbootskipper sah diesen Besuch nicht gern. Aber konnte er jetzt wieder nach See abdrehen? Also wartete er.

Als sich der Schwimmer neben der Bordwand befand, lehnte es Boatwright jedoch ab, weiter mit ihm zu verhandeln, und sagte nur kurz: „Ich habe bereits die Coast Guard gerufen!“ Das war so vorsichtig wie richtig; denn die drei Schiffbrüchigen saßen vor einem verlassenen Leuchtturm auf einer kleinen Insel und waren somit gleichermaßen geschützt gegen Sonne wie Kälte, Regen oder Wind.

Aber der Mann im Wasser gab keine Ruhe. Drei Tage lang, rief er ungehalten den Sportfischern zu, säßen sie jetzt bereits auf der Insel, und er müsse unbedingt seine Familie anrufen, die sich um seinen Verbleib Sorgen mache. Natürlich würde er das Seefunkgespräch bezahlen.

Boatwright beobachtete den halbnackten Mann im Wasser vom hohen Deck seiner Yacht herab mit gemischten Gefühlen. Er bezweifelte, daß hier alles mit rechten Dingen zuging, fühlte sich aber andererseits auch verpflichtet, Menschen in Not jene angemessene Hilfe zu gewähren, zu der er nach den Gesetzen der Schiffahrt verpflichtet war. Und so beschloß der erfahrene Skipper, dem schiffbrüchigen Schwimmer ein Telefonat von Bord der MURIEL III zu erlauben. Zu seinem Unglück ahnte er nicht, daß dieser Mann gefährlicher war als eine aufgefischte Klapperschlange.

Denn es handelte sich um den 24jährigen William R. Sees aus Florida, einen Verbrecher, der in mehreren Staaten der USA steckbrieflich gesucht wurde. Mit seinem Kumpan Alwin Table, 26, der noch drüben am verlassenen Leuchtturm wartete – einem früheren Bankangestellten, der gerade eine Anklage wegen Schießerei in einer Bar hinter sich hatte –, hatte sich Sees mit gefälschten Schecks das nötige Geld für weitere Betrügereien beschafft.

Table hatte in Mexiko vor einigen Wochen die achtzehnjährige Barbara geheiratet, die das Duo erst einige Tage vorher aufgegabelt hatte. Sie war die dritte Person auf der Insel. Die beiden Verbrecher und die junge Ehefrau, die offenbar wenig vom Vorleben ihrer Begleiter wußte, fuhren von Texas nach Florida in einem Cadillac, den sie mit einem gefälschten Scheck bezahlt hatten. Obwohl das FBI dem Trio auf den Fersen war, erreichte es am 15. April 1960 Key West und sah sich nach geeigneten Motoryachten um, um über See in die Bahamas oder zu den Karibischen Inseln zu verduften.

Am Sonnabend, dem 16. April, wurden sie mit dem Besitzer des 13-m-Motorkreuzers HONIARA handelseinig, schlossen einen Kaufvertrag und vereinbarten die Übergabe der Yacht für den kommenden Montag. Schon Sonnabend nacht aber brachten sie mit ihrem Wagen Proviant für einen mehrwöchigen Seetörn an Bord der HONIARA und verschwanden dann im Schutze der Dunkelheit mit dem Motorkreuzer in Richtung Süden. Barbara Table behauptete später, sie wäre der Meinung gewesen, das Boot sei bereits bezahlt.

Die Flucht dauerte aber nur zwei Tage, dann war der Sprit alle, und die HONIARA trieb auf die Klippen von Elbow Cay. Ihrer Zerstörungskraft widerstand der Motorkreuzer nur wenige Stunden. Als das Boot am Donnerstag zunehmend mehr Schaden nahm und an eine Weiterfahrt nicht zu denken war, schleppte das Räubertrio alle Vorräte an Land und richtete sich häuslich in den Räumen des stillgelegten Leuchtturms ein. Sorge machte den Schiffbrüchigen der Trinkwasservorrat, der schnell zur Neige ging.

Als sie Sonntag früh wach wurden, sichteten sie die MURIEL III vor der Insel. Welch eine Gelegenheit! Sie gaben Notsignale, und jedermann konnte sehen, daß sie echt waren: Das Wrack ihres Bootes lag auf den Klippen. Allein Table wußte, was Sees vorhatte, als dieser demonstrativ sein Hemd abstreifte und nur in Schwimmshorts zu Boatwrights Yacht hinüberschwamm. In seinen Hosenbeinen aber hing ein Revolver vom Kaliber 38.

Als sie Sees an Bord halfen, hatten Skipper Boatwright und die anderen Sportfischer die versteckte Waffe offenbar noch nicht entdeckt. Aber erst einmal an Deck, benahm sich der Schiffbrüchige immer verdächtiger: Plötzlich wollte er gar nicht mehr mit der Coast Guard telefonieren, sondern versuchte, durch entsprechende Diskussionen mit der Crew Zeit zu gewinnen. In diesen Minuten musterte Sees das Deck und den Steuerstand der MURIEL III sorgfältig. Dabei entdeckte er die Pistole von Skipper Boatwright auf einer Sitzbank, entlud, wie wenn er dazu befugt wäre, mit kundigem Griff ihr Magazin und ging dann unter Deck. Die Crew der MURIEL III sah sich sprachlos und ratlos an: Alle Befürchtungen ihres Skippers waren bestätigt worden. Hier und jetzt, das wußte Boatwright, würde es Ärger geben. Seine Waffe war zwar entladen, aber Bootsmann Kent Hokenson hatte noch einen Revolver in der Hosentasche. An Deck sah jedermann, daß Sees jetzt in der Kajüte seine Waffe präparierte, die er unbemerkt an Bord gebracht hatte. Also handeln:

„Gib mir deine Kanone“, konnte der Skipper noch seinem Bootsmann zuzischeln, als Sees wieder an Deck kam. Ihm gelang es auch noch, den Revolver zu entsichern. Aber als er die Waffe auf Sees richten wollte, war der Pirat schneller: Er riß seinen Revolver hoch und traf zweimal. Mit einem Schuß in ein Auge und einem in den Rücken brach der Skipper lebensgefährlich verletzt zusammen. Da kapitulierten die anderen.

Der Pirat drängte die fünf Personen der Crew mit Waffengewalt zum Heck, schubste mit dem Fuß die Waffe des Skippers über Bord und winkte seinem Komplizen an Land, nun ebenfalls herüberzuschwimmen.

Als auch Table an Bord stand, wurde der bedrohten Crew klar: Er war noch gefährlicher als sein Kumpan. Die beiden Männer stritten miteinander, und die eingeschüchterten Sportfischer konnten hören, daß es bei dieser Auseinandersetzung um ihr Leben ging. „Wir können sie nicht laufen lassen, sie werden uns immer wiedererkennen", argumentierte Table und machte das Zeichen mit der Hand quer über die Gurgel. Sees schien anderer Meinung zu sein, und in diese Diskussion hinein baten die Chartergäste, wenigstens für den sterbenden Mann über Funk die Hilfe der Coast Guard anfordern zu dürfen, einfach mit dem Wortlaut: „Hier an Bord hat sich ein Mann verletzt!" Und vielleicht nur, um den Streit über ihr Schicksal aufzuschieben, stimmten die beiden Piraten zu. Der Funkspruch von der MURIEL III mit ihrer Standortmeldung an die Coast Guard ging nach Miami hinaus.

Dort argwöhnte natürlich niemand, daß sich nur etwa 100 Seemeilen südlich seit über 150 Jahren erstmalig wieder ein Piratenakt ereignet hatte. Als die Hubschrauber-Crew zur Hilfeleistung in ihr Flugzeug kletterte, war sie deshalb natürlich – wie immer – unbewaffnet.

Nach diesem Notruf trachteten die beiden Piraten danach, so schnell wie möglich mit der gekaperten Yacht das Weite zu suchen. Man packte den Körper des Skippers, der keine Lebenszeichen mehr von sich gab, in eine Rettungsweste, und während die vier Chartergäste ins Wasser springen durften, um an Land zu schwimmen, stießen die Piraten den sterbenden Mann über Bord. Zwei Schwimmer nahmen ihn zwischen sich und machten sich mit den anderen auf den Weg ans Ufer. Der Bootsmann Kent Hokenson, den die Piraten wegen seiner genauen Kenntnisse der technischen Anlagen seiner Yacht auf jeden Fall an Bord behalten wollten, nutzte einen unbewachten Augenblick, hechtete ebenfalls ins Wasser und schwamm getaucht, solange er die Luft anhalten konnte, den Felsen entgegen. Auch ihn ließen die Piraten ziehen. Sein kühner Sprung ins Wasser rettete ihm nicht nur das Leben, sondern er war auch die Voraussetzung, daß die Piraten schließlich gefaßt wurden.

Dann manövrierte Table die MURIEL III so nahe wie möglich an den Strand, und Sees ging noch einmal an Land, um auch Barbara an Bord zu holen. Aber sie sträubte sich mit Händen und Füßen dagegen. Nach ihrer Eheschließung vor einem Monat war der jungen Frau jetzt erst klar geworden, mit welchen Männern sie sich eingelassen hatte.

„Bring sie an Bord, lebend oder tot", brüllte Table von Bord der Yacht, während Sees das Mädchen, das wild um sich biß und kratzte, überwältigen wollte. Schließlich dauerten Table diese Überwältigungsversuche zu lange, und er rief: „Dann laß sie zufrieden. Sie muß das selbst ausbaden!"

Als der Coast-Guard-Hubschrauber über dem Inselchen schwebte, war die Muriel III längst außer Sicht gekommen. Der Hubschrauber landete auf dem Wasser und machte sofort ein Schlauchboot klar, mit dem zwei Leute zum Ufer fuhren, um den Verletzten abzuholen. Aber sie kamen zu spät, Skipper Boatwright war tot. Als die Männer der Küstenwache hörten, was tatsächlich vorgefallen war, wurde Großalarm ausgelöst. Neben Coast-Guard-Fahrzeugen machten sich auch ein Zerstörer und ein Flugzeug der Marine an die Verfolgung der flüchtigen Piraten. Derweil verschlechterte sich das Wetter, und der mit den Geretteten überladene Hubschrauber schaffte es erst nach sieben vergeblichen Versuchen, vom Wasser abzuheben und zu seinem Stützpunkt zurückzukehren.

Obwohl sich das Verbrechen in den Gewässern der damals noch zu Großbritannien gehörenden Bahamas abgespielt hatte, handelte es sich rechtlich um einen Fall von Piraterie, und Piraten können auf hoher See von Schiffen aller Nationen verfolgt werden. Zunehmender Seegang und die beginnende Nacht begünstigten jedoch die Flucht der Piraten. Im letzten Dämmerlicht sichtete der Marineflieger zwar die flüchtende Muriel III, aber die Wetterbedingungen machten es unmöglich, weiter Fühlung zu halten.

Als die gekaperte Yacht gegen Mitternacht kubanische Gewässer erreichte, mußte die Jagd erst einmal abgebrochen werden. Jetzt begann der diplomatische Draht zu spielen. Am Ende fand ein kubanisches Wachboot zwei Tage später die Muriel III, deren Motoren wegen Brennstoffmangels stehen geblieben waren, 50 Seemeilen südlich von Elbow Cay, wo sie schließlich auf Grund gelaufen war. Ihr Reservetank war noch voll, aber die Piraten hatten nicht gewußt, wie man die Tanks umschaltete. Sees und Table wurden von den kubanischen Behörden verhaftet, an die Regierung der Bahamas übergeben und in der Hauptstadt Nassau vor Gericht gestellt.

Barbara Table wurde bereits nach kurzer Verhandlung am 7. Mai 1960 von einem Gericht der Bahamas freigesprochen. Ihr einziges „Verbrechen“ hatte darin bestanden, daß sie ihrem Mann und seinem Killerkumpan zu leichtgläubig und naiv gefolgt war.

Gegen Sees und Table hätte in den USA die Anklage nur auf Piraterie lauten können, in den Bahamas konnte man zusätzlich auch wegen Mordes und Raubes anklagen. Aber auch hier entschied man sich für Seeräuberei.

Der Prozeß gegen die beiden Yachtpiraten begann am 16. Dezember

1960 in Nassau. Er war der erste, in dem es nicht um Vorfälle auf einem Seeschiff, sondern um Mord an Bord einer Yacht und um deren Kaperung mit Waffengewalt ging. Das Gericht machte mit den beiden Angeklagten kurzen Prozeß und verurteilte sie zum Tode durch Erhängen. Unbewegt ließen die beiden Piraten den Urteilsspruch über sich ergehen. Die Berufung wurde in den nächsten Monaten verworfen und das Urteil auch vom höchsten Commonwealthgericht in London bestätigt.

Seit 1790 war auf den Bahamas kein Weißer mehr gehängt worden. In jenem Jahr hatte der Gouverneur der britischen Krone, der die Piraterie mit eiserner Hand ausrottete, über 100 Seeräuber aufgeknüpft. Eine Doppelexekution auf diese Weise hatte es bis zum 10. Mai 1961 noch nie gegeben, als die beiden Piraten im Morgengrauen hingerichtet wurden. Alwin Table starb um 0700 Uhr, ohne daß er sich noch einmal zu seiner Tat geäußert hatte. Eine Stunde später öffnete sich die Falltür unter William Sees.

Die Inselgebiete der Bahamas waren in den beiden Jahrzehnten nach diesem Ereignis ein Paradies für Yachtskipper unter Segel und Motor – aber nicht allein wegen dieses abschreckenden Beispiels. Seit etwa 1980 sind die Bahamas jedoch neuerlich zu einem Piratengebiet geworden, in dem Seeraub und Drogenschmuggel an der Tagesordnung sind. Nicht wenige Yachtsegler verloren ihr Leben durch Piratenhand. Gefaßt wurden die Verbrecher, soweit ich feststellen konnte, niemals.

6. Wurden verschollene Yachten von Piraten gekapert?

Mit sechs Menschen an Bord verschwunden · Ohnmächtige Warnungen Verhängnisvoller Dieseltransport

Der Verbleib zahlreicher Yachten ist ungeklärt. Sie verschwanden spurlos, mit meist erfahrenen Besatzungen, auf relativ kurzen Distanzen und bei nachweislich ungefährlichen Wetterbedingungen. Die hier genannten verschollenen Yachten waren aus Stahl oder Kunststoff gebaut und gut gewappnet gegen viele Gefahren auf See. Aber sie hatten alle jene kritische Größe, die sie für Drogenschmuggel besonders geeignet macht. Oft waren sie auch nur mit Einhandseglern unterwegs, die bei Überfällen leicht zu beseitigen waren. Wir erinnern uns hier derjenigen verschollenen Yachten, deren aufsehenerregendes Verschwinden seinerzeit mit der Yachtpiraterie noch nicht in Zusammenhang gebracht wurde.

Mit sechs Menschen an Bord verschwunden

Reporter jonglieren gelegentlich mit hohen Zahlen, wenn sie über Piraterie besonders im Seeraum der Karibik berichten, und sie scheuen sich auch nicht, „von jährlich 300 spurlos verschwundenen Booten“ zu sprechen. Solch sensationell aufgemachte Meldungen bleiben jedoch unbestätigt. Denn die Küstenschutzbehörden der Vereinigten Staaten, die einerseits daran interessiert sind, eine möglichst große Zahl von verschwundenen Booten anzugeben, weil sie damit die Berechtigung zum Entern einer Vielzahl von Yachten und zu deren Überprüfung innerhalb und außerhalb der amerikanischen Hoheitsgewässer nachweisen könnten, würden andererseits mit dieser Bestätigung die völlige Fruchtlosigkeit ihrer Such- und Schutzmaßnahmen mit mehreren hundert Coast-

Guard-Kuttern eingestehen. Nach offiziellen Angaben der Küstenwache haben sich von 1971 bis 1980 nur sechs nachgewiesene Pirateriеn in der Karibik ereignet, doch wurden 1979 allein 191 Boote wegen Drogenschmuggels beschlagnahmt. Nur ein einziges von ihnen wurde als Piratenbeute enttarnt.

Früher mußte man mehr an Wassereinbruch, Lecks oder ähnliche Havarien denken, wenn ein aus Holz gebautes Boot sein Fahrtenziel nicht erreichte und verschollen blieb. Seitdem Kunststoffe jedoch für mehr Sicherheit bürgen, muß man nach anderen Ursachen forschen. Meldungen über ein solches Verschwinden lesen wir in unserem Land aber meistens nur, wenn deutsche Yachten betroffen sind, und auch in der Presse anderer Länder stößt man nur gelegentlich und eher zufällig auf die Meldung eines rätselhaften Yachtverlustes. Denn die Angehörigen der verschwundenen Crew haben meistens in ihrer Trauer ganz andere Sorgen, als solche Nachrichten an die Presse zu geben und damit einzugestehen, was sie selbst bis zuletzt nicht bestätigt haben möchten: daß die Yacht verschollen ist, niemals wieder auftauchen wird und die Crew kein anderes Schicksal als der Tod ereilt hat. Sind die folgenden Vorfälle also nur erklärbar, wenn man sie unter dem Gesichtspunkt der Yachtpiraterie betrachtet?

Da verschwand beispielsweise im Frühjahr 1972 der damals 35jährige deutsche Einhandsegler Helmut Erdmann, ein Vetter des gleichnamigen Weltumseglers Wilfried Erdmann, auf dem Weg von Barbados nach Willemstad auf Curaçao spurlos. Seine 8-m-Slup Spöker hatte ihn sicher über den Atlantik getragen, und mit einer vom 18. 5. 1972 datierten letzten Postkarte, die Helmut an seine Angehörigen sandte, teilte er mit, daß er zu den holländischen Antilleninseln vor der venezolanischen Küste weitersegeln wollte.

Hier traf er jedoch nie ein, und auch Nachforschungen deutscher diplomatischer Auslandsvertretungen konnten sein Schicksal nicht aufklären. Selbst wenn man annehmen könnte, daß die Spöker auf Treibgut gelaufen und gesunken, von einem Tanker überfahren oder auf ein Riff gebrummt und auseinandergebrochen ist, bleibt die Möglichkeit nicht ausgeschlossen, daß Helmut Erdmann auf See oder am Ankerplatz von Piraten überfallen und getötet wurde, damit sich die Seeräuber seines Bootes bemächtigen konnten. Einhandsegler sind, wie schon beschrieben, immer ein bevorzugtes Ziel solcher Überfälle.

Besonders bewegt hat die deutsche Segleröffentlichkeit auch das spurlose Verschwinden des deutschen Seekreuzers Nordstern, der seit seinem Auslaufen im März 1977 aus Antigua am Rande der Karibik verschollen ist. Der 17,6 m lange stählerne Kielschwerter war ein typisches Objekt für Drogenschmuggler.

Vier Männer und zwei Frauen, alles Deutsche, wollten im Frühjahr 1977 angeblich von Antigua über die Azoren nach Lissabon segeln. Es war eine Chartercrew unter Führung des Eigners und Skippers, mit nautisch erfahrenen Mitseglern. Zwar attestierten manche früheren Chartergäste der NORDSTERN einige bootsbauliche und technische Mängel, als die Yacht ihren Bestimmungsort in Europa nicht erreichte und man nach möglichen Ursachen für ihr Verschwinden forschte. Diesen Aussagen gegenüber standen aber nicht bestreitbare Sichtmeldungen einiger Zeugen, wonach die NORDSTERN mit einem veränderten Farbanstrich am 28. und 29. 12. 1977 in Martinique, am 28. 11. 1978 in Bequia und später noch in Grenada gesehen wurde. Diese Zeugen berichteten auch von Besatzungsmitgliedern, die weder in ihrem Aussehen noch in ihrer Anzahl mit der deutschen Chartercrew identisch waren. Andere Zeugen wollten die NORDSTERN am 1. 4. 1977 im Hafen von Kingstown auf St. Vincent, im Mai in den Tobago Cays und im Juni etwa zwei Wochen lang in der Mount Hartmann Bay auf Grenada gesehen haben.

Auch damals dachte man schon an Piraterie, Überfall oder Mißbrauch für den Drogenschmuggel, doch nahm man (noch) nicht an, daß sich sechs Personen weder ohne Aufsehen überfallen noch spurlos beseitigen lassen könnten. Erst die Überfälle auf die MISTER BEE (siehe Seite 107), die MURIEL III (siehe Seite 110) und andere Yachten machten deutlich, daß es sehr wohl möglich ist, auch eine mehrköpfige Crew ohne Zeugen zu beseitigen.

So groß wie die NORDSTERN war auch die DIVORSEA, die am 26. Juni 1979 den Hafen von Jacmel auf Haiti mit dem Ziel Aruba in den Niederländischen Antillen mit vier Personen an Bord verließ. Hier sprechen mehrere Indizien für eine Kaperung durch Piraten: Während des Zeitraums der Überfahrt herrschte paradiesisch schönes Wetter. Der Zeitpunkt des Verschwindens fällt mit dem Höhepunkt der kolumbianischen Marihuana-Ernte zusammen, und es setzte sich schon nach dem Auslaufen ein kleines, schnelles Boot in das Kielwasser der amerikanischen Yacht.

Nach Größe und Motorisierung war die DIVORSEA ein noch idealeres Schmuggelfahrzeug als die NORDSTERN, und ihr Ziel war die berüchtigte Küste, zu der die Drogen aus dem südamerikanischen Hinterland angeliefert werden. Amerikanische, holländische und jamaikanische Such-

und Rettungsdienste kämmten tagelang ein Gebiet von etwa 130 000 Quadratkilometern in der Karibik durch, ohne eine Spur der Divorsea zu entdecken. Alle an den Suchaktionen beteiligten Piloten und Kapitäne äußerten ihre Verblüffung, daß eine so große Yacht einfach spurlos verschwinden konnte.

Ohnmächtige Warnungen

Da die Piraterie in der internationalen Frachtschiffahrt immer bedrohlichere Ausmaße annimmt, müssen auch wir Yachtsegler zunehmend damit rechnen. Wie Lloyd's in London im Februar 1983 berichtete, haben Seeräuber in den Jahren 1981 und 1982 auf den Weltmeeren insgesamt 193 Schiffe angegriffen. Die Piraten seien meist mit Motorbooten zu den vor Anker liegenden Schiffen gefahren, hätten sie bei Nacht geentert und anschließend Teile der Fracht sowie Habe der Seeleute geraubt. Dazu konnte man in der Dezemberausgabe 1982 der Zeitschrift Prensa-Nautica in Caracas lesen: „Mehrere Personen und Schiffe sind in unseren Gewässern verschwunden, besonders an der Ostküste, ohne daß man bis zum heutigen Tage etwas darüber in Erfahrung bringen konnte."

Der Trans-Ocean-Stützpunktleiter Michael Pajonk in Caracas schreibt dazu: „Ein Fall, mit dem sich die Schiffahrtsbehörden hier immer noch beschäftigen, ist die Yacht Pegaso, die seit dem 16. 10. 1982 im Karibischen Meer verschwunden ist. Diese Tragödie, die mit der Abfahrt von der Mole des Hotels Concord zur Insel Los Testigos begann, kostete sieben junge Leute das Leben, ohne daß Küstenwache, Kriegsmarine, Luftpatrouille der Seestreitkräfte und andere Behörden irgendein Anzeichen des verschwundenen Schiffes in unseren östlichen und westlichen Hoheitsgewässern entdeckt hätten."

Die Behörden von Venezuela warnten die Seeleute, die ihre Gewässer befuhren, und erklärten gleichzeitig in aller Öffentlichkeit ihre Ohnmacht: „Die häufigen Fälle von Piraterie in unseren Hoheitsgewässern, mit steigenden Verlusten an Personen und Schiffen, beschäftigen den Luftrettungsdienst. Keiner dieser Vorfälle wurde jedoch aufgeklärt. Es ist bedrückend, daß die Anstrengungen, die gemacht wurden, um die Schuldigen, die venezolanische Familien in Trauer versetzten, ohne Erfolg blieben." Dazu stellte die venezolanische Küstenwache eine Liste von kleinen Schiffen, Fischerbooten und Yachten zusammen, die auf dem Meer entführt wurden und ohne Spur verschwanden, darunter die DONNA B. und die VIVALDI.

Opfer der Piraterie könnte in jüngerer Zeit der stählerne Seekreuzer AHAKENKO gewesen sein, mit dem der Bremer Einhandsegler Volker Brunke seit Ende Januar 1985 verschollen ist. Brunke lief am 21. 1. 1985 mit seiner 10,7 m langen Yawl aus Arecife auf Lanzarote zu einer Atlantiküberquerung aus und wollte zuerst in Trinidad einklarieren. Ob er dort ankam oder anderswo anlief, ist unbekannt; denn Brunke ist seit dieser Zeit verschollen. Ein Stahlboot kann auf dem Törn in die Karibik kaum durch gefährliche Treibgüter leckschlagen, und selbst bei einer Ramming durch ein Großschiff muß der Rumpf nicht tödlichen Schaden nehmen. Wahrscheinlicher ist, daß Brunke an seinem ersten Ankerplatz auf Trinidad ein ähnliches Schicksal erlitt wie der Engländer Mike Crocker im Januar 1982 an derselben Inselküste (siehe Seite 51).

Einhandsegler war auch der Amerikaner Walter James, der mit seinem 13-m-Kunststoffkreuzer TINA am 30. 10. 1987 New York mit Ziel Bahamas verließ. Wie er Freunden vorher erzählte, wollte er zuerst etwa 400 Seemeilen Südostkurs steuern, um vom Golfstrom freizukommen, und dann mit Südkurs in den Randbereich der karibischen Inseln laufen, aber er kam nie an. Auch hier könnte ein recht großes Boot mit einem besonders gefährdeten Einhandsegler das Ziel eines Piratenüberfalles geworden sein.

Seit 1985 in der Karibik verschollen ist auch der französische Aluminium-Seekreuzer ISNOGOUD. Mit der 10 m langen Yacht waren Skipper Claude Chabaud, 36, und Brigitte JeanJacques, 24, unterwegs. Das Seglerpaar wurde zuletzt in Guadeloupe und an einem Ankerplatz von Antigua gesichtet.

Seit September 1985, aber im Pazifik, verschollen ist auch der 14-m-Kunststoff-Seekreuzer AZILIA. Mit ihm lief das amerikanische Paar Mark McKenna, 30, und Gail Harrison, 35, am 30. 10. 1985 aus Rarotonga auf den Cook-Inseln zur Bay of Islands in Neuseeland aus. Seit dieser Zeit wurde weder die seetüchtige Yacht gesichtet noch ein Lebenszeichen von der Crew empfangen.

Verhängnisvoller Dieseltransport

Im Seegebiet des Pazifik ereignete sich im Sommer 1985 noch ein anderer mutmaßlicher Piratenüberfall, den man ganz besonders bedauern muß: Er traf die amerikanische MAIN STAY, mit der Skipper Larry Rayner und seine Frau Fleur auf einer Weltumsegelung unterwegs waren. Im Jahr 1984 hatte das Seglerpaar das Mittelmeer befahren und den Atlantik überquert. Im Frühjahr 1985 waren beide durch die Karibik und den Panamakanal bis zu den Galapagos-Inseln geschippert. Jetzt wollten sie in Fleurs Heimat Neuseeland segeln, wo die Bordfrau, im fünften Monat schwanger, ihr Kind zur Welt bringen wollte.

Mit drei anderen Yachten wollte die MAIN STAY am 24. 4. mit dem Ziel Hiva Oa in den Marquesas die Inselgruppe verlassen. Am Tag des Auslaufens kam ein Mann im Beiboot zu dem kleinen seeklaren Geschwader und fragte, ob man ihn nicht mit einigen Dieselkanistern, die er gerade aufgefüllt hatte, zu einer benachbarten Insel mitnehmen könne, wo eine Charteryacht bekalmt und ohne Kraftstoff liege. Als die drei anderen Skipper zögerten, erbot sich Larry, den Fremden mit seinen Kanistern an den gewünschten, allen jedoch unbekannten Platz zu bringen. So liefen sie zu dritt an Bord aus, während die anderen drei Yachten ihre Anker für die Marquesas lichteten.

Seit dieser Zeit ist die MAIN STAY mit ihrem Skipper und der werdenden Mutter verschollen. Die anderen drei Yachten erreichten nach einer traumhaften Überfahrt mit raumen Winden von maximal 4 bis 5 Beaufort Hiva Oa und warteten dort zuerst die Ankunft von fünf weiteren Yachten unter amerikanischer, britischer und neuseeländischer Flagge ab, ehe sie für den überfälligen Seekreuzer Alarm auslösten. Keine der befreundeten Besatzungen konnte sich vorstellen, wo die MAIN STAY mit ihrer erfahrenen Crew geblieben sein mochte; man benachrichtigte auch die Eltern des Seglerpaars. Trotz behördlicher und privater Anstrengungen und einer Vielzahl von Suchflügen über das Seegebiet fand man die MAIN STAY nicht wieder.

Angeblich soll sie den Dieselkraftstoff für das Charterboot noch abgeliefert haben, doch ist diese Auskunft nicht zuverlässig. Deshalb ist auch hier nicht auszuschließen, daß ein Fremder unter dem Vorwand des Dieseltransports die Hilfsbereitschaft der Crew ausnutzte, um sich der seetüchtigen Yacht zu bemächtigen, und hierbei zwei Menschen beseitigte.

Mysteriös bleibt auch der Tod des deutschen Fahrtenseglers Peter Frey, 52, der seit 1982 auf seiner Ketsch ESCAPE vor der Karibikinsel Bequia lebte. Frey war ein Einzelgänger, der seinen Lebensunterhalt wohl hauptsächlich durch den An- und Verkauf von kunstgewerblichen Gegenständen in der Karibik verdiente. Vielleicht hatte er aber auch noch andere mysteriöse Einnahmequellen. Denn er segelte gelegentlich an die venezolanische Küste.

So führte ihn auch 1988 seine letzte Alleinreise von Bequia zu der unbewohnten Insel Cubagua im Seegebiet vor Südamerika, wo die ESCAPE mit Peter Frey zum letzten Mal vor Anker ging. Als die Mannschaft eines amerikanischen Frachters die Bucht anlief, fand man Frey im Rigg seiner Ketsch erhängt. Ob der deutsche Segler Selbstmord verübte oder von fremder Hand starb, wird sich wohl nicht mehr klären lassen. Offenbar befand sich Frey bereits auf dem Rückweg von der Festlandküste in Richtung St. Vincent, als ihn in dieser menschenleeren Bucht der Tod ereilte.

Bei den meisten Yachten und Schiffen, die im Seegebiet der Karibik einschließlich der Bahamas und an der Pazifikküste Mittelamerikas spurlos verschwanden, gibt es keine Beweise für eine Kaperung durch Piraten. Sie könnten ebensogut mit Mann und Maus untergegangen sein, auch wenn es kaum begreiflich ist, daß man niemals einen Mayday-Ruf aufgefangen oder Wrackteile gefunden hat. Einer der wenigen Augenzeugen für Piraterie wurde 1972 der Eigner der großen amerikanischen Motoryacht KRISTINA, der als einziger der Besatzung durch großes Glück überlebte.

J. U. Hatley aus Texas hatte seine 35-Tonnen-Yacht nicht nur mit kräftigen Motoren, sondern auch mit allen modernen Navigations- und Funkgeräten ausgerüstet. Er unternahm mit einigen Gästen an Bord eine Kreuzfahrt durch den Golf von Mexiko und befand sich mit dem seetüchtigen Schiff auf hoher See, als sich ein schwarz angestrichenes Fischerboot näherte. Die amerikanische Crew hatte es schon längere Zeit in Sicht, schöpfte jedoch keinen Verdacht. Auch als das fremde Boot plötzlich seinen Kurs änderte, auf die KRISTINA zulief und längsseits kommen wollte, dachte sich niemand etwas Böses; aber man benachrichtigte zumindest den Eigner und Skipper, der unter Deck war.

Dann jedoch überschlugen sich die Ereignisse. Gerade als Skipper Hatley an Deck kam, kollidierten beide Fahrzeuge, und die KRISTINA wurde von sechs mit Maschinenpistolen bewaffneten Piraten geentert. Hatley stürzte beim Zusammenstoß über Bord – und das war sein Glück. Denn so entging er dem Massaker, das die Piraten unter Crew und Gästen anrichteten, und ehe er, von dem Sturz noch benommen, die Situation überhaupt begreifen konnte, sah er das Fischerboot und seine KRISTINA mit Höchstfahrt davonrasen. Sie wurde seit dieser Zeit nicht mehr gesichtet.

Hatley überlebte ohne Schwimmweste nur mit weiterem Glück: Er fand ein Fischernetz mit Schwimmkörpern, an dem er sich über Wasser halten konnte. Als er nach Stunden von einem echten Fischer gefunden und gerettet wurde, lief zwar eine Fahndung nach der KRISTINA an, aber vergeblich.

7. Yachten zwischen Piraten und Polizei

Übergriffe in der Europäischen Gemeinschaft · Wenn Segler zu Drogenschmugglern werden · Wege, Umwege und Landtransporte Den Schaden haben die Friedlichen · Razzia am Ankerplatz · Stoppen auf See · Der Standpunkt der Coast Guard · Piraten als falsche Polizisten · Fahrtensegler als Hilfspolizei · Schwanengesang auf ein Seglerparadies · Bakschisch für Staatsdiener: eine Nötigung?

Modernes Fahrtensegeln heißt: touristische Kurse entlang fremder Küsten und Freizügigkeit beim Überqueren der Meere ohne Rücksicht auf staatliche Grenzen. Yachtseglern gegenüber verfuhren die Polizeibehörden bisher meistens großzügig, wenn sie mit Sack und Pack einklarierten. Kontrollen fanden an Bord kaum statt. Diesen Umstand nutzten zunehmend Alkohol- und Drogenschmuggler sowie andere verbrecherische Geschäftemacher, um ihre heißen Waren sicher und unbemerkt mit Seekreuzern ins Land zu bringen. Der ehrliche, sportliche Fahrtensegler, der mit Kind und Kegel unterwegs ist, muß in jüngster Zeit immer mehr darunter leiden.

Stoppen der Yachten auf See, Entern durch Polizisten in Überzahl und Durchsuchungen auch in internationalen Gewässern gehören bedauerlicherweise schon zur Tagesordnung. Razzien am Ankerplatz sind selbstverständlich. Nicht immer sind es nur Gangster, die mit Yachten schmuggeln. Zunehmend mehr Yachtsegler versuchen auch auf eigene Faust, durch Drogenschmuggel schnelles Geld zu machen und ihre Langfahrt über die Ozeane auf schmutzige Art zu finanzieren.

Viele Beispiele zeigen, daß Polizisten auch mit ehrlichen Yachtseglern nicht zimperlich umgehen und in Scharen die Kajüten durchsuchen – mit allen Risiken, die damit einem Eigner erwachsen, der nicht gleichzeitig auf so viele Finger achten kann. Die nachfolgenden Vorfälle wurden bisher kaum in der Yachtpresse beschrieben, weil eine Zeitschrift dadurch die fetten Anzeigenaufträge von Chartergesellschaften verlieren könnte. Sie bedeuten aber – glücklicherweise – noch nicht den Schwanengesang auf manches Seglerparadies.

Leider tarnen sich auch in zunehmendem Maße gefährliche Yachtpiraten als Polizisten und berauben die Crew, die sie mit ihren falschen Uniformen beeindruckt haben. Überall sind Yachtsegler diesem gefährlichen Trick fast wehrlos ausgeliefert. Kann man sich dagegen schützen?

Übergriffe in der Europäischen Gemeinschaft

Bevor wir in die Ferne schweifen, zwei aktuelle Beispiele aus unserer Nachbarschaft, die zeigen, daß die Behörden oder ihre uniformierten Bediensteten auch dort nicht zimperlich mit Yachtseglern umgehen, wo diese eigentlich (auf die Länder der Europäischen Gemeinschaft bezogen) zur „Familie" gehören. Da berichten Angelika und Richard Grüner aus München, die Ende November 1988 an der portugiesischen Küste südwärts segelten: „Am 19. 11. 1988 liefen wir mit unserer ANGELOS aus Lissabon mit Ziel Gran Canaria aus. Durch einen Südweststurm wurden wir jedoch gezwungen, einen Schutzhafen am Kap San Vincente anzusteuern. Nach Studium des Handbuchs entschieden wir uns für Ensenada de Baleara, nur 2 sm östlich des Kaps. Mit einer Handlampe winkte uns dort bei Nacht ein Fischer auf einen sicheren Ankerplatz mit 10 m Wassertiefe."

Da das schlechte Wetter am nächsten Tag noch nicht abgezogen war, entschlossen sich die Grüners zu einem Landgang: „Wir machten das Beiboot klar, und unser vierjähriger Sohn Angelus packte voller Erwartung seine Sandspielsachen ein. Am Strand wurden wir jedoch von zwei mit Pistolen und Schlagstöcken bewaffneten Uniformierten in Empfang genommen. Sie erklärten uns unmißverständlich, daß wir auf unser Schiff zurückkehren müßten, da uns ein Anlandgehen nicht erlaubt sei. In einem spanisch-portugiesischen Disput verwiesen wir auf etliche englische Touristen, die in unmittelbarer Nähe am Strand Gitarre spielten. ‚Die sind mit dem Auto gekommen, das ist etwas anderes', erklärte einer der Uniformierten. ‚Sie sind mit dem Schiff da, und deshalb ist Ihnen das Anlandgehen hier verboten.' So lauteten nun mal die Vorschriften. Über soviel Sturheit konnten wir nur den Kopf schütteln und unser Beiboot mit einem traurigen und verständnislosen Kind zu unserer Yacht zurückrudern."

Der Verein Trans-Ocean wollte nach diesem Bericht die Unterschiede abklären, die der portugiesische Staat zwischen Seefahrern und Autotouristen aus Ländern der Europäischen Gemeinschaft sieht. Ein Ergebnis liegt noch nicht vor.

Von einem noch unerfreulicheren Ereignis berichtet Günter Lechte, der mit seiner BLUE MAGIC im Februar 1989 in Rhodos lag. Die Angaben seines Briefes ließ er sich von Beatrice und Dieter Meierhofer von der CANOPUS sowie von den Schweizern Rosy und Urs Meier auf der WALLABY bestätigen und mit Bordstempeln siegeln.

„Am 2. Februar 1989 arbeitete der Skipper einer deutschen Yacht in Rhodos an Land", berichtet Lechte. „Dabei wurde er von einem Griechen beschuldigt, mit seinem Werkzeug eine Sachbeschädigung an der Pier begangen zu haben. Das defensive und ruhige Verhalten des Deutschen provozierte den Griechen derart, daß er die Hafenpolizei verständigte. Die Beamten rückten zu zweit in Zivil an. Ohne Angabe von Gründen forderten sie den Segler auf, in ihr Auto zu steigen. Erst nach langem Hin und Her durften ihn seine Frau und sein Sohn begleiten.

Nach Aussage der Betroffenen wurden sie ins Gebäude der Hafenpolizei gebracht. Dort trennten die Polizisten den Segler gewaltsam von Frau und Kind und verprügelten ihn anschließend zu viert in einem separaten Raum. Im darauffolgenden Gespräch mit dem Chef dieser Behörde wurde ihm nahegelegt, den Hafen in den nächsten Tagen zu verlassen. Begründung: sein Erscheinungsbild (lange Haare, schmutzige Arbeitskleidung) sowie der Robinson-Spielplatz seines Sohnes auf der Pier würden das Hafenbild stören. Wegen der Androhung einer Geldstrafe bis hin zu Gefängnis entschloß sich die Familie, den Hafen Mandraki zu verlassen."

Lechte merkt am Schluß seines Briefes an, daß dieser Vorfall keinen Einzelfall darstelle. „Uns sind drei weitere Fälle bekannt, in denen Fahrtensegler der Willkür griechischer Beamter ausgeliefert waren. Für uns ist es bedrückend, in einem EG-Land mit solchen Vorfällen konfrontiert zu werden!"

Diesen Klagen ist eigentlich nur die Aufforderung hinzuzufügen, ähnliche Übergriffe unfreundlicher Grenz- und Hafenpolizisten in EG-Ländern unverzüglich zu melden (zum Beispiel an die Geschäftsstelle des Vereins zur Förderung des Hochseesegelns Trans-Ocean, Strichweg 48 A, 2190 Cuxhaven), damit über Regierungsvertreter in Bonn gegebenenfalls die EG-Kommission in Brüssel eingeschaltet werden kann.

Orte der kriminellen Vorfälle im Adriabereich

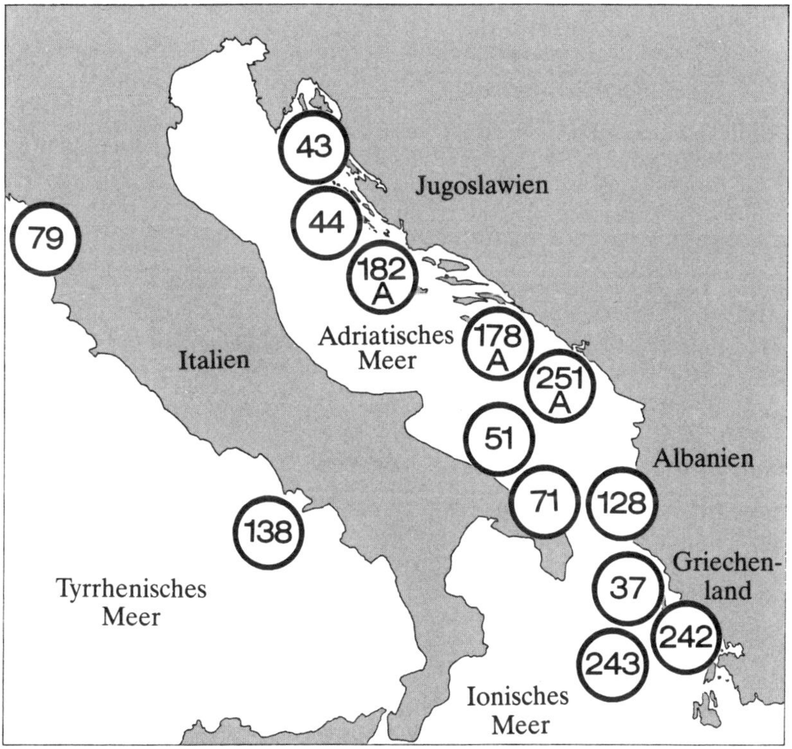

37	„Cormoran“ (s. Seite 59)	**138**	„Simba“ (s. Seite 148)
43	„Cormoran“ (s. Seite 66)	**178 A**	„Wilma“ (s. Seite 201)
44	„Regulus“ (s. Seite 66)	**242**	„Hera“ (s. Seite 303)
51	Deutsche Yacht (s. Seite 70)	**182 A**	„Mon Amour“ (s. Seite 202)
79	„Berumi“ (s. Seite 93)	**243**	„None“ (s. Seite 307)
128	Mehrere Yachten (s. Seite 126)	**251 A**	„Pontus Euxinus“ (s. Seite 330)

Bei Doppelnennung bedeutet A den Ausgangs-, E den Endpunkt des Kurses.

Da Yachtsegler als friedliche Touristen bis in die jüngste Vergangenheit als unverdächtig galten und überall nahezu ungehindert in kleine, verträumte Häfen einlaufen oder abgelegene, einsame Ankerplätze aufsuchen konnten, wurden sie nicht nur von den Drogenpiraten zum Transport von Rauschgift über See gekapert. Immer mehr Yachtsegler scheinen sich auch auf eigene Faust zur Aufbesserung ihres meist schmalen Budgets am Drogenschmuggel zu beteiligen, weil sie sich in der Flotte der internationalen, von Küste zu Küste und über See schippernden Fahrtensegler immer noch unentdeckt fühlen können. Je mehr solcher Yachties jedoch der Polizei als Drogenschmuggler bei den immer noch überaus laschen Kontrollen der Zollbehörden ins Netz gehen, desto mehr muß auch die Masse der Fahrtensegler mit strengeren Kontrollen nicht nur beim Einklarieren, sondern auch beim Segeln in fremden Gewässern rechnen.

Zunehmend werden sogar Yachtbesatzungen auf der freien See von Polizeibooten gestoppt und von Rauschgiftfahndern geentert. Werden harmlose Bootsfamilien derart belästigt, ist natürlich die Empörung verständlich, wenn sie diese Erlebnisse anschließend in den Häfen erzählen oder sogar an die Presse weitergeben. Wenige schwarze Schafe können großen Schaden anrichten, wie jüngste Beispiele zeigen.

So meldete der niederländische Zoll Ende September 1987 einen schönen Zufallserfolg gegen den Drogenschmuggel mit Yachten: Als eine französische Segelyacht wegen des schlechten Wetters im Hafen von Ijmuiden Schutz suchte, wurden an Bord zwei Tonnen Haschisch entdeckt und sichergestellt. Die Besatzung, zwei junge Franzosen, wurde in Untersuchungshaft genommen.

Der 11,95 m lange Seekreuzer GALAXY BR wurde im Oktober 1986 mit 250 Kilogramm Haschisch an Bord bei Cartagena an der spanischen Südküste von einem Zollboot aufgebracht. Die aus zwei Franzosen und einem Spanier bestehende Besatzung hatte die Drogen wahrscheinlich in Marokko eingekauft und versuchte, bei Annäherung des Zollkreuzers ihre Yacht zu versenken. Die Zollfahnder waren jedoch schneller und stellten Boot und Beute sicher.

Anfang Januar 1988 wurden vier deutsche und zwei australische Segler bei einer Drogenrazzia an der australischen Küste auf ihrer Yacht von der Polizei festgenommen. Dabei stellten die Beamten 1,5 Tonnen Haschisch im Warenwert von über elf Millionen DM sicher. Die vor

Queensland und seiner Hauptstadt Brisbane kreuzende Yacht war bereits sechs Monate lang von den australischen Behörden beschattet worden. Die Besatzungsmitglieder hatten sich schon einmal wegen Drogenschmuggels vor Gericht verantworten müssen. Die Yacht gehörte wahrscheinlich zu einem internationalen Rauschgiftring, und die verhafteten Segler fürchteten nach ihrer Einlieferung in das Gefängnis, die übrigen Mitglieder der Schmuggelbande könnten sie umbringen. Zum Schutz dieser Zeugen in den anstehenden Prozessen gegen Rauschgiftschmuggler wurden besondere Sicherheitsmaßnahmen ergriffen.

Ende Juli 1989 entdeckten US-amerikanische und guatemaltekische Drogenfahnder in einer gemeinsamen Aktion an Bord der amerikanischen Yacht LINDA 788 Kilogramm Kokain. Der Seekreuzer hatte die Küste Guatemalas auf seiner Schmuggelfahrt von Kolumbien nach Kalifornien angelaufen. Die nicht unbeträchtliche Menge von mehr als 15 Zentnern Rauschgift war in den Bauteilen seiner Kajüteinrichtung sorgfältig versteckt. Die beiden US-Besatzungsmitglieder wurden verhaftet.

Unter dem Vorwurf des Drogenschmuggels wurden am 10. Juli 1984, wie man in der YACHT lesen konnte, auch zwei deutsche Segler und zwei Seglerinnen nach einer Auseinandersetzung mit indischen Zollbeamten auf den Nikobaren im Indischen Ozean festgenommen. Sie gehörten zur Crew der 14-m-Ketsch SLEIPNIR, die unter Führung ihres Eigners und Skippers Heinrich Kremp seit 1983 von Ibiza zu einem Langtörn nach Sri Lanka unterwegs war. Von hier aus sollte es nach Phuket an der Südwestküste Thailands weitergehen. Wegen Maschinenschadens und eines Lecks im Wassertank mußte die Yacht jedoch Groß-Nikobar anlaufen, wo sie zuerst von den Einheimischen freundlich empfangen, aber die Crew anschließend von den indischen Behörden festgenommen wurde.

Zwar schrieb eine der Seglerinnen an ihren Vater: „Es muß sich um ein Mißverständnis handeln“, aber die Anklageschrift für den Prozeß warf den vier Deutschen gemeinschaftlichen Mordversuch und gemeinschaftlichen Drogenschmuggel vor. Die Anklage nur auf den verdächtigen Skipper zu beschränken und die drei Mitsegler wieder auf freien Fuß zu setzen, wurde von den Behörden abgelehnt.

Wie lange die deutschen Seglerinnen und Segler unter katastrophalen hygienischen Verhältnissen an Bord und an Land inhaftiert waren und wie das Gerichtsverfahren selbst ausging, konnte ich nicht feststellen. Was bleibt, ist die Tatsache, daß eine schöne, wenn auch als abenteuerlich geplante Langfahrt in fremde Länder eine mehrwöchige Unterbrechung im Arrest fand, die kein Mitglied der Crew erwartet hatte, zu der jedoch ein Teil der Besatzung aber wohl selbst die Voraussetzungen schuf.

Rauschgiftschmuggel großen Stils betrieb von 1983 bis zu seiner Verhaftung Hans Illert, der im Yachthafen von Marbella an der Costa del Sol an der spanischen Südküste mehrere Boots- und Charterfirmen betrieb, die gleichzeitig Geldwaschanlagen für seine Gewinne aus dem Drogenschmuggel waren. Nicht alle seiner Yachten dienten während der Saison nur dem Chartergeschäft. Mit einem Stammpersonal von sechs Besatzungen, zu denen neben dem Bootsführer auch je ein Mechaniker gehörte, ließ er die eine oder andere Yacht gelegentlich Heroin, Haschisch und Kokain in schnellen Spritztouren von der afrikanischen zur spanischen Küste schippern. Wenn der deutsche Charterboß hierbei Ladungen für fremde Auftraggeber transportierte, kassierte er pro Fahrt 150000 DM, von denen die Besatzungen, die sich sonst als Mitarbeiter in seinen Bootsfirmen tarnten, ihren entsprechenden Anteil erhielten.

Mehr als einmal fuhr Illert selbst mit seiner 15 m langen Motoryacht vom Typ Cigarette von Tanger nach Almeria. Die jeweils vierstündigen Nachtfahrten mit Ladung waren für das 55 kn schnelle Rennboot, das mit einer ultramodernen Radaranlage und mehreren Funkempfängern ausgestattet war, auf der sämtliche, auch die geheimen Polizeifrequenzen abgehört werden konnten, immer mehr zur Routine geworden. Da Illert die Einnahmen aus dem Verkauf und der Vercharterung von Yachten geschickt mit dem Erlös aus dem Rauschgiftschmuggel mischte, konnte er das so gewaschene schmutzige Geld lange Zeit als Firmengewinn ausgeben und legal auf ausländische Konten transferieren.

Drei Jahre lang jagte Interpol den mit allen Wassern gewaschenen Drogenschmuggler, ehe er im Frühjahr 1987 auf Anordnung des Bundeskriminalamts auf dem Londoner Flughafen Heathrow festgenommen werden konnte. „Ich bin nur ein Bootsverkäufer im Yachtklub von Marbella“, sagte Illert bei seiner Verhaftung.

Wege, Umwege und Landtransporte

Zweifellos wird auch noch von anderen organisierten Banden das Rauschgift von der marokkanischen Küste über Gibraltar an die französische Mittelmeerküste gebracht. Dabei benutzt man neben dem souveränen Hafen am britischen Affenfelsen als Startplatz dieser Rauschgiftroute genauso bewußt einen Hafen des Fürstentums Monaco mit erfahrungsgemäß geringerer polizeilicher Überwachung als Endstation. Um dabei nicht mit den besonders strengen Fahndern der spanischen Polizei in Kontakt zu kommen, halten die Schmuggelyachten der Profis während der ganzen Fahrt einen ausreichenden Sicherheitsabstand von der spanischen Küste. Nur in Notfällen wagen sie sich zu einem kurzen Überliegen in einen spanischen Hafen hinein.

Ein solcher Notstopp wurde Ende Dezember 1988 der aus fünf Spaniern und zwei Engländern bestehenden Crew der 16 m langen, unter englischer Flagge segelnden Yacht MAID OF THE MIST zum Verhängnis: Als sie Ibiza zur Reparatur eines Motorschadens anlaufen mußten, fand die Polizei 400 Kilogramm Haschisch an Bord. Es wurde im Krematorium von Palma de Mallorca verbrannt. Daß die Schmuggler festgenommen und vor Gericht gestellt wurden, ist für uns Fahrtensegler, die wegen solcher Vorfälle künftig mit noch strengeren Kontrollen in Spanien rechnen müssen, nur ein schwacher Trost.

In England wurden im November 1988 drei Holländer und zwei Amerikanerinnen festgenommen, als sie mit ihrem Seekreuzer in Poole an der englischen Südküste einklarieren wollten. Den englischen Zollbeamten fiel dabei auf, daß die niederländische Yacht ungewöhnlich tief im Wasser lag und nur noch ein geringes Freibord hatte. Sie beließen es daher nicht bei einer routinemäßigen Kontrolle, sondern nahmen das Boot genauer unter die Lupe. Dabei entdeckten sie fast 2000 Kilogramm Haschisch mit einem Schwarzmarktwert von mindestens zehn Millionen Mark. Die Leidtragenden solcher Drogenschmuggelei mit Yachten sind die ehrlichen Fahrtensegler, siehe oben.

Da den Rauschgiftschmugglern, die Yachten besonders während der Sommerzeit als unverfängliche Transportmittel benutzen, die kurzen Seglerwege zwischen der nordafrikanischen und der europäischen Küste offenbar schon zu gefährlich geworden sind, benutzen sie zunehmend Umwegkurse entlang der europäischen Atlantikküste und landen den „Stoff“ erst in Häfen des Ärmelkanals an.

Der französischen Polizei ging, wie man in der TV-Nachrichtensendung „heute“ vom 7. 2. 89 sehen konnte, sogar ein dicker Fang beim Landtransport ins Netz. Sie beschlagnahmte auf einer 12-m-Yacht, die auf einem Bootstransporter von Calais nach Marseille unterwegs war, 420 Kilogramm Haschisch, die in den Isolationsschichten des Kajütdaches und an anderen schwer zugänglichen Stellen der Inneneinrichtung versteckt waren.

Die Dealer, die das Rauschgift offenbar über ihre Zentrale in Marseille europaweit verteilten, fanden den Landtransport in der Schmuggleryacht noch sicherer und nahmen daher auch die höheren Kosten in Kauf.

Den Schaden haben die Friedlichen

Leidtragende dieser Drogenfahndung waren unter vielen anderen auch Ellen Müller-Rohde und Volker Christmann, die sich im Frühjahr 1987 über einen für sie unerklärlichen spanischen „Zollüberfall“ auf See beschwerten. „Unerfreuliches ist von der spanischen Aduana (Zollbehörde) zu berichten“, schreiben sie. „Uns hielt ein Zollkreuzer nachmittags vor Alicante an, zwang uns zum Segelbergen, brachte ein Schlauchboot mit vier Mann aus, die auf unserem naturlackierten Schiff mit genagelten Schuhen erschienen, überfallartig unsere REGINA durchsuchten und uns ohne ein Wort der Entschuldigung wieder verließen.“

Sie schildern auch, wie es in einer ähnlichen Situation ihrem Freund, dem Einhandsegler Walter Kaminsky von der SAYONARA aus Berlin, im selben Küstengebiet erging: „Bei ca. 6 Windstärken und grober See wurde Walter nachts um etwa 0300 Uhr vor Cartagena von einem Schlauchboot aus geentert. Er dachte zuerst an Piraten, als die fremden Männer das Kommando an Bord übernahmen, ca. 200 Liter Trinkwasser in die Bilge laufen ließen und drei Stunden lang sein Boot auf den Kopf stellten, um dann ebenfalls ohne Entschuldigung von dannen zu ziehen. Als Grund für diese auch von weiteren Seglern berichteten ‚Piratenakte‘ des Zolls wurde Rauschgiftfahndung genannt.“

Wie Polizisten ausländische Yachties beim Drogenschmuggel vor der panamaischen Pazifikküste erwischten, schildert der österreichische Katamaransegler Wolfgang Hausner in der österreichischen Zeitschrift Yacht-Revue: „Ab und zu segelten wir mit dem 18-m-Katamaran TABOO III nach Taboga im Golf von Panama, um von dort aus Panama City zu besuchen. Taboga ist, außer am Wochenende, ein ziemlich verschlafenes Örtchen. Aber eines Abends gab es etwas Aktion: Ein panamaisches Patrouillenboot hielt zielstrebig auf eine große amerikanische Motoryacht zu, machte fest und begann eine Suchaktion, bei der mindestens 20 Mann beteiligt waren, alle mit einer Maschinenpistole. Durch die großen Fenster und mit Hilfe der exzellenten Innenbeleuchtung konnten wir verfolgen, wie die Inneneinrichtung buchstäblich auseinandergenommen wurde. Drogen müssen gefunden worden sein, denn noch in derselben Nacht wurde das Schiff von der Guardia abgeschleppt. Tags darauf sahen wir es unter Bewachung im Marinehafen liegen. Man kann sicher sein, daß die Führungsclique von Panama um ein nettes Schiff reicher geworden ist und mit einigem Glück noch auf eine große Geldsumme hoffen konnte, die der Crew einen jahrzehntelangen Aufenthalt in einem modrigen zentralamerikanischen Kerker ersparen würde."

Offenbar war hier nicht ein professioneller Drogenschmuggler ausgehoben worden, sondern man hatte die Crew einer großen Motoryacht dingfest gemacht, die der Versuchung nicht widerstanden hatte, an der panamaischen Küste erstandenes Rauschgift, in der Inneneinrichtung gut versteckt, nach Norden in ihr Heimatland zu transportieren. Den Verlust seines Schiffes wird der Eigner bei einem so riskanten Geschäft verschmerzen müssen. Nicht gut überstehen wird er jedoch eine mehrmonatige Haft unter primitiven hygienischen Bedingungen inmitten unzähliger krimineller Einheimischer in einem meistens übervollen Gefängnis. Aber die Versuchung ist groß, unter dem Schutz tausender Yachtbesatzungen, die jährlich an der Küste kreuzen, schnell reich zu werden.

Oft sind es Strohmänner ausländischer Behörden, die als „wilde" Haschischhändler Yachtskippern kleine Mengen Rauschgift verkaufen, um die Segler wenig später unter den Augen der Öffentlichkeit als vermeintliche Drogenhändler festnehmen zu können. So tappte beispielsweise die Ehepaarcrew des französischen Seekreuzers ALLEURS 1986 ebenfalls im Golf von Panama in eine solche Falle. Wie Wolfgang Hausner berichtet, waren an der Durchsuchung ihrer Yacht „nur zwölf Marinesoldaten" beteiligt, weil man neben dem Drogenhund noch ein Fernsehteam mitgenommen hatte, das die erfolgreiche Razzia festhalten und in alle Welt ausstrahlen sollte. „Die Behörden waren sich, wie später bekannt wurde, deswegen so sicher, weil ein Polizeispitzel dem Skipper zuvor eine kleine Menge Haschisch verkauft hatte. So ergab sich eine gute Gelegenheit, der Öffentlichkeit zu beweisen, wie aktiv und rigoros in Panama gegen den Drogenhandel vorgegangen wird. Das ändert natürlich nichts an der Tatsache, daß Panama ein Hauptumschlagplatz für harten Stoff ist. Nur unterliegen die wirklich großen Dealer anderen Kriterien und bleiben weitgehend unbehelligt."

Der Seekreuzer ALLEURS wurde anschließend von den Behörden an der Brücke von Balboa an die Kette gelegt und das junge Ehepaar eingesperrt. „Das kleine Kind mußte mit der Mutter ins Kittchen“, schreibt Hausner und stellt fest: „Einen Gefängnisaufenthalt in Mittelamerika sollte man nach Möglichkeit vermeiden. Neben dem allgegenwärtigen Dreck, ungewisser Verpflegung und menschlicher Entwürdigung ist der Insasse, männlich wie weiblich, frequenten sexuellen Belästigungen und Mißbrauch ausgesetzt.“ Zum Schluß heißt es in seinem Bericht: „Die ALLEURS-Crew siechte für einige Wochen dahin. Dann hatten die Eltern des Paares 8000 Dollar aufgebracht, um seine Freiheit zu erkaufen. Das Boot wollte anscheinend niemand, so durften sie damit das Land verlassen. Damit hätte die Geschichte ein einigermaßen glimpfliches Ende gefunden, wenn wir nicht von Yachties später erfahren hätten, daß die ALLEURS-Crew einige Meilen vor der Küste wieder eingefangen worden wäre.“

Seit Beginn der 80er Jahre dehnt die Küstenwacht der USA ihren Aktionsradius immer weiter auf See aus; sie ist insbesondere im Gebiet zwischen den Virgin Islands einschließlich der Insel Puerto Rico und dem amerikanischen Festland präsent. Mit anderen Worten: Die Coast Guard operiert auch weit nördlich und westlich der Bahamas in einem Seegebiet, das mehr als 100 sm von der amerikanischen Ostküste entfernt liegt.

Da berichtet zum Beispiel Don Rosenfelt, der Skipper der amerikanischen COPAPLEA im Dezember 1987: „Auf meiner Fahrt von Palm Beach in Florida nach Puerto Rico und zurück wurde ich viermal auf See von der Coast Guard gestoppt und zweimal von Marinesoldaten durchsucht. Mehrere Male flogen uns Hubschrauber und Düsenjäger im Tiefflug an und umkreisten die COPAPLEA. Am Tag entsprachen alle diese Maßnahmen noch einem vertretbaren seemännischen Standard. Bei Nacht versetzte uns die Coast Guard jedoch oft in Schrecken, wenn uns plötzlich ein weitreichender, heller Scheinwerfer traf, unsere Augen blendete und mit seinem Schein mehrere Minuten lang auf unserem Deck verweilte. Erst dann gab man mir über Megaphon zu verstehen, daß wir es mit einem Boot der Küstenwache zu tun hätten. Bei einer Gelegenheit antwortete man nicht einmal auf unsere entsprechende Frage über UKW, und erst dicht an unserer Bordwand setzte das Wachboot seine Lichter und illuminierte auch die charakteristischen roten Streifen am Bug, mit denen Coast-Guard-Fahrzeuge kenntlich gemacht sind. Natürlich sind wir froh, wenn wir Yachtsegler dieserart beschützt werden, und wir billigen auch alle Anstrengungen zur Unterbindung des Drogenhandels. Aber Nerven braucht man schon, wenn man diese Gewässer durchsegelt."

Die Ehepaarbesatzung John Tinius und Joanna Cragun mit der 14-m-Slup CURRITUCK wurde sogar 300 sm östlich der Bahama-Insel Eleuthera bei Nacht von der Coast Guard gestoppt: „Im Dezember 1987 kam die Küstenwache auf unserem Weg nach St. John so nahe wie möglich längsseits, leuchtete uns von achtern mit ihren Scheinwerfern ab, aber Männer kamen nicht an Bord. Sie fragten nicht nach unserem Woher und Wohin, sondern nur: ‚Wann sind Sie zum letzten Mal von der Coast Guard geentert und durchsucht worden?' Vielleicht ließen sie uns nur deshalb unbehelligt, weil wir antworteten: ‚Das ist noch gar nicht so lange her!' So trennten sich unsere Wege wieder."

Razzia am Ankerplatz

Auch Polizisten sind nicht immer freundlich und gutgelaunt. Man mag ihnen zubilligen, daß sie bei einer Razzia ihre Pflicht tun müssen und Yachtseglern, die in den Verdacht einer strafbaren Handlung gekommen sind, keine besondere Sympathie entgegenbringen. Man wird auch in Rechnung stellen müssen, daß Polizisten armer Länder, die dienstlich in die doch recht komfortablen Kajüten eindringen, von dem im Vergleich zu ihren Privatwohnungen großen Wohlstand geblendet sind. Nicht einverstanden erklären kann man sich jedoch mit der Art und Weise, wie sich manche Polizeitrupps in ihrer Überzahl gegenüber den Yachtbesatzungen aufführen.

Da berichtet zum Beispiel Jacques Slasor vom amerikanischen 13,5-m-Seekreuzer TRITON, wie es ihm 1986 in Venezuela erging: „Als wir in Papatar Margarita vor Anker lagen, wurden wir von der Guardia Nazional zweimal geentert, die unsere Papiere überprüfte und unser Boot nach Drogen und Waffen durchsuchte. Beim ersten Mal im September waren die Polizisten sehr höflich, baten uns um die Erlaubnis, an Bord kommen zu dürfen, und legten uns dazu ein entsprechendes Papier in englischer Sprache vor. Nur ein Polizist der Gruppe hatte dann den Wunsch, die Innenräume aufzusuchen. Ich erfüllte ihn und war bei allem, was er tat, immer an seiner Seite, so daß er bei seiner Durchsuchung weder etwas mitnehmen noch vielleicht hinzufügen oder beschädigen konnte. Abschließend tranken wir mit den Männern Bier und Limonade, und sie verließen uns mit freundlichem Winken.

Der nächste Besuch am selben Platz Anfang November verlief ganz anders: Das Polizeiboot schrammte beim Anlegen an unserer Außenhaut entlang. Mehrere Männer sprangen an Deck, ohne um Erlaubnis zu fragen oder wenigstens zu sagen, was dieser Überfall bedeutete. Sofort stiegen drei Leute in die Kajüte und begannen dort – im Vorschiff, im Salon und in der Achterkajüte gleichzeitig – Wäschefächer zu durchwühlen, Lebensmittelpackungen aufzureißen und den Inhalt von Schubladen auf Tische und Bänke zu kippen. Die Polizisten steckten ihre Nase überall hinein, ohne jedoch etwas mitzunehmen, und verschwanden dann genauso unfreundlich, wie sie gekommen waren."

Jacques berichtet weiter, wie die Polizisten, die auch den Seekreuzer CIRRUS II durchsuchten, kleine Souvenirs und Wertgegenstände in ihren Taschen verschwinden und eine Uhr mitgehen ließen. Er erzählt auch, daß man auf einem anderen Boot hinterher die goldenen Ohrringe der Bordfrau im Wert von etwa 200 DM vermißte, und kommt zu der Schlußfolgerung: „Ich denke, ich habe recht, wenn ich verlange, daß der Leiter eines solchen Polizeikommandos nicht nur höflich fragt, ob er zu einer Überprüfung an Bord kommen darf, sondern auch dafür sorgt, daß nur eine Person die Durchsuchung der Innenräume vornimmt, in Begleitung des Skippers, der alle Maßnahmen und Handgriffe des Polizisten überwachen kann."

Stoppen auf See

Den Militär- oder Polizeibehörden eines fremden Staates ist eine Yacht auch auf freier See weitgehend schutzlos ausgeliefert.

Diese Erfahrung machen Fahrtensegler, die unter dem zunehmend aggressiven Verhalten der Coast Guard zu leiden beginnen – nicht nur in den Hoheitsgewässern der USA. Da berichtet zum Beispiel die Ehepaarcrew der TERN III, eines 14-m-Seekreuzers: „Wir liefen am 17. Januar 1987 von Grand Cayman auf den Cayman-Inseln aus, um mit frischen östlichen Winden zu den Bay Islands vor Honduras zu segeln, ein Seetörn von gut 300 Meilen. Am zweiten Seetag wurden wir in internationalen Gewässern von der RELIANCE, einem 45 m langen Wachschiff der Coast Guard, gestoppt, deren Besatzung eine „Sicherheitsinspektion" verlangte. Wir mußten die Segel bergen, und sechs Beamte, die mit Maschinenpistolen bewaffnet waren und Patronengurte um Hals und Hüften trugen, kamen mit einem großen Schlauchboot längsseits. Drei von ihnen fragten, ob sie an Bord kommen dürften, sprangen jedoch, auch ohne unsere Erlaubnis abzuwarten, auf unser Deck und begannen, an Bord nach den Schwimmwesten und Feuerlöschern zu suchen sowie die Schiffsglocke, die Navigationslaternen und andere Ausrüstungsteile in Augenschein zu nehmen. Welch ein Aufwand auf Kosten des Steuerzahlers", schließt der Skipper seinen Bericht, ohne gleichzeitig sein Erstaunen darüber zu äußern, daß er so weit von der Seegrenze der Vereinigten Staaten entfernt und in internationalen Gewässern einer solchen Prozedur durch die Behörden seines Landes ausgesetzt war. Doch diese Art der Behandlung von Yachten ist in den USA verbrieftes Recht.

So mehren sich die Klagen der Yachtsegler nicht nur gegen die Art der Durchsuchungen auf See und in den Zufahrten zu den Küstengewässern. Es wachsen auch die Ängste vor den Risiken, die mit solchen Razzien an Bord verbunden sind. Besonders die Besatzungen von Langfahrtkreuzern, die nach längerem Auslandsaufenthalt in ihre Heimat zurückkehren, fürchten nämlich, daß ihnen Drogen untergeschoben werden könnten, wenn ein Kommando der Coast Guard die Innenräume durchsucht und manche Beamte in dem Bestreben, ihrer vorgesetzten Dienststelle einen Erfolg nachzuweisen, vielleicht ehrbare Yachtsegler in Schwierigkeiten bringen. Als wir 1979 mit unserem CORMORAN von See aus in den Intracoastal Waterway einliefen, segelten wir auch an einer Coast-Guard-Werft vorbei, auf der zahlreiche ausgeschlachtete Rümpfe von Yachten lagen, die Opfer solcher Drogenrazzien geworden waren.

Aber bleiben wir zuerst bei den seemännischen Risiken solcher Durchsuchungen. Da berichtet zum Beispiel der 63jährige Frank Lambert, der mit seiner Frau Debby den Intracoastal Waterway mit seiner 15-m-Ketsch DEBORAH befuhr:

„Wir liefen am 17. 4. 1987 morgens zu einem kurzen Seetörn aus dem Lake Worth Inlet vor die Küste Floridas aus und teilten dabei der Coast Guard über Seefunk mit, daß ein Tretboot, das wir passierten, wohl mit Wind und Strom nicht fertigwurde. Die Coast Guard dankte uns für diesen Hinweis. Als wir uns um 2154 Uhr auf dem Rückweg in eine andere Einfahrt, nämlich das Fort Pierce Inlet, mit Radar hineintasteten, kamen aus dem Dunkel plötzlich zwei unbeleuchtete Schnellboote auf uns zu, gingen an unserer fahrenden Yacht längsseits und ließen drei

Personen zu uns an Deck springen, die sich als „Zollbeamte“ ausgaben. Einer von ihnen hielt uns eine golden blinkende Marke vor die Nase, und nur einer der beiden anderen trug eine nicht genau identifizierbare Uniform.

Ich hatte Schwierigkeiten, in der Dunkelheit am Ruder das Fahrwasser einzuhalten und gleichzeitig einen Blick auf die Karte zu werfen, während Debby das Radarbild beobachtete. In dieser Situation sagte der Zollbeamte, er hätte Auftrag, die DEBORAH zu durchsuchen und das Kommando über die Yacht zu übernehmen. Bei dieser Eröffnung verlor ich die Fassung, muß ich gestehen, und wurde laut und heftig. Schließlich entschloß ich mich mit Debby, die Fahrt zu unterbrechen und vor Anker zu gehen, was bei dem starken Strom nicht leicht war.

Anschließend gingen wir in die Kajüte, wo ich meine Bootspapiere vorlegte, und hier kühlte sich die gereizte Stimmung etwas ab. In der Zwischenzeit machte sich, von Debby beobachtet, einer der Zöllner an die Durchsuchung der Achterkajüte, und da er sich nicht auf die Finger sehen lassen wollte, schickte er Debby zu uns in den Salon und kramte achtern allein weiter. Leider erfuhr ich von dieser Eigenmächtigkeit erst, als die Beamten wieder gegangen waren. Was er hier tat, werde ich wohl nie erfahren. Der Mann äußerte nur hinterher immer wieder sein Bedauern, daß er die DEBORAH stoppen und durchsuchen mußte und daß wir, eine Oma-und-Opa-Crew, dabei so sehr belästigt wurden. Als Amerikaner bin ich nicht gewillt, von welchen Personen auch immer, mich so brutal behandeln zu lassen, auch wenn ich wie alle anderen Bürger entsetzt darüber bin, wie die Drogenprobleme an die Küste Floridas branden.“ Frank Lambert faßt seine Erfahrungen bei dieser Durchsuchung und anderen Kontrollen so zusammen:

1. „Wir sollten niemals die Beherrschung verlieren, wenn wir von Beamten bei den auch für sie nicht ungefährlichen Besuchen an Bord kontrolliert werden.
2. Von allen Personen, die in amtlichem Auftrag an Bord kommen, sollten wir Namen und Nummer ihres Dienstausweises notieren und diese Angaben in unser Logbuch eintragen, bevor die Personen mit der Durchsuchung beginnen.
3. Kein Polizei- und Zollbeamter sollte bei seinen Durchsuchungen alleingelassen werden, weil die Gefahr nicht auszuschließen ist, daß Drogen oder andere unerlaubte Gegenstände an Bord hinterlegt werden, von denen die Crew keine Kenntnis hat und die ihr vielleicht bei einer späteren Durchsuchung gefährlich werden könnten.“

Dieser Einbruch in die Privatsphäre unserer Boote ist es, den nicht nur amerikanische, sondern Fahrtensegler aller Länder als bedrohlich empfinden. Keiner hat diese berechtigte Furcht besser ausgedrückt als Ginny Osterholt, die langjährige Redakteurin der monatlichen Klubmitteilung der Seven Seas Cruising Association. Sie schreibt in einem Brief vom November 1988, dessen Inhalt sie ausdrücklich als persönliche Meinung deklariert:

„Fahrtensegeln ist einmalig in unserer Welt. Es ist eine der letzten Möglichkeiten, jeden Tag auf ganz besondere Weise und so persönlich zu erleben, wie überhaupt denkbar. Wir alle haben ein Recht darauf, dieses Leben nach eigenem Gutdünken zu gestalten, und als Fahrtensegler führen wir es in der ganz persönlichen Atmosphäre unseres schwimmenden Heimes, mit dem wir unsere Kurse entweder geruhsam bei raumen Winden steuern können oder auch gegenanknüppeln, wenn wir es wollen."

Ginny erzählt dann, wie sie im Herbst 1988 mit ihrer Swan 36 nach einer Regatta in Miami in der Floridastraße von Florida Keys nach Fort Lauderdale segelte und 28 Stunden in dem vor der Küste besonders stark setzenden Golfstrom gegen steifen Nordwestwind ankreuzte. Während des Frühstücks nach dieser Nachtfahrt wurde sie auf hoher See von der Coast Guard kontrolliert: „Am-Wind-Kurs in schwerem Seegang, Krängung, Gischt und dann beidrehen, um von einigen Männern der Coast Guard, die mit einem großen Schlauchboot von ihrem Mutterschiff kamen, geentert zu werden – ein Alptraum für jeden Skipper und seine Crew! Zwei Bewaffnete kamen an Bord. Einer blieb in der Plicht, wo ihm der Skipper die Bootspapiere vorlegen mußte, und der andere begab sich mit mir in die Kajüte zu der üblichen Kontrolle der Innenräume von vorn bis achtern. Ich bot noch Kaffee an, aber die Beamten lehnten glücklicherweise ab. Die Bewegungen im Seegang waren einfach zu stark. Und dann kletterten die mit Maschinenpistolen behangenen Männer wieder ins Schlauchboot zurück, starteten den starken Motor und flogen im wahrsten Sinne des Wortes durch die Wellen davon.

Wir nahmen unseren Kreuzkurs wieder auf und setzten unsere Fahrt fort – mit zwiespältigen Gefühlen: Da war jemand in mein Heim eingedrungen, den ich nicht eingeladen hatte, aber auch nicht abweisen konnte, und er hatte auch die Kajüte meiner kleinen schwimmenden Welt, die private und intime Zuflucht für mich und meine Angehörigen, gewaltsam betreten, ja verletzt. Die Entscheidung, ob ich jemandem meine Wohnung zeige, müßte mir doch selbst überlassen bleiben – mit dem Recht, den Eintritt entweder zu erlauben oder zu verweigern. Die Verfassung der USA garantiert jedem, daß seine Wohnung von keinem Polizisten betreten werden darf, es sei denn, er legt einen Hausdurchsuchungsbefehl vor. Warum gilt dieses Grundrecht nicht auch für mein schwimmendes Heim? Natürlich sehe ich ein, daß die Coast Guard unsere Gesellschaft vor Rauschgifthändlern und Drogenschmugglern schützen und dabei auch die Küstengewässer kontrollieren muß. Aber bei dieser Aufgabe darf sie sich nicht täglich und überall über die Menschenrechte hinwegsetzen, die auch uns Fahrtenseglern einen ganz persönlichen Lebensstil garantieren. Daß ein Polizist zu jeder Zeit, bei Tag oder Nacht, an Bord kommen und in meinem Heim das Unterste nach oben kehren darf, ist mir als Bürger mit verbrieften Rechten völlig unbegreiflich."

Wer würde diese sorgenvollen Gedanken von Ginny Osterholt nicht verstehen? Erst vor kurzem las ich in einem Buch, wie der Autor das unerlaubte Eindringen in seine Wohnung beschrieb: „Es war, als ob dabei der eigene Körper von einem Fremden angefaßt, abgetastet und ausspioniert worden wäre. Und auch Scham war dabei."

Wenn amerikanische Segler sich an der Küste des Landes, in dem die Freiheit des Einzelnen schon seit Jahrhunderten Staatsprinzip ist, derart bedroht fühlen, wie wird es dann vielleicht bald bei uns aussehen, die wir doch in fast jeder Hinsicht den als fortschrittlich apostrophierten Fußstapfen der Amerikaner folgen? Darum bleiben wir noch bei Ginny Osterholt:

„Diese ketzerischen Gedanken im Sinn, erreichten wir am Abend die Einfahrt nach Port Everglades, wo wir gegen 2100 Uhr unter schwierigsten Segelbedingungen vor dem Wind und mit einer hohen, nachfolgenden See in das Hauptfahrwasser einliefen. Als wir endlich die Straßenbrücke erreicht hatten und auf ihre Öffnung warteten, kam wiederum ein Coast-Guard-Fahrzeug längsseits, und die Beamten wünschten abermals, die Yacht zu durchsuchen. Da wir an diesem Tag bereits einen Besuch hinter uns hatten, brachte ich schnell die Bootspapiere an Deck und reichte sie hinüber. Die Beamten prüften sie, gaben ihr „Okay" und blieben trotzdem unerbittlich bei der Forderung, nochmals an Bord kommen und das Boot durchstöbern zu müssen. Glücklicherweise erlaubten sie uns wenigstens, das Großsegel zu bergen, doch dann stand ich wieder diesen nicht eingeladenen, schwerbewaffneten Männern bei einer peinlich genauen Durchsuchung unserer Kajüte gegenüber."

Verbittert schließt Ginny ihren Brief: „Durch solche Ereignisse gerät unser seglerischer Lebensstil zunehmend in Gefahr. Und wir Steuerzahler bringen auch noch die Kosten für diese Maßnahmen auf!" Zum Schluß fragt sie: „Verteidigt man so die Freiheit, wenn man gleichzeitig den freien Lebensstil und das Recht zum Segeln auf den sieben Meeren derart eklatant einschränkt? Wohin führt diese Entwicklung?"

Der Standpunkt der Coast Guard

Ich zitiere absichtlich etwas ausführlicher die Erlebnisse und Erfahrungen amerikanischer Fahrtensegler, um möglichen Anfängen einer ähnlichen Behandlung an den europäischen Küsten zu wehren. Fragen wir uns frühzeitig: Was ist legal? Was ist angemessen?, falls auch bei uns Polizisten ähnliche Maßnahmen für erforderlich halten.

Als deutscher Fahrtensegler, der mit seiner Yacht, von seiner eigenen Regierung (noch) unbehindert, fast alle schönen Küsten unserer Erdc anlaufen kann, ist man betroffen von dem „anscheinend schnell zunehmenden Zerwürfnis zwischen den amerikanischen Hochseeseglern und der US Coast Guard", wie es Bob und Marge Saxton aus Berkeley in Kalifornien wohl stellvertretend für viele Sportschiffer nennen.

Besorgt um ihren Bootsurlaub auf dem kuttergetakelten 9-m-Seekreuzer TUSITALA im engmaschigen Netz der Fahndung nach Rauschgiftschmugglern durch die Coast Guard, suchten sie deren Hauptquartier in Alameda, Kalifornien, auf, um – ihrer Sicherheit zuliebe – in diesem makabren Spiel „(vermeintliche) Seeräuber und (bewaffnete) Polizei" etwas mehr über die oft lebensgefährlichen „Spielregeln" zu erfahren. Ihre Fragen und die protokollierten Antworten in diesem „freundschaftlichen" Gespräch sind ein Zeitdokument, bei dessen Durchsicht einem Segelurlauber schon die Haare zu Berge stehen können.

Erste Frage: „Warum müssen sich Schiffe der Küstenpolizei, abgedunkelt und ohne irgendwelche Positionslichter, von achtern anschleichen und uns im Kielwasser folgen, während wir mit ordnungsgemäßer Lichterführung auf See unsere Kurse segeln?"

Die Antwort der Coast Guard an den TUSITALA-Skipper: „Ein auf See patrouillierendes Enterkommando muß darauf gefaßt sein, nicht nur einem verdächtigen Fahrzeug, sondern mehreren Booten zu begegnen, die an illegalen Unternehmungen beteiligt und deshalb als verdächtig zu kontrollieren sind. Fährt die Polizei abgedunkelt und ohne Lichter, dann ist sie psychologisch im Vorteil. Denn es ist nahezu sicher, daß eine Besatzung, die kein reines Gewissen hat, schnell ein Fluchtmanöver einleiten wird und sich damit als Drogenpirat zu erkennen gibt. Für die Coast Guard ist jede Annäherung an ein Fahrzeug bei Nacht gefährlich. Wenn sie sich mit vollem Licht einem anderen Fahrzeug nähern würde, könnten die Polizisten wie beleuchtete Schießscheiben in Lebensgefahr kommen."

Der Coast-Guard-Offizier räumte ein, daß ein Yachteigner natürlich berechtigte Angst hätte, wenn sich ein unbeleuchtetes Fahrzeug schemenhaft aus dem Dunkel mit sprungbereiten Bewaffneten an Deck nähere und daß die Yachtbesatzung dabei auch an eine Bedrohung durch Piraten denken müsse. Sein entsprechender Ratschlag: in einer solchen Situation auf UKW-Kanal 16 das fremde Schiff anzurufen und, wenn es sich nicht meldet, die Coast Guard anzurufen; wenn auch diese nicht reagiert, auf Notkanal 16 die verdächtige Annäherung an alle zu übermitteln. Doch wird dieses Verhalten tatsächliche Überfälle nicht verhindern. Bei einem wirklichen Piratenüberfall ist die Yacht in diesen Minuten längst gekapert und die Besatzung verloren.

Bewaffnete Fahrzeuge der Regierung mit bewaffneten Polizisten an Bord sollten Kontrollen wohl eher mit offenem Visier vornehmen. Mit ihren Radargeräten können sie alle Fahrzeuge im weiten Umkreis orten. Außerdem wird ein harmloser Segler vor einem vermeintlichen Piraten wohl genauso das Weite suchen wie ein entdeckter Drogenschmuggler vor einem Polizeiboot.

Zweite Skipper-Frage: „Warum bedienen sich die Enterkommandos der Küstenpolizei immer mehr auch der Fahrzeuge der Bundesmarine?"

Coast-Guard-Antwort: „In internationalen Gewässern können Maßnahmen gegen den Drogenschmuggel auch von US-Kriegsschiffen aus durchgeführt werden. Die Küstenpolizei ‚leiht' sich Kriegsschiffe aus, setzt ihre Enterkommandos dort an Bord und läßt sie dann von hier aus in internationalen Gewässern operieren. Der Navy ist es nicht erlaubt, unter dem Deckmantel der Coast Guard eigene Durchsuchungen von Yachten vorzunehmen."

Mag der Gesetzgeber auch zwischen „Seepolizei" und „Seesoldaten" unterscheiden, der Yachtsegler kann heutzutage beim Gestopptwerden auf See kaum beurteilen, ob es sich um ein „echtes" Polizeiboot oder um Piraten in Polizeiuniform handelt. Wie soll er dann bei einem Enterkommando erkennen können, ob es sich um echte oder falsche Polizisten bzw. bei den echten um eine erlaubte Maßnahme (durch die Küstenpolizei) oder eine unerlaubte (durch die Marinesoldaten) handelt?

Besorgte Skipperfrage Nummer drei: „Nach dem Entern die Crew der Yacht am Heck oder in der Plicht zusammenzutreiben, sie dort mit Waffengewalt in Schach zu halten und keine Person der Besatzung die Durchsuchung unter Deck beobachten zu lassen – muß das sein?“

Antwort der Coast Guard: „Ja. Das Enterkommando muß die Yachtbesatzung auffordern, sich an einem Platz an Deck zu versammeln, wo alle Personen von nur einem oder zwei Polizisten sicher überwacht werden können. Das Enterkommando muß verhindern, daß sich die Crew während der Durchsuchung der Innenräume unbeaufsichtigt unter Deck aufhält. Für die Polizei stellt jedes Entern eine nicht unbedeutende Gefahr für Leib und Leben dar. Große Gruppen müssen somit von Beginn an von ihr ferngehalten werden. Jüngere Personen sind eine größere Gefahr als ein weißhaariges Seglerpaar. Natürlich darf eine Crew bitten, daß ein Mitglied während der Durchsuchung in der Kajüte ist, um gegebenenfalls Polizeifragen zu beantworten. Dadurch werden vielleicht auch uniformierte Langfinger abgeschreckt. Eine Frau ist als Kontaktperson immer besser geeignet, weil sich die Polizisten von ihr weniger bedroht fühlen werden. Natürlich sind sie gehalten, die Schubladen wieder so einzuräumen, wie sie vor dem Durchwühlen vorgefunden wurden.“

Das Mißverhältnis von mehreren fremden Fahndern zu einer beobachtenden Bordfrau mit all den Risiken, die sich dadurch für eine unschuldige Crew ergeben, wird durch diese offiziellen Äußerungen jedoch eher festgeschrieben als beseitigt. Wird der (amerikanische) Fahrtensegler zum Freiwild seiner (Schutz-)Polizei?

Bob Saxtons vierte Frage: „Muß eine Yacht, wenn sie durchsucht wird, innen im wahrsten Sinne des Wortes ‚auseinandergenommen‘ werden?“

Coast-Guard-Antwort: „Kommt es bei der Durchsuchung zu Sachbeschädigung oder stellt die Yachtbesatzung sogar mutwillige Zerstörung durch die Polizeibeamten fest, sollte sie Position und Datum der Enterung auf See, Namen der Polizisten, Nummer und Namen des entsprechenden Coast-Guard-Fahrzeugs und mit Fotos auch die Art der Beschädigung festhalten. Solche Aktionen des Enterkommandos sind natürlich verboten und werden entsprechend geahndet.“

Ich weiß nicht, ob mich die ängstliche Frage des Skippers, beruhend auf der Erfahrung in amerikanischen Gewässern, oder die rüde Antwort der Polizei, der solche Übergriffe offenbar nicht unbekannt waren, mehr erschüttert hat. Wenn solche Praxis in den Küstengewässern selbstverständlich ist, hat man auf der Suche nach Drogenschmugglern unter den Yachtseglern das Kind mit dem Bade ausgeschüttet.

Die fünfte Frage des besorgten Skippers: „Es scheint, daß die Coast Guard mit unbegrenzter Macht und einer Vielzahl von Aktivitäten bei der Annäherung auf See, dem Entern und der Durchsuchung vorgehen kann, die Polizisten an Land nicht im mindesten erlaubt sind."

Coast-Guard-Meinung: „Durch die nahezu unbegrenzte Vielfalt der Situationen, in die ein Enterkommando bei der Durchsuchung von Yachten und anderen Kleinfahrzeugen kommen kann, haben die Gerichte der Vereinigten Staaten der Coast Guard rechtlich völlig freie Hand gegeben, wie sie die Seeüberwachung vornehmen will. Im Gegensatz zur Polizei an Land hat die Coast Guard praktisch unbegrenzte Machtbefugnis. Das Verhalten bei der Annäherung an ein verdächtiges Boot, das Übersteigen des Enterkommandos und das Durchsuchen der Yacht wird praktisch nach eigenem Ermessen von Minute zu Minute geregelt, abhängig davon, wie das Enterkommando selbst die Situation einschätzt. Feindselige Haltung der Crew wird automatisch feindselige Haltung des Enterkommandos nach sich ziehen, und die Polizisten werden vorsorglich so hart durchgreifen, daß niemand aus ihrem Kommando in Gefahr gerät, verletzt zu werden oder gar den Tod zu finden."

Natürlich kann eine unbescholtene Yachtbesatzung ruhigen Gewissens eine Durchsuchung über sich ergehen lassen und dabei vielleicht sogar noch gute Miene zum bösen Spiel machen. Mehrere Beispiele von Enterungen, nicht nur unter schwierigen seemännischen Bedingungen, zeigen jedoch, daß die Geduld einer Crew schnell erschöpft sein kann. Den Unwillen ungehaltener Besatzungen sollte die Polizei jedoch tolerieren und ihn nicht als durch schlechtes Gewissen verursachte Feindseligkeit auslegen.

Letzte Skipperfrage: „Dürfen Coast-Guard-Fahrzeuge überall in der Welt Yachten entern?"

Coast-Guard-Antwort: „Alle Coast-Guard-Wachboote dürfen jedes Fahrzeug in internationalen Gewässern entern und durchsuchen. Sie dürfen Yachten unter US-Flagge in den Hoheitsgewässern der USA sowie aller anderen ausländischen Staaten, mit denen entsprechende zwischenstaatliche Vereinbarungen getroffen sind, entern und durchsuchen."

Laut Bob Saxton ist sich die Coast Guard bewußt, daß sie etwas gegen die schlechte Meinung tun muß, die amerikanische Yachtsegler heutzutage von dem einstmals so geschätzten Partner in den Küstengewässern haben. Sie gibt nach seinen Worten auch zu, daß der Unmut der Yachtbesatzungen über das Verhalten der Coast Guard auf See berechtigt ist.

Früher sagte man: Amerika, du hast es besser. Heutzutage können wir deutschen Yachtsegler nur hoffen, daß es uns auch künftig so gut geht wie jetzt, in den Segeljahren 1988 und 1989, und daß solche amerikanischen Verhältnisse an den europäischen Küsten nicht eintreten werden.

Piraten als falsche Polizisten

Wer mit seiner Yacht fremde Küsten ansteuert, vor den Häfen einheimischen Zoll- und Polizeibooten begegnet und anschließend in den Amtsstuben der Grenzorgane auch den Mitarbeitern dieser Behörden gegenübersitzt, muß sein Weltbild von der Staatsmacht oft gründlich revidieren. Bei uns und in Ländern uns ähnlicher gesellschaftlicher und wirtschaftlicher Struktur ist ein Beamter in einem solchen Außendienst durch eine entsprechende Uniform gekennzeichnet, und im Zweifelsfall kann man sich bei einer Amtshandlung seinen Dienstausweis zeigen lassen, dessen Echtheit gegebenenfalls nachprüfbar ist. In vielen Ländern tragen aber die Mitarbeiter der Paß- und Polizeistellen, der Gesundheits- und Hafenämter sowie anderer Küstenschutz- und Einklarierungsbehörden keine Uniformen – teils weil ein armes Land sich diesen Aufwand gar nicht leisten kann, teils auch weil das Klima für solche feste Kleidung viel zu heiß ist. So laufen dort auch die Angestellten des Staates oft in einer abgenutzten, bunten Kleidung herum, die sich kaum von der der übrigen Zivilisten unterscheidet und die man treffend als Räuberzivil beschreiben würde. In einer offiziellen Mission, z. B. gegenüber Yachtbesatzungen auf See und im Hafen, verlangen jedoch auch so zerrissen-zivil gekleidete Gesetzeshüter den gleichen Gehorsam wie uniformierte deutsche Beamte in ähnlicher Situation.

Ein Yachtsegler, der als Gast in fremde Gewässer einläuft, kann gar nicht umhin, sich auch solchen Beamten gegenüber korrekt zu verhalten. Aber wie lange sollte er loyal sein, wenn Zivilisten sich als Polizisten ausgeben, es aber keineswegs sind? Und was kann er tun, wenn sich die Piraten mit gestohlenen Uniformen versorgt haben, äußerlich wie richtige Polizisten aussehen und sich zunächst auch wie offizielle Behördenvertreter benehmen? Woran erkennt man als Fremder Piraten, die mit dem Polizeitrick stehlen, rauben und vergewaltigen wollen? Schwierige Fragen, die von einem Yachtskipper meistens weit vor der Küste, auf hoher See und fast immer unerwartet und in wenigen Sekunden beantwortet werden müssen.

Einer der ersten Überfälle durch falsche Polizisten ereignete sich im Sommer 1980 in den Bahamas, jenem weitflächigen Seegebiet mit Hunderten von Inseln und riesigen Flachwasserzonen, die seit Jahr und Tag als weitgehend rechtsfreier Raum gelten müssen und von Seglern ohnehin nur mit gesundem Mißtrauen und ständiger Vorsicht befahren werden. So hatten sich auch Michael Burdick und seine zwei Mitsegler mit einem 8-mm-Schnellfeuergewehr und einer automatischen Pistole ausgestattet, um für kritische Situationen gerüstet zu sein, die sie auf ihrer Petterson 44 während der Charterfahrt in die Karibik erwarteten. Nur der Skipper selbst hatte jedoch praktische Erfahrung im Umgang mit Feuerwaffen.

Obwohl die Piraterie nicht nur abendlicher Gesprächsstoff bei den Cocktailparties an Bord, sondern auch bei Unterhaltungen an Land war, fühlte sich die Crew des Seekreuzers Grand Cru auf mögliche Überfälle gut vorbereitet. So genossen die drei Segler auch an einem Sonnabendnachmittag auf dem Weg von Holmes Cay nach Chub Cay das schöne Schmetterlingssegeln bei achterlichem Wind, erfreuten sich an der Silhouette der Inseln vor dem im Abendsonnenschein goldenen Horizont, fühlten sich wohl in der warmen Luft über dem blauen Meer und freuten sich auf noch viele ähnlich schöne Tage auf der 13,50 m langen Yacht.

Niemand an Bord bemerkte die Annäherung der vier Einheimischen in einem kleinen 5-m-Boot, die plötzlich neben der Grand Cru lagen und anboten, das Boot segeln zu helfen. Als der Skipper schnell und bestimmt sagte, die Crew brauche keine Hilfe, verabschiedeten sich die vier Fremden und verschwanden. Keiner an Bord dachte weiter über diesen Besuch nach.

Die Leute in dem kleinen Skiff waren aber offenbar Kundschafter einer Piratengang gewesen, die sich ein Bild von Boot und Crew machen wollten. Denn schon 20 Minuten später kam ein weiteres Skiff mit Außenborder an die Grand Cru heran, in dem jetzt vier Personen in dunkelblauen Anzügen saßen, die wie Uniformen wirkten. Als sie etwa zehn Meter neben dem Seekreuzer lagen, teilten sie der Crew in offiziellem Tonfall mit, sie wären Polizisten und hätten Order, die Yacht zu durchsuchen. Sie hätten die GRAND CRU bereits mehrere Stunden lang beobachtet, und das geringe Freibord sowie der nicht mehr erkennbare Wasserpaß deuteten darauf hin, daß der Seekreuzer Drogen schmuggelte. Als Michael Burdick das bestritt, begannen sie plötzlich durcheinanderzurufen: „Stoppen Sie sofort! Stellen Sie den Motor ab! Stoppen Sie das Boot! Alle Yachtsegler an Deck! Wo ist die restliche Crew?“

In der ersten Überraschung gab jeder Chartersegler einem anderen der vermeintlichen Polizisten Auskunft und verwahrte sich gegen die Beschuldigung. Während der Skipper die Besatzung des Skiffs aufforderte, ihre Identitätskarten zu zeigen, holte ein Mitsegler aus einem Versteck in der Achterkajüte die Pistole hervor. Er zögerte jedoch, sie mit an Deck zu nehmen, wo die Fremden in den blauen Anzügen immer wieder gestikulierend schrien: „Wir müssen keine Ausweise vorweisen, wir sind Polizisten!“ Mittlerweile hatten sie ihre Maschinenpistolen auf die drei Segler gerichtet, die unschlüssig an Deck standen, und als das Skiff die GRAND CRU erreicht hatte, sprangen drei Bewaffnete an Bord. Sie befahlen, die Segel zu bergen, während der vierte Pirat am Ruder des kleinen Motorboots alle Bewegungen der Segler genau verfolgte.

Nur noch wenige Male brüllte der Anführer die Seglercrew an: „Wo sind die Drogen? Wo ist das Rauschgift? Wo sind eure Waffen?“ Dann schien er einzusehen, daß in dieser Hinsicht auf der GRAND CRU nichts zu holen war. So begnügten sich die Piraten damit, die Waffen der Segler mitzunehmen und alles Bargeld, das sie bei einer flüchtigen Durchsuchung entdecken konnten. Sie gaben einen Warnschuß ab und verschwanden mit der Drohung: „Lauft nicht nach Nassau, oder wir werden euch in den Straßen mit euren eigenen Waffen töten.“

Der Überfall kostete die Crew der GRAND CRU 300 Dollar Bargeld und ihre Waffen, aber sie konnte noch von Glück reden, daß ihr sonst kein Haar gekrümmt wurde. Vielleicht wären die Segler ganz ungeschoren davongekommen, wenn sie schon dem anlaufenden Motorboot in weitem Abstand gezeigt hätten, daß sie bewaffnet waren. Aber die Furcht davor, einen vermeintlichen Polizisten mit der Waffe zu bedrohen, war bei den Seglern zu groß.

Auch in einem ganz anderen entfernten Seegebiet kam es im Jahr darauf, im Oktober 1981, zu einem Überfall falscher Polizisten auf eine Yacht: Als der Seekreuzer APSARU in den Malediven im Indischen Ozean ankerte, wurde er überraschend von Männern geentert, die sich als Zollbeamte ausgaben und von einigen Fischern begleitet wurden. Ohne viel Federlesens wurde die Seglercrew gebunden und an Bord eingesperrt, bis die Räuber alles Bargeld gefunden und auch Kameras sowie andere Wertsachen eingesackt hatten. Sie verschwanden mit etwa 2 000 DM Beute. Angeblich sollen diese falschen Polizisten und ihre Helfer später verhaftet und verurteilt worden sein, doch hörte man auch, daß sie schnell wieder aus dem Gefängnis fliehen konnten. So groß ist der Unterschied zwischen falschen und richtigen Polizisten in fernen Inselstaaten nun auch wieder nicht.

Opfer eines solch raffinierten Piratenaktes in europäischen Gewässern wurden im August 1982 Werner R., 45, und seine Ehefrau Ursula, 40, als sie mit ihrer 16-m-Yacht SIMBA von der Côte d'Azur in den Golf von Neapel unterwegs waren. Nur wenige Meilen von ihrem Ziel entfernt, auf der Höhe von Puzzuoli, kam ein Schnellboot unter italienischer Flagge auf sie zu, das wie ein Patrouillenboot der Guardia di Finanza aussah. Auch die Besatzung trug die Uniformen der Behörde für Zoll- und Steuerfahndung, so daß der deutsche Skipper nicht nur das mit einer Polizeikelle gegebene Stoppsignal befolgte, sondern auch die vermeintlichen Beamten bereitwillig an Bord kommen ließ.

Hier legten sie jedoch ihre Maschinenpistolen an und befahlen dem Ehepaar, sich bäuchlings auf dem Kajütfußboden auszustrecken. In dieser Lage mußte die Crew anschließend in ohnmächtiger Wut mit ansehen, wie die als Beamte verkleideten Piraten die gesamte Inneneinrichtung durchwühlten und nicht nur Fotoapparate und Ferngläser, sondern auch die gesamte Barschaft und den Schmuck raubten. Mit einer Beute von über 100 000 DM entkamen sie unerkannt in Richtung Küste, nachdem sie vorher noch das Seefunktelefon zerstört und den Zündschlüssel ins Wasser geworfen hatten.

Zwar gelang es dem Eigner wenig später, den Motor mit seinem Ersatzschlüssel zu starten und früher, als von den Piraten erwartet, die Hafenpolizei zu verständigen. Die schnell eingeleitete Großfahndung nach den falschen Zollbeamten blieb jedoch ohne Erfolg. Ein Vertreter der Polizei sagte: „Dieser Trick ist neu, und es gibt noch kein Mittel dagegen. Unsere Chancen, die Piraten zu erwischen, sind gering."

Fahrtensegler als Hilfspolizei

Ob es sich bei der Begegnung mit Uniformierten und Bewaffneten auf See um echte oder falsche Polizisten handelt, kann ein Yachtsegler nicht immer erkennen. Für sein Verhalten ist jedoch die Antwort auf diese

Frage lebenswichtig, und sie muß – mit allen innewohnenden Risiken – meistens geistesgegenwärtig und spontan gefunden werden.

Leichter hatte es in einem solchen Fall Jürgen Schmelzer, der sich mit seinem Seekreuzer WESTFALEN Anfang 1983 auf dem Weg von Martinique nach Curaçao befand. Die aus dem Skipper, seinem Sohn, zwei australischen und einem Schweizer Segler bestehende Crew hatte Barlovento, die östliche der Islas Los Aves, der Vogelinseln, angelaufen, um an der Leeseite zu ankern und dort nach Langusten zu tauchen. Sie beobachtete dabei einen Fischdampfer und eine weitere Yacht, die etwa 6 sm weiter östlich vor Anker lagen.

„Plötzlich tauchte ein einmotoriges Flugzeug, ein Hochdecker, auf und landete halsbrecherisch auf einem Sandstreifen von 200 m Länge vor unserem Ankerplatz“, berichtet Jürgen Schmelzer. „Der Pilot und drei Mann Besatzung kamen zu uns an Bord und identifizierten sich als venezolanische Kriminalpolizisten. Sie baten mich um Unterstützung beim Dingfestmachen einer Yacht und ihrer Besatzung, die einen Einbruch auf der Insel Los Roques begangen haben sollte.“ Dabei handelte es sich um die oben genannte, weiter östlich ankernde Yacht mit einer italienischen Registernummer.

„Wir nahmen also die mit Pistolen bewaffneten Polizisten an Bord“, erzählt Jürgen Schmelzer weiter, „und los ging's. Sechs Meilen gegen den Wind und gegen zwei Meter hohe Wellen, das ist eine ungemütliche Fahrt für jeden, der es nicht gewohnt ist. So auch für unsere Polizisten. Sie wurden etwas grün um die Nase, trugen es aber mit Würde. Als man uns aufdampfen sah, roch man drüben Lunte, und die italienische Yacht ging ankerauf.“

Natürlich ignoriert die fremde Crew die Signale auf dem deutschen Seekreuzer, und sie reagiert auch nicht auf einen Anruf. Jürgen Schmelzer muß daraufhin seine WESTFALEN am Fischdampfer festmachen, wo die Polizisten das Langboot mit einem 150-PS-Außenborder requirieren. Mit 15 Knoten Fahrt machen sie sich dann an die Verfolgung und erreichen die Yacht, die anschließend wieder auf ihren alten Ankerplatz zurückkehrt.

„Die Polizisten fanden die gestohlenen Artikel – antike Gegenstände, darunter eine alte Schiffsglocke – an Bord der Yacht“, fährt Jürgen Schmelzer fort. „Außerdem entdeckten sie eine beträchtliche Menge Marihuana an Bord. Der Skipper und seine Freunde wurden verhaftet und alle Pässe der Crew sichergestellt. Die Yacht kehrte mit der Restcrew nach Los Roques zurück.“

Die Crew der WESTFALEN bleibt den venezolanischen Behörden dienstbereit: Da bei der Landung das Fahrwerk des Flugzeugs beschädigt wurde und das Funkgerät ausgefallen ist, stellen sie ihren Grenzwellensender zur Verfügung, damit das Polizeiteam Mechaniker und Ersatzteile anfordern kann.

„Außerdem wurden ein Kasten Bier und eine Kiste venezolanischer Rum über Funk bestellt“, schließt Jürgen Schmelzer seinen Bericht. „Rum und Bier wurden uns anschließend zum Dank eisgekühlt überreicht.“

Schwanengesang auf ein Seglerparadies

Schwerer fiel es der Crew der amerikanischen 12-m-Slup WIND SHADOW, sich im Frühjahr 1985 mit den Mißhelligkeiten abzufinden, die ihnen Polizeitrupps in den Bahamas bereiteten. In einem Brief klagen sie zuerst, daß ihnen bei einer viermonatigen Kreuzfahrt durch die Bahamas ein Außenborder gestohlen wurde und sie zweimal in gefährliche Situationen mit Rauschgiftschmugglern kamen. „Während des Winters schwammen mehr Ballen mit Schmuggelware in der Bucht von Cat Island, als dort Schildkröten leben“, stellte Skipper Ralph Naranjo enttäuscht fest und zeigte sich dann verärgert über die vielen Coast-Guard-Fahrzeuge der USA, die mit einer Sondergenehmigung der Regierung der Bahamas in Wild-West-Manier gegen den Drogenschmuggel auf dem Gebiet des Inselstaates vorgingen:

„In den vergangenen Monaten ist unsere WIND SHADOW zweimal von Drogensuchtrupps auf hoher See geentert worden. Dutzende Male überflogen uns Hubschrauber in geringer Höhe. Auch wenn wir nur mit Kameras beschossen wurden, so machte man doch bei den Durchsuchungen nicht einmal vor den Inhalten der Notsignale oder des Nebelhorns halt. So war es wirklich Pech, daß zufällig kein Coast-Guard-Kutter in der Nähe war, als ein Schmugglerflugzeug um Mitternacht auf der Insel bruchlandete, vor der wir ankerten. Auch bei einem Rendezvous von zwei schnellen Motorbooten, die nicht weit von uns auf einer Nachtfahrt ihre Bannware austauschten, fehlte die Coast Guard.“

Verbittert fährt Skipper Ralph fort: „Als wir daraufhin den uns begegnenden Coast-Guard-Kutter 910 anpreiten, um ihm Einzelheiten dieser Beobachtungen für seine Drogenfahndung mitzuteilen, machte sich sofort ein bis an die Zähne bewaffneter Sturmtrupp von sieben Stahlhelm-Männern zu uns auf und enterte unsere Yacht wie bei einem Überfall. Wir mußten alle unsere Waffen an Deck legen und uns achtern am Heck aufstellen, während unsere Yacht durchsucht wurde. Meine Frau, meine beiden Kinder und ich wurden dabei das Gefühl nicht los, daß wir nur Bürger zweiter Klasse waren, für die eine solche Behandlung angemessen schien."

Später erfuhr Skipper Ralph, daß alle diese Mißhelligkeiten zur „Operation Blauer Blitz" gehörten, mit der man einen empfindlichen Schlag gegen die Schmuggler, ihre Fahrzeuge und ihre Schlupflöcher in den Bahamas führen wollte.

„Aber auch dabei darf es nicht dazu kommen, daß unschuldige Yachtsegler durch immer neue Übergriffe in ihrem friedlichen Lebensstil behindert werden", schließt Ralph Naranjo seine bittere Anklage. „Der Drogenschmuggel hat dazu geführt, daß man sich heutzutage in den Bahamas wie ein Leibeigener der Behörden fühlt. Ein Privatbereich wird weder an Land noch am Ankerplatz respektiert, und wenn man erst einmal auf See ist, läuft man ständig Gefahr, entweder von Schmugglern und Piraten oder von Polizisten in Uniform oder Zivil gestoppt, geentert, durchsucht und anderweitig behelligt zu werden."

Einen schweren Vorwurf erhebt der Skipper und Eigner der WIND SHADOW auch gegenüber den Yachtsportmagazinen nicht nur in Amerika: „Glaubt nicht den schönfärberischen Berichten, die diese Entwicklung herunterspielen wollen. Zeitschriften haben ein lebenswichtiges Interesse an den Anzeigen der Chartergesellschaften; sie betreiben daher Augenwischerei – oft sogar bewußt." Der Skipper zitiert aus einem solchen Zeitungsbericht, in dem es heißt: „Es ist kein Zwischenfall in den Bahamas bekanntgeworden. Das Drogengeschäft ist vorbei und die Gefahr durch Schmuggler überall beseitigt. Yachten können jetzt in den Bahamas in Frieden und Sicherheit segeln und ankern."

Dieser Behauptung stellt er seine Erfahrungen gegenüber. Er warnt: „Alle, die in den Bahamas segeln wollen, sollten begreifen, daß Kaltfronten und Korallenköpfe nicht die einzigen Gefahren sind, über die sie Bescheid wissen müssen. Die Drogenschmuggler sind keine friedlichen Leute, denen es nur ums Geldverdienen geht. Bei ihnen handelt es sich um kriminelle Elemente, bis an die Zähne bewaffnet und lebensgefährlich. Und auch die Polizisten sind bei ihrer Bekämpfung nicht zimperlich."

Ein Schwanengesang auf ein Seglerparadies? Text für weitere Strophen stehen an anderer Stelle dieses Buches.

Bakschisch ist keine typische Erscheinung der Schiffahrt, aber es gibt diese Art der Zuwendung schon so lange, wie Schiffe zwischen Ländern und Kontinenten verkehren. Man mag sich von den Bedeutungen dieses orientalischen Wortes aussuchen, welche man will – kleines Geschenk, Trinkgeld, Bestechung oder Almosen –, jedenfalls ist der materielle Wert mehr gefragt als die bloße Erinnerung.

Meine lustigste Erinnerung an ein solches Begrüßungsgeschenk reicht weit zurück, ohne daß ich damals das Wort Bakschisch dafür verwandt hätte. Ich war 1950 nach Schweden gesegelt. Das Bewegungsgeld verschaffte ich mir durch den Tausch von Trinkbranntwein. Er wurde sehr einfach hergestellt. In eine der damals kostbaren 0,7-Liter-Flaschen füllten wir 250 ml 98 %igen Alkohol aus dem bewirtschafteten Kontingent eines Apothekerfreundes, ließen klares Wasser bis zum Korkenrand nachlaufen und hatten nach kräftigem Durchschütteln einen trinkfähigen 35 %igen Korn, nach dem sich insbesondere die Zöllner in den skandinavischen Staaten die Finger leckten.

Den Zöllnern eine Flasche in Dankbarkeit für das Einklarieren schenken? Welch ein verwegener Gedanke vor dem Hintergrund möglicher Beamtenbestechung, die damals noch niemand wahrhaben mochte. Und wen der vielen goldbetreßten Männer sollte man für ein solches Geschenk auswählen? Die Zöllner selbst enthoben uns dann solchen Nachdenkens: Als wir festlagen und der erste Beamte in angemessener Distanz lange genug gewartet hatte, bis wir unsere für heutige Yachtgrößen kleine Nußschale innen und außen aufgeklart hatten, kam er an Bord und wurde natürlich zum Einklarieren in die Kajüte gebeten. Dort wartete ein Gläschen Klarer als Begrüßung. Der Zöllner trank es aus, wir schnackten über das Wetter, und als wir dann unsere Papiere vorlegten, schob er sie zur Seite und sagte: „Mein Kollege kommt gleich!“ Er verabschiedete sich mit freundlichem Lächeln und ging. Sein Kollege wartete bereits auf dem Kai. Auch er kam in die Kajüte, trank sein Gläschen, wechselte ein paar Worte und schob die Papiere ebenfalls zur Seite: „Das Einklarieren besorgt mein Kollege.“ Sprach's, stand auf, jumpte auf den Kai und half nun einem dritten Kollegen zu uns an Bord.

Wir schenkten ihm das dritte Glas ein, und die Prozedur wiederholte sich: „Der Kollege mit den Stempeln kommt gleich.“ Längst füllten wir selbst uns schon die Gläser mit klarem Wasser, als schließlich der zehnte

„Kollege" von Bord ging und wir eine neue Buddel Klaren aus der Bilge holen mußten. Der zwölfte Beamte schließlich war dann der richtige: Er trank nicht nur, sondern schrieb und stempelte auch, und dafür kredenzten wir ihm dann noch ein zweites und ein drittes Gläschen. Waren es kleine Geschenke, die wir verteilt hatten, oder konnte man es nur eine zünftige Begrüßung nennen? Jedenfalls denke ich oft an diese dezente Art, wenn ich aufdringlicheren Zollbeamten heutzutage und in anderen Ländern gegenüberstehe.

Da liefen wir zum Beispiel im Sommer 1982 zum Einklarieren den winzigen tunesischen Hafen Tabarka nahe der algerischen Grenze an. Die Bevölkerung war arm und zerlumpt, der Zoll aber uniformiert und zudringlich. Ein Norddeutscher ist von Natur aus nicht bakschischfreudig, und er muß erst (wieder) lernen, mit orientalischen Staatsbediensteten den richtigen Umgang zu pflegen.

Jedenfalls durchsuchten drei Uniformierte unsere Kajüte von vorn nach hinten und von hinten nach vorn, guckten in alle Schapps, hoben die Bodenbretter und ließen die Polster hochlegen einmal, zweimal, dreimal. Wir waren sprach- und ratlos. Schließlich nahm einer von ihnen Ruth in der Achterkajüte beiseite, ergriff ihr kleines Parfümfläschchen, drückte es an seine Brust und wollte es in die Tasche stecken. Als Ruth den Kopf schüttelte, gab er es wieder her – aber sie hatte jetzt verstanden: Bakschisch war gefragt, am liebsten für die „bessere Hälfte". So schenkte sie ihm ein Stück Seife, Deo-Spray und andere Kleinigkeiten, die seine Frau erfreuen würden, und in wenigen Sekunden war die Durchsuchung abgeschlossen und unser Einklarieren in Tunesien beendet.

Ohne Bakschisch geht es selten, und wer freiwillig seinen Beitrag in Geld oder Ware entrichtet, muß anschließend auch kein „Schutzgeld" zahlen – für einen Wächter auf der Pier oder einfach nur als Garantie, daß ein Einbruch nicht stattfindet und seine Yacht auch bei Abwesenheit der Crew unversehrt bleibt.

Da wir jährlich meist ein halbes Dutzend Länder besuchen, haben wir uns angewöhnt, in unseren Bootspapieren versteckt, aber gut auffindbar einen Zwanzig-Mark-Schein beizulegen, bevor wir sie mit freundlichem Lächeln dem ersten Beamten übergeben. Nur sehr selten lag er noch bei, wenn wir unsere Unterlagen nach Ausfertigung des entsprechenden Cruising Logs zurückerhielten. Auch ohne Worte wurde der Geldschein, der in Landeswährung umgerechnet meist einen hohen Wert hatte, als Bakschisch verstanden und akzeptiert.

Wir vermieden es außerdem, die Polizisten zum Einklarieren in die Kajüte zu bitten. In der Plicht hatten sie weit weniger Sitzfleisch, und im Blickfeld der Öffentlichkeit wurden sie auch weniger zudringlich.

Diese Erfahrungen machten auch andere Yachtsegler. So berichtet zum Beispiel Robert Lynn vom 13-m-Seekreuzer RHIANNON: „Als wir am 5. November 1985 den Hafen Galle auf Sri Lanka anliefen, kam zuerst ein Vertreter des Hafenmeisters an Bord, um uns zu begrüßen. Der eigentliche Sinn seines Besuches war es jedoch, von uns ‚Souvenirs' zu erbitten. Zuerst forderte er ein T-Shirt oder Schreibstifte mit dem Aufdruck des Bootsnamens. Da wir so etwas nicht besaßen, wollte er Alkohol, Zigaretten, eine Uhr oder andere Wertgegenstände, die er an Land zu Geld machen konnte. Mit Zigaretten konnten wir natürlich dienen.

Auf den Besuch des richtigen Hafenmeisters am folgenden Tag waren wir besser vorbereitet. Wir wußten, daß er beim Einklarieren so lange in der Kajüte herumstöbern würde, bis er Gegenstände gefunden hatte, die er als Bakschisch erbitten konnte. Daher ließen wir ihn gar nicht erst unter Deck, sondern erledigten die Formalitäten in der Plicht. Hier erhielt er dann Gegenstände als Geschenke, die wir wirklich entbehren konnten. Von einer anderen Crew erfuhren wir später, daß sie der Hafenmeister über zwei Stunden lang belästigt hatte, bis er mit einem angemessenen Bestechungsgeld in der Tasche abziehen konnte."

Wenn ein Polizist die Zeit aussitzt, bis er sein Bakschisch erhält, wird das höchstens zu einer Belästigung. Verweigert man hingegen – aus Unkenntnis oder mit Absicht – eine erwartete Zahlung, die von korrupten Beamten gleichzeitig als Schutzgeld verstanden wird, kann der Aufenthalt in fremden Ländern böse enden. So warnt zum Beispiel Peter Enright, der mit seiner 14 m langen SUNGLO mehrere afrikanische Länder besuchte, vor dem Anlaufen der Häfen in Somalia: „Natürlich gibt es Hafengebühren, und dazu muß man einen Wachmann bezahlen, der während des Hafenaufenthalts an Bord haust, ob man ihn nun haben will oder nicht. Bakschisch verlangen alle Leute, die irgendwie mit dem Boot zu tun haben, Hafenmeister und Zöllner genauso wie Polizisten und Festmacher. Das Eintreiben von Schutzgeldern und Bakschisch ist hier organisiert wie Raub und Diebstahl. Wer nicht früh genug und an die richtigen Leute zahlt, wird sich plötzlich unter falschen Anschuldigungen vor dem Richter und in Untersuchungshaft sehen. Auch wenn er mit Hilfe seines Konsulats in wenigen Tagen oder vielleicht schon nach einer Nacht wieder freikommt, wird er sein Boot dann aufgebrochen und bis auf das letzte brauchbare Teil ausgeräumt vorfinden. Da er deshalb seine gesamte seemännische und nautische Ausrüstung wie Segel, Tauwerk und vielleicht sogar Einbaumotor nicht wieder ordnungsgemäß ausführen kann, wird er für jedes verschwundene Einzelteil noch Einfuhrzoll entrichten müssen. Der Wert des leeren Bootes reicht meistens nicht aus, um die geforderten Beträge zu entrichten."

Organisiertes Verbrechen im Verein mit Staatsbeamten, die an den Gewinnen partizipieren – auch das ist eine immer mehr um sich greifende Form von Yachtpiraterie in fremden Häfen. Nicht überall in der Welt ist die Polizei der Schutz und Helfer ausländischer Yachtsegler, und in vielen Fällen ist Bakschisch kein Trinkgeld, sondern eine Schutzgebühr.

8. Soldaten als Piraten

Beschuß aus heiterem Himmel · Zwischen den Mühlsteinen der Politik
Der Siddharta-Zwischenfall · Die Geschichte der Überlebenden
Zweifel, Skepsis, Widersprüche

Wenn die Seepolizei, heißt sie nun Küstenwache, Grenzpolizei oder Wasserschutzpolizei, eine Yachtbesatzung auf freier See kontrolliert und belästigt, sind die beteiligten Beamten fast ausschließlich mit Handfeuerwaffen ausgestattet. Auch ihre Dienstfahrzeuge, meistens große, schnelle und seetüchtige Motorkreuzer, ähneln den Yachten, die sie auf dem Kieker haben. Schon die kleinsten Kriegsschiffe hingegen sind nicht nur in Größe und Geschwindigkeit üblichen Yachten überlegen, sie sind auch mit großkalibrigen und weitreichenden Bordwaffen ausgestattet, deren Bedienungsmannschaften fast unsichtbar hinter gepanzerten Schutzschilden arbeiten. Muß der Skipper bei einem Zusammentreffen mit Polizeibooten, auch wenn er ein reines Gewissen hat, schon Angst vor den Unwägbarkeiten einer möglichen Enterung haben, so ist er den Maßnahmen, die ein Kriegsschiffskommandant anordnen kann, völlig hilflos ausgesetzt.

Solche Militärs können nicht nur Soldaten mit und ohne Angriffs- oder Verteidigungsauftrag eines der über 150 Staaten unserer Erde sein, die eine Seegrenze haben, sondern auch Terroristen, Freiheitskämpfer, Guerillas – oder wie auch immer sie sich selbst nennen mögen. Diese legalen oder illegalen Waffenträger greifen Yachten nicht nur deshalb an, weil deren Besatzungen vielleicht Rauschgift schmuggeln oder Spionage treiben könnten, sie bemächtigen sich mitunter auch der Männer und Frauen an Bord, um sie für die Ziele ihrer Organisationen als Geiseln zu nehmen, oder exekutieren sogar die Crew, um damit Vergeltung für andere Ereignisse zu üben, die mit dem Yachtsport oder gar den betroffenen Opfern nicht das geringste zu tun haben.

Die Gefahr militärischer Aktionen ist in Spannungsgebieten besonders groß. Zu ihnen gehört zum Beispiel die Meerenge von Aden am Eingang des Roten Meeres, die Yachten nicht vermeiden können, wenn sie zwischen Indischem Ozean und Mittelmeer unterwegs sind. Eine dieser Yachten war der große 28-Tonnen-Taiwanklipper EURO, den das Ehepaar Hilde und Eugen Roth 1980 von seiner Bauwerft in Ostasien nach Europa überführte. Von ihrer ersten Piratenbegegnung auf der Strecke von Taiwan nach Hongkong habe ich schon an anderer Stelle berichtet. Auf dem anschließenden Weg durch den Indischen Ozean bis zum Horn von Afrika hatte die Besatzung keine gefährlichen Erlebnisse. Und als die EURO schließlich mit ihrer mehrköpfigen Crew nach dem Verlassen von Dschibuti in Ostafrika mit Nordkurs in das Rote Meer einsteuert, ist sie auch nicht mehr allein: Mit ihr segelt die kanadische Yacht NOOTKA, eine Formosa 48, nach Norden.

„Am 27. Mai 1980 passieren wir nachts die Straße von Bab el Mandeb", berichtet Eugen Roth. „Wir wählen die Nacht, weil uns Segler in Dschibuti vor den wilden Gesellen aus dem Jemen gewarnt haben. Die NOOTKA läuft als Pfadfinder voraus... Der Schiffsverkehr in dieser Meerenge ist gewaltig."

Im Morgengrauen liegt die Insel Perim achteraus, und beide Besatzungen atmen auf. Das dickste Ende, so glauben sie, haben sie hinter sich, auch die Piratengefahr scheint nun endgültig gebannt. Unter Motor laufen beide Yachten bei leichtem Gegenwind nach Nordwesten, um in der Südbucht von Djebel Sukar zu ankern, ein Morgenbad zu nehmen und etwas zu tauchen. Es ist ein idealer Urlaubstag: „Ich hocke am Ruder, zwei Mann aalen sich im Cockpit, Paul träumt bei Stereomusik auf dem Vordeck, und Inge döst in ihrer Koje", berichtet Eugen Roth. „Da scheucht mich ein gewaltiges, von achtern her aufkommendes Dröhnen hoch: Über der Haycock-Insel, knapp 2 sm achteraus, steht eine schwarze Rauchfahne. Wir sehen es mehrmals aufblitzen; Felsbrocken fliegen hoch; ein graues Schiff feuert auf die unbewohnte Vulkaninsel."

Während die EURO-Crew zuerst nur überrascht, aber arglos auf die vermeintlichen Schießübungen blickt, ruft Paul vom Vordeck in die Plicht: „Leute, die meinen uns!"

„Ich kann es nicht glauben", erzählt Roth weiter, „aber da liegen die Einschläge nur noch 50 m von beiden Yachten entfernt auf unserem

Orte der Übergriffe gegen Yachtsegler im Indischen Ozean und seinen Nebenmeeren

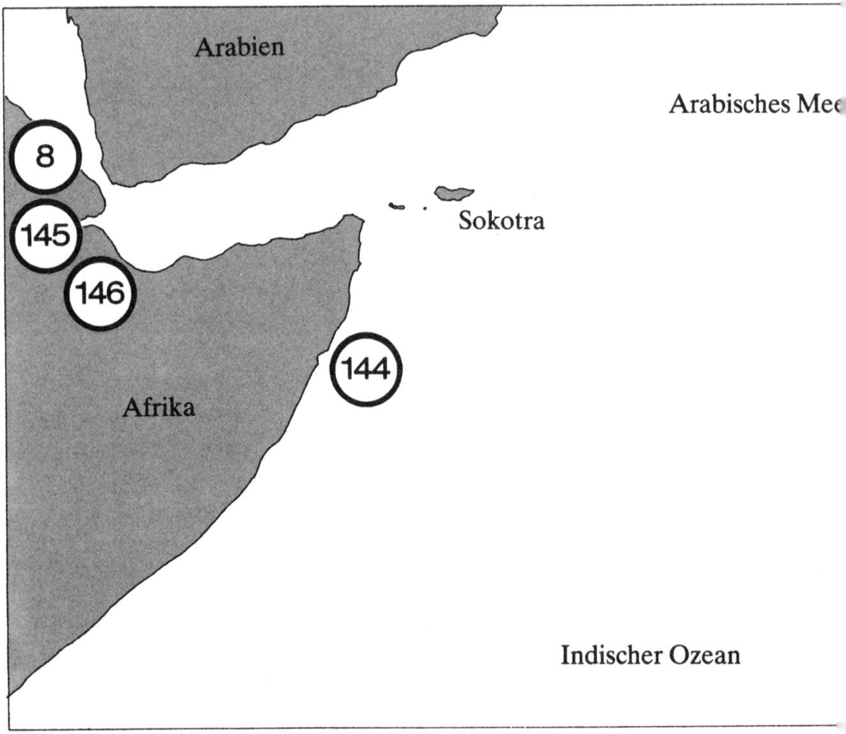

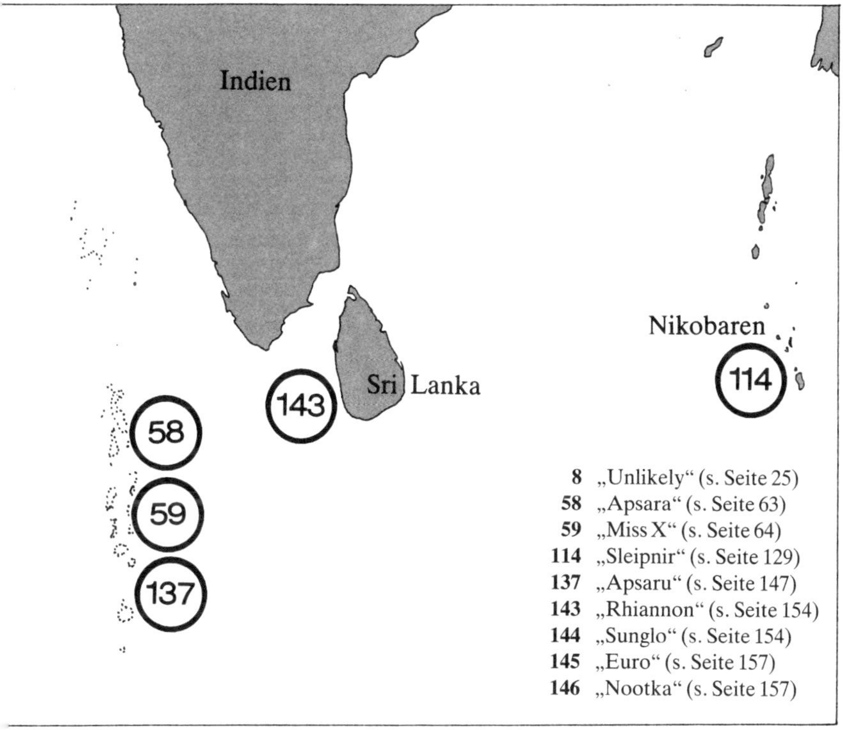
Indien
Nikobaren
Sri Lanka
114
143
58
59
137
8 „Unlikely“ (s. Seite 25)
58 „Apsara“ (s. Seite 63)
59 „Miss X“ (s. Seite 64)
114 „Sleipnir“ (s. Seite 129)
137 „Apsaru“ (s. Seite 147)
143 „Rhiannon“ (s. Seite 154)
144 „Sunglo“ (s. Seite 154)
145 „Euro“ (s. Seite 157)
146 „Nootka“ (s. Seite 157)

Kurs. Die Kerle sind demnach dabei, sich auf uns einzuschießen. ‚Nein!' schreie ich entsetzt. ‚Doch nicht schon wieder Piraten!' Ich schieße zweimal Rot. Paul ruft auf Kanal 16 Mayday und gibt unsere Position durch. Die Salven liegen jetzt dicht neben uns."

Eine schreckliche Situation: Aus weiter Ferne wird eine Segelyacht mit Kanonen beschossen. Ein unbewaffnetes Urlauberschiff wird angegriffen, dessen friedlicher Charakter durch die unverkennbare Silhouette eigentlich zweifelsfrei zu erkennen sein müßte. Was bleibt der Besatzung da anderes übrig, als einen Hilferuf in den Äther zu schicken? Glücklicherweise hört ein britisches Kriegsschiff, das 60 sm weiter nördlich liegt, den Notruf des deutschen Seekreuzers, und es kann dem Skipper sogar Einzelheiten der Geschehnisse übermitteln. Aber was hilft es, von fremden Beobachtern zu hören: „Sie werden vom äthiopischen Kanonenboot P 203, 26 Mann Besatzung, mit einer Flugabwehrkanone Kaliber 22 beschossen." Dennoch beruhigt die anschließende Mitteilung des englischen Marinefunkers: „Wir halten auf Sie zu! Geben Sie uns laufend Informationen durch!"

„Die Äthiopier haben wohl mitgehört", erzählt Eugen Roth weiter, „jedenfalls stellen sie das Feuer ein und kommen mit gewaltiger Bugwelle auf uns zugerauscht. Zwei deutsche Frachter melden sich aus der Nähe über Funk und bieten Hilfe an. Wir können gerade noch durchgeben, daß das Kanonenboot soeben zehn Meter neben uns gestoppt hat, dann richten zwölf Soldaten in Tarnanzügen ihre MPs auf uns. Es scheint, daß sie zum Abdrücken fest entschlossen sind, und sie brüllen uns in schlechtem Englisch zu: ‚Kein Funk, keine Notsignale, keine Fotos! Auf beiden Yachten alle Personen an Deck!' Das Kanonenboot schwenkt die Rohre seiner Vierlingsflak auf uns arme verwirrte, nur mit Badehosen bekleidete Segler. Dann setzt es sich quer vor uns, um uns den Weg zu versperren. Kommando von drüben: ‚Beide Kapitäne sofort an Bord kommen!'"

Die kanadische NOOTKA befolgt diesen Befehl und läßt ihren Skipper mit einem kurzen Anlegemanöver auf das Kriegsschiff übersteigen. Roth denkt klugerweise nicht daran, die EURO zu verlassen. Seine Weigerung kann er durch einen triftigen Grund kaschieren: Er schnallt seine Beinprothese ab und winkt damit zu den Soldaten hinüber. Sie akzeptieren die Entschuldigung. Weiter erzählt Roth: „Glen (der NOOTKA-Skipper) steht drüben an Deck. Während der Kommandant ihn verhört, halten zwei Soldaten ihre MPs auf ihn gerichtet. Später erfahren wir, was man uns vorwarf: Wir kämen doch aus Dschibuti, nicht wahr? Und nun seien wir mit der Absicht, Menschen aus Äthiopien herauszuschmuggeln, in ihre Hoheitsgewässer eingedrungen. Darauf ständen hohe Strafen!“

Das Verhör des kanadischen Seglers dauert 40 Minuten. Dann darf er vom äthiopischen Kanonenboot ins Wasser springen und zu seiner Nootka zurückschwimmen. Kurze Zeit später läuft das Kanonenboot mit hoher Fahrt ab. Roth schießt trotz des Verbots noch ein paar Fotos durch das Bullauge, um einen Beweis für den Überfall zu haben. Er schließt seinen Bericht: „Uns allen schlottern die Knie (mir besonders!). Paul setzt einen Bericht an die Navy und die deutschen Frachter ab. Von allen Seiten treffen jetzt Glückwünsche ein, und ich bin geradezu gerührt: Dieses seltsame Gefühl – wir sind allein auf See und doch nicht verlassen, sondern durch den Äther mit fremden Menschen verbunden, die spontan Hilfe anbieten.“

Begegnungen ähnlicher Art haben sich in jüngster Zeit häufiger und auch in anderen Revieren ereignet. So berichtet die Ehepaarcrew Stuart und Edwina Ragland ebenfalls von einem gefährlichen Zusammentreffen mit Kanonenbooten, aber unbekannter Nationalität, im Seegebiet östlich der Bahamas. Hier waren sie mit ihrem 11,50-m-Seekreuzer Wahconda im Mai 1984 von Georgetown auf Exuma, Bahamas, mit einem Kurs weit auf den Atlantik hinaus auf dem Wege nach Puerto Rico. Sie schreiben: „Ungefähr 300 Seemeilen südöstlich von San Salvador wurden wir in einer Mainacht gegen 0330 Uhr von drei großen Motorfahrzeugen belästigt. Sie näherten sich bis auf gut 50 Meter und legten sich dann fast ohne Fahrt neben uns, das eine an Backbord, das andere an Steuerbord und das dritte genau vor den Bug. Wir gaben sofort einen Notruf über Grenzwelle ab, und zwar an die Royal Bahamian Defence Forces (RBDF) und die US Coast Guard, den die unbekannten Fahrzeuge wahrscheinlich mithörten. Denn zwei Boote liefen darauf sofort mit hoher Fahrt ab. Aber das dritte versuchte, uns in den Grund zu bohren. Glücklicherweise war jedoch seine Bugwelle beim Anlaufen so groß, daß sie unsere Yacht seitlich vom Steven wegdrückte. Die Erschütterungen, die unser Rumpf dabei erlitt, waren so stark, daß sich die Kielbefestigung löste und unser Boot schnell Wasser machte. Die entstandenen Lecks wurden schließlich so groß, daß wir zwei Tage später auf Vorwindkurs gehen und Fort Lauderdale anlaufen mußten, wo die Wahconda aufgeslipt und repariert werden konnte.“

Skipper Ragland gibt auch eine Beschreibung der unbekannten Fahrzeuge, durch die später eine Erklärung für diese Situation möglich wird:

„Alle waren durch Lichter ordnungsgemäß gekennzeichnet. Auffallend war nur, daß beide Topplichter auf gleicher Höhe lagen, das achtere Richtlicht also nicht höher als das vordere Dampferlicht angebracht war. Auch die Positionslaternen brannten im achteren Bereich der Fahrzeuge."

Die Lehren, die die Raglands aus diesem Vorfall ziehen, sind identisch mit denen anderer alleinsegelnder Ehepaarbesatzungen: Sie wollen künftig nur noch in Gesellschaft segeln, am besten mit zwei anderen gleichgesinnten Besatzungen zusammen und somit sicherheitshalber im Pulk von drei Yachten, die in gefährlichen Seegebieten bei Tag und Nacht immer in Sichtweite bleiben.

Ein Jahr später ergänzt Stuart Ragland diesen Bericht noch durch eine weitere Information: „Ich habe dieses Erlebnis kürzlich mit Leutnant Lightbourne, Offizier der Verteidigungsstreitkräfte der Bahamas (RBDF) und Kommandant eines großen Wachboots, besprochen. Er meinte, daß diese drei Schnellboote, die uns damals auf See belästigten, mit Sicherheit kubanische Kanonenboote vom russischen Typ OSA II waren. Sie operieren immer im Wolfsrudel und nähern sich einem angegriffenen Objekt von verschiedenen Seiten. Er sagt, es wäre richtig gewesen, nicht wegzulaufen. Wahrscheinlich waren wir ihnen durch das große Ziel, das wir auf dem Radarschirm boten, aufgefallen, und sie hätten uns daher wie ein verdächtiges Fahrzeug behandelt. Auch er hat festgestellt, daß wir – bedingt durch unseren großen und wirkungsvollen Radarreflektor – auf dem Bildschirm und bei Nacht größer wirken als üblich."

Ziehen wir daraus nur nicht die Schlußfolgerung, daß der WAHCONDA ein kleinerer und unwirksamerer Radarreflektor das nächtliche Schreckerlebnis erspart hätte!

Zwischen den Mühlsteinen der Politik

Beim Erschrecken blieb es nicht, als die beiden deutschen Sportskipper Herbert Beyer, 32, und Michael Großmann, 26, mit ihrer Yacht im Sommer 1985 auf dem Wege von Europa an der westafrikanischen Küste entlang südwärts steuerten. Durch einen Motorschaden wurde ihr Schiff am 22. August etwa 140 sm südlich der Westsahara-Küstenstadt Dakhla manövrierunfähig. Sie konnten im Küstenvorfeld ankern, um den Schaden mit Bordmitteln zu beheben.

Während der Reparatur wurden sie jedoch durch Polisario-Widerstandskämpfer vom Strand aus beschossen. Da man ihnen ihre friedlichen Absichten offenbar nicht glaubte und sie den Feuerüberfall an Bord nicht ohne Lebensgefahr überstehen konnten, sprangen sie aus Angst vor Verletzungen kurzentschlossen über Bord und schwammen an Land, um hier ihre Notsituation zu erklären. Die für die Befreiung der von Marokko besetzten Westsahara kämpfenden Männer wollten jedoch keine Gespräche. Sie ließen die beiden deutschen Yachtsportler zwar unbehelligt die hohe Felsenküste erklimmen, nahmen sie dann aber gefangen, weil sie angeblich „widerrechtlich die Hoheitsgewässer ihres Landes befahren hätten". Beide Männer durften anschließend nicht einmal zu ihrem verankerten Schiff zurückkehren, um wenigstens Geld, Wertsachen und Papiere mitzunehmen. „Von dem Schiff habe ich nur noch gesehen, wie es mit Schlagseite gegen einen großen Felsen donnerte", berichtet Herbert Beyer über den Totalverlust, dem er vom Ufer aus tatenlos zusehen mußte.

Nach zehntägiger Gefangenschaft und einem langen Marsch durch die Wüste, auf dem sie von den Polisario-Freiheitskämpfern korrekt behandelt wurden, sind Beyer und Großmann am 3. September 1985 über Algier freigelassen worden.

Im Gefahrengebiet entlang der Küste der Westsahara ist es offenbar auch zu anderen bewaffneten Überfällen auf Yachten gekommen. In britischen Yacht- und Schiffahrtszeitschriften konnte man im Dezember 1986 zum Beispiel eine *Warnung an britische Seeleute* lesen:

„Die folgende Mitteilung wurde uns vom britischen Konsulat in Alicante mit der Bitte um Veröffentlichung übersandt:

Kürzlich kam es zu einem Überfall der Polisario auf eine schwedische Yacht. Bitte denken Sie daran, daß bei Fahrten entlang des südlichen Teils der Küste im Gebiet der Westsahara die Gefahr von Überfällen besteht, vor der auf den Seekarten nicht gewarnt wird. – Britisches Konsulat, Alicante."

Da die Besitzverhältnisse in diesem ehemals spanischen Territorium immer noch umstritten sind, zählt der Küstenstrich zu den Spannungsgebieten.

So schnell wie Beyer und Großmann gelangte die belgische Crew des zu einer Yacht umgebauten Sardinenkutters SILCO nicht wieder in die Freiheit: Am 6. November 1987 wurde die Yacht mit acht Personen an Bord, darunter die damals sechsjährige Marie-Laure und die fünfjährige Virginie mit ihrer Mutter Jacqueline Valent, während einer Kreuzfahrt

WARNING TO BRITISH MARINERS.

The following was sent to us for publication by the British Consulate in Alicante.

FOLLOWING RECENT POLISARIO ATTACK ON SWEDISH YACHT, PLEASE BEAR IN MIND THE INCREASED RISK OF ATTACK ALONG THE SOUTHERN SECTOR OF WEST SAHARA COASTLINE AND THE ABSENCE OF WARNING ON THE CHARTS.
BRITISH CONSULATE, ALICANTE.

vor der israelischen Küste im Mittelmeer aufgebracht. Als dieser Piratenüberfall bekannt wurde, vermutete man zuerst, daß hier israelische Seestreitkräfte ein Schiff mit Palästinensern gekapert hätten. Dann wurde jedoch deutlich, daß palästinensische Untergrundkämpfer die Belgier, in denen man offenbar israelische Staatsbürger mit den entsprechenden Pässen vermutete, mit ihrer Yacht als Geiseln genommen hatten.

Nach Angaben der Abu-Nidal-Gruppe ist die Silco vor dem israelisch besetzten Gazastreifen aufgebracht worden. Andere Berichte geben die Küste Libanons als Ort der Kaperung an. In der französischen Presse wurde zudem die Hypothese geäußert, die Silco habe sich an gelegentlichem Rauschgiftschmuggel beteiligt. Ägyptische Rauschgifthändler hätten die Besatzung nach einem Streit verschleppt und an die Abu-Nidal-Gruppe „verkauft".

Aber sei es, wie es sei. Die im November 1987 begonnene makabre Geschichte, deren Hintergründe immer noch unklar sind, kostet nach wie vor die Mehrzahl der Yachtbesatzung ihre Freiheit. Bereits im Dezember 1987 hatten die von Abu Nidal geführten Extremisten, in

Orte aller der in diesem Buch genannten kriminellen Vorfälle im östlichen Mittelmeer.

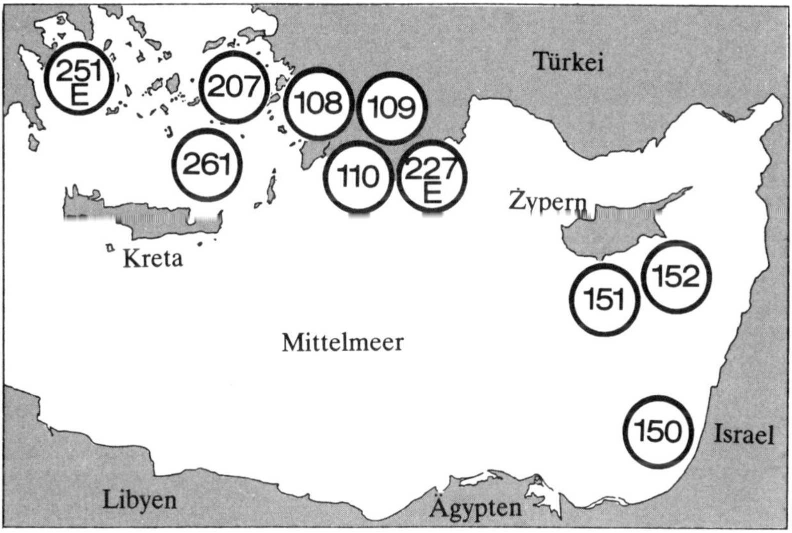

108	„Blue Magic" (s. Seite 126)	**152**	Israelische Yacht (s. Seite 166)
109	„Canopus" (s. Seite 126)	**207**	„Allegria" (s. Seite 221)
110	„Wallaby" (s. Seite 126)	**227 E**	„Confiance" (s. Seite 231)
150	„Silco" (s. Seite 164)	**251 E**	„Pontus Euxinus" (s. Seite 333)
151	„Ganda" (s. Seite 166)	**261**	„Astypalaia"/„Karpathos" (s. Seite 345)

Bei Doppelnennung bedeutet A den Ausgangs-, E den Endpunkt des Kurses.

deren Gewalt sich die belgischen Yachtsegler mit großer Wahrscheinlichkeit befinden, deren Freilassung angekündigt, aber auch das Weihnachtsfest 1988 ging noch vorüber, ehe wenigstens die beiden kleinen Mädchen aus ihrer Geiselhaft entlassen wurden. Ende Dezember 1988 konnten Marie-Laure und Virginie Valent auf dem Umweg über Libyen wieder in die Hände ihres Vaters nach Paris entlassen werden. Der Aufenthaltsort der übrigen sechs Personen von der SILCO, einschließlich ihrer Mutter, ist nach wie vor unbekannt.

Im selben Seegebiet des östlichen Mittelmeers kam es auch zu dem bisher blutigsten Terrorakt gegen Yachtsegler in der alten Welt: Am 25. September 1985 besetzten zwei Palästinenser mit Waffengewalt im Yachthafen der südzyprischen Stadt Larnaca eine israelische Yacht und nahmen die dreiköpfige Besatzung als Geisel. Sie forderten die Freilassung von 20 Palästinensern, die Ende August 1985 an Bord der zyprischen Yacht GANDA festgenommen worden waren, aus israelischen Gefängnissen. Die Yacht hatten israelische Marine-Einheiten einige Wochen zuvor auf der Fahrt von Larnaca zum Libanon aufgebracht. Der israelische Verteidigungsminister hatte dazu erklärt, an Bord der unter Zypernflagge fahrenden Yacht hätten sich Palästinenser befunden, die auf dem Seewege nach Israel eingeschleust werden sollten.

Da sich Israel nicht bereiterklärte, Crew und Passagiere der gekaperten GANDA freizulassen, erschossen die palästinensischen Geiselnehmer die drei israelischen Yachtsegler und ergaben sich dann der zyprischen Polizei.

Ich erinnere mich gut, im August des Jahres 1985 neben einer – vielleicht derselben? - israelischen Yacht in einem südgriechischen Hafen gelegen zu haben. Die Flagge mit dem Davidstern wird dort nur sehr selten gezeigt und fällt daher besonders auf. Es ist furchtbar, sich ein solches Massaker inmitten von anderen Yachtseglern vorzustellen und vielleicht noch Zeuge eines solchen Überfalls zu werden, ohne helfen zu können, vielleicht sogar mit hineingezogen zu werden. Eine solche Eskalation der Militärpiraterie gegenüber Yachtseglern wird sich hoffentlich im Mittelmeer nicht wiederholen!

Der SIDDHARTA-Zwischenfall

Während hier (wenn auch mit verwerflichen Methoden) an zumindest klaren Fronten gekämpft wurde, bleibt der Untergang des Katamarans

SIDDHARTA 1983 im südchinesischen Meer und der Tod eines Besatzungsmitglieds bei einem ominösen Überfall durch Militärpiraten undurchsichtig. Verfolgen wir das tatsächliche Geschehen an Hand der spärlichen und sich gelegentlich widersprechenden Pressemeldungen von damals:

Der ehemalige deutsche Schiffsoffizier Peter M., 36, lebte mit seiner gleichaltrigen chinesischen Lebensgefährtin Jenny, die eine Hotelfachschule besucht hatte, schon einige Jahre in Singapur. Er vercharterte dort den 15,6 m langen Katamaran SIDDHARTA vom Typ Spindrift 51 für Fahrten in das Chinesische Meer, das ihm durch zahlreiche Reisen gut bekannt war. Im Frühjahr 1983 buchte der Kölner Baldur D., 48, mit seinen Freunden Norbert W., 33, Diethelm M. und dem Architekten Gero B., 48, den großen seetüchtigen Katamaran für eine Fahrt von Singapur nach Manila auf den Philippinen, eine Distanz von etwa 1200 Seemeilen.

Die vier Chartergäste verfolgten mit dieser Reise jedoch weniger segelsportliche oder touristische Ziele. In erster Linie sollte ihnen der Katamaran dazu dienen, auf den Spratly-Inseln, die halbwegs zwischen Singapur und Manila fast in der Linie des Generalkurses liegen, an Land zu gehen und von dort aus Funksignale in alle Welt zu schicken. Die vier Segler waren nämlich Funkamateure, die dieses Hobby nicht nur zur Verständigung rund um die Welt ausübten, sondern die auch von dem Ehrgeiz besessen waren, ihre Funkverbindungen zu möglichst vielen und möglichst ausgefallenen Amateurfunkstationen nachträglich schriftlich bestätigt zu erhalten. Wichtiger als ein Gespräch mit einem unbekannten Partner in Übersee ist nämlich vielen Funkamateuren die Bestätigung dieses Kontaktes mit den sogenannten QSL-Karten, die ihnen im Anschluß an eine solche Verbindung mit der Post zugesandt werden, die Wände ihrer Funkerbude zieren und ihnen Diplome sowie Preise bei Wettbewerben einbringen können.

Die Suche nach besonders ausgefallenen Sendestationen nennen die Funkamateure „DX-Jagd“. So arbeiteten Funker kurzzeitig 1982 auf der nahe der Antarktis gelegenen und zu Norwegen gehörenden Bouvet-Insel oder auch auf einem nur bei Niedrigwasser erkennbaren Riff mitten im Pazifik. Zu einem vertretbaren sportlichen Funkerehrgeiz gehört es aber wohl nicht mehr, auf fremden Territorien Sendestationen zu errichten, und unser Segelsport sollte in derlei fragwürdige Unternehmen möglichst nicht verwickelt werden.

Auch die Spratly-Inseln im Südchinesischen Meer gehören zu den begehrtesten Zielen der Amateurfunker in der ganzen Welt. Von hier aus hatte – noch während des Vietnamkrieges – 1973 und ein weiteres Mal 1979 ein amerikanischer Funkamateur mit dem Rufzeichen „1S1DX“ bzw. „1S1A“ gesendet und damit unter seinesgleichen Weltruf erworben.

Die staatsrechtliche Zugehörigkeit der Spratly-Inseln mit einem eigenen der etwa 380 Funkkennzeichen, die von den Fernmeldebehörden allen Ländern und Regionen der Welt zuerkannt sind, ist jedoch umstritten. China, Vietnam, Malaysia und die Philippinen erheben wegen vermuteter Ölvorkommen Anspruch auf die Inselgruppe, und sie untermauern ihn durch Militärstationen, die zumindest die Vietnamesen und Chinesen dort unterhalten. Darin liegt das generelle Risiko einer Yachtreise zu dieser Inselgruppe.

Die deutschen Amateurfunker wußten also, auf welches lebensgefährliche Abenteuer sie sich unter dem Deckmantel friedlicher Fahrtensegelei einließen. So bestätigte später der Vorsitzende des Radio-Amateur-Klubs Köln-West, daß sein Klubkamerad Baldur D. nicht nur das Unternehmen vorher sehr genau geplant hatte, sondern auch das Risiko der Reise gut kannte. Die Hauptsorge hätte jedoch der allgemeinen Unsicherheit durch Piraten gegolten, nicht der Gefahr durch das Militär.

Dem Leiter der Expedition muß man außerdem eine besondere Sachkenntnis für die oben genannten staatsrechtlichen Verhältnisse vorhalten, weil er als Mitglied des Bundesamtes für Verfassungsschutz in Köln Zugang zu wichtigen Insider-Informationen für die geplante Fahrtroute besaß. Bekanntlich müssen sich Verfassungsschützer alle privaten Reisen ins außereuropäische Ausland genehmigen lassen, und Fahrten in den kommunistischen Machtbereich sind ihnen genauso wie in Spannungsgebiete oder solche mit möglicher „Feindberührung“ verboten. Wenn der Verfassungsschutz seinem Mitarbeiter D. den Trip zu den Spratly-Inseln und den Besuch von Amboyna Cay, wo die Reise ihr grausiges Ende fand, dennoch genehmigte, ist vielleicht der Verdacht nicht ausgeschlossen, daß die Fahrt zumindest gebilligt, wenn nicht sogar ein Auftrag war.

Aber kehren wir zum Geschehen zurück: Am Ostermontag, dem 4. 4. 1983, war die sechsköpfige Crew vergnügt und abenteuerdurstig aus Singapur ausgelaufen. Der große Kreuzerkatamaran war für dieses Warmwassergebiet mit einer der Nordsee vergleichbaren Küstennähe ein ideales Reiseschiff, das für Crew und Passagiere maximalen Lebensraum auf immer weitgehend waagrechter Ebene bot. Er war auch bei leichten Winden schnell, und so hatte er bereits am 10. April die Inselgruppe erreicht. Wahrscheinlich hatte sich der Katamaran durch einen ungewöhnlich regen Funkverkehr, der nicht zu einer friedlichen Segelyacht paßte, schon vorher verdächtig gemacht und war bei seiner Annäherung an die Spratly-Inseln schon lange von den Funkstationen dort überwacht worden.

Über Funk meldete die deutsche Yacht, daß die Inseln offenbar militärisch besetzt seien. Man habe Beobachtungstürme gesehen und halte es daher für ratsam, lieber abzudrehen. Dieser Funkverkehr ging dann am 10. April in eine in Singapur aufgefangene Notmeldung über: „Mayday! Mayday! Wir werden beschossen! Feuer an Bord!“ Danach schwieg die SIDDHARTA.

Philippinische Küstenfahrzeuge und Einheiten der 7. US-Flotte sollen unmittelbar nach diesem Funkspruch die Suche nach den in Not geratenen Deutschen aufgenommen haben und wenig später auch an den Spratly-Inseln vorbeigelaufen sein, ohne allerdings eine Spur der Yacht zu finden.

Daher startete am 12. April der deutsche Miteigner des Kreuzerkatamarans Volker B. in Singapur mit einem Flugzeug auf eigene Faust zu einer Suchaktion. Dabei flog er nach einer Zwischenlandung in Brunei die Inselgruppe direkt an und umkreiste sie. Nach seiner Rückkehr am 13. April berichtete er jedoch, er hätte nichts von der SIDDHARTA gesehen und auch keine anderen Flugzeuge oder eventuell zur Suche eingesetzte Schiffe entdecken können.

Seinen Katamaran als unübersehbares Seeziel konnte B. auch nicht mehr sichten, denn die SIDDHARTA gab es zu der Zeit nicht mehr. Aber ein Rettungsboot mit der überlebenden Crew wäre ihm wohl aufgefallen. Wo waren zu dieser Zeit die Crew und ihre Chartergäste?

In den folgenden Tagen erweist sich, daß Amateurfunk kein Ersatz für die Ausrüstung eines Seekreuzers mit den üblichen Seefunkgeräten der Schiffahrt – UKW, Grenzwelle und Kurzwelle – ist: Offenbar wußten nicht wenige Funkamateure in Deutschland, daß die vier Passagiere der SIDDHARTA mit mehreren Kurzwellensendern unterschiedlicher Sendefrequenzen, zwei Stromaggregaten (mit 600 Litern Benzin) und vier Hochantennen im Rigg ausgestattet waren. Baldur D. und seine Freunde hatten vor ihrer Abreise erzählt, daß sie von der SIDDHARTA auf dem Ankerplatz von Amboyna Cay aus (der aber etwa 70 Seemeilen südöstlich der Spratlys liegt) 30000 Kontakte in alle Welt herstellen wollten, eine fast unglaubliche Anzahl von Funksprüchen rund um die Uhr. Wer antwortete, sollte später vom Kölner Amateur-Funker-Klub die begehrten QSL-Karten bekommen.

So war es natürlich eine Sensation, als sich in der Nacht vom 14. auf den 15. April, also fünf Tage nach dem Notruf, die vermeintliche Stimme der SIDDHARTA wieder meldete: „Wir sind noch vier Lebende an Bord! Helft! Helft! Wir brauchen Wasser und Nahrung! Wir hatten eine Explosion an Bord. Die Batterie ist jedoch repariert. Wir können jetzt wieder senden." Mit der vagen Positionsangabe: „100 Meilen nördlich der Spratlys" wird der dramatische Hilferuf immer und immer wieder ausgestrahlt.

Natürlich treten die internationalen Seenotdienste wieder in Tätigkeit, und in einem am Freitag, dem 15. 4., morgens gestarteten Suchflugzeug kämmen ein deutscher ziviler Spezialist für Rettungsaktionen sowie drei Beobachter das angegebene Seegebiet engmaschig und weitflächig durch. Der erste dreistündige Sucheinsatz bleibt aber erfolglos, und auch nach dem Wiederauftanken wird der Katamaran, ein Rettungsboot oder ein anderes Fahrzeug, von dem die Notrufe stammen könnten, nicht gefunden. Für den Fall, daß das deutsche Suchkommando die Schiffbrüchigen ausfindig macht, steht bereits ein weiteres Flugzeug bereit, das mit allem Notwendigen zur medizinischen Erstversorgung ausgerüstet ist. Auch der Miteigner Volker B. macht sich noch einmal am Freitag von Brunei aus mit einem Sportflugzeug auf die Suche nach seinen vermißten Kameraden.

Die Ehefrauen und Angehörigen der SIDDHARTA-Passagiere leben in diesen Tagen zwischen immer wieder aufkeimender Hoffnung und zunehmender Verzweiflung. Einige von ihnen sind überzeugt, daß die aufgefangenen Notrufe „alles Enten" sind, und auch der Klub der vermißten Funker bezweifelt die Echtheit der Mayday-Rufe. Möglicherweise treibt ein Unbekannter makabre Scherze mit den Seenotdienststellen und den verängstigten Angehörigen im Rheinland.

Am Sonnabend, dem 16. April, geht ein neues vermeintliches Lebenszeichen der nun bereits seit einer Woche Verschollenen bei den Nachrichten-Agenturen ein: Danach soll ein sowjetisches Schiff vier Besatzungsmitglieder geborgen haben. Ein malaysischer Funkamateur untermauert diese Meldung mit der Mitteilung, er habe folgenden Funkspruch eines U-Bootes an die SIDDHARTA aufgefangen: „Wir sind Ihre Freunde. Folgen Sie den Froschmännern. Haben Sie keine Angst. Unser U-Boot wird Sie zur ärztlichen Behandlung bringen." Diese Informationen lassen sogar das Auswärtige Amt in Bonn aktiv werden, das über die deutsche Botschaft in Manila um Aufklärung bittet. Aber auch dieser Bericht platzt bald wie eine Seifenblase.

Am 18. April wird die Suche ohne Ergebnis eingestellt. „Nach den tagelangen systematischen Flugzeugeinsätzen, bei denen die nähere und weitere Umgebung der Spratlys viele Tage lang methodisch Planquadrat für Planquadrat ergebnislos abgeflogen worden ist und weder ein Rettungsboot noch Wrackteile entdeckt wurden, sehen wir jetzt keine Chancen mehr, die Verschollenen auf diese Weise zu finden", teilt der Sprecher des Auswärtigen Amtes mit.

Die Geschichte der Überlebenden

Aber da geschieht am 20. April, zehn Tage nach dem ersten Notruf der SIDDHARTA, doch noch ein Wunder: Der japanische Frachter LINDEN entdeckt vier Überlebende der Besatzung etwa 220 Seemeilen westlich der Spratlys im treibenden Beiboot des Katamarans. Die Geretteten, die an Bord des 15 000-BRT-Frachters gehen, sind Skipper und Eigner Peter M., seine chinesische Lebensgefährtin Jenny sowie die beiden Funkamateure Baldur D. und Norbert W.

Bald erfährt die Öffentlichkeit nicht nur, daß der Kölner Diethelm M. bei dem Feuerüberfall am 10. April tödlich getroffen wurde und über Bord fiel, sondern auch, daß Gero B. am 19. April 1983 im Rettungsboot an Erschöpfung starb. Und in Interviews mit Rundfunk und Zeitungen berichtet Baldur D. als Sprecher der Gruppe wenig später, was sich in den vergangenen Tagen auf der SIDDHARTA und im Beiboot ereignete:

„Ohne Fernglas sah ich am 10. April die Insel (Amboyna?) auftauchen. Ganz deutlich konnte ich drei Sendemasten ausmachen und winzige Gestalten, die zu den Geschützen liefen. Dann blitzte schon das Mündungsfeuer auf. Die erste Salve lag zu kurz und verspritzte in den Wellen. Aber die zweite erwischte uns bereits. Skipper Peter M. wurde von einem Schrapnellsplitter erwischt. Er hatte ein faustgroßes Loch in der Brust. Die dritte Salve war ein Volltreffer. Diethelm M., der neben den Fässern mit 120 Litern Benzin stand, sagte wie verwundert: ‚Ich bin getroffen!' Da flog das Benzin in die Luft, eine Feuersäule – Diethelm verbrannte.

Die Polyesterleine unseres kleinen Kunststoff-Rettungsbootes schmorte durch, und es fiel ins Wasser. Es wäre abgetrieben, wenn Jenny ihm nicht nachgeschwommen wäre und es zurückgebracht hätte. Wir stürzten uns hinein und hatten nur einen Gedanken: weg von der Flammenhölle! Als sich noch ein Granatsplitter in den Rumpf des Dingis bohrte, rissen wir unsere Hemden in Streifen und stopften sie in das Leck. Wir hatten nur Badehosen an und zerrissene Hemden, sonst nichts. Im Boot hatten wir kein Wasser, nichts zu essen. Und es gab auch nur einen Riemen, mit dem wir nichts anfangen konnten.

Wir haben 243 Stunden ohne Wasser, ohne Brot, ohne jegliche Nahrungsmittel auf dem Meer zugebracht", schildert Baldur D. die angebliche Drift des Rettungsbootes durch das Südchinesische Meer. „Es war die reinste Hölle. Ich habe irgendwo gelesen, 14 Tage ohne Wasser sei der Rekord. Die zehn Tage reichen uns aber, wir wollen gar nicht ins Buch der Rekorde."

Als anderntags die vier Überlebenden in Hongkong von Bord gehen, kann jeder sehen, daß sie trotz dieser langen Irrfahrt in erstaunlich guter Verfassung sind – auch Baldur D., dessen von einem Granatsplitter verletzter Arm noch bandagiert ist, und Skipper Peter M. mit dem „faustgroßen Loch in der Brust", wie sein Freund diese Verletzung nannte.

In Hongkong haben die rund 100 internationalen Pressevertreter nur kurz Gelegenheit, mit den Geretteten zu sprechen. Dabei ergänzt Baldur D.: „Nachdem das Benzin in Flammen aufgegangen war, explodierten zwei Gasflaschen, und die SIDDHARTA brannte binnen 15 Minuten bis zur Wasserlinie ab." Und Skipper M. erklärt, daß sich die Militäranlagen auf Amboyna Cay in unmittelbarer Nähe des Strandes befanden und die Soldaten, die die Yacht beschossen, vietnamesische Uniformen getragen hätten.

Daraus kann zumindest geschlossen werden, daß sich der ganze Vorfall unmittelbar vor dem Ufer ereignete, und man kann auch annehmen, daß der Kommandeur dieses Militärpostens die schiffbrüchige Crew in ihrem manövrierunfähigen Dingi nicht tatenlos in die freie See hinaus hat abtreiben lassen. Nicht aus Menschenfreundlichkeit, sondern um sich über die Identität der Personen und einen möglichen Spionageauftrag zu informieren, hat er sie wahrscheinlich aufgegriffen und auf die Insel geholt.

So entstanden in der Öffentlichkeit bald Zweifel an der Darstellung der von nun an beharrlich schweigenden überlebenden SIDDHARTA-Besatzung. Nach den Stromatlanten und der jahrhundertelangen Erfahrung der Schiffahrt verläuft die Strömung im Seegebiet der Spratly-Inseln in nordöstlicher Richtung, aber das kleine Dingi ohne Ruder und Segel driftete mit den Schiffbrüchigen weit nach Westen, geradewegs in den Schiffahrtstrack von Singapur nach Hongkong hinein.

Da erklärt auch der deutsche Rettungsflieger Henning Dyhr, den die jetzt zur Witwe gewordene Ingrid B. im April nach Fernost geschickt hatte, um mit nach den Verschollenen zu suchen: „Die abenteuerliche Geschichte von der Drift ist ein Märchen. Niemals wäre mir und den anderen Rettungsfliegern auf den zahlreichen Suchflügen das Boot mit den Verschollenen entgangen, wenn es wirklich auf dem Meer und der jetzt bekannten Route abgetrieben wäre."

Widersprüchliches wird selbst in den spärlichen Aussagen der geretteten Crew entdeckt: So berichtet Skipper M., sie hätten die 300 m lange Insel Amboyna nur für Navigationszwecke angelaufen, während der eigentliche Grund des Inselbesuchs erst nach und nach durchsickert. Mehr und mehr werden auch Zweifel daran laut, daß der „beim Kölner Amt für Verfassungsschutz als Agentenjäger tätige Baldur D. wirklich nur eine harmlose Funkerreise zu den Spratlys im Sinne hatte", wie das Hamburger Abendblatt in einer späteren Analyse schreibt.

Ingrid B. wird in ihren Zweifeln über den tatsächlichen Ablauf dieser abenteuerlichen Yachtreise durch ein von ihrem Anwalt beschafftes Fernschreiben bestärkt, das schon während der zehntägigen Suchaktion im April von amerikanischen an britische Militärdienststellen in diesem Seegebiet gesendet worden sein soll. In diesem angeblich geheimen Telex erklären die Amerikaner, ihre „elektronischen Analysen hätten ergeben, daß die Schiffbrüchigen nach dem Beschuß der SIDDHARTA in die Gefangenschaft des Personals der besetzten Insel geraten seien." Demnach wären sie mehrere Tage von den Vietnamesen festgehalten worden und hätten nicht hilflos zehn Tage ohne Wasser und Brot bei 45° C Hitze und wolkenfreiem Himmel in den unvorstellbar beengten Verhältnissen ihres Dingis auf der nur wenig bewegten Chinesischen See getrieben. Wahrscheinlich hat also ein vietnamesisches Schiff das kleine Rettungsboot erst kurz vor der Sichtung der Schiffbrüchigen durch die LINDEN, den Frachter unter Panamaflagge, auf die Kurslinie gesetzt.

Auch fragen sich Mediziner: Wie konnten vier zum Teil durch Schußverletzungen und Schrapnellsplitter Verwundete ohne Verbandsmaterial und ohne Medikamente, vor allem aber ohne einen Tropfen Trinkwasser und ohne einen Kanten Brot über zehn Tage in der Gluthölle des tropischen Meeres ohne jeden Sonnenschutz überleben?

Das für die Todesfälle von Deutschen im Ausland zuständige Berliner Standesamt hat aufgrund der gleichlautenden Zeugenaussagen der Überlebenden die Totenscheine für Gero B. und Diethelm M. ausgestellt, so daß über Versorgungsansprüche der Hinterbliebenen entschieden werden konnte. Ob ein Verschulden des Skippers oder anderer Besatzungsmitglieder am Tod der beiden Mitsegler vorliegt, könnte höchstens nach einer entsprechenden Strafanzeige ermittelt werden. Für den Vorwurf, daß jemand den Tod fahrlässig oder schuldhaft verursacht hat, der mit an Bord oder für das Schiff bzw. die Unternehmung verantwortlich war, fehlt es an Beweisen.

„Wenn die Überlebenden ein Märchen erzählt haben sollten, ist das noch nicht strafbar“, stellte der Oberstaatsanwalt in Köln fest. „Abgesehen von der Prüfung, ob wir für die Vorfälle in Fernost überhaupt zuständig wären, müßten konkrete Anhaltspunkte gegen Personen vorliegen, die der deutschen Gerichtsbarkeit unterliegen. Solche Anhaltspunkte gibt es aber nicht.“

Und gegen vietnamesische Soldaten kann in Deutschland niemand ermitteln.

Das Fazit des SIDDHARTA-Unglücks: Hier wurde eine scheinbar friedliche Yachtreise für segelsportlich fremde, ja vielleicht sogar kriminelle Ziele mißbraucht. Ein Skipper handelt immer unverantwortlich, wenn er vorsätzlich und bewußt in politische Spannungsgebiete und militärische Sperrgebiete einläuft. Er muß sich dabei möglicher Gegenmaßnahmen jener Soldaten bewußt sein, die er durch seine Annäherung provoziert: Sie werden ihren Stützpunkt gegen unliebsame Besucher wie Piraten mit der Waffe verteidigen.

In unserem Computerzeitalter gelten aber auch jene Personen als Piraten, die sich auf elektronischem Wege Zugang zu fremden Geheimnissen verschaffen oder Informationen auf dem Funkweg rauben. Insoweit fällt es schwer, der einen oder der anderen Seite eine alleinige Piratenrolle zuzuschreiben. Wahrscheinlich verfolgten die Passagiere auf der SIDDHARTA mehr Piratenziele, als wir bisher erfahren konnten, und die Abwehrreaktion der als aggressiv bekannten Vietnamesen gehört eher in den Bereich der Landesverteidigung als in den der Militärpiraterie.

9. Die Angst segelt mit

Am sichersten im Geschwader – Gefährliches Mißverständnis – Doppelmord und versuchte Vergewaltigung

Seitdem in jüngster Zeit immer mehr seetüchtige Yachten mit erfahrenen Besatzungen, die lange und erfolgreiche Seetörns hinter sich haben, zu kurzen Trips auslaufen und dabei spurlos verschwinden, und andere Seekreuzer auf hoher See überfallen, geentert und beraubt werden, wachsen Angst und Mißtrauen unter den Fahrtenseglern. In gleichem Maße mehren sich auch Berichte von unklaren Situationen auf See, die manche Familienbesatzungen nur durch Flucht und mit der Angst im Nacken zu meistern versuchten. Nimmt uns dieses verständliche Verhalten Wunder?

Da ist zum Beispiel die aus dem Ehepaar Gaby, 29, und Werner Scheurer, 32, und den Söhnen Tim, 6, und Benjamin, 4, bestehende Familiencrew des kleinen stählernen Seekreuzers ATLANTA, die am 30. Oktober 1982 auf dem Weg von Gibraltar nach Lanzarote vor der Küste von Casablanca ein solches Erlebnis hatte. Gaby Scheurer berichtet darüber:

„Wir segeln fröhlich auf der leicht bewegten See dahin. Ich stehe an der Pinne und glaube, an der schlierig schwankenden Kimm Land zu erkennen. Da hebt plötzlich ungefähr 200 Meter an Backbord eine Welle eine offene, schwimmende Nußschale in Hörweite. Ein winziges Fischerboot so weit draußen, zehn Meilen von Land entfernt? Ist meine Phantasie durch die Abenteuerstories überdreht?"

Die Familiencrew sieht ein kleines Boot, das mit einem viel zu großen Außenborder bestückt ist, auf die ATLANTA zurasen. Zwei dunkle Gestalten gestikulieren und schreien mit kreischender Stimme: „Äeiih! Avez-vous des cigarettes?"

Neben Gaby steht Werner in der Plicht und versucht, die rasante Annäherung der Fremden und ihr Begehren zu taxieren. Gaby beschreibt den Dialog, den die Eheleute führen:

„Die wollen was tauschen. Sieht aus wie ein Hummer.“
„Ja, ich glaube, der eine schreit was von Zigaretten . . .“
„Haben wir noch welche?“ (Zum Verschenken oder Tauschen hatten sie stets einen kleinen Zigarettenvorrat an Bord.)
„Klar. Soll ich sie holen?“
„Halt! Warte mal! Der eine geht irgendwie auf Tauchstation. Merkwürdig . . .“
„Was meinst du, sind die nicht echt?“
„Weiß nicht. Der versteckt seine Hände jetzt unter einer Decke . . .“
„Mensch, die sind gleich da, was sollen wir tun?“
Das ist jene unerwartete und unklare Situation auf See, deren Gefährlichkeit man nicht einschätzen kann und in der man schnell, aber vor allem richtig entscheiden muß. Gaby Scheurer fährt fort: „Aufdringlich und unheimlich umkreisen die Männer unser Boot. Einer steuert und winkt mit einem prächtigen Hummer. Der andere hockt mit versteckten Händen auf den Bodenbrettern und brüllt: ‚Cigarette, cigarette!‘
Auf mich wirken beide angsteinflößend, als wären sie zu allem fähig. Zitternd schiebe ich Werner die Signalpistole hin . . . Eilig fliegen Wortfetzen zwischen den grimmigen Fremden hin und her. Als Werner ablehnend winkt, reagieren sie wütend, fuchteln mit den Armen, schimpfen, schreien . . . ‚Merde!‘ Eine Hand bleibt unter der Decke.“
Was kann man in der endlosen Einsamkeit des Wassers, wo es keine Zeugen gibt, für die Sicherheit von Yacht und Besatzung tun?
Als das kleine Fischerboot längsseits gehen will, legt der Skipper den Schalthebel des bei Flaute unter Motor laufenden Seekreuzers auf voll voraus und läßt die ATLANTA schnell seewärts ablaufen. Die kleine Nußschale mit den beiden Männern folgt nicht, wird vom Seegang wieder verschluckt und kommt außer Sicht.
„Wir sind wieder allein“, beendet Gaby ihren Bericht. „Und trotzdem sitzt mir noch lange ein bleiernes Gefühl im Nacken. Was waren das für Menschen? Wollten sie wirklich nur ihren Hummer gegen Zigaretten tauschen? Oder verbarg der mit den unsichtbaren Händen eine Waffe? Sind wir durch Überfallgeschichten aus dem Mittelmeer und der Karibik übertrieben mißtrauisch geworden? Wir diskutieren über die mysteriöse Angelegenheit und kommen dabei zu dem Ergebnis: Auf See müssen wir bei jeder Begegnung mißtrauisch bleiben, denn wir sind hier vogelfrei. Und wir lieben unser Leben und sind auch verantwortlich für das unserer Kinder.“
Gaby Scheurer hat nur allzu recht.

Von einer ähnlichen unklaren Situation, die ihnen Angst einflößte, berichtet auch Christine Suhr, die mit ihrem Mann Lothar und Sohn auf ihrer Weltumsegelung mit der 12 m langen CHRISTINE II vom Typ Gulfstar 1983 von Aruba in den Niederländischen Antillen nach Panama segelte. Christine Suhr erzählt darüber:

„Wir hielten uns wegen der Piraten mindestens 80 sm von der Küste Kolumbiens fern. Aber dennoch bekamen wir es in der zweiten Nacht auf hoher See mit der Angst: Ein kleines Schiff, 60 bis 80 m lang, weit an Steuerbord draußen auf See, änderte plötzlich seinen Kurs und lief direkt auf uns zu. Wir sahen Rot und Grün. Trotz unserer Kursänderung von 45° lief dieses Fahrzeug weiter Kollisionskurs. Wir hatten wegen der Piraten keine Lichter geführt, jedoch jeweils wenn wir ein Schiff in Sicht bekamen, das näher als 3 sm war und unseren Kurs berührte, die Positionslaternen eingeschaltet. So auch diesmal, jedoch zusätzlich Dampferlicht und Deckslichter, und wir strahlten das Schiff mit dem Handscheinwerfer an."

Das unbekannte Schiff folgte der CHRISTINE aber trotz ihres Kurswechsels weiter, und die Versuche der deutschen Yacht, über UKW-Kanal 16 mit ihm Verbindung zu bekommen, blieben ohne Erfolg. Der Fremde meldete sich nicht. Christine weiter: „Am Horizont an Steuerbord erkannten wir noch zwei weitere Schiffe. Mit einem von ihnen, einem Brasilianer auf dem Weg nach Panama, bekamen wir Verbindung. Er versprach uns, zu der angegebenen Position unserer Yacht zu laufen. In derselben Minute drehte jedoch das geheimnisvolle Schiff, das jetzt auf etwa 500 m herangekommen war und immer noch Rot und Grün zeigte, plötzlich ab und verschwand nach langen Minuten am Horizont."

Nachdem sich die deutsche Crew für die brasilianische Unterstützung bedankt hatte, setzte sie ihren Kurs nach Panama fort. Überlegungen von Christine Suhr nach dieser Begegnung: „Ob es sich wirklich um den Versuch eines Überfalls auf See handelte, wissen wir nicht. Dagegen spricht, daß das Schiff Lichter führte. Dafür aber, daß es uns ansteuerte, sich über UKW nicht meldete und abdrehte, als wir mit einem anderen Schiff Verbindung bekamen. Oder hatte es gar kein UKW und wollte einfach nur den im Radar gesehenen Blip identifizieren? Ein Fahrzeug der Küstenwache also?"

Nun, Polizeifahrzeuge, die mit Radar arbeiten, haben auch ein UKW-

Gerät an Bord und den Anruf- und Sicherheitskanal 16 immer geschaltet. Die Angst der CHRISTINE-Crew war wohl nicht unberechtigt und ihre Sicherungsmaßnahme der Situation angemessen. Der beste Schutz ist immer, wenn man auf Urlaubsfahrten in Gesellschaft segelt, mit mehreren Yachten gleichzeitig unterwegs ist und „mackert".

Den Beweis dafür lieferte 1982 im Seegebiet der südwestlichen Karibik die FREYDIS mit Heide und Erich Wilts aus dem ostfriesischen Leer an Bord. Das Seglerehepaar, das mit dem 15-m-Stahlseekreuzer als erste deutsche Yachtsegler in der Antarktis gewesen war, befand sich auf dem Heimweg. Zuerst lief die FREYDIS auf der pazifischen Seite Südamerikas und dann über die Galapagos-Inseln zum Panamakanal. Am 25. April 1982 verläßt sie im Verband mit drei amerikanischen Yachten den Außenhafen von Colon mit Kurs in die Karibik: Mit der 12 m langen, 40 Jahre alten CHINNOOK, dem 12 m langen Spitzgatter IDLE QUEEN, alle ebenfalls mit einer Ehepaarcrew besetzt, und der etwas kleineren MAR-Y-LYNN II mit einer dreiköpfigen Familie an Bord. Ihr erstes gemeinsames Ziel ist die Insel Providentia, die verlassen und küstenfern in der Karibik liegt und zu Kolumbien gehört. Sie wird am Abend des 27. April erreicht.

Das Anlaufen der Insel ist nicht ungefährlich, denn sie liegt auf einer großen Korallenbank und ist umgeben von Riffen. Daher übernimmt die IDLE QUEEN um 1900 Uhr einen Lotsen von einem Fischerboot. „Mit MAR-Y-LYNN II im Schlepp folgen wir ihr, danach kommt die CHINNOOK", schreibt Heide Wilts. „Es ist bereits vollkommen dunkel, als sich ein kleines, schnelles Motorboot der CHINNOOK nähert. Plötzlich hören wir die aufgeregte Stimme von Sally (der Bordfrau) über UKW: ‚Was sollen wir tun, zwei Männer bedrohen uns mit Pistolen!' Piraten! Das hat uns noch gefehlt. Wir legen unser Gewehr im Cockpit griffbereit."

Piratenüberfälle müssen sich nicht nur bei Tag ereignen. Im Gegenteil, im Schutze des Nachtdunkels ist ein Piratenüberfall wahrscheinlicher, und die Vorteile des Mackerns sind dann durch die geringe Sicht weitgehend eingeschränkt. Aber das UKW-Gerät als akustisches Kommunikationsmittel kann eine wirkungsvollere Abwehrwaffe als ein Gewehr sein. So schreibt denn auch Heide Wilts weiter: „Die Gangster verschwinden aber von der CHINNOOK, als sie bemerken, daß sich Sally mit den übrigen Yachten unterhält. Mit Vollgas rasen sie dann auf die MAR-Y-LYNN II zu, die bei der Karambolage eine tiefe Schramme abbekommt." Danach verschwinden die Piraten in der Nacht. Der Piratenüberfall ist durch das Geschwadersegeln abgewehrt!

Daß Yachten sich durch fremde Boote bedroht fühlen, deren friedliche Absichten sie nicht erkennen können, gehört heutzutage fast zum Alltag eines Fahrtenseglers. Daß aber Yachten selbst als bedrohlich empfunden werden und Inselbewohner mit Booten kommen, um sich gegen sie zu verteidigen, ist eine ganz neue Art von Seglererlebnis. Heide Wilts von der FREYDIS berichtet hierüber im Anschluß an das glückliche Ende des Piratenüberfalls vor der Insel Providentia in den späten Abendstunden des 27. 4. 1982:

„Als wir in die Bucht fahren, an der das Dorf liegt, werden vom Strand aus plötzlich Scheinwerfer auf uns gerichtet, Stimmen rufen sich etwas zu, dann gehen alle Lichter wieder aus, und es herrscht eine seltsame, unnatürliche Stille. Sollen wir in eine Falle gelockt werden? Ich denke an die vielen Berichte, die wir bereits über die Piraterie in der Karibik und speziell vor Kolumbien gehört hatten. Kein angenehmes Gefühl! Wir ankern schließlich dicht beisammen auf drei Meter Wassertiefe in der Bucht, ohne daß etwas passiert."

Die Crew ißt, und danach legt sich Heide Wilts vorsichtshalber zum Schlafen auf eine Plichtbank. Sie kann von hier aus bei einem unerwünschten nächtlichen Besuch den Niedergang zur Kajüte besser bewachen. Und der Besuch kommt bald. „Ich bin gerade am Einschlafen", erzählt sie, „als plötzlich zwei mit etwa 20 Mann besetzte Boote an der Bordwand anlegen. Die Männer, teils in Militär-, teils in Zivilkleidung, aber alle bis an die Zähne bewaffnet, entern die FREYDIS, ohne erst groß um Erlaubnis zu fragen. Sie leuchten in die Luken. Ich ziehe mir hastig ein paar Kleidungsstücke über und frage nach dem Grund des Überfalls. Einer der Männer gibt mir schließlich Auskunft: Fischerboote, die uns kommen sahen, hatten gemeldet, daß ein feindliches Geschwader von Kanonenbooten aus Nicaragua unterwegs zur Insel Providentia sei, um sie anzugreifen. Darauf hatten 20 Männer zu ihren Waffen gegriffen, um die Insel zu verteidigen."

Auch jetzt bewährt sich wieder die Solidarität der anderen Yachten in der kleinen Seglerflotte: Die Skipper der drei amerikanischen Yachten greifen zu den Scheinwerfern, stellen sich an Deck ihrer Schiffe auf und leuchten das Überfallkommando auf der FREYDIS an. Und sie rufen den fremden Männern zu: „Was macht ihr da auf dem Schiff, was ist da drüben los?"

„‚Ich kann sie beruhigen'", erzählt Heide Wilts weiter. „‚Sie haben uns nur für Kriegsschiffe aus Nicaragua gehalten, sonst nichts'. Die Männer klettern etwas kleinlaut von Bord und rudern mit ihren Booten zurück zum Ufer. Das war ein Empfang, wie man ihn auf einer kleinen verwunschenen Insel mitten in der Karibik nicht erwartet. Der Schreck läßt mich lange nicht einschlafen."

Als Heide und Erich Wilts am anderen Morgen mit den übrigen Besatzungen die Ereignisse der Nacht diskutieren, wundern sich natürlich alle über diese seltsame Verwechslung. Der Skipper der CHINNOOK, dem der erste Überfall noch in den Knochen steckt, meint dabei, es sei gut, daß die Leute nicht zuerst auf sein Boot gekommen seien, denn diesmal hätte er sofort geschossen. Sicher wäre dies ein tragischer Entschluß gewesen: ein Mann gegen 20 Bewaffnete, die ausgezogen waren, ihr Heimatdorf zu verteidigen. Wenn in der Angst ein Mut der Verzweiflung entsteht, ist das Ende meist entsetzlich – für die Seglercrew!

Doppelmord und versuchte Vergewaltigung

Angst bestimmte auch das Segeln auf der APOLLONIA, einer hochseetüchtigen 16-m-Yacht, die im Dezember 1981 mit einer Sechs-Personen-Crew von den Kanarischen Inseln nach Barbados über den Atlantik segelte. Es war aber weniger die Angst vor Piraten als die Furcht vor einem Meuterer, die viele Tage lang die Langfahrt überschattete. Daher soll der APOLLONIA-Fall, den ich in meinem Buch „Yachtunfälle – und wie man sie vermeiden kann" ausführlich geschildert habe, hier nur kurz erwähnt werden.

Ende November 1981 war der Eigner und Skipper der APOLLONIA, der Bremer Segler Herbert Klein, damals 36, mit seiner Freundin Gabriele Humpert, 25, und den beiden zahlenden Gästen vom Bodensee, Dieter Giesen, 29, und Michael Wunsch, 25, zur Atlantiküberquerung gestartet. Kurz vor dem Auslaufen von Gran Canaria hatten sie noch den Aussteiger Paul Termann, damals 43, und dessen Freundin mit an Bord genommen. Schon in den ersten Tagen der drei Wochen dauernden Fahrt kam es zu seemännischen Meinungsverschiedenheiten zwischen Skipper und Eigner Klein und seinem Mitsegler Termann, die schließlich so eskalierten, daß Termann zuerst die Skipper-Freundin Gabriele und anschließend den Skipper selbst erschoß und dabei Michael Wunsch durch einen Brustdurchschuß dicht unter dem Herzen lebensgefährlich verletzte.

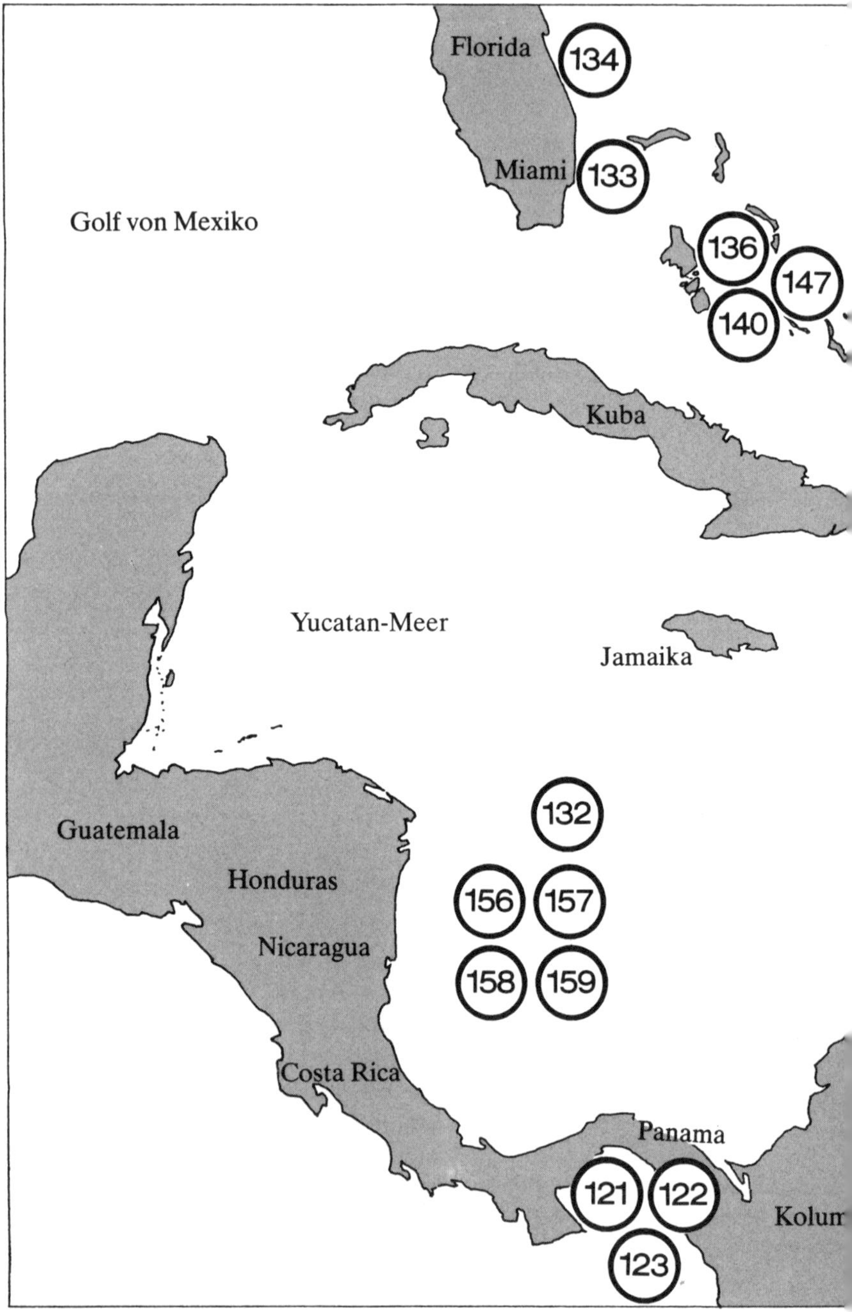
Florida
134
Miami
133
Golf von Mexiko
136
147
140
Kuba
Yucatan-Meer
Jamaika
132
Guatemala
Honduras
156
157
Nicaragua
158
159
Costa Rica
Panama
121
122
Kolum
123

Orte der Karibik – Vorfälle aus den Kapiteln 7–13

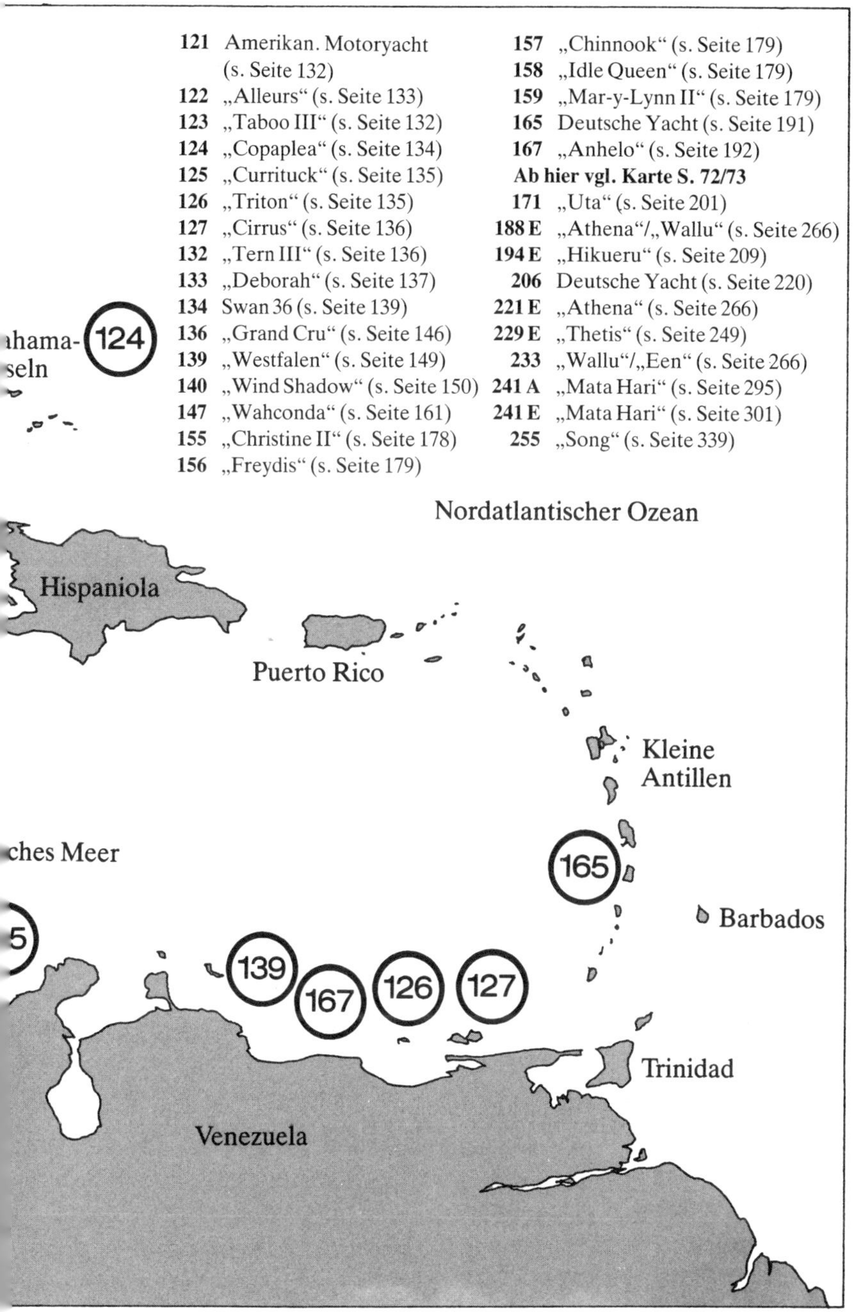

Für Herbert Klein und Gabriele Humpert waren die letzten Tage und Stunden ihres Lebens von tödlicher Angst vor dem Verbrecher Termann erfüllt. Michael Wunsch und Dieter Giesen schwebten nach diesem Blutbad am 13. Dezember 1981 noch eine Woche lang in Lebensgefahr. In einem vielbeachteten Prozeß wurde Paul Termann zu lebenslanger Haft verurteilt. Hätte er die APOLLONIA nicht in Barbados verlassen, sondern wäre nach den beiden Morden mit fremdem Eigentum weitergesegelt, wäre es – ähnlich wie im Fall Sees-Table (siehe Seite 114) – juristisch ein neuer Akt von Piraterie geworden.

Erwähnt werden soll hier auch der Fall Franz Narjes, damals 42, von der PANKRATZ, weil sich hier die verzweifelte Angst zweier Mitseglerinnen vor zwei zudringlichen Männern in der unentrinnbaren Enge einer 9,75 m langen und 3 m breiten Yacht während einer 25tägigen Atlantiküberquerung in einem Totschlag aus Notwehr entlud.

Der deutsche Profiskipper Franz Narjes hatte es übernommen, gegen angemessenes Entgelt den kleinen stählernen Seekreuzer für seinen Eigner, der nach Australien auswandern wollte, von der Nordsee über den Atlantik und durch den Pazifik zu seinem neuen Heimathafen auf dem fünften Kontinent zu überführen. Die Vereinbarung sah eine Alleinfahrt von Narjes vor. Aus bisher nicht geklärten Gründen nahm er jedoch für die Atlantiküberquerung auf den Kanarischen Inseln den deutschen Segler Münter und einige Tage später die beiden jungen Engländerinnen Kitty und Ann mit auf diese Reise – „als Sex-Proviant“, wie Münter später bekundete.

Die beiden Engländerinnen, die diese ihnen zugedachte Rolle jedoch offenbar weder kannten noch spielen wollten, fühlten sich mit jedem Segeltag von den beiden Männern mehr provoziert und bedroht. Sie verbrachten schließlich die meiste Zeit, zusammengekauert vor Angst, in einer der beiden Kojen, wo die vier Besatzungsmitglieder ohnehin umschichtig schlafen mußten. Am 28. November 1982, nicht weit von jenem Schiffsort, an dem ein Jahr zuvor der APOLLONIA-Skipper und seine Freundin ermordet wurden, erstachen die beiden englischen Frauen während einer Nachtwache mit einem Fischmesser den Skipper Franz Narjes und warfen seine Leiche ins Meer. Nach dieser Tat segelte der überlebende Deutsche nach eigenem Bekunden in der Angst weiter, ihn könne das gleiche Schicksal ereilen.

Natürlich nahm die Polizei die beiden Engländerinnen nach dem freimütigen Geständnis ihrer Verzweiflungstat in St. Lucia fest, verhörte sie und übergab sie dann der britischen Polizei. In London sagten sie vor Beamten von Scotland Yard aus, sie hätten aus Notwehr gehandelt, weil sie von Narjes sexuell bedrängt worden seien. Um einer Vergewaltigung zu entgehen, hätten sie ihn erstochen. Die Londoner Polizei schenkte ihnen Glauben und setzte sie auf freien Fuß.

Angst vor einer möglichen Strafverfolgung in Deutschland müssen die beiden Engländerinnen nicht haben. Deutsche Behörden haben noch nicht einmal ein Ermittlungsverfahren gegen sie einleiten können und durften ihre in England protokollierten Aussagen nicht einsehen. So wird es niemals zu einer Verhandlung über den Tod des deutschen Skippers kommen.

10. Waffen an Bord – pro und contra

Absolute Sicherheit gibt es nicht · Der Waffenschein gilt nicht überall
Erst schreien, dann schießen? · Alternative Schutzmaßnahmen

Wer über Waffen an Bord – richtiger: über bewaffnete Yachtsegler – nachdenkt, muß sich zuerst die Frage stellen: Was will man mit den Schußwaffen? Hauptsächlich denkt man dabei wohl an Selbstverteidigung in Notwehr; aber auch die Signalpistole ist eine Schußwaffe, obwohl sie im Sinne der Seestraßenordnung als Rettungsmittel dient.

Amerikanische Fahrtensegler, die sich in vielen Heimatstaaten die gewünschten Schußwaffen nahezu ohne Formalitäten beschaffen können und für die es auch an vielen Orten ihres Landes Übungsmöglichkeiten für deren Gebrauch gibt, sind in der Mehrzahl mit Pistolen, Revolvern oder gar Repetiergewehren ausgerüstet. Deutsche sind – wie die meisten Segler anderer Länder – auf ihren Langreisen meistens unbewaffnet, weil der Erwerb von Schußwaffen im eigenen Land erhebliche Schwierigkeiten bereitet. Aber natürlich haben auch sie genügend Möglichkeiten, im Ausland Waffen zu kaufen und sie auf Yachten unter deutscher Flagge mitzuführen, ohne hierfür ein amtliches Papier zu besitzen. Nach einem deutschen Waffenschein fragt beim Einklarieren im Ausland ohnehin niemand.

Dafür wird beim Einlaufen in einen ausländischen Hafen die Frage nach Waffen an Bord nicht nur unüberhörbar, sondern mehrfach und bei Mißtrauen besonders hartnäckig gestellt; die betreffenden Angaben werden von den Polizeibeamten auch sorgfältig und genau im Cruising Permit festgehalten.

Deklariert man eine Waffe, muß man die meist unterschiedlichen Bestimmungen der Gastländer darüber beachten, ob eine Waffe nur an Bord bleiben oder ob sie auch zum Landgang mitgenommen werden soll. Letzterer Bitte wird kaum entsprochen. Im Gegenteil, man wird die

Waffe dann einziehen und sie erst beim Ausklarieren wieder aushändigen. Waffen, die an Bord bleiben sollen, werden gegebenenfalls auf der Yacht eingeschlossen und ihre Aufbewahrungsbehälter amtlich versiegelt. Aber dann stehen sie natürlich für eine Notwehr nicht zur Verfügung.

Viele Yachtskipper deklarieren ihre Schußwaffen daher gegenüber den Behörden nicht. Damit ersparen sie sich nicht nur unliebsame Formalitäten, sondern sie können auch ihre Waffen griffbereit halten und einsetzen. Aber wenn sie eine nicht deklarierte Waffe tatsächlich gebraucht und mit ihr vielleicht noch einen Bürger des Gastlandes verletzt haben, sind die Formalitäten danach noch unsympathischer.

Selbst zum Kriminellen kann ein sonst unbescholtener Yachtsegler werden, wenn man seine Waffe bei einer Durchsuchung findet. Natürlich gibt es Verstecke, in denen ein Außenstehender eine Schußwaffe kaum vermutet. Aber wenn die berüchtigte „schwarze Gang" bei Verdacht von Drogenschmuggel an Bord kommt, finden diese gewieften Fahnder bestimmt alles. Und heutzutage müssen Besatzungen leider immer damit rechnen, daß auch bei ihnen während einer solchen Durchsuchung, die niemand verhindern kann, das Unterste zuoberst gekehrt wird.

Wie riskant der Besitz einer Schußwaffe an Bord ist, wenn man sie im Ausland nicht deklariert hat, erfuhr im März 1989 ein deutscher Segler in einem spanischen Hafen. Bei einer der üblichen Durchsuchungen von ausländischen Yachten, die man dort zur Verhinderung des Drogenschmuggels vornimmt, fanden Zollbeamte eine Pistole und die dazugehörige scharfe Munition. Der Skipper hatte sie wohl auch darum nicht beim Einklarieren registrieren lassen, weil er keinen deutschen Waffenschein besaß und die Waffe selbst illegal im Ausland gekauft hatte. Er wurde vor ein spanisches Gericht gestellt und zu sechs Jahren Gefängnis verurteilt. Wenn die spanischen Behörden schon einmal Yachtsegler nicht nur wegen Yachtpiraterie und Drogenschmuggel dingfest machen, sind sie mit ihrem Strafmaß nicht zimperlich.

Absolute Sicherheit gibt es nicht

Claus-Peter Schilsky von der NIMANOA hat einmal festgestellt: „Wir leben im Zeitalter der Flugzeugentführungen, Hijackings, Geiselnahmen und Terroristenanschläge. Eine absolute Sicherheit gibt es nicht an

Land und auch nicht auf dem Wasser. Dennoch berühren uns die Mißgeschicke eines Fahrtenseglers intensiver als solche Gefahren oder Naturkatastrophen, wie zum Beispiel ein Erdrutsch auf Madeira. Wir haben das Gefühl, daß ein unkalkulierbares Risiko mehr Sorgen machen kann als zum Beispiel der Entschluß, über den Atlantik zu segeln." Er fragt dann: „Welchen persönlichen Gefahren gegenüber kann man sich absichern?" und bekennt: „Ich habe auf diese Frage noch keine überzeugende Antwort gefunden. Waffen an Bord zu führen, halte ich für zwecklos, ganz abgesehen von den Schwierigkeiten in verschiedenen Häfen. Ich kann mir nicht vorstellen, daß eine Flinte ein Schnellboot mit einem halben Dutzend Rauschgiftschmugglern beeindruckt."

Er hält eine echte Selbstverteidigung für genauso unmöglich wie Irving Johnson, Skipper der YANKEE, der in einem langen Leben siebenmal um die Welt segelte und 1981 zur gleichen Problematik schreibt: „As a last warning: There are practically no cases today where a crew on a small boat could ever win a shoot-out with pirates!"

Gegen Schußwaffen sprechen nach Ansicht von Holger Strauß von der GOLEM auch einige praktische Gesichtspunkte: „In vielen Ländern wird die Waffe einfach nur registriert, meist mit ihrer Nummer. In einigen Ländern muß man sie abgeben und erhält sie beim Ausklarieren wieder. Damit ist sie für die Gesamtdauer des Aufenthalts kassiert, und man muß dann zum ersten Anlaufhafen zurück, um Gewehr oder Pistole wieder abzuholen. Beim Segeln in Passatrichtung kann dies sehr ungünstig sein." Der GOLEM-Skipper berichtet weiter, daß manche Behörden nach seiner Erfahrung mit den sichergestellten teuren Waffen nicht sehr fürsorglich umgehen, die mitunter verrostet aus offenen Lagerschuppen zurückkommen. Was nützen auch abgelieferte Waffen? Wenn man sie zur Selbstverteidigung griffbereit braucht, liegen sie statt dessen auf der Polizeistation!

„In anderen Ländern verlangt das Gesetz, daß man einen verschließbaren Waffenschrank an Bord hat, der natürlich auch – ähnlich wie der Alkoholschrank – versiegelt wird", argumentiert Strauß gegen Waffen an Bord. „Solche einbruchsicheren Schapps bis zur entsprechenden Länge einer guten Doppelflinte müssen vor einem Trans-Ozean-Törn erst mal eingebaut werden." Als weitere Bedingung nennt Strauß: „Natürlich muß dann auch auf Knopfdruck irgendwo eine kleine Klappe aufspringen, damit das Ding griffbereit ist. Langes Räumen und Öffnen von Flurplatten verfehlt im Gefahrenfall den Zweck. Auch die Munition muß darin untergebracht werden."

Mit dem Schießen allein ist es ebenfalls nicht getan. „Ein anderes Problem ist die Korrosion durch die aggressive feuchte Salzluft", gibt Strauß zu bedenken. „Eine Waffe muß gut gepflegt werden, man benötigt dazu die entsprechenden Mittel und vor allem Kenntnisse. Korrosionsprobleme sind besonders bei nicht deklarierten Verstecken zu beachten, die oft schlecht belüftet sind."

Natürlich hat mancher von uns nicht nur den Umgang mit Waffen, sondern auch deren Pflege beim Wehrdienst gelernt. Aber wer denkt in seiner Segelfreizeit an Waffenpflege oder bringt die Zeit dazu auf, wenn man am Ankerplatz lieber sonnenbaden, schwimmen oder tauchen könnte?

Der Waffenschein gilt nicht überall

Ein Skipper, der mit Gästen oder Kindern segelt, ist auch verpflichtet, die mißbräuchliche Benutzung einer Schußwaffe zu verhindern. Zur Sicherung empfiehlt zum Beispiel Bill Kellam einen kleinen magnetischen Fingerring, der wie ein Ehering aussieht und das Abfeuern einer Waffe erst erlaubt, wenn er den Drücker berührt. Schießen kann also immer nur die Person, die diesen Magnetring am Abzugsfinger trägt. Solcherart gesicherte Revolver und Pistolen liefern ausgewählte Waffengeschäfte.

Wie notwendig eine solche Sicherung auch beim Deklarieren einer Waffe ist, zeigt das Erlebnis von Arnold Hebel 1986 nach dem Einlaufen seiner Yacht in eine Marina an der spanischen Südostküste: Als der an Bord gekommene uniformierte Beamte nach einer Waffe fragte, gab Arnold Hebel ihm seine Sternsignalpistole an. Der Beamte wünschte sie zu sehen, nahm sie nach der Vorlage in die Hand, prüfte interessiert das ja wirklich beeindruckende 38-mm-Kaliber und spannte, ehe es der Skipper verhindern konnte, den Hahn.

Nur Arnold Hebel wußte, daß die Signalpistole mit einem weißen Stern geladen war, um unterwegs auf See jederzeit einsatzklar zu sein. Aber ehe er dies dem spanischen Beamten klarmachen konnte, zischte die weiße Leuchtkugel schon aus dem Rohr und sauste im Zickzack von einer Kajütwand zur anderen. Wie durch ein Wunder erreichten alle vier Personen, die sich in der Kajüte befanden, während dieses Feuerzaubers unversehrt die Plicht.

Als die Leuchtkugel schließlich verlöschte und sich der beißende

Rauch in der Kajüte legte, blieben nur noch die Spuren dieses leichtsinnigen Umgangs mit einer Waffe in der Kajüte festzustellen: eine Mulde in der Schlingerleiste des Kajüttisches, von der die Leuchtkugel in die kräftige hölzerne Klappe eines gegenüberliegenden Schwalbennestes prallte, von dort auf den Fußboden sauste, anschließend eine Flasche zerbrach und zum Schluß mit einem großen Loch im Kajütteppich verkohlte.

Das Fazit dieses glimpflich abgelaufenen Vorfalles: Man sollte nur entladene Waffen in der Kajüte aufbewahren und nur ungeladene Waffen bei der Anmeldung in einem Hafen fremden Personen aushändigen. Auch auf See bleibt erfahrungsgemäß genügend Zeit, vor einem Achtungs-Schuß die weiße Sternsignalpatrone in den Lauf zu schieben, ehe man sie abfeuert.

Lehrreich sind auch die Schwierigkeiten, die die Crew des Seekreuzers RANCOT IV mit ihrer Schußwaffe hatte, als sie im Juli 1986 bei einem Besuch in New York einen friedlichen Liegeplatz an der Roosevelt-Insel im East River benutzte. Kurze Zeit, nachdem die vierköpfige amerikanische Besatzung gegen 2200 Uhr zur Koje gegangen war, legte die Küstenwache an und fragte nach dem Woher und Wohin. Zwei Bedienstete gingen an Bord der Yacht, um dort nach Waffen zu suchen. Skipper Randey Fagan gab freimütig zu, Waffen an Bord zu haben, die in seinem Heimatstaat Mississippi ordnungsgemäß registriert seien.

Diese arglose Mitteilung ließ die Küstenschutzmänner jedoch sofort die New Yorker Polizei alarmieren, und wenig später lagen drei Polizeiboote vor und neben der RANCOT IV. Was dann geschah, erzählt ein Crewmitglied: „Nun kamen mehrere Polizisten an Bord, nahmen unseren Revolver und prüften unser Seenotfeuerwerk, die Schwimmwesten und andere Sicherheitsgeräte. Darüber wurde es Mitternacht. Anschließend verlangten sie, daß Skipper Randey den Seekreuzer zur nächstgelegenen Marina fahren und von dort die Polizisten zum Revier begleiten solle. Randey wollte nicht. ‚Ich habe am Abend etwas getrunken‘, sagte er, ‚ich werde mein Boot nicht führen.‘ Darauf brachten die Uniformierten ihn auf ein Polizeiboot und fuhren mit ihm zur Marina an der 23. Straße, wo sich bereits Reporter mit Videokameras zu seinem Empfang aufgestellt hatten. Sie warteten hier, wie wir anschließend erfuhren, auf die ‚Terroristen‘, die mit ‚einer automatischen Waffe nahe beim UN-Wolkenkratzer geankert hatten‘. Randey wurde über zwei Stunden lang verhört und entging nur um ein Haar der Verhaftung wegen des Besitzes von Schußwaffen. Als man ihn schließlich gegen 0300 Uhr früh mit

Polizeieskorte und ohne seine beschlagnahmte ‚Kanone' an Bord der RANCOT IV zurückbrachte, riet man ihm, New York so schnell wie möglich zu verlassen, um einer möglichen Geldstrafe zu entgehen."

Die RANCOT IV-Crew folgte diesem Rat und ging unmittelbar danach ankerauf, bis sie an der Westseite des Hudson nach relativ kurzer Fahrt den US-Staat New Jersey erreichte, wo sie die Vereinten Nationen nicht mehr „bedrohte" und wo auch offenbar liberalere Waffengesetze gelten. „Jeder der Bediensteten war nett zu uns", endet der Bericht der amerikanischen Crew über dieses Erlebnis in ihrem eigenen Heimatland. „Aber was muß man davon halten, daß man mitten in der Nacht in seinem schwimmenden Heim auf diese Weise heimgesucht wird? Und warum gilt der Waffenschein, den man in einem Staat der USA erhält, nicht auch in jedem anderen?"

Nun, diese Frage betrifft nur amerikanische Segler. Wir aber sollten daraus die Lehre ziehen, daß „very important persons" überall in der Nähe unseres Liegeplatzes leben und daß wir genauso als mutmaßliche Terroristen verdächtigt und behandelt werden könnten wie die RANCOT IV-Crew, wenn dies der Fall ist. Mit unserem CORMORAN kamen wir zum Beispiel im Sommer 1981 ungewollt in eine ähnliche Situation, als am Kai von Sonderburg in Dänemark während des Nachmittags eine große Segelyacht festmachte, auf der sich der damalige Bundeskanzler Helmut Schmidt mit Frau und einigen Bundesministern befand. Ein Kriegsschiff der Bundesmarine legte sich anschließend zwischen unser Boot und die Bundeskanzler-Yacht, und ehe wir uns versahen, waren wir in einen militärischen Sperrbezirk mit einbezogen. Glücklicherweise nahm man unsere Familiencrew nur optisch unter die Lupe. Der Bundeskanzler fühlte sich durch die Seesoldaten mit geschultertem Karabiner neben seiner Gangway vor bewaffneten Anschlägen offenbar ausreichend geschützt.

Erst schreien, dann schießen?

Nicht in jeder unerwarteten Gefahrensituation gleich losballern, sondern erst schreien und dann schießen, haben sich Hermann und Judy Ludwig nach einem Überfall vorgenommen, der sich im September 1988 auf ihrem Liegeplatz vor dem Anchorage Hotel in Roseau auf Dominica ereignete. „Wir wollten hier nur eine Nacht verbringen und fühlten uns vor dem beleuchteten Hotel am Ufer absolut sicher", berichtet Hermann. „Ich schlief auch gut, bis ich gegen 0315 Uhr zur Toilette ging. Als ich danach kaum fünf Minuten im Vorschiff in meiner Koje lag, hörte ich ein quietschendes Geräusch vom Kajüteingang. Als ich mich aufsetzte, sah ich einen dunklen Schatten, der gerade den Niedergang zur Kajüte herabstieg. Furchtbar erschreckt fing ich an zu schreien. Schon beim ersten Laut drehte sich der Eindringling auf der Stelle um und rannte davon. Ich griff mir meine Pistole aus dem Bücherbord neben der Koje und stürzte in die Plicht. Gott sei Dank war der Fremde verschwunden, und ich mußte nicht schießen."

Hermann Ludwig bekennt dann, daß er bis zu diesem Vorfall immer im Zweifel gewesen war, ob er den Abzug seiner Pistole hätte betätigen können. „Heute ist die Antwort ja", sagt er. „Wäre der Eindringling nicht weggerannt, hätte ich abgedrückt, ohne mit der Wimper zu zukken. Das wußte ich jetzt genau!"

Diese Meinung teilte offenbar auch die Ehepaarcrew Peter und Sissy Trabant, bis sie im Januar 1987 mit ihrem 10,50-m-Seekreuzer IONA in Sardinien überwinterten. Aber nach dem folgenden Erlebnis änderten sie ihre Meinung. „Als wir in einer sehr kalten Nacht am Kai von Palau in Nordsardinien lagen", erzählt Peter, „und schon einige Nachtstunden ruhig und tief geschlafen hatten, wachte ich von einem Geräusch auf und dachte zuerst, unsere Katze sei von ihrem nächtlichen Stadtausflug wieder an Deck gesprungen. Ich öffnete aber doch die Augen und sah statt dessen einen fremden Mann im Salon stehen, der vorsichtig das Kajütschiebeluk von innen schloß. Da brüllte ich den Fremden wütend an – mit einem Schrei, der mich genauso erschreckte wie ihn. Der Mann zuckte zusammen, stolperte den Niedergang hoch, stürzte in die Plicht und lief dann, so schnell ihn seine Beine trugen, über den Kai in die Stadt.

Genauso einfach hätte ich auch meinen Revolver ergreifen und auf ihn richten können. Der Schrei war aber wohl der bessere Reflex. Denn wir stellten anderntags fest, daß der Unbekannte ein Soldat des Militärstützpunkts auf einer Insel im Maddalena-Archipel gewesen war, der die letzte Fähre um 0030 Uhr verpaßt und nur Ausschau nach einem trockenen und warmen Plätzchen für die Nacht gehalten hatte. Was, wenn ich auf ihn ganz ohne Warnung geschossen hätte? Die Moral aus diesem Erlebnis: Lieber zuerst schreien als gleich schießen."

Genau gegenteiliger Meinung ist Mauricio Black von der ANHELO, der insbesondere Klaus Hardtmann und dessen Meinung zum Tod des WINDFLOWER-Skippers beim Überfall am Ankerplatz in Venezuela im

November 1987 (siehe Seite 62) widerspricht: „Ein Eindringling, der mitten in der Nacht heimlich an Bord schleicht, obwohl er genau weiß, daß dort die Besatzung schläft, muß entweder ein Verbrecher, ein Betrunkener oder ein Schwachkopf sein. In jedem Fall ist er ein gefährlicher Mensch, dem alles zuzutrauen ist. Einem solchen Subjekt muß man sofort mit aller Schärfe begegnen. Man darf nicht der Illusion erliegen, daß der oder die Eindringlinge sich nur einen Spaß machen wollen und zur Besatzung nett sein werden, wenn sie freundlich empfangen werden. Man muß in einer solchen Situation nicht überlegen, ob diese Leute schon mehr solcher Einbrüche auf dem Kerbholz haben oder ob sie bei ihrem ersten Eindringen vielleicht die Nerven verlieren könnten. Was einzig und allein zählt, ist die Tatsache, daß man in *deine Privatsphäre* eingedrungen ist, daß man *dein Eigentum* gefährdet hat, daß *deine Frau oder Freundin* vielleicht vergewaltigt werden könnte und daß letztlich *dein Leben* auf dem Spiel steht."

Skipper Black, der unheilvoll einen Betrunkenen mit einem Verbrecher gleichsetzt, gibt dann zu bedenken, daß die Eindringlinge immer das Gesetz des Handelns auf ihrer Seite haben und Zeit und Ort des Überfalls bestimmen. Demgegenüber können der Skipper oder eine überfallene Crew nur *re*agieren. Er gibt den Rat: „Der Entscheidung, eine Waffe an Bord zu nehmen, muß der Entschluß vorausgehen, sie bei Gefahr tatsächlich zu benutzen. Nichts ist gefährlicher, als eine Waffe zu ergreifen, ohne sie sofort abzudrücken. Mir hat mein Vater die Erfahrung mit auf den Weg gegeben: Ziehe deine Waffe nicht eher aus dem Halfter, als du sie tatsächlich einsetzen willst. Nur wer zuerst abdrückt, wird bei einem Schußwechsel überleben."

Es fällt schwer, den Grundsatz zu teilen: Besser für viele Jahre ins Gefängnis gehen, als für immer ins Grab, wenn man zu früh geschossen und einen Unschuldigen verletzt oder gar getötet hat. Glücklicherweise liegt uns europäischen Seglern diese Wildwestmanier nicht – aber Notwehrentscheidungen muß jeder Skipper, der ausländische und vielleicht sogar gefährliche Gebiete aufsucht, selbst treffen.

Alternative Schutzmaßnahmen

Wer sich wehren will, muß ja nicht gleich eine todbringende Waffe erwerben. Zwar teile ich nicht die Meinung des Extremseglers Tristan Jones, der sich selbst mehrköpfige Piratencrews mit Pfeil und Bogen vom Halse halten will. Zugegeben, auch solche Selbstbaugeschosse überbrücken einen Bereich von zwei bis drei Bootslängen, und niemand wird unbeeindruckt bleiben, wenn ihm unerwartet Pfeile um die Ohren fliegen. Wer aber wirklich angreifen will, wird sich von solchen Geschossen kaum ins Bockshorn jagen lassen, den Erstangriff jedoch sehr viel unverfrorener mit Gewehr- oder Pistolenschüssen beantworten. Immerhin bietet (nicht nur) der Fachhandel heutzutage preiswerte Bögen (zum sportlichen Bogenschießen), sondern auch Weitschuß-Armbrüste an, die – mit Zielfernrohr – noch auf eine Entfernung von 50 Metern haargenau treffen können.

Zur Verteidigung in Innenräumen sind Pfeil und Bogen natürlich ungeeignet. Für diesen Zweck kann man jedoch überall Gas-Signalwaffen (ab 18 Jahre) erwerben, die äußerlich wie bewährte Browning- oder Mauser-Modelle aussehen, aber nur Schreckschußwirkung haben. Mit einem Zusatzlauf eignen sich einige auch zum Verschießen von Sternsignalmunition, so daß man sie auch im Seenotfall verwenden kann.

Als ich das Thema „Waffen an Bord" kürzlich mit Gästen diskutierte, kamen natürlich auch Alarmanlagen mit Blinklicht oder Sirenen zur Sprache. Am meisten beeindruckte mich jedoch der Tip eines Freundes: „Wenn jemand bei Nacht unerlaubt mein Deck betritt, wird über Rüttelschalter eine Kassette in Gang gesetzt, und aus dem Bordlautsprecher ertönt lautes Hundegebell." Solch aggressiver Hundelärm kann sicher einen Gelegenheitseindringling verscheuchen. Und sollte er dann doch Zugang zur Kajüte suchen, steht seine verbrecherische Absicht fest und kann entsprechend durchkreuzt werden.

Wo immer Fahrtensegler zum Erfahrungsaustausch zusammenkommen, werden sie dieses lebenswichtige Problem diskutieren. Ich denke dann stets an das mahnende Wort des bekannten amerikanischen Trans-Ozean-Seglers und Autors Hal Roth: „Waffen sind zum Töten gemacht, Freunde kann man damit nicht gewinnen."

Teil II
Seeräuberei

11. Diebstahl von Yachten

Abenteuerlustige Einzeltäter · Fahndungsnetz und Rasterfahndung Jeder auffällige Fremde kann ein Krimineller sein · Versicherungsbetrug im Auftrag · Kurse von entlarvten Dieben

Yachtdiebstahl ist heutzutage ein in vielen Ländern verbreitetes Unwesen und ein grenzüberschreitendes dazu. Yachtdiebe operieren zwar meist aus Häfen und damit aus dem Hoheitsgebiet eines Landes, doch nach kaum einer Stunde Fahrtzeit können sie ihre Beute in internationale Gewässer geschafft haben, und hier werden sie – selbst von den Behörden des Landes, in dem das Verbrechen stattfand – zumindest vorerst nicht weiter verfolgt. Läuft eine gestohlene Yacht in ein anderes Hoheitsgewässer ein, muß der Dieb bis zum Beweis des Gegenteils als unbescholtener, rechtmäßiger Eigentümer der Yacht gelten, und der zeitraubende Beweis des Diebstahls fällt meistens schwer.

Selbst ertappte und überführte Yachtdiebe werden im Ausland nur selten verfolgt – teils weil die Eigner oder die Versicherungen froh sind, die Yacht unbeschädigt wiedererhalten zu haben, teils auch, weil die Landesbehörden kein anderes Interesse haben, als die unerwünschte Person – den Dieb – möglichst schnell und kostengünstig in das nächsterreichbare Land abzuschieben.

So unterbleibt in den meisten Fällen nicht nur eine Ahndung durch Auslieferung des Diebes an sein Heimatland bzw. an den Tatort, sondern es findet überhaupt keine Strafverfolgung statt. Yachtdiebe bleiben somit nicht nur unbestraft auf freiem Fuß, sondern kehren auch oft und umgehend an den früheren Tatort zurück, weil sie die örtlichen Verhältnisse bereits gut kennen; dort stehlen sie, meist schon wenige Tage nach ihrer Ankunft, die nächstbeste Yacht nach der gleichen Methode. Viele Yachtdiebe, die namentlich bekannt sind, treiben so nahezu unbehelligt ihr Unwesen, wie die folgenden Beispiele zeigen.

Wirksam begegnen wird man dieser gefährlich anwachsenden Flut von Yachtdiebstählen nur dann, wenn man den Raub einer Yacht als das einstuft, was er wirklich ist, nämlich Seeraub oder Piraterie, und wenn man auch auf Yachtdiebe die entsprechenden, international gültigen Gesetze der Seeräuberei anwendet.

Bisher brachte man das Wort „Yachtdiebstahl" zwangsläufig in gedankliche Verbindung zu „Handtaschendiebstahl" oder „Ladendiebstahl", vergleichsweise leichten Delikten. Yachten sind aber nicht aus dem Portemonnaie zu bezahlen, sondern haben oft einen sechsstelligen Wert. Das mag zwar als wenig erscheinen im Vergleich zu den sieben- bis neunstelligen Summen, die ein Frachtschiff und/oder seine Ladung wert sind, aber „Kapern eines Schiffes" und „Entwenden einer Yacht" sind juristisch wohl doch nicht voneinander zu trennen. Sie liegen einander zumindest näher als „Fahrraddiebstahl" und „Yachtdiebstahl".

Die gültigen internationalen Bestimmungen über die Piraterie sind in der am 30. 9. 1962 in Kraft getretenen „Konvention über das offene Meer" enthalten, die von der Seerechtskonferenz der Vereinten Nationen am 29. 4. 1958 in Genf verabschiedet und von den Vertretern der Länder unterschrieben wurde. Diese Konvention ist gleichzeitig eine Verpflichtungserklärung, bei der Unterdrückung und Bekämpfung der Piraterie international eng zusammenzuarbeiten. Die ganz besonderen Bedingungen der Yachtpiraterie konnten in dem damaligen Pirateriebegriff, der ausschließlich auf die Schiffahrtsverhältnisse zugeschnitten war, natürlich noch nicht enthalten sein. In der Fassung vom 29. 4. 1958 umfaßt Piraterie „jede rechtswidrige Gewalttat, Gefangenhaltung oder Plünderung, die zu privaten Zwecken von der Besatzung oder den Passagieren eines privaten Schiffes oder eines Luftfahrzeugs auf dem offenen Meer gegen ein anderes Schiff oder Luftfahrzeug oder gegen Personen oder Vermögenswerte begangen wird bzw. gerichtet ist." Damals ging man natürlich von der Tatsache aus, daß immer mehrere Personen (eine Besatzung) ein Schiff kapern müssen und nicht nur ein Einzeltäter ein Schiff stehlen kann, wie es bei Yachten möglich ist, und daß diese „rechtswidrige Gewalttat" ihren Anfang immer nur in internationalen Gewässern nimmt. Die meisten Yachtdiebstähle erfolgen jedoch in Hoheitsgewässern, das heißt im Hafen oder am Ankerplatz.

Wenn man einwendet, daß ein Pirat als Seeräuber nach sprachlichem Verständnis und herkömmlichem Rechtsempfinden sich immer des Raubes schuldig gemacht haben muß, das heißt des „gewaltsamen Wegnehmens" oder des „Wegnehmens mit Gewaltanwendung gegen eine Person", und daß bei einem Yachtdiebstahl nur ein weitgehend ungeschützt daliegender Gegenstand weggenommen wird, so muß man dagegen halten: Ein Pirat oder Seeräuber wird ja auch als „Freibeuter" bezeichnet, und unter diesem sprachlichen Begriff versteht man eine Person, die ohne Rücksicht auf Sitte und Gesetz ihren Vorteil wahrnimmt. Im Hinblick auf den einer teuren Immobilie vergleichbaren sechsstelligen Wert vieler Yachten sollte die Rechtsprechung die Wegnahme eines solchen „kleinen Schiffes" schon als Raub und gegebenenfalls, wenn der Yachtpirat bewaffnet ist oder bei seiner Festnahme von der Waffe sogar Gebrauch macht, als bewaffneten Raub ahnden können, bis internationale Vereinbarungen dieses „Entwenden einer Yacht" mit dem „Kapern eines Schiffes" gleichsetzen und diesbezüglich berichtigte oder ergänzende Passagen in eine novellierte Konvention zur Unterdrückung und Bekämpfung der Piraterie einsetzen.

Der Fall Sees-Table in den Bahamas zeigt, daß sogar eine nationale Rechtsprechung sehr wohl in der Lage ist, die unstreitig bewaffnete Entführung einer Yacht nicht nur als Raub oder Raubmord, sondern direkt als „Seeräuberei" oder „Piraterie" zu bezeichnen und drastisch höher zu bestrafen. Zweifellos hat das damalige Strafmaß eine hohe abschreckende Wirkung erzielt. Nur wenn sich auch die europäischen Gerichte (und hier insbesondere die Gerichte der europäischen Gemeinschaft) dazu entschließen, ähnliche Exempel zu statuieren, wird man die Yachtpiraterie wenn nicht sofort eindämmen, so doch zumindest in ihrer Entwicklung merklich abstoppen können.

Abenteuerlustige Einzeltäter

Wenn man gelegentlich über Yachtdiebstahl liest, denkt man meistens – wie beim Autodiebstahl – an internationale Organisationen von Dieben und Hehlern, die ihr kriminelles Gewerbe aus Gründen des Profits betreiben. Man stellt sich die Aktiven vor, die eine bestimmte Yacht belauern, nach nächtlichem Einbruch fahrklar machen und aus dem Hafen auf die hohe See hinaus entführen, wo sie vielleicht von einem bereitliegenden Fahrzeug aufgetankt wird, damit sie möglichst schon vor dem Entdecken ihres Verschwindens zu entlegenen Küsten entkommen kann. Von dort wird die Beute dann zu fernen Hehlern geschippert, die alle charakteristischen Kennzeichen tilgen und sie auf dem Gebrauchtbootmarkt durch ein günstiges Angebot möglichst umgehend versilbern. Die Käufer müssen ja nicht nur in den USA, in Brasilien oder in fernen Ländern wohnen.

Aber diese Vorstellungen sind falsch.

Einen solchen organisierten Ring gibt es (noch) nicht, und Diebe stehlen auch (meistens) nicht Yachten, um sie zu verkaufen. Die Yachtpiraten unserer Zeit sind Einzeltäter, und sie eignen sich nicht fremdes schwimmendes Eigentum an, um sich zu bereichern, sondern sie wollen einfach nur das gleiche, was auch die legalen Eigner mit ihrer Yacht im Sinne hatten: das Leben genießen, eine ungezwungene Freiheit auf dem Meer erleben und fremde Menschen an fernen Küsten kennenlernen. Nur dafür benötigen sie das Boot. Sie wollen nicht warten, bis sie genügend Geld für den Kauf einer Yacht zusammengespart haben oder bis sie ein Schiff vielleicht in jahrelanger Sisyphusarbeit mit eigenen Händen fertiggestellt haben, um sich solche Wünsche zu erfüllen. Sie wissen auch, daß sie vielleicht nie in der Lage sind, auch nicht bei fleißigster Arbeit und sparsamster Lebensführung, sich solche Träume aus eigener Kraft in angemessener Zeit zu erfüllen. Und daher sehen sie keine andere Möglichkeit, als diese Pläne beizeiten auf krummen Wegen und mit krimineller Energie zu verwirklichen.

Die meisten Yachtpiraten scheinen sich spontan zum Diebstahl entschlossen zu haben – beim harmlosen Besuch eines Yachthafens, auf einer Urlaubstour, nach dem sehnsüchtigen Studium von Yachtzeitschriften, nach dem Kennenlernen von Seglern am Steg und dem Einblick in deren Denk- und Lebensweise.

Da gibt es zum Beispiel das deutsche Ehepaar Ulla und Jens Sentner, das im Oktober 1984 mit Auto und Hund Urlaub am Golf von Genua machte. Warum, dachte es vielleicht, sollte man sich nicht einmal den 16-m-Seekreuzer STRAWINSKI ansehen, den der italienische Eigner an seinem Liegeplatz in der Marina Lavagna verkaufen wollte? Wer nimmt auch nicht die Gelegenheit zu einem kurzen Segeltörn wahr, wenn sie ihm als vermeintlichem Kaufinteressenten, für dessen Einschätzung ja letztlich der Eigner die Verantwortung trägt, so offenherzig angeboten wird? Ausgestattet nicht nur mit den Bootspapieren der STRAWINSKI, sondern auch ganz offiziell im Besitz des Zündschlüssels, warfen die Sentners schließlich los und verließen die streng bewachte Marina letztlich mit dem Segen des Eigners. Dieser schöpfte auch deshalb keinen Verdacht, weil der Opel Ascona seiner deutschen Interessenten auf seinem Parkplatz zurückblieb. Der Hund war natürlich an Bord.

Als die Probefahrt auch nach Tagen noch nicht beendet war, erstattete der Eigner Anzeige. Die Polizei ermittelte mit Hilfe des Autokennzeichens Daten und Anschrift des betrügerischen Paars, und es begann die internationale Fahndung. Eine in der Euphorie ihres vermeintlichen Piratenerfolgs von Ulla Sentner aus Malaga an ihre Mutter in Deutschland geschickte Postkarte gab schließlich nicht nur einen Schiffsort, sondern auch das Ziel der Reise bekannt: zuerst Las Palmas auf Gran Canaria und dann die Karibik. Aber vor dem Erreichen dieser Traumziele hingen erst einmal Handschellen. Die freundlichen Leute, die den Sentners beim Festmachen der STRAWINSKI am Kai von Las Palmas halfen, waren Polizisten in Zivil, die das Seglerpärchen zur Bestrafung dorthin zurückbrachten, wo nicht mal mehr der inzwischen beschlagnahmte Opel auf sie wartete. So wurde es zwar ein sportlicher Trip über eine recht lange Distanz, der sie aber mit seiner kurzen Fahrzeit von nur drei Wochen teuer zu stehen kam.

Die meisten solcher spontanen Täter sind am Beginn ihrer Verbrecherkarriere, wenn sie sich Papiere erschleichen, Kajüteingänge aufbrechen und Schiebluks hochhebeln, nahezu mittellos, und sie bleiben auch meistens während der Reise mit dem gestohlenen Fahrzeug arm. Bargeld für die Weiterfahrt versuchen sie gelegentlich durch Mitsegler zu beschaffen, die ihnen gleichzeitig Gesellschaft leisten; das Geld für Hafengebühren und Kraftstoff erwerben sie durch den Verkauf des einen oder anderen der zahlreichen elektronischen Geräte an Bord, mit denen sie ohnehin nicht umgehen oder die sie leicht entbehren können.

Werden sie mit ihrer Beute nicht erwischt, dann schlachten sie die gestohlene Yacht nach und nach aus. Welcher Nachbar am Ankerplatz kann nicht eine fast neue Ankerleine oder einen Zweitanker gebrauchen, ein Beiboot oder einige Fender? Und wem sollte man nicht ein Segel offerieren, wenn man gesprächsweise einen Interessenten findet? Viele Seekreuzer sind bekanntlich überkomplett ausgerüstet, und dadurch ist manches zu entbehren. Natürlich wird dabei auch das längste Hemd einmal zu kurz und die bestausgerüstete Yacht zu einer leergeräumten Hulk. Aber dann hat der inzwischen zum erfahrenen Segler gereifte Dieb die Möglichkeit, an einem unbewachten Liegeplatz das abgemagerte alte Schiff gegen ein fettes neues zu vertauschen oder die alte Beute zu den Fischen zu schicken, mit dem Dingi an die nahe Küste zu fahren und sich im benachbarten Hafen eine neue Yacht zu kapern.

Die meisten professionellen Yachtpiraten sind kriminelle Einzelgänger, die höchstens noch mit ihrer Gespielin als Pärchen arbeiten. Ungestilltes Fernweh und Träume vom besonnten Nichtstun unter weißen Segeln sind ja nicht nur beim männlichen Geschlecht stark ausgeprägt.

Viele der jungen Frauen und Mädchen, die man nicht nur in den Herbstmonaten in den Yachthäfen südeuropäischer und insbesondere kanarischer Häfen antreffen kann, suchen nicht nur das Abenteuer einer Blauwasserfahrt mit ehrlichen Yachteignern. Sie mustern auch bei Skippern auf gestohlenen Yachten an, deren Herkunft sie ja nicht gekannt haben müssen, und manche sind sogar bereit, mit einem Partner das Risiko zu teilen und tätige Mithilfe beim Yachtdiebstahl zu leisten.

In den letzten Jahren haben sich einige deutsche Yachtdiebe besonders negativ profiliert, weil sie auch nach Entdeckung eines Diebstahls ganz unverfroren und nur kurze Zeit später die nächste Yacht entführten. Sie sind dem Namen nach bekannt geworden, weil selbst eine Inhaftierung mit Abschiebung in ein anderes Land oder gar eine kurze Haftstrafe im Ausland sie nicht davon abhalten konnten, sogar noch eine dritte Yacht aufs Korn zu nehmen und mit ihr die unbegrenzte Freiheit hinter dem Horizont ein weiteres Mal zu suchen.

Fahndungsnetz und Rasterfahndung

Wie sehr der Yachtdiebstahl weltweit verbreitet und international verzahnt ist und wie notwendig daher eine Ländergrenzen überschreitende Strafverfolgung in Anlehnung an die für Piraterie geltenden Gesetze ist, mögen einige Beispiele aus der immer länger werdenden Fahndungsliste des Bundeskriminalamtes andeuten:

- Am 17. 1. 1984 wurde in Martinique auf den Französischen Antillen der deutsche Seekreuzer UTA entwendet. Typ Swan 48, Baujahr 1983, Abmessungen 14,64 × 4,40 × 2,36 m, 106 m² Segelfläche, 68-PS-Dieselmotor. (Es folgen die besonderen Kennzeichen, die elektronische Ausrüstung und so weiter.) Wert ca. 550 000 DM.
- Zwischen dem 6. und 13. Oktober 1986 wurde aus der Marina Dubrovnik die 10,20 m lange WILMA, Heimathafen München, vom Typ Najade 343 gestohlen. Wert 250 000 DM.
- Am 3. Dezember 1986 wurde aus dem Hafen von Mandelieu-La-Napoule an der französischen Atlantikküste die 1985 aus Stahl gebaute, 17,08 m lange STARSHIP entwendet. Der Schuner ist mit zwei Einbaumotoren ausgestattet und im Seeschiffsregister Hamburg eingetragen.
- Am 18. Oktober 1986 wurde in Antibes an der französischen Mittelmeerküste der 11,75-m-Seekreuzer HUEGES vom Typ Sunfizz gestohlen. Wert 200 000 DM.

WANTED!
Der „Yachtklau" geht um!

Alu-Yacht Ovni 41 unterschlagen

„Papillon" (Contest 33) aus Rosas entwendet

Kielschwerter „Opus" gestohlen

Die „Opus", ein one-off-Eigenbau, wurde am 27. Juni zwischen 02.00-09.00 Uhr von ihrer Muring im Sportboothafen Seeburg in Kiel entwendet. Das charakteristische Schiff wurde 1987 gebaut, ist leicht an Maststufen an der Stirnseite des Mastes zu erkennen, hat keine Wasserlinie, einen integrierten Heckspoiler, Goiot-Luken, eiserne Scheu-

Belgische Hallberg Rassy „Tjike Tjake" entwendet

WANTED

Motorsegler gestohlen

Belohnung ausgesetzt

n der Nacht vom 23. auf den 24. Januar wurde der Motorsegler „Targa" vom Typ Nau-Cat 33 aus der Marina Puerto Blanco in Calpe Spanien) entwendet. Das Schiff hat folgende Abmessungen: 10,10 x 3,26 x ,25 m. Der Rumpf ist normalerweise dunkelblau, das Deck weiß mit schwarzen Anti-Slip-Streifen. Auffällig, nd für diesen Schiffstyp echt ungewöhnlich, ist das Fehlen eines Teakdecks. Außerdem ist kein Beiboot an Bord. Das unter deutscher Flagge eingetragene Schiff hat die Registrierungsnummer S 39949 und trägt im Segel das Zeichen N 33. Wer Angaben über den Verbleib des Schiffes machen kann, wende sich bitte umgehend an die Yachtversicherung H. Pantaenius, Chilehaus A, 2000 Hamburg 1, Tel. 040/ 321080.

Wanted ★

Folkeboot gestohlen!

Mitte August wurde in Bojden in der Nähe von Faarborg das Folkeboot „Jenten" FD-499 gestohlen.
Das Schiff hat folgende Merkmale: Je 1 Fenster auf jeder Seite. Deck: Elfenbeinfarbig, GFK überzogen, Rumpf: Mahagoni-natur, Wasserpaß weiß, Unterwasserschiff schwarz, Mast und Baum weiß.
Die Segelnummer sowie der Schiffsname sind am Baum angebracht. Das Schiff hat auf der Bb-Seite (vorne) an der 1. und 2. Planke keilförmige Reparaturstellen. Motor: 7 PS Marina mit Halterung, gesichert mit grün überzogener Kette.
Wer das Schiff sieht oder Hinweise über seinen Verbleib geben kann, wendet sich bitte an die Wa...

... Achtung! ... Wir bitten um Ihre Hilfe! ... Fahnden Sie mit! ...

FAM gestohlen!!!

In der Nacht zum 12. 7. 1987 wurde von der Steganlage des Campingplatzes Lindaunis dem Ehepaar Ingrid und Wienold Schröer, Kornblu-

Segelyacht „Starship" gesucht:

Nachrichten, die heutzutage in der Seglerpresse zur alltäglichen Selbstverständlichkeit geworden sind.

● Ende August 1988 wurde aus dem spanischen Hafen Benalmadena die Maxi 95 Ghibli II gestohlen. Die 9,50 m lange Yacht mit Mittelplicht hat die Segelnummer 1307.
● Am 28. März 1987 wurde die 16,85 m lange Segelyacht Mon Amour aus der Marina Zadar in Jugoslawien entwendet. Der Eigenbau aus Kunststoff ist ketschgetakelt.

● Mitte August 1987 wurde in Bojden bei Faarborg in Dänemark das Folkeboot JENTEN gestohlen.
● In der Nacht zum 12. 7. 1987 wurde von der Steganlage in Lindaunis an der Schlei die Segelyacht FLOH vom Typ Fam gestohlen.
● Am 10. September 1988 wurde von der Muring der Marina Lagos in Portugal die 10,60 m lange EUPHORIA vom Typ Tradewind 35 gestohlen.
● Zwischen dem 9. und 11. 7. 1987 wurde der 11-m-Seekreuzer JABALINA vom Typ Sigma 36 aus der Marina Wendtorf-Ostsee gestohlen. Wert 170 000 DM.
● „WANTED! Der Yachtklau geht um!“ Unter dieser Überschrift bringt die Seglerzeitung in ihrer Nr. 8/88 gleich sechs aktuelle Diebstahlsmeldungen deutscher Seekreuzer mit der Bitte an alle Segler und Leser, bei der Fahndung zu helfen: Da ist die 12,80 m lange Aluminiumyacht POLARIS am 21. Mai 1988 aus der Marina Cogolin in Südfrankreich nach Ablauf eines Chartervertrages nicht wieder zurückgekehrt. Am 20. März 1988 wurde die 11,52 m lange, im klassischen Stil gebaute Yawl SUE aus dem Hafen Mogan auf den Kanarischen Inseln gestohlen. In der Nacht vom 24. zum 25. Mai verschwand aus Blankenberge in Belgien die 10,50 m lange TJIKE TJAKE vom Typ Hallberg-Rassy 352. Seit 27. Juni zwischen 0200 bis 0900 Uhr gilt der 15 m lange stählerne Kielschwerter OPUS im Sportboothafen Seeburg an der Kieler Förde als entwendet. Die 11,57 m lange TALOAH II vom Typ Hallberg-Rassy 38 verschwand am 2. Juli aus der Marina Hindelopen in den Niederlanden, und eine 10,05 m lange Contest 33 mit Namen PAPILLON wurde aus dem Hafen Rosas in Spanien offenbar bereits am 20. Januar entführt, was aber erst jetzt bemerkt wurde.

Alle Suchmeldungen schließen mit dem üblichen Satz: Hinweise nimmt das Bundeskriminalamt in Wiesbaden entgegen, Telefon 06121/ 55-1.

Diese Fahndungslisten des Bundeskriminalamtes sind meterlang. Die Aufklärungsquote war bisher jedoch gering. Nicht nur die internationale Zusammenarbeit bei der Fahndung erscheint mir nach wie vor unbefriedigend, die beteiligte Kriminalpolizei scheint auch nur geringe Aktivitäten zu entwickeln.

Demgegenüber ist es für Verbrecher schon ein lohnendes Risiko, ihre kriminelle Energie an den Yachtdiebstahl zu wenden. Auf welche andere Weise kann man sich so schnell und immer noch nahezu gefahrlos Beutestücke im Wert komfortabler Einfamilienhäuser aneignen und diese außerdem auf den längsten und breitesten Straßen der Welt, die

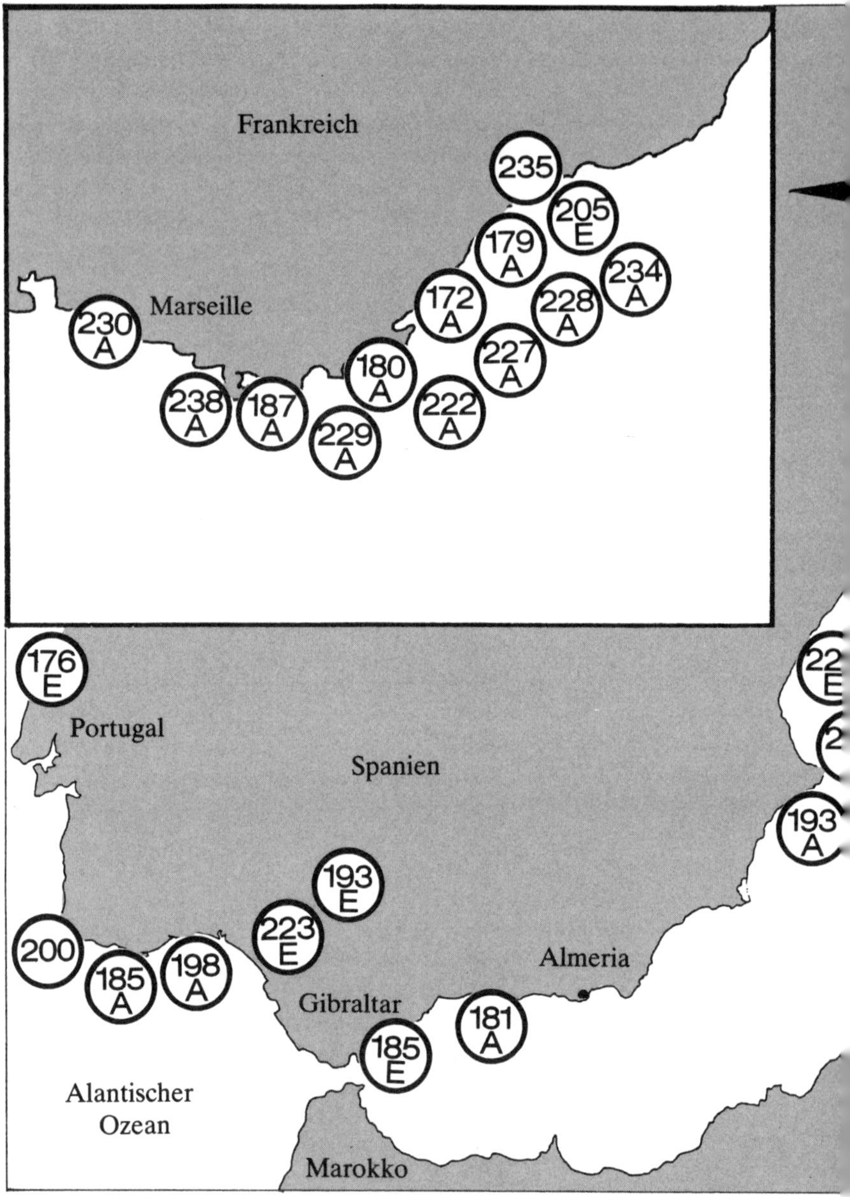

170 A „Strawinski“ (s. Seite 199)
172 A „Polaris“ (s. Seite 203, 276)
176 E „Taloah II“ (s. Seite 203)
177 A „Papillon“ (s. Seite 203)
179 A „Starship“ (s. Seite 201)
180 A „Hueges“ (s. Seite 201)
181 A „Ghibli“ (s. Seite 202)
185 A „Euphoria“ (s. Seite 203)
185 E „Euphoria“ (s. Seite 203)
187 A „Wiesel“ (s. Seite 206)
187 E „Wiesel“ (s. Seite 206)
188 A „Athena“/„Wallu“ (s. Seite 263)
189 A „Onda“/„Taurus“ (s. Seite 263)
193 A „Marga“/„Westen“ (s. Seite 208)
193 E „Marga“/„Westen“ (s. Seite 208)
194 A „Hikueru“ (s. Seite 209)
195 A „Charmer“ (s. Seite 209)
195 E „Charmer“ (s. Seite 209)
196 Cometone (s. Seite 212)
197 Blue Ocean 70 (s. Seite 212)
198 A „Shearmyste“ (s. Seite 212)
200 „Askania“ (s. Seite 213)
202 A „Carlito“ (s. Seite 214)
205 E Deutsche Motoryacht (s. Seite 219)

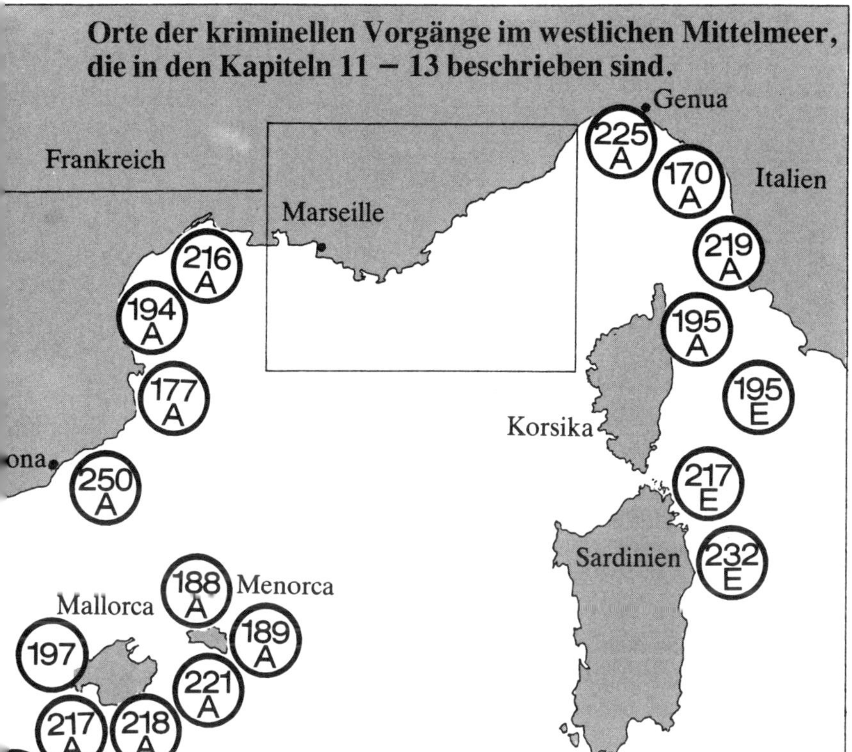

216 A „Dreamboat" (s. Seite 263)
217 A „Barabas" (s. Seite 251)
217 E „Barabas" (s. Seite 255)
218 A „Julia" (s. Seite 319)
219 A „Gitte" (s. Seite 230)
219 E „Gitte" (s. Seite 230)
221 A „Athena" (s. Seite 262)
222 A „Scharlatan III" (s. Seite 230)
223 A „Targa" (s. Seite 230)
223 E „Targa" (s. Seite 230)
225 A „Escondida" (s. Seite 231)
225 E „Escondida" (s. Seite 231)
227 A „Confiance" (s. Seite 231)
228 A „Alavia" (s. Seite 269)
229 A „Thetis" (s. Seite 244)
230 A „Lotus" (s. Seite 231)
232 A „Barabas"/„Lena" (s. Seite 251)
232 E „Barabas"/„Lena" (s. Seite 255)
234 A „Alavia" (s. Seite 231)
235 „Tonga" (s. Seite 270)
238 A „Lotus"/„Wanda" (s. Seite 285)
250 A „Julia"/„Calypso" (s. Seite 319)

Bei Doppelnennung bedeutet A den Ausgangs-, E den Endpunkt des Kurses.

endlos in alle Himmelsrichtungen führen, in Sicherheit bringen? So ist verständlicherweise die Zahl der Verbrecher größer, die erst durch solche kriminellen Möglichkeiten zu Seglern wurden, als die Zahl der Segler, die ihr Hobby zu Piratenakten mißbrauchen.

Zur Gruppe der professionellen Verbrecher gehört zum Beispiel Willi Wulff, über den es unter der Überschrift „Warnung vor einem Piraten" in einer Vereinszeitschrift im Januar 1988 heißt: „Der 44jährige Willi Wulff ist der erfolgreichste Yachtdieb zwischen Mallorca und den Karibischen Inseln – und nicht zu fassen." In den Trans-Ocean-Mitteilungen schreibt Reiner N. Colman: „Willi Wulff wird wegen Mordversuchs, diverser Einbrüche, Yachtversenkung etc. in Deutschland gesucht. Die Staatsanwaltschaft München bringt es jedoch seit Monaten nicht übers Herz, einen internationalen Haftbefehl auszustellen. Wulff ist bewaffnet und gefährlich. Er wehrt sich bei Festnahme mit scharfen Schüssen, soweit keine Polizei dabei ist."

Der Profi mit dem Ballermann hat seit 1985, wie auf Seite 262 ff. ausführlicher beschrieben, zuerst den Motorsegler WIESEL gestohlen, über ihn anschließend die Yacht ATHENA in seinen Besitz gebracht, einem Kumpan beim Diebstahl des Seekreuzers ONDA geholfen und dann mit ihm gemeinsam die WIESEL versenkt. Um sich für seine Piratenfahrt in die Karibik das nötige Geld zu verschaffen, hat er die Yacht MEZZA LUNA ausgeraubt und ihre Ausrüstung verkauft. Im Februar 1987 wurde er zwar auf der Karibikinsel Martinique mit einer gestohlenen Yacht gestellt, aber er brachte das Kunststück fertig, die ihm abgenommene Yacht acht Wochen später in St. Maarten wieder zu entwenden. Mitte April 1987 konnte er abermals ergriffen, aber nicht dingfest gemacht werden. Dafür wurde er nun endgültig von seiner Beute vertrieben. Schon wenig später finden wir den Yachtpiraten auf Trinidad, wo er bei Yachteinbrüchen zweimal festgenommen, aber immer wieder, zuletzt im November 1987, auf freien Fuß gesetzt wurde. Schließlich wurde er nach Presseberichten am 5. Januar 1988 doch noch in München inhaftiert, aber offenbar nicht oder nur geringfügig bestraft. Denn bereits im März 1989 wurde Wulff schon wieder mit einer neuen „eigenen" Yacht in Algier gesichtet, die er sicher nicht gekauft hatte.

Wie Wulff arbeitet eine Vielzahl anderer professioneller Yachtpiraten, die gar nicht oder nur geringfügig bestraft werden, wenn man sie erwischt. Hat man ihnen ihre Beute abgejagt, so kehren sie, vielfach unbehelligt, in den Ausgangshafen ihrer letzten Straftat zurück und stehlen dort die nächste Yacht.

Große und teure Yachten wie hier die Bellavista *sind die von Yachtpiraten bevorzugten Objekte. Eigentlich sind sie von einem Einzeldieb allein kaum zu bedienen.*
Foto: Archiv

Zu ihnen gehört zum Beispiel der Österreicher Christian Walchhofer, der am 18. Februar 1987 in Los Cristianos auf Teneriffa den 15-m-Seekreuzer Bellavista stahl und am 2. April 1987 in der Nähe von Dakar im Senegal dingfest gemacht werden konnte. Unbehelligt kehrte er bei nächster Gelegenheit nach Los Cristianos zurück und stahl dort am 9. Mai 1988 den 12-m-Seekreuzer Bazi. Diesmal wurde er bereits am 19. Mai 1988 auf den kapverdischen Inseln verhaftet. Die Begleitumstände der kurzen Inhaftierung schreckten ihn jedoch nicht ab, sich bereits im Herbst 1988 auf den Kanaren eine Nauticat 33 anzueignen, die er wiederum in den Senegal entführte, wo ihn die Fahnder aufspürten und vertrieben. (Näheres siehe Seite 235 ff.) Zweifellos ist er jetzt neuerlich auf der Suche nach einer lohnenden Beute, wenn er nicht bereits wieder mit einer gestohlenen Yacht unterwegs ist.

Ein Unverbesserlicher ist auch Franz Bong, ein junger Komplize von Willi Wulff. Er stahl im August 1986 die Onda im Hafen Mahon auf

Menorca und brachte sie mit seiner Freundin Ursula Lüders und einem gemeinsamen Kleinkind zu den Kanarischen Inseln, wo ihnen Mitarbeiter einer Versicherung am 6. 12. 86 die in DÄDALOS umgetaufte ONDA in Hiero abnahmen. Das Piratenpärchen entkam zum spanischen Festland, stahl dort im Dezember 1986 ein Wohnmobil und anschließend am 23. Januar 1987 im Hafen von Calpe an der spanischen Südostküste eine Nauticat 33 mit Namen MARGA. Sie änderten den Namen in WESTEN und liefen westwärts durch die Straße von Gibraltar in den Atlantik aus. Obwohl sie sich anschließend auf dem Fluß Guadalquivir bis nach Sevilla weit ins Binnenland verholten, wurden sie dort am 20. Februar 1987 von Versicherungsfahndern entdeckt und der spanischen Polizei übergeben.

Eine unrühmliche Rolle als Mehrfachtäter spielt auch Emil Kleuke, der eigenartigerweise als bezahlter Skipper den Verlust von zwei der ihm anvertrauten Yachten durch Sinken melden mußte, und der in zwei anderen Fällen bezahlter Skipper war, als seine Yachten in Häfen gestohlen wurden. Diese vier Zufälle lassen wohl auf eine Mitwisserschaft in zumindest einigen Fällen schließen.

Yachtdiebe bedienen sich nicht nur falscher Namen, für die sie gestohlene Pässe als Legitimation vorlegen können, sondern müssen sich natürlich auch durch kleine Betrügereien an Land und Diebstähle nicht nur auf Yachten das notwendige Bewegungsgeld für ein Leben im Stil und in der Gesellschaft von Fahrtenseglern beschaffen.

Alle diese Profipiraten und ihre vielen Nachahmer können ihr Unwesen zu unserem Schaden nahezu straflos weitertreiben, weil es immer noch keine wirkungsvolle staatliche, grenzüberschreitende und internationale Verbrechensbekämpfung des Yachtdiebstahls gibt. Da von staatlicher Seite nicht energisch genug nach den Tätern gesucht wird, ist es unumgänglich, daß wenigstens die Versicherer versuchen, die Yachten umgehend und möglichst unbeschädigt wiederzubeschaffen. Mein besonderer Respekt gilt dabei der umfassenden Selbsthilfeorganisation der Firma Pantaenius, die als Fachmakler für Yachtversicherungen rund 25 000 Yachteigner in ganz Europa betreut und sich eine herausragende Stellung im Kampf gegen die wachsende Yachtkriminalität und insbesondere die zunehmenden Yachtdiebstähle erworben hat.

Bis zum Beginn der 80er Jahre waren es entweder die Eigner selbst, die mit großem Zeitaufwand und hohem Geldeinsatz die Kurse ihrer gestohlenen Yachten verfolgten und ganz persönlich fahndeten. Mit welchen bis dahin unbekannten Methoden beispielsweise 1980 Dorle und Peter Bufe ihre 12,95 m lange HIKUERU III suchten, deren Diebstahl im Oktober 1979 in der Marina Cap d'Agde sie erst ein halbes Jahr später Ende April 1980 bemerkten, wie sie das Verschwinden der Yacht aufklärten und den braven Weltumsegler schließlich im Juni 1980 in Venezuela wieder in Besitz nahmen, haben sie in ihrem Buch „Die gestohlene Yacht“ beschrieben. Weitere Beispiele solcher neuer und notwendiger Eigneraktivitäten enthält mein Buch „Yachtunfälle – und wie man sie vermeiden kann“.

Eine Privatfahndung leitete zum Beispiel auch der Schweizer Segler German Fleury im Herbst 1983 ein, als er im Hafen von Bastia auf Korsika den Liegeplatz seiner CHARMER, einer Segelyacht im Wert von über 500 000 DM, verlassen vorfand. Sie ist jedoch teuer und der Erfolg nicht sicher. Fleury charterte in Genua ein Sportflugzeug und suchte vier Tage lang systematisch den gesamten Seeraum um die französische Insel ab. Dabei hatte er das Glück des Tüchtigen und fand die CHARMER nahe der Insel Gorgona im Toskanischen Archipel, wo sie unterwegs zur italienischen Küste war. Nach dieser Sichtmeldung wurde auch die Polizei aktiv und brachte die Yacht mit Hubschraubern und Kuttern auf. Der Dieb wurde noch auf See festgenommen.

Nun kann man nicht von jedem Eigner einer gestohlenen Yacht, die er für einen solchen Schadensfall ja versichert hat, eine ähnliche Eigeninitiative verlangen; auch ist es einem Eigner meistens schon aus beruflichen Gründen nicht möglich, für die Fahndung nach seiner Yacht zu Hause alles stehen und liegen zu lassen. Eigner wie Versicherungsgesellschaften beauftragten daher bis zum Beginn der 80er Jahre fast ausschließlich Sachverständige, Schiffahrtsexperten oder andere Personen der Branche mit solchen Fahndungen. Einzeln arbeitende Spezialisten, deren kriminalistische Sachkunde ohnehin umstritten war, konnten jedoch nur wenige Erfolge nachweisen. Die Aufwendungen für solche Unternehmungen von Einzelfahndern, die natürlich noch Geld für Informanten benötigten, waren deshalb unverhältnismäßig groß. Diese hohen Summen mußten aus dem gemeinsamen Topf aller Versicherungsnehmer bezahlt werden und bewirkten eigentlich genau das Gegenteil des Beabsichtigten: eine Minderung des Schadens.

Für den Fachmakler Pantaenius mußten deshalb gezielte Aktivitäten entwickelt werden, um die Wiederauffindungsquote bei gestohlenen Yachten zu verbessern und die Versichertengemeinschaft vor ungerechtfertigten Entschädigungsforderungen zu schützen. Auch galt es, jenen schwarzen Schafen in den Reihen der Yachteigner selbst das

Handwerk zu legen, die sich durch Versicherungsbetrug bereichern wollten.

Der in Europa führende Fachmakler für Yachtversicherungen sah es daher als seine Aufgabe an, ein umfassendes Fahndungsnetz mit einer Vielzahl von Vertrauensleuten aufzubauen, und das nicht nur an allen europäischen Küsten. Dazu stand ihm das bereits seit Jahren für gute Kundenbetreuung aufgebaute Netz von Versicherungsexperten und Kontaktleuten als zuverlässiger personeller Grundstock zur Verfügung. Mit diesen Auslandsmitarbeitern pflegte die Schadenabteilung im Hamburger Haus ohnehin seit Jahr und Tag guten geschäftlichen und persönlichen Kontakt.

In der betrieblichen Organisation der Versicherungsfirma selbst mußte diese Abteilung personell nur verstärkt und mit einer leistungsfähigen elektronischen Datenverarbeitungsanlage ausgestattet werden, so daß der zunehmenden kriminellen Aktivität seither mit relativ kurzzeitig gefertigten, aber äußerst wirkungsvollen Waffen begegnet werden kann. Zu ihnen gehört auch eine ganz spezielle Rasterfahndung.

Damit ist es heute möglich, unmittelbar nach dem Entdecken eines Diebstahls ausführliche Steckbriefe der gestohlenen Yachten auf verschiedenen Kommunikationswegen gezielt zu verbreiten und so in kürzester Zeit ein sehr feinmaschiges Fahndungsnetz weitflächig auszuwerfen, in dem sich in den letzten Jahren schon viele Yachtpiraten verfangen haben. Durch diese gezielte Ermittlungstätigkeit kann man in dubiosen Schadensfällen außerdem die Spreu vom Weizen trennen, so daß den Versicherungsgesellschaften durch aufgedeckte Betrugsfälle jährliche Schadenszahlungen in Millionenhöhe erspart bleiben. Davon profitieren auch die über Pantaenius versicherten Yachteigner, weil sie sich als Kunden trotz gestiegener Neubootpreise und Reparaturkosten seit Jahren über stabile Prämien freuen dürfen.

Ich erwähne hier bewußt den Namen der Pantaenius-Schadenabteilung, weil deren gut funktionierende Sonderdienste inzwischen auch von anderen Maklern und Versicherern sowohl aus Europa als auch aus Übersee gegen angemessenes Honorar in Anspruch genommen werden. Dadurch werden die mit der Einrichtung und Erhaltung dieses umfassenden und feinmaschigen Fahndungsnetzes verbundenen Kosten noch breiter auf die gesamte internationale Versicherungswirtschaft verteilt.

Was sich in Einzelfällen bei einer solchen Rasterfahndung ereignet und welche Schicksale von Yachten, Piraten und auch Eignern dahinterstehen, konnte man sich bisher nur schwer vorstellen. Die Berichte in

Die mehrsprachigen Yacht-Steckbriefe hängen in vielen Häfen aus und sind sehr erfolgreich.

den beiden anschließenden Kapiteln schildern daher anhand aufgeklärter Fälle einige Beispiele heutiger Yachtkriminalität. Man kann sie – unbeteiligt – wie Krimis lesen. Man kann sie aber auch in dem Bewußtsein, mit solchen Tätern gelegentlich am eigenen Liegeplatz konfrontiert zu werden, mit zunehmender Betroffenheit verarbeiten.

Ich wähle hier eine erzählende Darstellung, um Tatsachen und Zusammenhänge nicht nur umfassender, sondern auch einprägsam-anschaulicher zu vermitteln. Denn unbefriedigt lese ich solche Informationen wie: *Millionenschaden: Zwei Yachtdiebe packten aus* in der YACHT 1/89. Wenn wir hier in einer aktuellen Meldung erfahren, daß „zwei Kriminelle aus dem Ruhrgebiet nach ihrer Festnahme auspackten", hätte man doch gern etwas mehr erfahren als dies: „Sie entwendeten auf der Insel Ibiza eine Segelyacht vom Typ Cometone. Doch sie kamen nicht weit. Aufgrund ihrer geringen Segelerfahrung liefen sie mit dem Schiff auf eine Untiefe und mußten es mit dem Beiboot verlassen. Die Yacht konnte später geborgen werden." Die genauen Zeiten und Orte sollten mindestens Bestandteile einer solchen aktuellen Meldung sein. Sie vermißt man auch bei dem direkt anschließenden Text:

„Die Yachtdiebe fuhren mit einer Fähre nach Mallorca. Von dort aus versuchten sie, mit einer gestohlenen Luxus-Segelyacht vom Typ Blue Ocean 70 weiterzukommen. Auch mit diesem Schiff hatten die segelunkundigen Diebe Pech. Sie vergaßen, die Seeventile für das Kühlwasser zu öffnen. Der Motor wurde zu heiß und gab seinen Geist auf. Kurze Zeit später schlug die 70-Fuß-Yacht auf einer Untiefe leck und sank. Der Schaden: 1,6 Millionen Mark."

Lapidar geht es weiter: „Der Weg der Kriminellen führte dann nach Portugal. Im Hafen von Vilamura stahlen sie den 17 m langen Zweimaster SHEARMYSTE. Die Bootspapiere der englischen Luxusyacht fanden sie im Bordsafe." Über Agadir erreichte das Verbrecherduo schließlich Fuerteventura auf den Kanarischen Inseln, wo deutsche Segler wegen der unseemännischen Handhabung der großen teuren Yacht auf die junge Besatzung aufmerksam wurden und den noch gar nicht bemerkten Diebstahl aufdeckten. „Die SHEARMYSTE konnte sichergestellt werden", erfahren wir weiter in YACHT 1/89. „Den beiden Tätern gelang nach einer wilden Schießerei mit der spanischen Polizei die Flucht. Rainer S. konnte wenig später auf dem Flughafen Düsseldorf festgenommen werden. Arthur S., der nach einem kurzen Abstecher nach Südamerika in die Bundesrepublik zurückkehrte, wanderte ebenfalls hinter Gitter."

Eine ausführliche publizistische Auswertung mit den relevanten Daten, Fakten und Hintergründen, wie ich sie in den Diebstahlsfällen der folgenden Kapitel versuche, wäre dieser neuen Kriminalität auf See in der Fachpresse wohl angemessener. Selten sind auch folgende Meldungen wie die in der „Segler-Zeitung" vom Februar 1987, für die sich jeder Leser mehr Hintergrundinformationen gewünscht hätte:

„*Yachtdiebstahl lohnt sich nicht.* Zu Haftstrafen zwischen zwei und vier Jahren sind zwei Männer wegen Yachtdiebstahl, Betrug und Urkundenfälschung von der Großen Strafkammer des Hamburger Landgerichtes verurteilt worden. Das Duo hatte in England, Spanien und Italien mehrere Yachten entwendet, zudem für einen Auftraggeber dessen Schiff für einen Versicherungsbetrug auf Grund gesetzt und dazu noch eine weitere Yacht in seinem Auftrag gestohlen."

Solche Fakten wären es wohl wert, mit genaueren Namen und Daten ausführlicher publiziert zu werden.

Keineswegs zum Schmunzeln sind Diebstahlsmeldungen über Yachten, die sich nachträglich nur als Auseinandersetzung zwischen den Eignern herausstellen. Da heißt es in einer Fahndungsmeldung, daß „vermutlich am 5. Juli 1987 die Kieler Segelyacht HARLEKIN aus dem Sportboothafen Düsternbrook gestohlen wurde." Vier Wochen später konnte man in derselben Zeitschrift lesen: „Die Wasserschutzpolizei hat diese Sache als geklärt gemeldet. Der 8 m lange Seekreuzer hat zwei Eigner, von denen einer die Yacht an einen Freund verliehen hatte! Der andere wußte nichts davon und wollte segeln gehen, fand das Schiff aber nicht vor und erstattete Diebstahlsanzeige. Fazit: Es muß der eine immer wissen, was die Hand des anderen tut."

Gegen diese wohl selbstverständliche Regel verstieß auch der Miteigner der 1980 aus Stahl gebauten Ketsch ASKANIA. Er verschwand mit der 12,7 m langen Yacht von 14 Tonnen bereits im Juni 1983 und wurde letzmalig vor Tavira an der portugiesischen Algarve-Küste gesichtet. Die Miteignerin Ute Giesen aus Berlin wandte sich jedoch erst im Januar 1986 an die Öffentlichkeit, um nach der mit ihren braunen Segeln so auffälligen Ketsch forschen zu lassen. Ihr Ex-Partner kann juristisch jedoch nur wegen Unterschlagung belangt, nicht aber wegen Diebstahls verfolgt werden.

Jeder auffällige Fremde kann ein Krimineller sein

Viele Yachtdiebstähle werden von Fahrtenseglern selbst aufgedeckt, oder die Skipper geben den Fahndern der Versicherungen durch ihre Meldung einer verdächtigen Yacht wichtige Hinweise für die Aufklärung des Diebstahls. Hierzu muß man nicht jedem Boot, das man sichtet, oder jedem Nachbarn am Steg mit Mißtrauen begegnen. Aber man sollte Verdachtsmomente doch registrieren, sich bei ungewohnten oder untypischen Handlungen einer Crew an sie erinnern und sie schließlich zu einer Eigeninitiative verarbeiten.

Als zum Beispiel eine Bielefelder Charterbesatzung im Oktober 1986 im Golfe du Lion eine Etap 26 sichtete, war dies zuerst keine ungewöhnliche Begegnung. Bei näherem Hinsehen stellten die deutschen Segler jedoch fest, daß der Mast gebrochen war. Und als sie aus diesem Grund die fremde Yacht gezielt anliefen, war der Seekreuzer vollgelaufen und schwamm nur noch, weil dieser Serientyp bekanntlich unsinkbar ist. Um das fremde Eigentum zu sichern, stiegen einige Personen der Chartercrew auf die verlassene, havarierte Yacht über und fanden dabei einen Rucksack mit Adressenanhänger, der die benachrichtigte Polizei später auf die Spur von zwei Schweizerinnen führte. Diese hatten die Yacht nicht nur gestohlen, sondern vermutlich auch zum Rauschgiftschmuggel benutzt.

Der Aufmerksamkeit der Chartercrew war es somit zu verdanken, daß nicht nur ein Diebstahl aufgeklärt wurde. Sie hatte auch einen Anspruch auf einen Finderlohn von 10 % oder sogar auf einen Bergelohn von etwa einem Drittel des geretteten Wertes erworben. Dies sind bei jeder Yacht erfahrungsgemäß hohe Beträge.

Sehr viel mehr lohnte sich der Einsatz von Wolf-R. Barthel, der im Juni 1988 zur Entdeckung der bereits ein halbes Jahr vorher entführten 15,8-m-Yacht Carlito im Hafen von Morro Jable auf Fuerteventura, Kanarische Inseln, führte. Immerhin war die Kunststoffketsch vom Typ Mango mit 480 000 DM versichert gewesen. So entdeckte der Schipper der Orion die gestohlene Yacht und veranlaßte, daß die Diebe dingfest gemacht wurden:

Am 11. Juni war Barthel mit seinem Beiboot zum Fischen vor die Küste der Insel gefahren, als eine Mango unter deutscher Flagge mit Südkurs vorbeisegelte. Dabei erinnerte er sich an den Steckbrief einer gestohlenen Yacht vom gleichen Typ, den er einige Tage vorher von Trans-Ocean-Stützpunktleiter Heinz Schneider auf Teneriffa erhalten hatte. Als er wieder an Bord der Orion zurückgekehrt war und sich die Daten der gesuchten Yacht ansah, war er sicher, die Carlito gesichtet zu haben. Er mietete sich daraufhin einen Wagen und fuhr mit seinem Freund Wolfgang die Inselküste ab. Am 12. Juni nachmittags entdeckten sie die ankernde Ketsch vor dem Strand von Jandia an der Südostküste.

Leider gab es hier keine Möglichkeit, mit einem Boot zur ankernden Yacht hinüberzufahren. Um die Identität dennoch feststellen zu können, mimten die beiden Freunde Badende und schwammen vom Strand aus zur Yacht hinüber. Niemand war an Bord.

„Aus der Nähe sah ich einen überstrichenen Rumpf und ein kleines Namensschild DESIREE. Der Name war mit Buchstaben auf ein Holzbrett geklebt“, berichtet Barthel. Und er überlegte: „Unsauber gemalter Rumpf, kein Heimathafen und kein Verein – und das alles an einer so großen und teuren Yacht? Der Verdacht hatte sich bestätigt!“ Unverzüglich fuhren die beiden deutschen Segler mit ihrem Wagen zur Polizeidienststelle, doch die Uniformierten ließen sich nur ungern überreden, die verdächtige Yacht zur mitternächtlichen Stunde aufzusuchen. Schließlich charterte man doch ein Fischerboot, verstärkte das Enterkommando durch zwei weitere Polizisten mit Maschinenpistolen und ging am 13. Juni um 0400 Uhr morgens beim Ankerlieger längsseits.

Die Diebescrew war natürlich völlig überrascht, und der Yachtpirat wehrte sich so aggressiv, daß er erst nach schweren handgreiflichen Auseinandersetzungen überwältigt werden konnte. Zusammen mit seiner Begleiterin wurde er mit der gestohlenen Yacht nach Morro Jable gebracht, wo dann zusätzlich Polizisten und Drogenfahnder die Yacht „auf den Kopf“ stellten. Während sich der Eigner freuen konnte, daß er sein schönes Schiff wieder hatte, durften sich die beiden deutschen Segler einen ansehnlichen Finderlohn teilen.

Je mehr von solchen glücklichen Findern die Rede ist, desto mehr haben auch andere Besatzungen erkannt: Das Geld liegt hier nicht „auf der Straße“, sondern in Abwandlung des Sprichwortes „im Wasser“. So erzählt zum Beispiel Gerald Simmendinger vom Seekreuzer NORDSTERN in einem Brief an die YACHT, wie er mit seinem Freund Jost nur sechs Wochen später an derselben Küste der Kanareninsel Fuerteventura zwei weiteren Yachtpiraten das Handwerk legen konnte. Simmendinger und Jost sind mit ihren Freundinnen auf den Seekreuzern GLÜCKSBLATT und NORDSTERN unterwegs und sprechen am 27. Juli 1988 während eines Barbecues am Ankerplatz vor Morro Jable von den Ereignissen um die Entdeckung der gestohlenen CARLITO. Am Lagerfeuer träumen sie davon, was man mit dem fünfstelligen Finderlohn alles anfangen könnte.

„Wenig später, es war schon finster, lief eine recht große Ketsch in den Hafen ein“, erzählt Gerald Simmendinger. „Nach ein paar ungewöhnlichen Manövern legte sie an einer neuerbauten Pier an. Am nächsten Morgen sahen wir, daß zwei junge Männer das Schiff führten. Weil ein erneutes Anlegemanöver auch bei Tag nicht so recht klappen wollte, wurden wir mißtrauisch.“

Als die deutschen Segler zu ihren Ferngläsern greifen, erkennen sie, daß einige Stellen an der Außenhaut abgeplatzt und die blauen Streifen am Rumpf ursprünglich rot gewesen sind. Auch die deutsche Nationalflagge ist nicht richtig gesetzt. In einem Telefongespräch gibt Simmendinger seiner Mutter in Deutschland eine genaue Beschreibung der Ketsch und bittet sie, bei seiner Versicherung nachzufragen, ob die Yacht gestohlen sei. Leider meldet die Mutter am anderen Tag: Fehlanzeige. Natürlich besteht die Möglichkeit, daß der Diebstahl der immerhin 16 m langen Aluminiumketsch noch gar nicht bemerkt worden ist. Also bleiben die deutschen Segler am Ball und sehen sich die fremde Yacht aus der Nähe an.

„Sie hatte den ungewöhnlichen Namen ARMY", erzählt der mißtrauische Hobbyfahnder weiter. „Wenn man die Buchstaben jedoch genauer betrachtete und den Kopf etwas hin- und herbewegte, konnte man vor und hinter dem Namen noch weitere überklebte Buchstaben erkennen." Der deutsche Skipper legt es darauf an, mit den beiden fremden jungen Yachtseglern ins Gespräch zu kommen. So erfährt er, daß sie Probleme mit der Hydrauliksteuerung haben. Aber vorerst bleibt es bei diesem flüchtigen Kontakt. Während Gerald und Jost noch überlegen, wie sie sich unauffällig weitere Informationen über das Boot beschaffen können, werden sie zur Hilfe bei der Hydraulikreparatur an Bord gebeten.

„Dabei kamen wir natürlich in die Kajüte und entdeckten das UKW-Rufzeichen MCVN. In einer anderen Ecke war eine Messingplakette mit dem Namen SHEARMYSTE und dem Baujahr 1984 angeschraubt. Jetzt löste sich das Rätsel des eigentümlichen Namens: ARMY waren nur die mittleren vier Buchstaben von SHE-ARMY-STE. Kaum 20 Minuten später gab ich diese Informationen nach Deutschland weiter, wo sie sofort zur Versicherung gelangten." Über das Rufzeichen konnte sich natürlich der Eigner schnell ermitteln lassen, aber ehe eine Nachricht hierüber nach Fuerteventura gelangte, machte sich die Crew der ARMY segelklar. Am nächsten Morgen sollte es nach Gran Canaria gehen.

Gerald und Jost mit ihrer Crew an Bord handeln schnell: Sie legen vorher ab, damit auf keinen Fall der Eindruck entsteht, sie würden die fremde Yacht verfolgen.

„Um 0715 Uhr am 29. Juli verließen wir den Hafen", erzählt Gerald Simmendinger weiter. „Draußen wehte es mit acht Beaufort. Das konnte eine schöne Überfahrt werden! Schon bald tauchte eine Segelyacht im Dunst hinter uns auf. Mit dem Glas war auszumachen, daß Groß und Besan voll gesetzt waren und im Wind schlugen. Anscheinend motorten sie bei diesem Sauwetter! Es dauerte nicht lange, und Shearmyste hatte uns überholt. Anscheinend wollte sie in den Süden von Gran Canaria. Wir liefen daher Pasito Blanco an in der Hoffnung, sie dort anzutreffen. Shearmyste lag aber nicht da."

So segeln Nordstern und Glücksblatt anderntags nach Arguenquin weiter, aber auch dort treffen sie die Shearmyste nicht an. Leider bleiben weitere Informationen aus Deutschland aus. Jagen die beiden deutschen Seglerpaare in dem Wunsch, einen Finderlohn zu ergattern, einem Phantom hinterher? Nun, sie ruhen sich erst einmal aus und planen, am nächsten Tag die Yachthäfen an der Küste mit dem Auto abzuklappern.

„Doch dann passierte es", erzählt Gerald weiter. „Als ich gegen 2300 Uhr an Deck gehe, sind hinter der Kaimauer zwei Masten zu erkennen. Eine Ketsch versucht, nur unter Besan und Fock in den Hafen einzulaufen. Es ist die Shearmyste – und mit ihrem Motor muß etwas nicht in Ordnung sein. Das Anlegen klappt natürlich nicht, und die Yacht treibt, von der Dünung unterstützt, auf die Felsen zu. Wir machen ein Dingi klar und fahren mit Vollgas auf sie zu. 50 m vor den Klippen läßt Shearmyste den Anker fallen. Jost und ich werden als Retter in der Not freudig empfangen. Sofort wird uns erzählt, daß die Einspritzpumpe defekt sei."

In dieser Nacht tauen die beiden fremden Segler weiter auf und erzählen, daß sie beide verheiratet seien und ihre Frauen auf Teneriffa erwarteten. Angeblich gehöre die Yacht einem ihrer Väter, und sie seien über die afrikanische Küste auf die Kanaren gekommen.

„Im Prinzip klingt alles vertrauenswürdig", meint Gerald, „doch der Grund zum Mißtrauen liegt im Detail. Wenn der Vater ein solches Boot besitzt, hätte er seinem Sohn sicherlich gute Seemannschaft beigebracht." Und er kommt zu dem Schluß: „Zwei Galgenvögel passen nicht auf ein solches Boot."

Als die privaten Fahnder eigentlich schon sicher sind, daß ihre Bemühungen ergebnislos bleiben werden, und enttäuscht nach Mogan weitersegeln, hören sie endlich eine Bestätigung ihres Verdachtes: Die Yacht ist gestohlen!

Gerald und Jost fahren anderntags zu dem kanarischen Vertreter der englischen Versicherung der Shearmyste nach Arguenquin. Dieser empfängt sie nicht nur freundlich, sondern bestätigt ihnen auch, daß sie Anspruch auf Finderlohn haben. Sie hören, daß die beiden deutschen Segler gestohlene englische Reisepässe mit falschen Paßfotos besitzen.

„Die Schiffspapiere waren einfach mit Kugelschreiber geändert", schließt Gerald Simmendinger seinen Brief an die YACHT, und er schreibt dann resignierend: „So einfach ist es, ein Schiff zu klauen und von Behörden unbehelligt weiterzukommen. Hätten die beiden Männer sich nicht so blöd angestellt, wären sie nie aufgefallen. Für uns bleibt ein kleiner Wermutstropfen hängen: Wäre SHEARMYSTE bei einer deutschen Firma versichert gewesen, hätten wir vielleicht zehn Prozent Finderlohn kassieren können. Die Engländer aber sind knausrig und zahlen nur einen Bruchteil davon."

Natürlich ist ein fünfstelliger Finderlohn, der einem Segler für wenige Minuten Aufmerksamkeit und einen glücklichen Blick gezahlt werden kann, eine leichtverdiente und auf den ersten Blick überbezahlte Leistung. Aber ohne solchen Anreiz, den zum Beispiel der deutsche Fachmakler Pantaenius ausdrücklich mit zehn Prozent des wiederbeschafften Wertes auslobt, lassen sich nicht so viele, namentlich bekannte oder nur durch die Steckbriefe und Zeitungsmeldungen angesprochene, unbekannte Helfer aufbieten.

Mein Rat an alle Hobbyfahnder: Fragen Sie erst über jene Person aus Ihrem Familien- oder Bekanntenkreis, die in Deutschland Kontakt zu einer Yachtversicherung hat, nach der Höhe des Finderlohns und lassen Sie sich diese bestätigen, ehe Sie Ihre Informationen preisgeben. Niemand weiß ja zunächst, wo Sie sich als möglicher Entdecker einer gestohlenen Yacht aufhalten. Und nur Ihre deutsche Kontaktperson ist schließlich die Stelle, über die ein Versicherer an die für ihn wichtige Information herankommen kann. Sobald Sie sichere Kenntnis von einem Verbrechen haben, sind Sie verpflichtet, zu seiner Aufdeckung beizutragen, sonst machen Sie sich als Mitwisser schuldig. Aber es ist alles eine Frage der Definition und der verstrichenen Zeit, bis Ihnen der übliche Finderlohn von zehn Prozent rechtsgültig zugesichert wird. Es kann sich schon lohnen, die Crew einer gestohlenen Yacht, solange sie Ihnen gegenüber keinen Argwohn hegt, einige Tage länger zu verfolgen und am Ball zu bleiben, bis Sie ganz sicher sind. Die Versicherung steht schließlich vor der Alternative, teure Fahndungskosten aufzuwenden und doch noch den Versicherungsbetrag einer nicht wiedergefundenen Yacht entrichten zu müssen oder den Finderlohn von 10 % des wiederbeschafften Wertes zu bezahlen und dafür die Yacht ihrem Eigner zurückgeben zu können.

Schließlich besteht zwischen einem vorsichtigen Finder und einem Erpresser, der eine Yacht entwendet und sie dem Eigner erst gegen

Lösegeld wieder zurückgeben will, ein beträchtlicher Unterschied. Ein solcher Fall ist zum Beispiel seit Dezember 1984 im Bundeskriminalamt aktenkundig: In Bad Kreuznach entwendeten unbekannt gebliebene Täter eine dort mit Trailer abgestellte Motoryacht im Wert von 200000 DM. Schon wenige Tage nach dem Diebstahl erhielt der Eigner die Nachricht, man könne ihm über den Verbleib seines Bootes Auskunft geben, wenn er ein Lösegeld von 10000 DM zahle. Das war, bezogen auf den zehnprozentigen Finderlohn, noch eine niedrige Forderung. Aber der Eigner hatte ohnehin keine Wahl, als das Angebot der Erpresser anzunehmen und den Betrag Zug um Zug gegen den Fundort, nachgewiesen durch die Bootsschlüssel und einige unverwechselbare Ausrüstungsteile der gestohlenen Yacht, auf dem gewünschten verschwiegenen Weg zu entrichten. Immerhin hatten die Piraten die gestohlene große Motoryacht über die Grenze ins Ausland transportiert, aber der Eigner konnte sie schließlich in der französischen Mittelmeer-Marina St. Laurent du Var bei Nizza fast unbeschädigt wieder in Empfang nehmen.

Mancher Segler mit Lebenserfahrung wird einen Yachtdieb nicht nur an seinem unseemännischen Verhalten beim Ein- und Auslaufen erkennen, sondern auch an seinem nicht immer passenden Benehmen auf dem Steg. Sogar bei unerwarteten Begegnungen auf See kann ein Yachtdieb unbewußt auf sich aufmerksam machen. So schrieb mir schon vor Jahr und Tag ein Freund nach seiner Atlantiküberquerung von den Kanaren in die Karibik: „Eines Tages sichteten wir eine andere Segelyacht auf gleichem Kurs, die sich sehr merkwürdig benahm. Mit dem Glas glaubten wir, sogar die deutsche Flagge ausmachen zu können. Als wir unseren Kurs jedoch änderten und auf den anderen Seekreuzer zusteuerten, wurden dort plötzlich alle Flaggen eingeholt, und wir konnten unter mehreren Personen an Deck aufgeregte Aktivität entdecken. Da wir schneller liefen und die Distanz zu der fremden Yacht zunehmend kleiner wurde, warf man drüben den Motor an und lief quer zu unserer Kursrichtung direkt nach Süden ab. Natürlich folgten wir nicht, doch das eigenartige Verhalten läßt vermuten, daß die fremde Yacht gestohlen war."

Da bei jeder Meldung einer verdächtigen Sichtung Hinweise über Kurs und Ziel nützlich sind, sollte man in dieser Hinsicht nicht nur die Augen offen halten, sondern auch solche Informationen an seine eigene Yachtversicherung weitergeben, die sie dann gegebenenfalls weiterleiten oder verarbeiten kann.

Die Übergänge von Yachtpiraten, die durch die Entführung von (hauptsächlich Trailer-)Booten ein Lösegeld erpressen wollen, bis zu kriminellen Profis, die ganz unverblümt ihre Hilfsdienste bei einem Versicherungsbetrug andienen, sind fließend. Da gibt es zum Beispiel windige Ganoven, die den Gebrauchtbootmarkt großer und teurer Yachten, bei denen ein Verkauf ohnehin nicht immer einfach ist, mit ihren Computern verfolgen. Sie können dadurch ohne großen Aufwand registrieren, wann im Anzeigenteil einer Zeitschrift ein Boot wiederholt (mit jeweils verminderter Forderung) angeboten oder die gleiche Anzeige auch in mehreren Zeitschriften abgedruckt wird.

Falls somit der Beweis erbracht ist, daß eine bestimmte Yacht gar nicht oder nur weit unter ihrem Zeitwert abzusetzen ist, suchen sie selbst den telefonischen Kontakt zu solchen Eignern. Nicht zufällig erkundigen sich diese unbekannten Anrufer dann auch nach dem Versicherungswert der Yacht, ehe sie sich bis zum nächsten Gesprächstermin verabschieden. Der folgende Anruf hört sich dann aber ganz anders an: Jetzt bietet man dem Eigner gegen einen Betrag von 20 % des Versicherungswertes an, die Yacht durch Diebstahl und Versenken aus der Welt oder richtiger vom Markt zu schaffen. Wie auch immer ein solcher Auftrag abgewickelt wird – da die bezahlten Diebe letztlich den von ihnen bestimmten Versenkungsort kennen, besitzen sie bis zuletzt genügend Druckmittel, um sich ihren finanziellen Anteil am Versicherungsbetrug in jedem Falle auszahlen zu lassen.

Ein Eigner, der sich auf solche krummen Touren einläßt, kann sich noch freuen, wenn seine Yacht tatsächlich an einer bekannten und möglichst tiefen Stelle auf den Meeresgrund gesunken ist. Ist dies jedoch wider Erwarten nicht geschehen, ist Holland in Not: Da staunte ein betrügerischer Yachteigner, der für einen Sinkdiebstahl eine hohe sechsstellige Summe kassiert hatte, nicht schlecht, als die Wahrheit über seinen Versicherungsbetrug völlig unerwartet noch zwei Jahre später ans Licht kam: Er hatte damals seinen Bootsmann beauftragt, die in der Karibik vercharterte Yacht bei passender Gelegenheit abblubbern zu lassen, und dieser hatte sich natürlich die Chance nicht entgehen lassen, hierfür ein üppiges fünfstelliges Handgeld zu kassieren. Da der Eigner und Auftraggeber aber bei diesem „Notfall“ weit weg in Deutschland weilte und es der angestellte Bootsmann eigentlich viel zu schade fand, eine so neue, große und segelklare Yacht zu den Fischen zu schicken, hatte er zwar den Notfall dank eines zufällig in der Nähe weilenden anderen Seekreuzers, der bei dem ersten geschossenen Rot schnell zur Stelle war, gut inszeniert. Die angeblich schwer havarierte Yacht ging aber nur nach den Zeugenaussagen auf Tiefe. Tatsächlich segelte sie mit der Mitwisser-Crew – gegen ein hohes Handgeld, versteht sich – von der Karibik zur amerikanischen Küste, wo sie wenige Tage später weit unter Preis einen Käufer fand. Der Bootsmann hatte durch Handgeld für die Versenkung und durch den Verkaufserlös der angeblich gesunkenen Yacht doppelt verdient und konnte sich nach diesem Coup eine eigene Yacht kaufen, mit der er ganz unverfänglich sportliche Charterreisen nicht nur in der Karibik unternahm.

Der ganze Schwindel kam erst heraus, als natürlich auch der neue Eigner seine Yacht versichern wollte und der Computer der Versicherungsgesellschaft bei der Prüfung der eingereichten Daten merkte, daß hier offensichtlich eine Tote noch unter den Lebenden weilte.

Wie schwer es für die Versicherungen ist, bei Totalverlust zwischen Unfall und Absicht zu unterscheiden, kann man im Falle der ALLEGRIA in der YACHT vom 15. 1. 86 ausführlich nachlesen.

Der Versicherungsbetrug eines US-amerikanischen Yachtseglers erschütterte 1983 die Seglerwelt an der Ostküste der Staaten: Die damals 52 Jahre alte Ketsch TONGA, ein 22,85 m langer Oldtimer, der dem Filmschauspieler Errol Flynn und anderen bekannten Persönlichkeiten als Voreignern gehört hatte, war nach den beeideten Aussagen ihres bezahlten Skippers Steven Cunningham am 15. August 1981 im Golfstrom sechs Seemeilen südöstlich von Miami gesunken. Die einhand gesegelte Yacht befand sich auf dem Wege nach Florida, um dort Chartergäste aufzunehmen. Unterwegs überholte eine Gewitterfront, ein Ausläufer des tropischen Sturmes „Eloise“, die TONGA, wie Cunningham angab, und dabei schlug der Blitz in den Großmast, schoß an diesem entlang in die Bilge und hinterließ ein großes Leck im Unterwasserschiff. Selbst mit Hilfe von fünf Lenzpumpen, die der Skipper angeblich sofort anstellte, ließ sich der Wassereinbruch nicht stoppen, und die TONGA sank so schnell, daß Cunningham nicht einmal in der Lage gewesen sein wollte, die Bordkatze zu retten. Er ging in ein achtern angehängtes 6-m-Motorboot und erreichte nach dem angeblichen Versinken seiner Yacht die Florida-Küste.

Viele Zeitschriften verbreiteten seine Version über den schnellen Tod der schönen und bekannten Yacht, aber der Polizei fielen bald einige Ungereimtheiten im zeitlichen Ablauf der Geschichte auf. Bevor jedoch handfeste Beweise gegen den unredlichen Skipper vorlagen, konnte die Eignerin der TONGA, Kathleen Lee, die Versicherungssumme kassieren.

Im August 1982 tauchte jedoch in Haiti die Ketsch BLACK THUNDER auf, in der ein aufmerksamer Segler die TONGA wiederzuerkennen glaubte. Er gab der Polizei einen Tip, und diese identifizierte den „schwarzen Donner" auch mühelos als den angeblich versunkenen Oldtimer. Cunningham wurde im Sommer 1983 von einem Gericht in Florida zu 18 Monaten Gefängnis wegen Meineides und Urkundenfälschung verurteilt. Außerdem mußte er sich vor der Versicherungsgesellschaft wegen eidlicher Falschaussagen und Fälschung von Versicherungspapieren verantworten. Die Eignerin, die angeblich nichts von diesem Versicherungsbetrug wußte, erhielt eine Bewährungsstrafe.

Ganz gerissene Yachteigner verzichten bei solchen tatsächlichen oder fingierten Sinkdiebstählen sowohl auf Helfer als auch auf Mitwisser. Sie tätigen das kriminelle Geschäft allein und ohne sich dabei die Finger schmutzig zu machen oder überhaupt nur einen Finger zu rühren. Hierbei begünstigen sie gelegentlich bestimmte Landesgesetze, die vom Yachtsport hohe finanzielle Opfer fordern.

Heutzutage erheben zwar viele Länder Luxussteuern auf Yachten, doch liegen diese Steuersätze meistens nur in ähnlicher Höhe wie die Beträge, die man beim Erwerb eines ausländischen Autos an den betreffenden Fiskus abzuführen hat und müssen daher – im Sinne der Sache – ertragen werden. Werden solche Einfuhrsteuern jedoch mit dem vielfachen Wert einer eingeführten Yacht gefordert – in Brasilien beispielsweise sind es 300 % –, werden Täter im In- und Ausland gleichermaßen mobilisiert, Yachten auf krummen Wegen in die Hoheitsgewässer einzuschleusen und sie dort mit Herkunftsnachweisen zu versehen, die sie als inländische und damit steuerfreie Werft- oder Eigenbauten ausweisen.

Dieses Geschäft wird entlang der brasilianischen Küste vorrangig von Ausländern betrieben, die den europäischen und amerikanischen Yachtmarkt kennen. Sie haben Verbindung zu Piraten, die entweder gestohlene Yachten aus europäischen Häfen heranschaffen oder die an mit Gastlandflaggen einlaufende Fahrtensegler herantreten. Diese animieren sie zu einem Versicherungsbetrug durch angeblichen Totalverlust ihrer Yachten, wobei sie ihre Zeugenschaft bei dem vorgetäuschten Unfall anbieten und die letzten Skrupel eines noch unentschlossenen Eigners durch das Angebot vom Tisch wischen, die betreffende Yacht für einen relativ hohen Preis selbst zu übernehmen. Der betrügerische ausländische Yachteigner würde dadurch doppelt kassieren, der brasilianische Erwerber die dreifache Einfuhrsteuer sparen.

Ein 43jähriger Schweizer Bürger mit orientalischem Namen betrieb dieses Geschäft in Rio de Janeiro im großen Stil. Zusammen mit seiner Ehefrau, die aus einer bekannten Schweizer Industriedynastie stammte, war er nicht nur Mitglied im Yachtklub, sondern auch im Reitklub und im Golfklub, wo er mit vielen Interessenten, die Yachten auch gegen Devisen kaufen konnten, aber die hohe Einfuhrsteuer umgehen wollten, gesellschaftlichen Kontakt pflegte. In Deutschland meldeten Tageszeitungen am 19. und 22. April 1988, wie die brasilianische Bundespolizei einem Schmuggel besonderer Art auf die Schliche gekommen war: Sie nahm den Schweizer fest, der seit Jahren Luxusyachten illegal nach Brasilien einführte.

Der Yachtpirat und Versicherungsbetrüger wahrscheinlich türkischer Herkunft finanzierte seinen aufwendigen Lebensstil durch den vorgetäuschten Untergang mehrerer Yachten in brasilianischen Gewässern und durch die damit erschwindelten Versicherungssummen. So meldete er zum Beispiel, daß sein unter Schweizer Flagge registrierter 11,30-m-Seekreuzer CHANTE VAHINE angeblich am 14. November 1986 vor der Nordostküste von Brasilien gesunken sei. Tatsächlich lag die Yacht zu diesem Zeitpunkt im brasilianischen Hafen Porto Galo unversehrt vor Anker. Nachdem der Schweizer die Versicherungssumme von umgerechnet etwa 150 000 DM eingestrichen hatte, verkaufte er die Yacht noch einmal für den gleichen Preis an einen Brasilianer, der ihr sinnigerweise den Namen MALANDRAGEN gab, was „Gaunerei“ bedeutet.

Der Schweizer Schreibtischpirat kaufte sich dann die unter französischer Flagge nach Brasilien eingereiste Yacht BRIGADON, einen 12,80-m-Seekreuzer mit einem kräftigen Thornycroft-Diesel, von einem Nachbarn seines Ferienhauses in Recife für umgerechnet 100 000 DM und meldete das angebliche Sinken dieser Yacht am 6. Juni 1987 vor der Nordostküste Brasiliens. Nachdem auch hier die wohl wesentlich höhere Versicherungssumme bezahlt wurde, von der vielleicht auch noch der Voreigner einen Anteil bekam, ließ der Schweizer den Seekreuzer unter dem neuen Namen KIM TONIC registrieren und benutzte ihn nach Presseberichten ab Sommer 1987 auch zum Waffen- und Drogenschmuggel.

„Die brasilianische Bundespolizei, der in jüngster Zeit einige spektakuläre Schläge gegen das organisierte Verbrechen gelungen ist, geht davon aus, daß der Schweizer zu einem Ring von Kriminellen gehörte,

Orte der Piratenüberfälle und Yachtkriminalität an der südamerikanischen Nordostküste

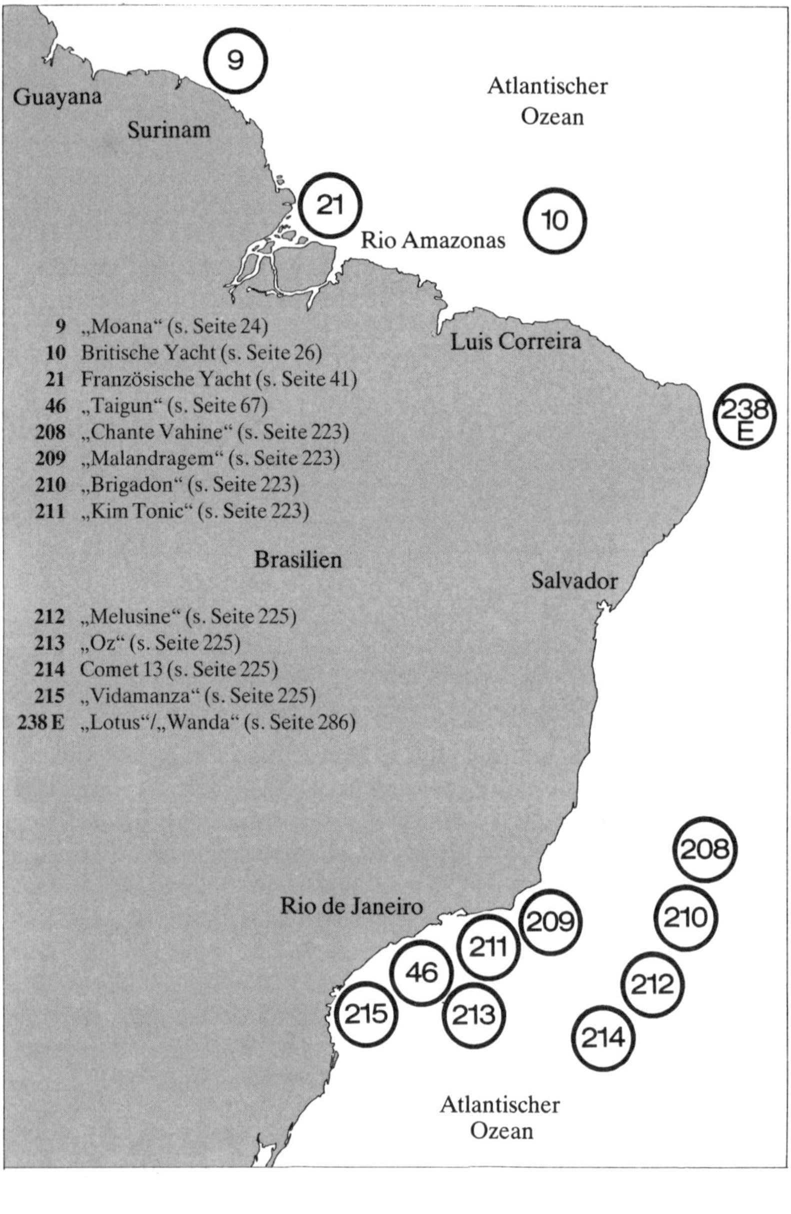

die auch mit Waffen und Drogen handeln“, heißt es in einer weiteren Pressemeldung.

Der Ring dieser betrügerischen Schreibtischpiraten wurde auch mit Hilfe der Spezialisten des Hamburger Versicherungsmaklers Pantaenius aufgedeckt. Vor den entsprechenden Polizeieinsätzen, die zur Sicherstellung der angeblich gesunkenen Yachten führten, mußte zuerst die Identität der ins Land geschmuggelten Seekreuzer festgestellt werden. Da wurde zum Beispiel weiter ermittelt, daß der 9,75 m-Seekreuzer Oz vom Typ Beneteau 32, der jetzt einem Brasilianer gehörte, die ehemalige MELUSINE war, die ihr vormaliger französischer Eigner ebenfalls als „vor der Nordostküste Brasiliens gesunken“ gemeldet hatte. Hierbei kassierte er die Entschädigung für den angeblichen Totalverlust. Und der 13-m-Seekreuzer VIDAMANZA eines brasilianischen Eigners war dieselbe Comet 13, die ihr italienischer Voreigner gegen eine Versicherungssumme von 250 000 DM als angeblich auf See verschollen gemeldet hatte.

Dieses Verwirrspiel mit alten und neuen Namen, mit gefälschten Kaufverträgen, betrügerischen Verlustmeldungen, falschen Herkunftszeugnissen, frisierten Zollpapieren, abgeschliffenen und neu eingestanzten Bau- und Motornummern war selbst bei sorgfältigen Recherchen von Außenstehenden kaum zu durchschauen. Daher gelang es auch dem Schweizer und anderen Eignern mehrere Jahre lang, nicht nur die europäischen Versicherer, sondern auch die brasilianischen Behörden zu täuschen. Auf die Schliche kam man ihnen erst, als das Chaos in der Administration des Yachthafens von Rio de Janeiro mit Hilfe eines Computers geordnet wurde. Die Hafenverwaltung registrierte damit seit 1986 alle ein- und auslaufenden Yachten und erfaßte nicht nur ihre Namen, sondern auch ihre wichtigsten Daten. Dabei fiel schließlich auf, daß nicht nur die oben genannten und angeblich gesunkenen, verschollenen oder in Seenot geratenen Yachten zum Zeitpunkt ihres „Unfalls“ sicher festgemacht im Hafen gelegen hatten, sondern daß auch Yachten ausliefen, die niemals eingelaufen waren und andererseits eingelaufene Yachten im abgeschlossenen Hafenbereich spurlos verschwanden.

Eine Spezialeinheit der brasilianischen Polizei, unterstützt von Steuerfahndern, beschlagnahmte am 13. 4. 1988 vier der eingeschmuggelten Yachten in einer Nacht- und Nebelaktion und segelte sie aus kleinen Küstenhäfen nach Rio, wo sie in der Marina Gloria an die Kette gelegt wurden. Hier erwartete den Schweizer und seine Helfer zuerst ein Prozeß vor einem örtlichen Gericht wegen Steuerhinterziehung, dem

Kurse der Diebe

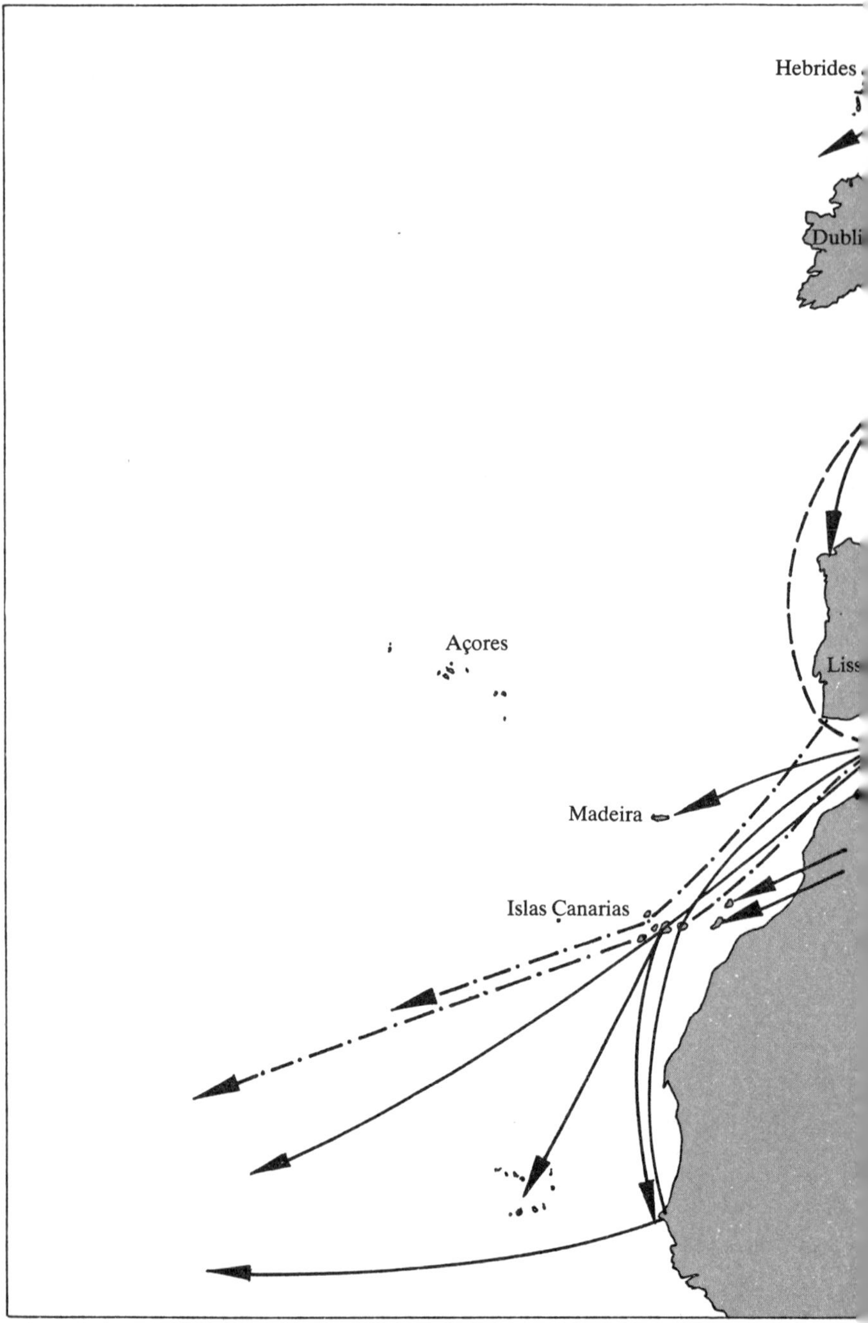

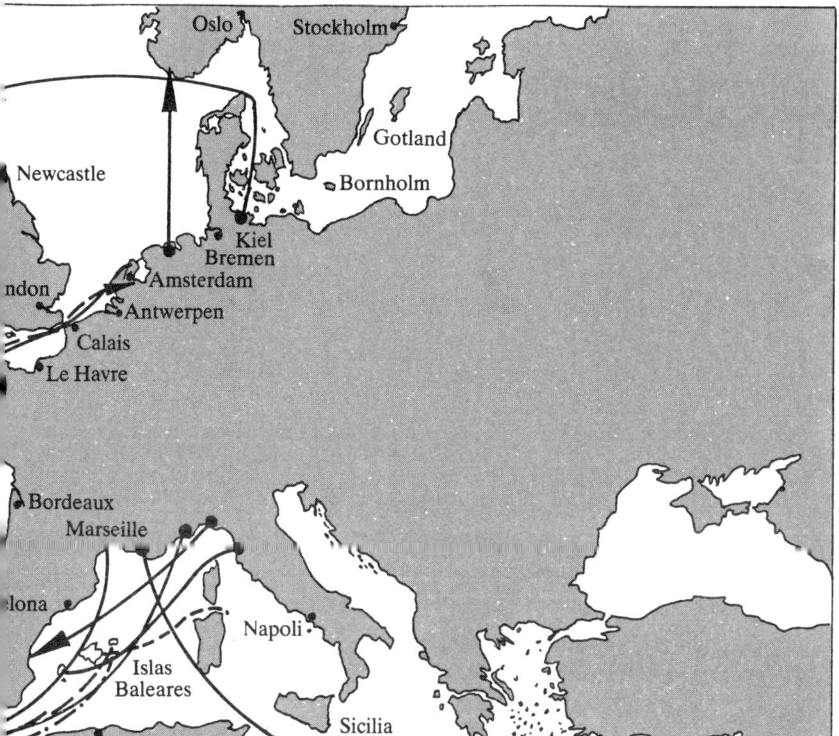

Eingezeichnet sind einige Kurse und Distanzen, die auf den Seiten 230/231 genannte Yachten zwischen dem Hafen, in dem sie gestohlen wurden, und dem Ort, wo sie sichergestellt wurden, zurückgelegt haben. Es soll nur der optische Eindruck in der Flucht- bzw. Zielrichtung der Yachtdiebe vermittelt werden. Die genauen Daten enthält die Tabelle.

sich ein Prozeß wegen Versicherungsbetrugs mit Yachten anschließen mußte. Daß später die betrügerischen Eigner auch von den Versicherungsgesellschaften zur Kasse gebeten wurden, um die erschwindelten Beträge zurückzuerhalten, ist anzunehmen.

Kurse von entlarvten Dieben

Yachtdiebstahl ist ein kriminelles Delikt, das durch die Mithilfe der Polizei bisher nur selten aufgeklärt wird. Mehr noch bedrückt, daß die Täter, wenn sie endlich gefaßt sind, meistens gar keine und selten eine angemessene Strafe erhalten. Die Gründe sind verständlich: Wenn beispielsweise ein deutscher Staatsbürger eine italienische Yacht in einem französischen Hafen stiehlt und mit seiner englischen Mitseglerin durch die Fahnder einer Versicherungsgesellschaft auf einer spanischen Insel als Dieb entlarvt wird, bleibt nicht nur die Zuständigkeit der örtlichen spanischen Gerichte für ausländische Täter und ausländisches Eigentum fragwürdig. Jeder Dieb kann ja erst belangt werden, wenn seine Identität feststeht und ein entsprechender Strafantrag des Yachteigners vorliegt. Strafanzeige kann der Eigentümer jedoch erst stellen, wenn er Namen und Nationalität des Täters kennt – und diese Daten erhält er fast immer erst durch dessen Festnahme und somit oftmals viel zu spät.

Fast alle europäischen Länder nehmen heutzutage einen entlarvten Yachtdieb in Verwahrung, bis eine durch die Versicherung oder den Eigner ins Ausland übermittelte Strafanzeige vorliegt. Aber sie liefern den Dieb dann doch nur selten an die Behörden seines Heimatlandes aus. Die Strafen, die einen deutschen Yachtdieb vor einem deutschen Gericht erwarten, sind aber leider bisher erschreckend niedrig geblieben. In einigen Fällen wurde das Verfahren wegen Geringfügigkeit sogar eingestellt, in anderen galt die Strafe durch die Untersuchungshaft (im Ausland) als weitgehend verbüßt. Nur in Wiederholungsfällen wurde Yachtdiebstahl nicht als Kavaliersdelikt abgetan; dann wurden die Täter wie übliche Kriminelle zu mehrmonatigen Haftstrafen verurteilt.

Viele Länder lassen ausländische Yachtdiebe nach spätestens 48 Stunden wieder frei, wenn nicht fristgerecht Strafanzeige oder Haftbefehl von einer deutschen Staatsanwaltschaft vorliegen. Da solche Gerichtsbeschlüsse erst erwirkt werden können, wenn die ausländische Polizei Namen und Daten der verhafteten Täter gemeldet hat (und beispielsweise an Wochenenden entsprechende Papiere von den überraschten deutschen Eigentümern so kurzfristig oft nicht erwirkt werden können), ist der Yachtdieb längst wieder auf freiem Fuß und verduftet, ehe die Dokumente des deutschen Amtshilfeersuchens selbst auf schnellstem Telex- oder Telefaxweg bei der fernen Hafenpolizei eintreffen.

Wenn ich in der Tabelle auf Seite 230/1 die Namen und Daten von 20 Yachten aufgelistet habe, die nach ihrem Diebstahl durch eine intensive, arbeits- und kostenträchtige Fahndung wiedergefunden wurden, so ist diese Zusammenstellung von Zufallsdaten weder repräsentativ noch vollständig. Sie läßt jedoch einige Erkenntnisse zu, die Yachtseglern bisher so detailliert nicht zugänglich waren.

- Das Fahndungsnetz der Pantaenius-Schadenabteilung, die die Mehrzahl der genannten Fälle aufgeklärt hat, überdeckt ein riesiges Küsten- und Seegebiet; denn die Orte des Diebstahls und des Wiederfindens dieser Yachten liegen durchschnittlich über 1000 Seemeilen voneinander entfernt.
- Durch den Einsatz dieses aufwendigen Fahndungsnetzes und die Arbeit der Schadenabteilung gelang es, eine Vielzahl hoher Einzelwerte mit einer beträchtlichen Gesamtsumme wiederzubeschaffen. Einen großen Anteil an diesem Erfolg haben Yachtsegler, Hafenmeister und andere Personen, die nach Kenntnisnahme der veröffentlichten und ausgehängten Fahndungsblätter sorgfältig Ausschau hielten. Sie bekamen in jedem dieser Versicherungsfälle Finderlöhne von durchschnittlich 10 % des wiederbeschafften Wertes. Der Kreis mitfahndender Yachtsegler ließe sich vergrößern und das Interesse an der Wiederbeschaffung gestohlener Yachten vervielfältigen, wenn zum Beispiel die Yachtzeitschriften nicht nur wenige nichtssagende Zeilen über einen Diebstahl drucken, sondern mehr Daten oder sogar Fotos der gestohlenen Yachten in angemessener Größe im redaktionellen Teil und somit ohne zusätzliche Kostenbelastung der Fahndung veröffentlichen würden. Dieser Service diente allen.
- Die von mir ermittelte Zeit vom Verschwinden bis zum Wiederfinden einer Yacht liegt in der Hälfte aller hier genannten Fälle bei weniger als vier Wochen. In diesem Zeitraum ist die Erinnerung an einen Diebstahl noch frisch, und die Spur läßt sich erfahrungsgemäß besser verfolgen.
- Das bedeutet jedoch nicht, daß eine verschwundene Yacht sich noch im benachbarten Seegebiet des Tatorts aufhalten muß. Im Gegenteil: Fast alle Diebe versuchen, sich möglichst schnell in großen Etappen so weit wie möglich von ihrem Tatort zu entfernen. Einige legten dabei

Zeiten und Orte von Yachtdiebstählen sowie Zeiten und Orte der Wiederfindung einiger Yachten. Man beachte, daß die „Dauer des Fremdbesitzes“ nicht identisch ist mit der Segelzeit, die der Dieb von einem Ort zum anderen benötigte. Die Segelzeit ist meistens beträchtlich kürzer und dauerte zum Beispiel im Fall JULIA *für die genannten 2200 sm nur vom 20. 8. bis 14. 9. 85 oder anstatt der hier genannten 85 Tage Fremdbesitz nur 25 Tage Segelzeit. Auch ist die Distanz nicht identisch mit der Strecke, die der Yachtdieb tatsächlich gesegelt ist. Der Gesamtwert der hier genannten und durch gezielte Fahndung wiederbeschafften 20 Yachten beträgt über 6 Millionen Mark.*

Name der Yacht	LüA in m	Versicherungssumme in TDM	gestohlen Zeit/Ort	gefunden Zeit/Ort	Dauer des Fremdbesitzes in Jahren (a), Monaten (m) und Tagen (d)	Distanz
DREAMBOAT	11,40	250	1. 10. 83 Cap d'Agde/F	November 86 Gomera/Kanaren	3 a 1 m	1400
BARABAS	11,57	225	17. 5. 84 Palma/Mallorca	25. 05. 84 Porto Cervo/Sard.	8 d	400
JULIA	12,78	350	20. 8. 85 Arenys de Mar/E	14. 11. 85 Harlingen/NL	85 d	2200
GITTE	12,95	350	27. 4. 86 Punta Ala/I	26. 5. 86 Ibiza	30 d	500
KRABBE	11,30	280	7. 7. 86 Accumersiel	30. 7. 86 Mandal/N	23 d	300
ATHENA	12,20	160	13. 8. 86 Menorca	Oktober 87 Karibik	1 a 2 m	5000
SCHARLATAN III	10,36	150	22. 10. 86 Antibes/F	November 86 Kanaren	25 d	1600
TARGA	10,10	120	24. 1. 87 Calpe/E	Februar 87 Sevilla/E	25 d	500
BELLAVISTA	15,00	–	18. 2. 87 Teneriffa	2. 4. 87 Dakar/Senegal	45 d	900

Name der Yacht	LüA in m	Versicherungs-summe in TDM	gestohlen Zeit/Ort	gefunden Zeit/Ort	Dauer des Fremd-besitzes in Jahren (a), Monaten (m) und Tagen (d)	Distanz
ESCONDIDA	14,50	350	11. 5. 87 Genua/I	16. 6. 87 Gandia/E	35 d	600
HOL DI RAN	7,00	37	11. 7. 87 Strande	13. 10. 88 Eckernförder Bucht	1 a 3 m	30
CONFIANCE	17,00	1400	24. 7. 87 Antibes/F	11. 10. 87 Rhodos/GR	75 d	1300
ALAVIA	14,20	330	14. 9. 87 Monaco	14. 10. 87 Madeira	30 d	1500
CARLITO	15,80	470	11. 12. 87 Ibiza	Juni 88 Kanaren	6 m	1100
TALOAH II	11,57	260	2. 7. 88 Hindeloopen/NL	31. 7. 88 La Coruna/E	29 d	1000
EUPHORIA	10,60	140	10. 9. 88 Lagos/P	4. 10. 88 Gibraltar	25 d	200
BAZI	12,00	–	9. 5. 88 Teneriffa	19. 5. 88 Kapverden	10 d	900
THETIS	10,75	150	3. 8. 79 Antibes/F	12. 10. 79 Martinique	72 d	5000
LOTUS	13,25	–	5. 12. 87 Marseille	13. 1. 88 Natal/Brasil.	37 d	3700
HIKUERU	12,95	–	20. 10. 79 Port Camargue/F	16. 6. 80 La Guaira/Venezuela	8 m	6000

nonstop und einhand oder nur mit ihrer Partnerin mehr als 1500 sm zurück und bewältigten diese Distanz in etwa 20 Segeltagen.

● Nicht alle Yachtdiebe waren Profis, die geplant und seglerisch wohlvorbereitet zu Werk gingen. Viele kamen spontan auf den Gedanken, sich einer Yacht zu bemächtigen, und nicht wenige gingen den Fahndern ins Netz, weil sie nach einiger Zeit ein elektronisches Gerät reparieren lassen wollten oder Ärger mit dem Motor und seinen Hilfsaggregaten hatten.

● Die Yachtdiebe gaben sich nicht mit kleinen Booten zufrieden, sondern stahlen im Durchschnitt 12-m-Seekreuzer, die optimale Seetüchtigkeit und maximalen Komfort versprachen. Für viele waren diese Yachten aber bereits eine Nummer zu groß. Sie scheiterten schließlich durch mangelnde Seemannschaft und technische Unkenntnis bei der Bedienung der vielen unterschiedlichen Geräte.

12. Die Tricks der Yachtpiraten

Der hilfsbereite Chartergast · Der vermeintliche Käufer · Der Eigner mit den Bootspapieren · Der Freibeuter mit dem Ballermann · Der „freundliche" Nachbar am Liegeplatz · Der ungetreue Charterkapitän Der angestellte Charterboß stiehlt selbst · Deutscher Yachtpirat in der Südsee

Mit Mißfallen betrachte ich immer die schönen braunen Kokosfußmatten, die auf den Bootsausstellungen angeboten werden und die in großen Lettern die eingewebten Worte zieren: *WILLKOMMEN AN BORD*. Ohnehin ist es nicht üblich, eine fremde Yacht zu betreten, ohne vorher an die Bordwand geklopft zu haben und vom Skipper ausdrücklich an Deck gebeten worden zu sein. Dies ist eine ganz persönliche Auszeichnung. Niemand ist von sich aus „willkommen an Bord" und erst recht nicht befugt, eine solche Fußmatte als pauschale Einladung anzusehen.

Diese Feststellungen sind notwendig, damit Yachtskipper ein gesundes Mißtrauen gegenüber allen unbekannten Personen bewahren, die ihre Bekanntschaft suchen. Wer fühlt sich nicht geschmeichelt, wenn sein Schiff von anderen gelobt wird? Wer gibt nicht gern Auskunft, wenn man ihn nach Details seiner an Deck sichtbaren Ausrüstung fragt? Wer ist nicht zu einem Plausch mit scheinbar sympathischen Menschen bereit, und wer erteilt dann nicht spontan eine Einladung, die er – im nachhinein betrachtet – wohl besser unterlassen hätte?

Man sieht einem Fremden in Seglerkleidung oder einem zünftig im Navylook gekleideten Pärchen mögliche unlautere Absichten nicht an. Aber wer hier erfährt, mit welchen Tricks professionelle Yachtpiraten Kontakte suchen, um die so erkundete Yacht bei günstiger Gelegenheit zu stehlen, wird gegenüber Unbekannten vielleicht etwas mißtrauischer und vorsichtiger werden.

Der hilfsbereite Chartergast

Die BELLAVISTA ist eine wirklich bildschöne Stahlketsch vom Typ Motiva 45, auf der sich Chartergäste wohlfühlen können. Der Bonner Eigner ließ die 15-m-Yacht unter einem bezahlten Skipper ab Yachthafen Los Cristianos ein- bis zweiwöchige Chartertörns durch die Kanarische Inselgruppe segeln. Die 3,90 m breite und 18 Tonnen schwere Yacht mit ihrem 106-PS-Dieselmotor bot jedem der maximal vier bis fünf zahlenden Gäste komfortable Unterkunft in Zweibettkabinen mit eigenen WC-Räumen. Ein kleines persönliches Logbuch war nicht nur als Ankunftsgeschenk und späteres Souvenir für jeden Chartergast gedacht. Es enthielt neben vielen farbigen Bildern – zum Beispiel des von allen nur denkbaren Navigationsgeräten umgebenen Kartentisches, der Rollreffanlagen für Groß- und Vorsegel und vieler anderer Details der kostbaren Inneneinrichtung in Mahagoni – auch den Verhaltenskodex, der an Bord erwartet wurde, dazu Yachtgebräuche, Notsignale, Flaggenführung und Seemeilenbestätigung. Zwei Surfbretter, zwei Klappfahrräder, Beiboot mit Außenborder und die Geräte für Sporttaucher gehörten selbstverständlich zur Ausrüstung. Die mit 500 000 DM versicherte Yacht war natürlich ein fetter Happen für Yachtpiraten, und in den kanarischen Häfen, die als Sprungbrett in die Weite des Atlantiks gelten, war sie schon eine auffallende Erscheinung.

Aber der 42jährige Skipper Emil Kleuke war ja an dieser diebstahlsgefährdeten Küste immer an Bord, und er konnte sich mit seinem 25jährigen Bootsmann Egon Trapp gegebenenfalls bei der Anwesenheitswache ablösen. Das sehr angemessene Nettogehalt ließ sich Kleuke in Deutschland auf das Konto seiner Ehefrau überweisen. Er selbst lebte nur von der Bordkasse, die die Chartergäste mit ihren Verpflegungsgeldern füllten, und vielleicht von dem einen oder anderen Chartergast, den er gegen Barzahlung in die eigene Tasche mitsegeln ließ. Kleuke und sein Bootsmann Trapp wickelten den Charterbetrieb jedoch nicht nur zur Zufriedenheit des fernen Eigners ab, sondern genossen auch bei den Hafenmeistern Ansehen, weil sie ordnungsgemäß überall ein- und ausklarierten.

So schlug denn auch die Nachricht bei dem Eigner in Bonn wie eine Bombe ein, daß seine BELLAVISTA am 18. 2. 1987 zwischen 2030 und 2345 Uhr von der Pier in Los Cristianos gestohlen worden sei. Die beiden bezahlten Segler waren mit dem ersten bereits angekommenen Chartergast des für den anderen Tag geplanten letzten Chartertörns unter der

Schiffsführung von Kleuke zum Essen gefahren, wie sie angaben, und der Dieb mußte wohl schon vor ihrer Abfahrt auf der Lauer gelegen haben. Wahrscheinlich hatte er ihnen sogar bewußt jene abgelegene Taverne empfohlen, besonders weit vom Liegeplatz der BELLAVISTA entfernt. Aber wer von den vielen Bekannten der Crew konnte dies gewesen sein?

Diese Fakten zu recherchieren, oblag den Fahndern der Versicherungsgesellschaft, die sich unverzüglich auf die Suche nach der gestohlenen Stahlketsch machten. Unter den vielen Hinweisen, die die Yachtfahnder sammelten, befand sich auch einer auf einen Österreicher mit Namen Christian Petri Walchhofer, doch ließ sich dieser vorerst nicht in eine Beziehung zur BELLAVISTA bringen. Verdächtig hatte sich jedoch ein „Ernst" gemacht, den der Bootsmann als Zuhältertyp charakterisierte und von dem er sagte, er hätte sein Handgeld „immer irgendwoher geholt und sehr viel getrunken". Was der Mann der Stammbesatzung den Fahndern nicht erzählte: Ernst hatte einen kurzen Chartertörn mitgesegelt. Egon Trapp berichtete nur: „Dieser Ernst kannte sich örtlich sehr gut aus, und das nicht nur auf den Kanaren. Des weiteren verstand er einiges von Seemannschaft und Yachttechnik allgemein. Weniger gut kannte er sich im navigatorischen Bereich aus. Aber er hatte unter anderem an der Maschine repariert und war überhaupt sehr hilfsbereit."

Schließlich wurde ermittelt, daß Skipper Kleuke während des letzten Chartertörns vor dem Diebstahl in der Woche vom 9. 2. bis 15. 2. einen nicht gebuchten Passagier namens Ernst zusätzlich mitgenommen hatte und von ihm dafür 500 DM in bar erhalten hatte. Das Geld hatte Kleuke, der unter latenter Geldknappheit litt, für sich eingesteckt, nachdem er Trapp davon etwas Taschengeld abgegeben hatte.

Eine Besatzungsliste mit den Einklarierungsdaten der Yacht in Los Cristianos, die sich die Fahnder vom Hafenamt beschaffen konnten, förderte dann zutage, daß der nicht registrierte Chartergast ein Hubert Hölzel mit einem österreichischen Paß gewesen war. Weitere Recherchen ergaben, daß seine Vornamen korrekt „Ernst Hubert" lauteten. Wer sich auch hinter diesem Namen versteckte – der illegale Chartergast aus Österreich war nicht nur mit allen Einrichtungen der BELLAVISTA gut vertraut, er kannte auch die Verhältnisse des Hafenumfelds sehr genau, weil er hier offenbar schon seit längerer Zeit heimisch war. Und nun war auch er verschwunden!

Die rund um den Atlantik eingeleitete Fahndung nach der Stahlketsch, in die auch das Bundeskriminalamt eingeschaltet wurde, brachte vorerst keinen Erfolg. Wer mit einer gestohlenen Yacht von den Kanaren abspringt, muß nach Möglichkeit in den ersten 24 Stunden verfolgt werden. Sein Fluchtradius ist dann noch gering. In jeder weiteren Stunde und erst recht mit jedem folgenden Tag fächern sich die möglichen Kurse, die eine gestohlene Yacht steuern kann, immer weiter auf, auch wenn natürlich die Generalkursrichtung Süd für weitere Fahndungen angenommen werden kann. Aber die möglichen Ziele an der afrikanischen Küste – zum Beispiel Senegal, Gambia und Liberia – oder an der südamerikanischen Küste mit den Häfen Fortaleza, Natal oder Recife in Brasilien liegen schon tausende Seemeilen auseinander, und auch die Karibik ist ein riesiges Seegebiet mit Hunderten von Ankerplätzen in einem Dutzend souveräner Staaten und bietet jede Unterschlupfmöglichkeit.

So verrann die Zeit, und die Ausguckposten der Versicherer in den wichtigsten Häfen rund um den Mittel- und Südatlantik dachten nach 45 Tagen nur noch gelegentlich an den gestohlenen Seekreuzer. Ebenso fühlte sich Anfang April der Dieb, der sich als „Ernst Hubert Hölzel" mit falschem Paß als Chartergast auf der Bellavista eingeschlichen hatte und nach dem natürlich auch gefahndet wurde, unter seinem richtigen Namen Christian Petri Walchhofer bereits völlig sicher. Zu sicher: Denn er hatte vor seinem Piratenakt an Land Kreditkarten gestohlen und mit faulen Schecks bezahlt, und daher suchte ihn Interpol auf einer anderen Schiene.

Von Los Cristianos war er schnurstracks an die afrikanische Küste gesegelt, und hier hatte er sich in einer kleinen Bucht südlich von Dakar versteckt, in der Nähe der Stadt Mbour im Senegal, wo ihn niemand suchte. Die Bellavista lag vor dem Hotelstrand verankert, und Walchhofer hatte sich in dem vornehmen senegalesischen Touristenhotel eingemietet.

Das Wiederauffinden der Bellavista verdankten die Yachtfahnder mehr dem Zufall. Denn als Christian Walchhofer am 2. April 1987 seine Hotelrechnung mit einer gestohlenen Kreditkarte bezahlen wollte, nahm die Polizei den wegen Scheckbetrugs gesuchten Österreicher fest. Die entführte Bellavista, die derweil vor der Sandküste dümpelte, war dem Yachtpiraten wohl doch nicht komfortabel genug gewesen. Denn sonst hätte er die Luxusyacht, deren Tanks immer noch randvoll waren, nicht so leichtfertig gegen ein Hotelbett eingetauscht.

Viele Yachtpiraten kapern ihre Beute spontan, mit ihren technischen

Einrichtungen machen sie sich erst unterwegs vertraut. Walchhofer aber ging auf Nummer sicher: Er investierte 500 DM, um seine 500 000-DM-Prise von Beginn an zu beherrschen. Mit diesem Einstand und unter dem unverfänglichen Deckmantel eines Chartergastes konnte er sich vor dem eigentlichen Coup ganz selbstverständlich mit allen Einrichtungen der BELLAVISTA vertraut machen. Die vier Rollreffanlagen für die Segel ließen sich schon mit gesundem Menschenverstand bedienen, wenn man seglerische Erfahrung hatte. Wie man Kühlwasserleitungen abstellt, wo Hauptschalter liegen, welche Sicherungen eingebaut sind, wie man Tanks umschaltet und andere Einsichten in den technischen Bordbedarf einer großen Hochseeyacht lernt man am besten vorher unter Aufsicht des verantwortlichen Skippers.

Damit soll nicht gesagt werden, daß von jedem Chartergast eine ähnliche Gefahr droht. Walchhofer war, wie Beteiligte berichten, schon äußerlich als jener Typ zu erkennen, der er wirklich war. Natürlich sieht aber ein Charterbüro, das Plätze bucht und Urlaubstörns vermittelt, keinem Bewerber nach Paßbild oder Fragebogen an, ob er seinen Chartertörn auch für zwielichtige Zwecke buchen möchte. An wen bezahlte Charterskipper freie Kojenplätze illegal vergeben, um sich ein Zubrot zu verdienen, können seriöse Vercharterer ebenfalls nicht kontrollieren; auch können Chartergäste sich nicht gegen die Mitnahme von Personen zur Wehr setzen, die eigentlich nicht in ihren Kreis passen.

Walchhofer erwies sich damit in der gefährlichsten Phase des Yachtdiebstahls als clever. Erst seine Unverfrorenheit weit jenseits des Gefahrenbereichs ließ ihn auffliegen. Aber eine Dummheit macht auch jener Dieb, der sich für den Gescheitesten hält. Ich weiß nicht, wo und wann Christian Walchhofer nach seiner Verhaftung vor Gericht gestellt, ob er verurteilt wurde und wo und wie lange er seine mögliche Strafe absaß. Jedenfalls finden wir ihn schon ein Jahr später neuerlich auf den Kanaren, und wieder ist er auf der Suche nach einer Yacht, die er stehlen kann. Eine abschreckende Wirkung kann der Strafvollzug auf ihn also nicht gehabt haben.

Wieder streunt er in Los Cristianos an den festgemachten Yachten entlang und sucht freundlichen Kontakt mit den Besatzungen. Als Ortskundiger gibt er Tips, wo man günstig einkaufen und gut essen kann. So lernt ihn am 6. Mai 1988 auch Wolfgang Klier kennen, nachdem er mit seinem 12-m-Seekreuzer BAZI nach einem dreiwöchigen Törn zu allen Kanarischen Inseln wieder in Los Cristianos eingelaufen ist.

„Es wehten so um die 20 Knoten, und wir wollten ankern“, erzählt

Wolfgang Klier. „Da rief die Stimme des Skippers von der WESTFRIESLAND, der unsere weiß-blaue Flagge unter dem TO-Stander entdeckt hatte, in unverwechselbarem Dialekt von der Kaimaier: ‚Kemts ummi, draußen is a stoarker Schwell, do ligts do fui besser!‘ Und dann zu seinem Mitsegler: ‚Wann's ober ets Preissn san, dann werf mer's ins Wasser!‘ Wir waren es nicht, und so gab es einen zünftigen Begrüßungstrunk.“

Kurze Zeit später stellte sich dann auch noch ein Salzburger namens Christian mit seiner farbigen Freundin vor und erzählte, daß er in ein paar Tagen mit Freunden nach Brasilien auslaufen würde. In der Euphorie des beendeten wunderschönen Segeltörns wird Christian als „Auch-Bazi“ von der Bayerncrew kumpelhaft aufgenommen, und Wolfgang Klier und seine Freunde ahnen nicht, daß sie hier einen Yachtpiraten kennengelernt haben, der es planmäßig auf eine neue Beute abgesehen hat – auf ihren Seekreuzer!

Die BAZI-Crew unternimmt an den folgenden Tagen Ausflüge mit dem Mietwagen ins Binnenland. Sie kann dadurch nicht bemerken, daß sich Christian Walchhofer in der Zwischenzeit zumindest von außen sehr sorgfältig mit der Ausstattung ihrer Yacht beschäftigt. Am Sonntag, dem 9. 5. 88, macht ein französischer Oldtimer neben der BAZI fest. Er ist ein Nachbar, den der bayerische Skipper ganz und gar nicht gerne sieht. Dann berichtet Wolfgang Klier: „Am Nachmittag taucht unser Christian mit Anhang wieder auf. Er erzählt, daß sie wohl am nächsten Tag nach Brasilien auslaufen werden, und auch wir wollen abfahren. Wir laden sie zu einem Drink ins Cockpit ein und verplaudern den Nachmittag angeregt. Als Christian auf die Bordtoilette geht, fragt er das eine und andere über unsere reichlich vorhandene Elektronik, und ich denke mir noch: ‚Na ja, viel Ahnung hat der nicht!‘ Gegen Abend verabschieden sich die beiden, und wir machen uns fertig zum Abendbrot an Land.“

Ob der sich anbiedernde Christian tatsächlich von einer anderen Yacht kam, prüfte die BAZI-Crew in der Hochstimmung nach ihrem erlebnisreichen Seetörn offenbar nicht nach, und sie begriff auch gar nicht, daß der fremde Auch-Bazi seine elektronische Unkenntnis nur spielte, um auf diese Weise eine unverfängliche Kurzunterweisung für alle Navigationsgeräte an Bord zu erhalten. Die fehlende Ortskenntnis unter Deck verschaffte ihm die unverfängliche Toilettenbenutzung. Welche Crew darf sie einem Gast verwehren?

Und so merkten die bayerischen Segler gar nicht, wie sie ihrer österreichischen Zufallsbekanntschaft immer mehr auf den Leim gingen und für das Diebespärchen alles nach Plan lief – einschließlich des Bestrebens, die Crew zum Abendessen möglichst weit ins Binnenland zu locken.

„Gegen 2100 Uhr fuhren wir dann nach Los Americas, etwa zehn Kilometer von Los Cristianos entfernt", berichtet Wolfgang Klier weiter, „in eine von Christian empfohlene Discothek. Ich wußte nicht, daß wir hier tatsächlich unseren letzten Törntag begossen. Denn als wir gegen 2300 Uhr mit dem Auto die Kaimauer entlang zu unserer Yacht zurückfuhren, stand fest: Die Bazi war nicht mehr da!

Wir stiegen aus und sahen nur noch unsere 50 m lange Vorspring, die liegengeblieben war. Die Kaimauer war gesäumt von Fischerbooten, doch deren Besatzungen waren am Sonntag alle zu Hause. Ein einziger Angler war auszumachen, wußte aber von nichts. ‚Das können nur die Franzosen auf dem Nachbarboot gewesen sein', dachte ich. Ihr Boot war offen. Ich ging in den Salon. Der Hund kläffte mich an, aber sonst war niemand an Bord. Was war geschehen? Mir kamen Zweifel. Denn wer selbst klaut, ist mißtrauisch und läßt sein Boot nicht offen am Kai."

Es ist Neumond. Ein frischer, ablandiger Wind weht. Auf See ist nichts zu sehen. Klier fährt mit seinen Freunden nach Los Americas zurück und macht bei der Guardia Civil eine vorläufige Verlustmeldung. Dort sagt man dem Eigner, daß von Amts wegen vor 0900 Uhr am Montag nichts unternommen werden könne. Aber dann würde man mit dem Hubschrauber suchen. „Das ist nicht zu fassen! In den vergangenen drei Stunden kann die Bazi höchstens 15 Seemeilen abgelaufen sein, unter Motor und wohl nach Süden. Bis zum Vormittag müßte man sie in einem Umkreis von über 60 Meilen suchen." Wolfgang Klier ist enttäuscht. „Schnell erkennen wir, daß von den Behörden bis zum Morgen keine Hilfe zu erwarten ist. Ein schnelles Schiff mit Radar bräuchten wir, finden es aber nicht. Schließlich ist der Eigner des Seekreuzers Barraquinn bereit, gegen den horrenden Charterpreis von rund 500 DM auszulaufen. Außerdem besteht er darauf, daß ich ein Papier unterzeichne, durch das er Anspruch auf den Finderlohn erhält, wenn wir mein Boot finden. Zähneknirschend gebe ich nach, formuliere aber den Anspruch als ‚wie im Gesetz vorgeschrieben'. Offen bleibt, welches Gesetz. Schließlich habe ich seine Yacht mit Vertrag gechartert."

Von Bord aus ruft Klier Gomera Radio und bittet die Marinebehörden um Mithilfe bei der Suche nach der entführten Yacht. Anschließend führt er ein Seefunkgespräch mit einer Freundin in Hamburg, die am

Morgen seine Versicherung informieren soll. Ihr Mitleid kontert er mit dem grimmigen Entschluß, seine BAZI zurückzuholen, um jeden Preis.

„Ich zweifle nicht im geringsten daran, daß ich mein Boot finden werde", erzählt er weiter. „Die Frage ist nur: Was war passiert? Ich kann mir nicht vorstellen, daß jemand mein Boot stiehlt, um es zu verkaufen oder selbst zu segeln. Es ist zwar eine Maxi 120, aber sie ist so anders und selten, daß sie sogar ein Laie leicht identifizieren kann. Also hat es der Dieb wahrscheinlich auf die neue Elektronik abgesehen. Vielleicht plündert er das Boot und überläßt es dann Wind und Strömung. Diese Fragen will ich klären – und natürlich auch den Dieb ermitteln. Vorerst laufen wir aber erst einmal mit sieben anstatt der versprochenen neun Knoten in südliche Richtung. Mehr gibt der Kahn bei der zunehmenden Dünung nicht her."

Klier hat jahrelang als Radaringenieur bei der Flugsicherung gearbeitet und beobachtet daher während der Nachtfahrt die See auch am Radargerät. Nach etwa zwei Stunden erkennt er auf dem Bildschirm alle fünf bis zehn Umdrehungen ein schwaches Blip genau voraus, Kurs 180°. Gleichbleibende Entfernung.

„Ist das meine BAZI?" fragt er sich. „Der Skipper des von mir gecharterten Verfolgers hat volle Beleuchtung angeordnet. Mir gefällt das zwar nicht, aber ich sage mir: Wenn eines der fünf oder sechs Schiffe, die wir mit Radar orten, ohne Licht fährt und dann den Kurs bei Annäherung ändert, könnte es meine BAZI sein. Ich konzentriere mich auf das schwache Ziel und werde richtig vom Jagdeifer gepackt. Aber wir kommen nicht näher. Ich hatte angenommen, daß der Dieb unter Motor läuft, wegen des abgesperrten Kühlwassers Motorschaden hat und so vielleicht nicht weiterkommt. Aber bei seinem Vorsprung und dem achterlichen Wind von 25 Knoten ist er auch unter Segeln zu schnell. Wir kehren um, als mein Skipper entnervt an der Reling hängt und die Fische füttert. Es wird 0500 Uhr, bis wir wieder zurück in Los Cristianos sind. Ich habe ein wenig geschlafen und dränge auf neue Taten."

Mit Geld und allen wichtigen Papieren in der Jackentasche beschließt Klier, die Verfolgung der BAZI mit einem Sportflugzeug aufzunehmen. Mit Kurt, einem Mitsegler, der früher als Polizist im Hubschraubereinsatz tätig war, entwirft er ein Suchraster und kalkuliert fünf Flugstunden ein. Wird die Maxi 120 dabei nicht gefunden, ist sie in einer Bucht der Kanaren untergeschlüpft und kann hier mit dem Polizeihubschrauber weiter gesucht werden. Aber auf dem Flughafen Süd ist um 0700 Uhr keine Maschine einsatzbereit. Auf dem Flughafen Nord, den sie anschließend aufsuchen, erklärt sich der Pilot Enrico bereit, am späten Vormittag startklar zu sein. Zufällig treffen beide während der Rückfahrt auf der Autobahn noch einen befreundeten Funkamateur, der um Weitergabe der Suchmeldung an Bekannte auf den anderen Kanarischen Inseln gebeten wird. In Los Americas erfährt Klier jedoch, daß ein Polizeihubschrauber nicht starten kann und Zollboote zur Verfolgung nur auf See oder in Las Palmas liegen – zu weit entfernt für einen Sucheinsatz.

So sind Wolfgang und Kurt froh, als ihr gechartertes Sportflugzeug um 1200 Uhr neben den nicht flugbereiten Hubschraubern der Polizei von Teneriffa aus startet – 14 Stunden, nachdem die BAZI entführt wurde. Wolfgang Klier weiter: „Wir fliegen an einer gedachten Linie entlang, die dem Segelkurs entspricht, bei dem man unter den herrschenden Wind- und Seegangsverhältnissen mit höchstmöglicher Geschwindigkeit nach Süden kommt. Bei unserer Flughöhe von etwa 500 m können wir rund 10 sm in beide Richtungen sehen. Wir rechnen aus, daß die BAZI bei 8 bis 9 kn Fahrt nicht weiter als 70 Flugminuten entfernt sein kann. Danach wollen wir dann das vorbereitete Suchraster abfliegen.

Die Zeit vergeht schnell. Nach 65 Minuten meine ich, am Horizont im Westen ein Segelschiff auszumachen. Wir gehen hinunter, direkt auf das Ziel zu, überfliegen einen russischen Fischer – und da ist sie, die BAZI, mit zu dicht gefahrenem Großsegel, so gerefft, wie wir nach unserer Ankunft das Segel gelegt hatten, ohne Besan, aber mit voller Genua und stark gekrängt.

Bei unserem Auftauchen muß der Dieb – es ist ‚unser Christian' – so überrascht gewesen sein, daß er nur noch unter dem Spritzverdeck Schutz sucht und das Ruder schnell an seine farbige Freundin Maria übergibt. Der Autopilot ist offensichtlich nicht in Betrieb. Wir jubeln vor Freude und drehen ganz tiefe, enge Kurven. Wir wollen ihn wissen lassen: ‚Du entkommst uns jetzt nicht mehr! Morgen spätestens haben wir dich!' Mit dem Radiokompaß vergleichen wir unsere rechnerische Position, fliegen anschließend zur Kontrolle eine Stunde genau nach Nord zurück und können danach auf fünf Meilen genau den Standort der Yacht zum Zeitpunkt der Sichtung festlegen. Über Flugfunk geben wir die Daten weiter und fühlen uns als James Bonds zu Lande, zu Wasser und in der Luft."

Nach der Landung telefoniert Klier mit der Marinekommandantur, wo man ihm verspricht, die BAZI im angegebenen Seegebiet mit Patrouillenbooten zu stoppen. Der Eigner fährt sicherheitshalber noch in die Leitstelle und markiert dort die Position der Sichtung auf einer großen Seekarte. Die BAZI-Crew malt sich schon aus, mit welcher Begeisterung die Marinebesatzung die Suche aufnehmen wird. Endlich mal ein richtiger, noch dazu friedlicher Auftrag! Ein nahegelegenes Hafenamt erlaubt es, über UKW nochmals eine mehrsprachige Positionsangabe und Beschreibung der gestohlenen Yacht mit einem Finderlohn von 15 000 DM für diejenigen abzusetzen, denen es gelingt, die BAZI zu stoppen. Auch die Marinekommandantur hat inzwischen Fernschreiben zur Fahndung abgeschickt. Weiter lassen wir Wolfgang Klier berichten:

„Völlig erschöpft kommen wir gegen 1600 Uhr in Los Cristianos an. Wir sind über 500 km gefahren und haben seit mehr als 30 Stunden kaum geschlafen. Zu meiner Überraschung spricht uns jetzt ein Deutscher an, er sei von meiner Versicherung beauftragt, uns zu helfen. Spätestens zu diesem Zeitpunkt bin ich froh, eine gute Versicherung zu haben. Wir können bei dem Mann wohnen und sind telefonisch erreichbar. Und hier sitzen wir nun und erwarten die Vollzugsmeldung: Boot sichergestellt, Dieb gefaßt. Aber es kommt nichts."

So bereitet Klier einen zweiten Flug vor, beschafft sich die entsprechenden Seekarten und vor allem ein mobiles Seefunkgerät, weil man im Flugzeug nicht mit Schiffen sprechen kann. „Wir teilen der Marinebehörde unser Vorhaben mit", fährt Klier in seinem Erlebnisbericht fort, „und bitten um die Positionen der Schiffe, die in der Nähe der Yacht operieren. Die Antwort der Offiziere wirkt auf mich wie ein Hammer: ‚Leider haben wir gar keine Schiffe in diesem Gebiet!' Ob dies nun stimmt oder nicht – fest steht, daß wir von Spanien keine Hilfe bei der Suche nach einer deutschen Yacht erhalten werden."

In der Zwischenzeit erlaubt es der Datenaustausch im Telefax-Verkehr mit der Hamburger Versicherung, den Yachtpiraten eindeutig zu identifizieren. Es ist der 35jährige Österreicher Christian Walchhofer, der schon wiederholt gestohlene Yachten in der Karibik an den Mann gebracht hat. Nur seine letzte Unternehmung ist fehlgeschlagen. Sie hat ihm in Dakar und Teneriffa Gefängnisstrafen eingebracht. Aber die Katze läßt das Mausen nicht.

„Wir gehen zur deutschen Botschaft in Santa Cruz und bitten um Weiterleitung der Fahndung nach Senegal, Sierra Leone und die Kapverden", berichtet Klier weiter. „Ich bin sicher, daß der Dieb wegen Wassermangels bald Station machen muß. Er hat zwar 400 Liter Trinkwasser an Bord, aber er kennt nicht den Trick, wie man es trotz einer undichten Membrane der Pumpe zapfen kann. Unsere Recherchen über seine farbige Freundin an Bord veranlassen uns, die Suche auf Westafrika zu konzentrieren."

Tags darauf fliegt der BAZI-Eigner nach Deutschland und bereitet sich dort auf die weitere Suche nach seiner Yacht vor. Dazu kommt es aber nicht mehr: Am 19.5. findet ein Landsmann, der über die deutsche Botschaft in Dakar von der Yachtfahndung hörte, die BAZI in einem kleinen Fischerdorf der Kapverden. Den Finderlohn kann er gut gebrauchen; denn sein Dienstvertrag im Ausland läuft gerade aus.

„Wenige Tage danach fliege ich mit einem Sachverständigen zu den Inseln und nehme die stark beschädigte Yacht wieder in Empfang", schließt Klier seinen Bericht. „Der Motor ist unreparierbar, die Inneneinrichtung und Elektronik sind durch Wassereinbruch und Rauchgas des durchgebrannten Auspuffs stark beschädigt. Der Dieb und seine Freundin sitzen derweil im Gefängnis, und als wir beide besuchen, sind sie übersät von Wanzenstichen. Ihnen drohen hier sechs Monate Haft, ein hoher Preis für ihre Tat!"

Ist dies wirklich eine harte Strafe für einen Wiederholungstäter, dessen Lebensziel es nach wie vor zu sein scheint, ausländische Yachten zu kapern und auf ihnen möglichst lange ein ungebundenes Leben zu führen? Tatsächlich wurden der Österreicher und seine senegalesische Freundin wegen Diebstahls einer deutschen Yacht aus einem spanischen Hafen von den Gerichten des Kapverdischen Staates weder verurteilt, noch mußten sie lange in einem dortigen Gefängnis einsitzen. Statt dessen warteten die Behörden der Kapverden auf einen Auslieferungsantrag Spaniens, wo das Verbrechen stattfand, aber dieser wurde nicht gestellt. Also setzte man das Piratenpärchen nach zwei Wochen wieder auf freien Fuß und schickte sie zu den Kanaren zurück. Wie in einem Märchen möchte man enden: Und wenn sie nicht gestorben sind, dann klauen sie noch heute.

Nach einer letzten Information war bald darauf eine Nauticat 33 ihr nächstes Opfer. Wieder war der Senegal das Ziel des Piratenpärchens, und wiederum dort wurde es abermals erwischt.

Der vermeintliche Käufer

Schon lange hatte Josef Warner aus Zürich durch mehrere Inserate in Yachtzeitschriften versucht, seine fast neue Kunststoff-Ketsch THETIS zu verkaufen. Mit mehreren Interessenten war er vergeblich zu der in Antibes an der französischen Mittelmeerküste liegenden Trintella III gefahren. Ein Verkauf der 10,75 m langen Ketsch mit einem 4-Zylinder-Dieselmotor von 49 PS sowie Diesel- und Wassertanks von je 450 Litern kam jedoch nie zustande. Die meisten Interessenten waren natürlich Franzosen, die den geforderten Preis von 135 000 Schweizer Franken zu hoch fanden, weil sie auf ihn noch 23 % Zoll und Steuern hätten entrichten müssen. Warner hielt diesen Preis jedoch für angemessen, weil er die Yacht vor Jahr und Tag in Holland zu einem hohen Gulden-Umrechnungskurs gekauft hatte. Der mühevollen Fahrt von Zürich an die Küste und der mehrfachen Besichtigungen mit Probesegeln überdrüssig, beauftragte er schließlich den nicht weit von Antibes ansässigen Landsmann Willi Händler, für ihn weitere Interessenten zu empfangen und die Thetis für 110 000 bis 120 000 SFR anzubieten.

Ende Juli 1979 erschien Josef Warner jedoch noch einmal persönlich mit einem 24jährigen Schweizer, und beide wurden nach einer Probefahrt bei 120 000 SFR handelseinig. Bevor die beiden Landsleute gemeinsam zum Vertragsabschluß nach Zürich zurückfuhren, teilte der bisherige Eigner seinem Beauftragten mit, die Thetis sei nun verkauft; Händler entfernte daraufhin das mit seiner Telefonnummer versehene Verkaufsschild aus der Takelage. Hilfsbereit versicherte er dem zukünftigen Eigner beim Abschied, er werde ihm, wenn nötig, bei den Vorbereitungen für seine geplante Weltumsegelung helfen und ihm dafür auch einige vorhandene Seekarten schenken.

Eine Woche später kam der „neue Eigner" unverhofft mit einem Taxi zum Haus von Willi Händler und wollte sich offenbar den Bootsschlüssel abholen. Händler lag jedoch mit einer starken Erkältung, die er sich beim Tauchen zugezogen hatte, im Bett. Da er annahm, daß natürlich mit dem Vertragsabschluß auch die Schlüsselübergabe stattgefunden hatte, schickte er den jungen Schweizer mit der Bemerkung an Bord, er werde ihn auf seinem Boot besuchen.

„Zwei Tage später wollte ich das tun", erzählt Willi Händler, „aber die Thetis lag nicht mehr an ihrem Hafenplatz. Ich dachte, der junge Schweizer sei wahrscheinlich zu einer kleinen Probefahrt ausgelaufen, und fuhr wieder nach Hause. Zum Glück läutete jedoch noch am selben Tag Herr Warner aus Zürich an und teilte mir mit, der Herr, der die Thetis kaufen wollte, sei ein Schwindler. Er habe noch keinen einzigen Rappen bezahlt. Also war die Thetis gestohlen! Über den Diebstahl informierte ich sofort die Polizei, den Zoll und die Hafenbehörde und versuchte, von den Nachbarn etwas zu erfahren – aber ohne Erfolg. Am nächsten Tag leitete ich mit Herrn Warner die Anzeige an Interpol weiter."

Im Vergleich zu anderen Opfern von Yachtdieben hat Warner Glück im Unglück. Denn er kennt den Dieb durch den Namen Gernot Reimann, geboren am 15. 2. 57 in Bern, weil diese Daten in seinem Kaufvertrag vermerkt sind. Durch die Anzeige bei der Polizei wird nicht nur deren Richtigkeit bestätigt, Gernot Reimann kann auch in die weltweiten Fahndungslisten aufgenommen werden, zuallererst natürlich in die französischen, weil der Tatort in Frankreich liegt. Glück für Warner auch, daß Frankreich überseeische Territorien in der Karibik besitzt, die ein bevorzugtes Ziel von Yachtdieben sind und wo die Einklarierungsbehörden daher diese französischen Fahndungslisten schärfer im Auge haben als anderswo.

Unruhige Nächte hätte Warner hingegen gehabt, wenn er gewußt hätte, daß Gernot Reimann zum ersten Mal überhaupt an Bord einer Yacht war und bis zum Zeitpunkt, da er mit der THETIS aus Antibes auslief, noch niemals gesegelt hatte. Alle seine Kenntnisse und Fertigkeiten hatte er sich nur aus Lehrbüchern zusammengesucht.

Es mutet grotesk an, daß ein Yachtdieb Tagebuch führte. Gernot Reimann hielt hierin nicht nur penibel alle seemännischen und nautischen Handlungen während seiner Langfahrt fest, er schrieb auch alle Gedanken und Überlegungen auf. Immerhin wird die Reise ohne Hafenaufenthalt 70 Tage dauern, wobei er nicht nur den Atlantik einhand und noch dazu in der Hurrikanzeit überquert, sondern es bis zur amerikanischen Küste auch ohne eine einzige Seekarte schafft. Die spärliche Ausstattung des Diebes, der seinem Abenteuerdrang auf kriminellem Wege frönt, sind die Karten von Mittelmeer und Atlantik aus einem alten Schulatlas, auf denen die See- und Landverhältnisse nicht in der nautisch verwertbaren Mercator-, sondern in einer Kegelprojektion dargestellt sind und die 3000-Seemeilen-Distanz von den Kanarischen Inseln zu den Windward und Leeward Islands gerade so lang wie ein Zeigefinger ist.

Am Beginn dieses Tagebuches eines Yachtdiebes heißt es: „Am 3. August 1979 um 1915 Uhr verlasse ich Antibes. Mein abgesteckter Kurs lautet 221°. Wetterlage schön und windstill. Das erste Mal in meinem Leben steuere ich eine Segelyacht. Da ich keine Ahnung habe, wie ich die Segelmanöver durchführen soll, beschließe ich, zuerst einmal 24 Stunden unter Motor zu fahren. Ich verschiebe die erforderliche seglerische Arbeit also auf später, wenn ich außer Landsicht bin und mir niemand zusehen kann. Mit Autopilot hält die THETIS stur ihren Kompaßkurs ein. Ich benütze die Gelegenheit, um meine Habseligkeiten und Proviant einzuräumen, die ich vor der Abfahrt nur in die Messe geworfen habe."

Denkt man an die Dauer der Reise, die sich der Yachtdieb vorgenommen hat, müssen es viele Konserven gewesen sein. Er verstaut sie „mit militärischer Ordnung" und setzt jeden Gegenstand auf eine Liste, damit er ihn schnell wiederfindet. Die Liste befestigt er gut sichtbar am Niedergangsluk.

Am 4. August um 0100 Uhr schreibt er in sein Tagebuch: „Position 34 sm südwestlich von Antibes. Komischerweise kein einziges Schiff oder auch nur ein einziges Licht gesichtet. Ich bin mit dem Rauschen des Wassers allein, ein unbeschreibliches Gefühl. Ich sitze im Cockpit, da ich vor Aufregung sowieso nicht schlafen könnte, und habe das erste Mal Zeit, in Ruhe über mein Vorhaben nachzudenken. Abenteuerlust und Angst halten sich etwa die Waage. Aber da an eine Umkehr überhaupt nicht zu denken ist, habe ich gar keine Alternative. Ebenso kommt mir die Verrücktheit zu Bewußtsein, im September und während der Hurrikanzeit allein über den sturmgepeitschten Atlantik zu segeln, ohne irgendwelche Segelerfahrung geschweige denn Kenntnisse im Hochseesegeln. Ich bin mir aber sicher, daß ich es schaffen kann. Sollte ich es jedoch nicht schaffen, wird das Versagen unweigerlich meinen Tod bedeuten. Die Tragweite meines Unternehmens war mir schon klar."

Nachdem der Dieb einige Zeit eingenickt ist, während die THETIS unter Motor allein weiterläuft, macht er sich am frühen Morgen bei West zwei bis drei zum ersten Mal an die Segel: „Bei diesem schönen Seglerwind beginne ich, die Segel zu setzen. Erstaunlicherweise klappt es schon beim zweiten Versuch. Ich setze Fock, Großsegel und Besan, hole die Schoten dicht und gehe hart an den Wind. Die THETIS läuft bei zehn Grad Krängung fünf Knoten. Unter der automatischen Windfahnensteuerung, die ich inzwischen montiert habe, hält sie ihren Kurs ausgezeichnet. Es versteht sich von selbst, daß ich die Maschine inzwischen verstummen ließ.

Danach mache ich mich an die erste in der Praxis ausgeführte nautische Standortbestimmung. In der Theorie habe ich sie zwar mit Hilfe von einigen Fachbüchern perfekt gelernt, aber Theorie und Praxis sind bekanntlich zweierlei Sachen. Trotzdem komme ich eigentlich ganz gut zurecht. Ich stelle fest, daß meine Position um 0700 Uhr GMT 67 sm südwestlich von Antibes liegt."

Wahrscheinlich hat der Yachtdieb seinen Schiffsort durch Funkpeilungen bestimmt. Eine halbe Stunde später erhält er jedoch den ersten Schock: Marseille warnt im Wetterbericht vor einem starken Mistral.

„Das erste Mal auf dieser Reise rüste ich mich auf schweren Seegang und bereite die Sturmbesegelung vor", schreibt er. „Ebenso wird alles, was nicht niet- und nagelfest ist, innenbords verstaut und verzurrt. Dann geht es auch schon los: Als sich der Wind bei sechs bis sieben Stärken einpendelt, berge ich Großsegel und Besan und laufe nur unter kleiner Fock mit etwa sechs Knoten vor dem Wind ab. Mit bangem Herzen beobachte ich zehn Minuten später, wie der Windmesser nun plötzlich acht bis neun Beaufort anzeigt. Die Sturmseen sind so angewachsen, daß ich die THETIS nicht mehr der automatischen Steuerung anvertrauen kann. Ich muß bei schweren Seen auf das Vorschiff, die Fock bergen und die Sturmfock setzen. Dann verfolge ich mit unglaublichem Staunen und auch genügend Angst die achterlich anrollenden Wellenberge, die mit furchtbarer Gewalt über das Schiff hinwegbrechen. Mit dem kleinen Vorsegel läuft die THETIS zeitweise über zehn Knoten – gefährlich schnell. Sollte ich bei diesem Tempo quer zum Seegang schlagen, so würde mich der folgende Brecher zu Kleinholz verarbeiten. Schon jetzt schlugen mir die Seen mit fürchterlichem Getöse um die Ohren, und im Cockpit saß ich regelmäßig bis zu den Schultern im Wasser."

Wieder einmal bestätigt sich die seemännische Erfahrung, daß Yachten schweres Wetter überleben und Fehler ihrer Crew kaschieren können, wenn man sie für sich selbst sorgen läßt. Und das tut der Yachtdieb zweifellos in den beiden nächsten Tagen: „Natürlich war an Essen oder gar Schlafen überhaupt nicht zu denken. Außer meiner Moral waren bis jetzt jedoch noch keine nennenswerten Schäden zu beklagen. Nur mein schön eingeräumtes Inventar flog auf dem Messeboden von Steuerbord nach Backbord, daß es nur so krachte." Arme THETIS!

Unter seiner sinkenden Moral verstand Reimann offenbar nur sein Durchhaltevermögen. Gewissensbisse machte er sich nicht. Auch begriff er gar nicht, daß seine Handlungsweise nach internationalem Rechtsempfinden Seeraub darstellte und er als Pirat auf einer gekaperten Yacht unterwegs war.

Am Morgen des 6. August sichtet er Land in Lee: „Zuerst traute ich meinen Augen nicht, denn nach meiner ausgerechneten Position müßte ich 100 sm von jeglicher Küste fern sein. Wie man sich irren kann!

Fieberhaft fertige ich ein neues Besteck an und kontrolliere mit Funkpeilung meinen Standort. Ergebnis: Ich muß 21 sm vor der Nordostküste Menorcas stehen. Da ich bei den herrschenden Wind- und Seeverhältnissen nahezu manövrierunfähig bin, kommt die Felsenküste in Lee unaufhaltsam näher."

Reimann setzt alles auf eine Karte: Er wechselt die kleine Sturmfock gegen die Arbeitsfock aus, nimmt ein Reff aus dem Großsegel und läuft mit viel zuviel Tuch an der Küste entlang. „Den heftigen Protest des Schiffes versuchte ich nicht zu beachten, was mir aber bei über 35° Krängung schwerfiel. Trotzdem muß es aber ein fantastisches Bild gewesen sein, wie ich unter heulender Takelage und dem Getöse der anrollenden Brecher durch das aufgewühlte Wasser schoß.

Nach ruppigen drei Stunden Fahrt erreiche ich eine kleine, vor Wind und Seegang geschützte Bucht, unmittelbar vor dem großen Hafen Mahon. In jener malerischen Bucht werde ich ankern. Ein unbeschreibliches Gefühl überkommt mich: Ich habe meine erste Seetaufe überstanden! Natürlich war mir klar, daß der Atlantik noch schwerere Geschütze auffahren würde. Aber ich wußte jetzt wenigstens: Auf dieses Schiff konnte ich mich im Ernstfall todsicher verlassen."

Bald bekommt Reimann Besuch von einer Schweizer Familie, die mit einem anderen Seekreuzer an seiner Seite ankert. Sie laden den Skipper der THETIS, in dem natürlich niemand einen Yachtpiraten vermutet, zum Abendessen ein, und über diese Besatzung erfährt Josef Warner auch einige Tage später, wohin seine THETIS bisher gelangt ist und vielleicht auch, welche Pläne der in Menorca noch von der Familiencrew bewunderte Einhandsegler hat.

Schon anderntags verläßt Reimann diesen einzigen Zwischenstopp und findet sich mehr oder weniger unerwartet am 9. August um 0925 Uhr „17 sm entfernt von der Küste und 32 sm westlich von Algier" wieder. Er nimmt jetzt, immer in Küstensicht, die Insel Alboran voraus und passiert am 14. 8. 1979 abends die Meerenge von Gibraltar. Die „lange Segelzeit" entschuldigt er mit Flaute.

Hier erfahren wir jetzt nach der ohnehin respektablen Alleinfahrt von Antibes, was ein Mann ohne praktische Erfahrung sonst noch kann und was ihm auch ein Führerscheinkursus nicht vermittelt hätte: „Unter Radar steuere ich die ganze Nacht hindurch zwischen den Kontinenten und lasse am 15. 8. um 0518 Uhr GMT die stark befahrene Meerenge hinter mir. Es war keineswegs eine gemütliche Durchfahrt, aber ich befinde mich nun auf dem offenen Atlantik, wo das eigentliche Abenteuer beginnen kann. Ich beschließe, 50 sm West zu halten, um einen guten Seewind zu erwischen, und danach werde ich Kurs auf die Kanarischen Inseln nehmen."

Aber der Atlantik empfängt den THETIS-Dieb mit Flaute, und er erreicht erst nach elftägigem nervenzermürbendem Gondeln am 26. August die Küste von Gran Canaria. Da die Tanks der THETIS offenbar noch voll sind und Reimann kein Risiko bei einem Hafenaufenthalt eingehen will, bekennt er: „Ich segle aber in etwa 8 sm Abstand daran vorbei, und auch die anderen Inseln lasse ich an Backbord oder Steuerbord liegen. Ich hatte sie ja nur aus navigatorischen Gründen angelaufen, um für die eigentliche Atlantiküberquerung eine genaue Ausgangsposition zu haben. Wetterberichte kann ich nicht empfangen. Aber Kolumbus hatte ebenfalls keinen Wetterbericht, und er ließ sich auch nicht aufhalten. Also nehme ich den Kurs 256° Westsüdwest am 26. August abends auf. Bald verliere ich zum letzten Mal für lange Zeit die Landsicht."

Zum ersten Mal setzt Reimann jetzt die Passatsegel, und dann beginnt seine Abenteuerfahrt, die für ihn zu einem Horrorerlebnis wird und auf der er viele kritische Situationen überstehen muß. Die THETIS bewährt sich sogar ohne eine Hand am Ruder hervorragend, aber auch Reimann darf man den seemännischen Respekt nicht versagen. Nach einem normalen Passat-Trip halbwegs zwischen den Kontinenten bis zur Breite der Kapverden wird er im Entstehungsgebiet der tropischen Wirbelstürme unglaublich gebeutelt; sein Kurs führt ihn dann nach Süden bis in das Küstengebiet von Guayana, ehe er von hier aus über Tobago und in Lee von St. Vincent und St. Lucia die Reede von Fort de France in Martinique erreicht.

Bereits beim Einklarieren geht er der französischen Polizei am 12. 10. 1979 ins Netz: Reimann wird mit seinen Personaldaten aus dem Kaufvertrag seit Anfang August im Fahndungsbuch geführt, und die Beamten nehmen die Paßkontrolle ernst. Sie verhaften ihn und melden Josef Warner, daß seine THETIS wiedergefunden ist. Zur Erledigung der Formalitäten schickt dieser Willi Händler über den Atlantik.

Die Vernehmung des Yachtpiraten durch die französischen Justizbehörden ist fair, wie Händler berichtet: „Reimann wurde aus dem Gefängnis geholt und mir gegenübergestellt. Da er nicht französisch spricht, war vorschriftsmäßig auch eine Dolmetscherin anwesend. Wir verglichen seine Aussagen bei der Verhaftung mit den Fakten, die ich jetzt vortrug. So hatte Reimann behauptet, an Herrn Warner bei Vertragsabschluß eine Anzahlung von 2000 SFR gemacht zu haben. Als ich dies bestritt, gab er seine Lüge zu und sagte, die Bank habe ihm den gewünschten Betrag nicht geliehen."

Die Meinung des Richters zu dieser angeblichen 1,5 %-Anzahlung bei Vertragsabschluß ist wohl von genereller Bedeutung für alle Eigner, die mit unbekannten Kaufinteressenten verhandeln. Er sagte nämlich: „Wenn Sie keine Anzahlung geleistet haben, ist es Diebstahl der Yacht. Hätten Sie auch nur die geringste Anzahlung geleistet, wären Sie dadurch schon Besitzer der THETIS geworden, und der Verkäufer hätte Sie nur wegen Nichterfüllung der Zahlungsbedingungen verklagen können. Also muß ich Sie verurteilen, und zwar wegen Diebstahl, Dokumentenfälschung und unerlaubtem Waffenbesitz." Reimann hatte noch die Kopie des Flaggenscheins gefälscht, auf einem fremden B-Schein sein Geburtsdatum eingesetzt, sein Paßbild überklebt und war über zwei Pistolen gestolpert, von denen offenblieb, ob sie ihm oder dem Eigner Warner gehörten.

In seinem Bericht an den Eigner schreibt Händler weiter: „Der Angeklagte wird nach der baldigen Verurteilung in die Schweiz abgeschoben. Da er bis jetzt in Frankreich nicht vorbestraft ist, wird ihm die Strafe bedingt erlassen. Wie er mir sagt, wird er nun in der Schweiz eine dreimonatige bedingte Strafe absitzen müssen. Er gehe aber gern, denn hier sei das Gefängnis allzu primitiv, er kriege nicht mal WC-Papier."

Und dann führt Händler die Schäden an der THETIS auf, die uns eine Vorstellung davon geben, was die Yacht auf ihrem Ritt über den großen Teich in der Hurrikanzeit erlebte:

Vorstag gebrochen, muß ersetzt werden.
Acht Seerelingstützen verbogen, müssen gerichtet werden.
Großbaum aus Leichtmetall gebrochen, muß ersetzt werden.
Großsegel zerrissen, kann nicht mehr repariert werden.
Rettungsinsel fehlt; soll bei Sturm weggespült worden sein.
Heckanker mit Kette fehlt, bei Sturm über Bord gegangen.
Windfahnensteuerung abgebrochen, usw.

Zum Schluß schreibt der Vertreter des Eigners über den Yachtdieb: „Im Grunde genommen ist Reimann ein Idealist, der leider nicht zwischen Mein und Dein unterscheiden will und es auch mit der Wahrheit ganz und gar nicht genau nimmt. Wahrscheinlich wird er vernünftiger, wenn man ihm noch eine Chance gibt."

Der Eigner mit den Bootspapieren

Für Dirk Bergmann, der gerade von einem Frühjahrstörn mit seinem Seekreuzer BARABAS nach Hause gekommen war, war es natürlich ein Schock, als er am 17. 5. 1984 gegen 1400 Uhr in seiner Firma im Ruhrgebiet den Anruf seines Bootsmanns aus Palma de Mallorca erhielt, daß seine Segelyacht vom Typ Hallberg-Rassy 38 in der vergangenen Nacht gestohlen worden sei. Sofort benachrichtigte er nicht nur seine Versicherung in Hamburg, sondern begab sich auch umgehend zu seinem örtlichen Polizeirevier und zeigte dort den Diebstahl der Yacht an. Das Papier, das dort polizeiamtlich „geschlossen" und von ihm selbst „gelesen, genehmigt und unterschrieben" wurde, enthielt auch den Satz: „Mein Bootsmann hat die örtliche spanische Polizei vom Diebstahl meiner Yacht in Kenntnis gesetzt, und diese hat sämtliche umliegenden Häfen benachrichtigt" und zum Schluß den Hinweis: „An Bord meines Schiffes befanden sich auch nautische Geräte sowie viele persönliche Gegenstände und Papiere. Ich werde eine genaue Auflistung nachreichen, auch wenn ein großer Teil der Unterlagen über die Ausrüstung einschließlich des Außenborders der Marke Mercury sich leider auf dem jetzt verschwundenen Schiff befinden."

Nicht jeder Eigner denkt beim Diebstahl seiner Yacht im Ausland auch an die entsprechende Meldung an eine deutsche Polizeidienststelle, und kaum einer erstattet umgehend Anzeige gegen Unbekannt bei seiner zuständigen Staatsanwaltschaft. Aber nur über diese Kanäle erreichen die entsprechenden Anzeigen und Meldungen das Bundeskriminalamt (BKA) als deutsche Leitstelle für die Bekämpfung der internationalen Yachtkriminalität, und nur wenn sie dort vorliegen, können sie kurzfristig und termingerecht an ausländische Polizeibehörden amtlich weitergegeben werden. Die Diebstahlsanzeige der Versicherung, die unverzüglich auf anderem Wege an das BKA geht, kann diese Anzeige eines Eigners nicht ersetzen, solange nicht das Eigentum an der gestohlenen Yacht an die Versicherung selbst übergegangen ist. Aber diese Wandlung der Eigentumsverhältnisse findet frühestens zwei Monate nach Bekanntwerden des Diebstahls und nur dann statt, wenn sich der bisherige eingetragene Eigner bei Totalverlust von der Versicherung hat auszahlen lassen.

Natürlich lief bei Bergmanns Versicherung jetzt die übliche Routinefahndung nach der verschwundenen BARABAS an. Denn wenn das mächtige Fahndungsnetz, das mit hohen Kosten unterhalten wird und in dem viele hundert Informanten an wichtigen Stellen tätig sind, den Dieb fangen soll, muß es so schnell wie möglich ausgeworfen werden. Zumindest müssen die Vertrauensleute an der Grenze des Nahbereichs, den der Dieb mit seiner Beute entsprechend der Reisegeschwindigkeit der gestohlenen Yacht und unter den gegebenen Wetterbedingungen in einer bestimmten Zeit durchlaufen könnte, schnell mit allen Einzelheiten der Fahndung versorgt werden. Dies kann natürlich nur über Telex oder Telefax passieren, und so muß der Computer der Versicherungsgesellschaft nicht nur unverzüglich die entsprechenden Telefonnummern und Adressen liefern, der Einheitstext des Fahndungsersuchens muß auch schnellstmöglich über den Ticker gehen. Im Fall der BARABAS laufen die Alarmmeldungen vorrangig in den Raum Spanien, Kanaren, Madeira, Tunesien, Italien, Griechenland, Jugoslawien und Malta, natürlich nach Frankreich, Gibraltar, Algerien und Marokko, aber auch bis zu den Azoren und nach Portugal.

Der erste scheinbar brauchbare Hinweis trifft bereits fünf Tage nach dem Diebstahl, am 22. Mai, in der Schadenabteilung der Versicherung ein. Hier kann man natürlich nur bedingt entscheiden, wie „heiß" ein Tip tatsächlich ist und ob es sich lohnt, zur Verfolgung der gemeldeten Spur Geld und Personal einzusetzen. Aber wenn es sich um erfahrene Informanten handelt, die schon in anderen Diebstahlsfällen behilflich waren und wichtige verwertbare Tips zum Aufspüren eines Yachtpiraten gegeben haben, müssen ergänzende kostenpflichtige Fahndungsmaßnahmen eingeleitet werden. Muß man nicht auch tätig werden, wenn es in einem solchen Fernschreiben heißt:

„Die BARABAS soll im Club Nautico in Palma de Mallorca von Rauschgiftschmugglern für Schmuggel aus Nordafrika gestohlen worden sein. Laut meiner Information liegt die Yacht zur Zeit wegen schlechten Wetters südlich von Ibiza unter Landschutz. Auf der Yacht sollen sich ein Engländer und drei Spanier befinden, die unbewaffnet sind. Die Drogenübernahme soll in einer Bucht bei Melilla vor Nordafrika stattfinden. Transport anschließend zu den Balearen und Abgabe der Drogen in Puerto Pollensa, Mallorca. Danach soll die Yacht südlich von Menorca auf 1000 Meter versenkt oder gegebenenfalls nach Genua gebracht werden, wo es einen potentiellen Käufer für derartige Yachten gibt. Heute, am 22. 5. 84, hat ein befreundeter Fischer die Yacht in einer Bucht südlich von Ibiza vor Anker liegend gesehen. Die anderen Informationen kommen von ‚gegnerischen' Schmugglerbanden, die an diesem Geschäft nicht beteiligt worden sind und ihre Konkurrenten daher verpfiffen haben. Ich habe vorgeschlagen, sofort den Kommandanten der Marine in Ibiza zu informieren und mit einem Suchflugzeug die entsprechenden Buchten und Häfen abzusuchen."

Diese Information interessiert nicht nur die Versicherung der Barabas, sondern ist auch ein wichtiger Hinweis für die internationale Drogenfahndung. So gilt es erst einmal, ihren Wahrheitsgehalt abzuklopfen und weitere Angaben über den vorgesehenen Drogentransport mit der gestohlenen Yacht zu hinterfragen. Am 23. Mai ergänzt der Informant von den Balearen deshalb seine Meldung:

„Die Yacht soll zuerst nördlich von Cabo Tres Forcas einen vereinbarten Ansteuerungspunkt erreichen. Die Warteposition bis zur Übergabe des Rauschgifts liegt zwischen Cabo Tres Forcas und Cabo Quilates an der marokkanischen Küste südlich der Insel Alboran. Vermutlich marokkanische Fischer sollen Brennstoff und H (als Codewort für Rauschgift) während der Nachtstunden südlich von Punta Betoja übergeben. Nach der Rückkehr zu den Balearen soll das Schiff südlich von Menorca versenkt werden. Diese Tour sei schon einmal mit der Yacht Condor gemacht worden. Damals habe aber der Eigentümer die Hand im Spiel gehabt. Er hätte vor der Versenkung die Funkanlage ausgebaut und sie jetzt in sein neues, von der Versicherung bezahltes Schiff eingebaut."

Der als zuverlässig bekannte Informant, dem die Versicherung auch jetzt Vertrauen schenkt, hat noch weitere nautische Einzelheiten parat, die unverzüglich auch an die spanischen Küstenwachen weitergegeben werden. Er telegrafiert nämlich: „Falls das Wetter bei Cabo Tres Forcas schlecht ist, soll die Übergabe zwischen Punta de La Mina und Punta Bermeja stattfinden oder auf der anderen Seite bei Ras Baraques. Nach der Übernahme soll die das Rauschgift transportierende Yacht die afrikanische Küste entlang mit Ostkurs bis nach Tenes/Algerien fahren und dann mit Nordkurs zwischen die Inseln Mallorca und Menorca steuern. Südlich von Kap Tatuch auf Menorca und östlich von Cap de Pera soll die Ladung H mit kleinen Booten übergeben werden. Die genaue Landestelle liegt im südlichen Bereich der Bahia Alcudia. Zwischen den Besatzungen auf See und den übernehmenden in Marokko wie auf den Balearen besteht direkte Funkverbindung."

Einige Zeit später trifft bei der Versicherung die Nachricht ein, daß in Formentera am 22. 5. 84 schlechtes Wetter herrschte, das sich am nächsten Morgen besserte, so daß von der hier verankerten angeblichen Barabas aus, deren Klebebuchstaben entfernt worden seien, Einkäufe getätigt wurden. Die Leute fuhren mit dem Schlauchboot zurück zum

Schiff und liefen anschließend aus. Die Reise begann gegen 1030 Uhr.

Während der Fernschreiber diese präzisen Informationen an das Bundeskriminalamt in Wiesbaden weitergibt, ist ein Beauftragter der Versicherung auf deren Kosten vom Flughafen Gros Bonnet auf Mallorca zuerst zu einem kurzen und dann zu einem erweiterten Suchflug über Formentera und Ibiza mit Abdeckung des südwestlichen Seeraums gestartet, doch sichtet er die BARABAS nicht. Sie muß ihren Ankerplatz offenbar bereits in der Nacht zum 23. 5. verlassen haben. Am Cabo Tres Forcas könnte sie also frühestens am 24. 5. in den Mittagsstunden eintreffen.

Ein anderer Fahnder der Versicherung wird daher in Malaga beauftragt, am 24. 5. mit einem einmotorigen zweisitzigen Sportflugzeug vom Typ Piper Tomahawk und mit einer Höchstgeschwindigkeit von 95 Knoten, Flugpreis pro Stunde 200 DM, das gesamte Seegebiet zwischen der spanischen und der marokkanischen Küste und insbesondere die nordafrikanische Küste zwischen Oran und Melilla von der Luft aus abzusuchen. Eine Zwischenlandung zum Nachtanken ist in Melilla vorgesehen.

Obwohl auch diese Suche keinen Erfolg bringt und man vielleicht schon an der Richtigkeit der Informationen zweifeln könnte, ordnet die Versicherung am 25. 5. eine weitere Suche im Seegebiet um die Insel Alboran an, für die jetzt eine Piper Lancer III mit sechs Sitzen und 170 Knoten Geschwindigkeit für 400 DM pro Stunde gechartert wird. Würde es neben dem Wiederfinden der gestohlenen Yacht auch gelingen, die wahrscheinlich nicht zum ersten Mal gefahrene Route eines Rauschgifthändlerrings zu verfolgen und die Anlandung des Stoffs auf den Balearen zu verhindern, wäre dies ein großer Erfolg für die internationale Rauschgiftfahndung.

Der Eigner der BARABAS weiß von dieser umfassenden Fahndung noch nichts, und das ist auch gut so. Denn er hat sich am 22. 5. gegen 1130 Uhr abermals in das Polizeikommissariat seines Heimatorts begeben und dort ergänzende Angaben zum Diebstahl seiner Yacht gemacht, die später für ihre Identifizierung von unschätzbarem Wert sein sollen. So wird nicht nur die Motornummer aktenkundig, sondern auch die Tatsache, daß der eingebaute Dieselmotor nicht 75, sondern nur 45 PS hat. Neben der Nennung einer Rollfockanlage und einer Hydraulikanlage für Achterstag und Baumniederholer wird später die Nummer seines Satelliten-Navigators relevant sein, die er noch über den Verkäufer des Geräts ermitteln kann. Der Schluß seiner ergänzenden Anzeige, daß die BARABAS nach seinen Informationen vom Wochenende aufgrund der Wetterlage nach Nordafrika gesegelt sein muß, erweist sich jedoch als genauso abwegig wie die Suche der Versicherung im südwestlichen Mittelmeer.

Denn während das Suchflugzeug noch über der Insel Alboran kreist, wird die BARABAS am 25. 5. 84 auf einem Ankerplatz vor der Marina von Porto Cervo an der Nordostküste Sardiniens entdeckt. Aber trotz der Hilfe von „Kommissar Zufall" in Gestalt eines Freundes des Eigners, der die Yacht auch unter ihrem neuen Namen LENA wegen winziger, nur ihm bekannter Merkmale identifizieren kann, ist damit der Fall noch längst nicht abgeschlossen. Im Gegenteil, es sieht so aus, als ob Bergmann seine Hallberg-Rassy 38 gar nicht wiederbekommen soll, weil die unter belgischer Flagge segelnde LENA nicht seine BARABAS sein kann, obwohl einige Merkmale zweifelsfrei für eine Identität sprechen. Aber diese gilt es erst einmal zu belegen, und zwar in den engen juristischen Grenzen, die bei einer Fahndung auch zeitlich gegeben sind. Denn der andere Skipper hat rechtsgültige Bootspapiere für die LENA in Händen, die ihn als ihren Eigentümer ausweisen.

Dies sind Fakten und kein schlechter Scherz: Da liegt an diesem Freitag, dem 25. 5. 1984, in einer vornehmen gastfreien Marina der Republik Italien ein seriöser, etwa 45 Jahre alter belgischer Segler mit Namen Jaap Decleer der sich durch seine Daten im Reisepaß auch als erfahrener Hochseeskipper ausweist. Denn sein Paß ist mit „Faro, Portugal, 8. 6. 83", mit „Marbella, Spanien, 11. 11. 83" und „Casablanca, Marokko, 22. und 26. 11. 83" abgestempelt. Man kann lesen, daß er am „17. 12. 83 in Fort de France auf Martinique, Frankreich" einreiste, und die Karibikinsel über „Fort de France Airport am 13. 4. 84" wieder verließ.

Als er in Porto Cervo einklarierte, wurde ihm das Cruising Permit aufgrund eines „von den Behörden des Königreichs Belgien am 7. 2. 84 ausgestellten amtlichen Flaggenausweises für die LENA" mit den exakten Daten seiner Yacht ausgefertigt, und ehe Zweifel an seinem Eigentum auftauchten, konnte er die bereits ein Jahr zuvor am 3. 8. 83 für die LENA, Typ Hallberg-Rassy 38, ausgestellten Versicherungspolicen zusätzlich vorlegen. Es war vor den italienischen Zoll- und Polizeibehörden nicht zu bestreiten, daß die Angaben auf beiden Papieren hinsichtlich der erkennbaren Abmessungen der Yacht exakt mit den tatsächlichen Maßen übereinstimmten. Somit konnte es sich bei den Papieren des belgischen Yachteigners also nicht um Falsifikate handeln. Wer

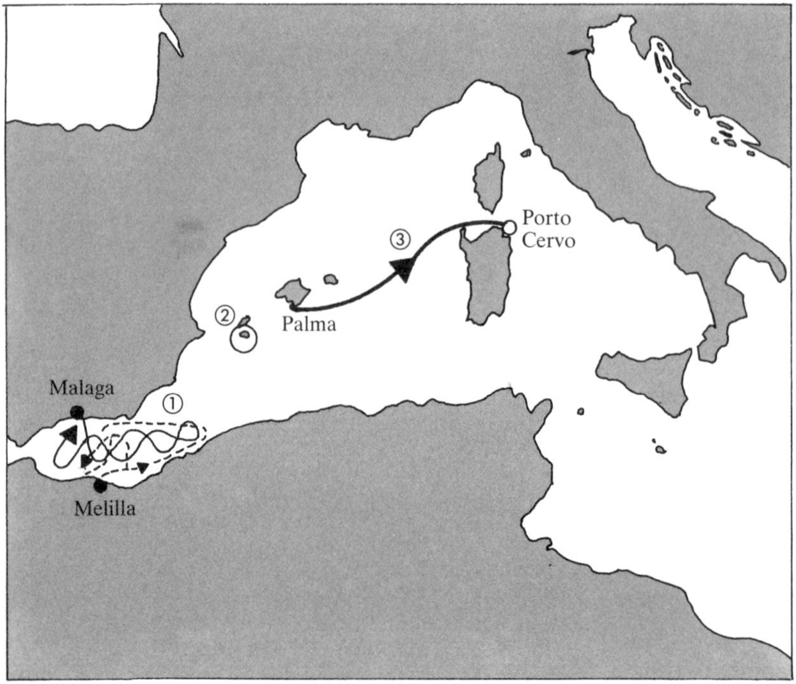

Suchflugkurse in mehreren Einsätzen ①
Angebliche Sichtung ②
Tatsächlicher Weg ③

hätte schließlich schon ein Jahr zuvor eine Yacht versichert, die es gar nicht gab oder die ihm gar nicht gehörte?

Und nun kommt ein wildfremder Segler aus Deutschland, ebenfalls ein ausländischer Bootstourist, der an dieser an einem italienischen Gastliegeplatz verankerten Yacht nur vorbeigesegelt ist, und hat die Stirn zu behaupten, die LENA sei die eine Woche zuvor in Mallorca gestohlene deutsche Yacht BARABAS, von deren Verschwinden hier noch gar nichts bekannt ist. Eifrig wie der junge Deutsche ist, so unterstellen die italienischen Behörden weiter, präsentiert er tags darauf, am 26. 5., noch ein Ehepaar Bergmann, von dem niemand weiß, wie es so schnell hierhergekommen ist, das aber freiweg behauptet, der rechtmäßige Eigentümer der LENA zu sein, die angeblich BARABAS heißt.

Müssen die Posten einer kleinen, abgelegenen Polizeistation nicht vermuten, daß das Verhalten dieser deutschen Gruppe abgesprochen ist und einen neuen Piratentrick darstellt, mit dem man seriöse ausländische Fahrtensegler um ihr Eigentum prellen will? Mit Hilfe der italienischen Behörden wird dies aber niemals geschehen! Und so reagieren die Polizisten verständlicherweise auch: Sie erlauben zwar dem Ehepaar Bergmann und ihrem Versicherungsvertreter, die LENA in Augenschein zu nehmen und – trotz des Protests von Jaap Decleer – ein paar Bodenbretter hochzunehmen, auf deren Unterseite angeblich die Baunummer 29 der Hallberg-Rassy 38 eingekerbt ist. Aber die allen Beteiligten einschließlich der Carabinieri sichtbare Baunummer ist „XX", so daß ein Identitätsbeweis nicht gegeben ist. Als die Bergmanns den Carabinieri auf einem Zettel die Motornummer ihres Bootes zuschieben mit der Bitte, dann wenigstens diese mit der Motornummer der LENA zu vergleichen, müssen die Carabinieri der Wahrheit die Ehre geben und dem Ehepaar Bergmann sagen: „Ihre Motornummer stimmt an der von Ihnen angegebenen Stelle des Motorblocks nicht mit der Motornummer der LENA überein." Darum ist es verständlich, daß die Carabinieri amtlich feststellen: Der Beweis, daß die belgische LENA die deutsche BARABAS ist, konnte von dem Ehepaar Bergmann und ihrem Versicherungsvertreter nicht erbracht werden.

Glücklicherweise sind die italienischen Polizisten fair genug, die Yacht bis zur Klärung der Verdächtigungen und gegen die Vorlage weiterer Beweisstücke zumindest für 24 Stunden an die Kette zu legen, amtlich zu versiegeln und auch den Belgier gegen seinen massiven Protest während dieser Zeit von Amts wegen in einem Hotel an Land einzuquartieren.

Für die deutschen Eigner ist nun guter Rat nicht nur teuer. Es muß trotz des Wochenendes auch schnell gehandelt werden. Schon am 25. 5. um 17^{55} Uhr hatte das BKA in Wiesbaden ein Fernschreiben der Versicherung mit einem offiziellen Hilfe-Ersuchen erhalten: „Dringend-dringend-dringend: Diebstahl Segelyacht Hallberg-Rassy 38 Barabas am 16/17. 5. 84 in Palma de Mallorca. Wir Versicherer beziehen uns auf unsere Mitteilung vom 18. 5. 84 und gehen davon aus, daß auf Grund des von uns übermittelten Steckbriefes inzwischen die Interpol-Fahndung eingeleitet wurde. Die Yacht ist soeben in der Marina Porto Cervo, Sardinien, identifiziert worden. Die örtliche Polizei befindet sich an Bord. Leider haben diese Beamten bisher noch keine Nachricht von der Interpol-Fahndung erhalten und haben deshalb keine Handhabe, das Schiff festzuhalten. Bitte bestätigen Sie *umgehend* der örtlichen Polizei in Porto Cervo (Telefon-Nr. . . .) das Vorliegen der Fahndung, damit ein Auslaufen und erneutes Verschwinden der Yacht auf jeden Fall verhindert wird. Der zuständige Beamte, Capo Pintus, kann auch direkt unter der Telefon-Nr. . . . erreicht werden. Die Polizeidienststelle hat keinen Telexanschluß."

Über Telex hatte auch die Marinaverwaltung in Porto Cervo wenige Minuten später die Bitte erhalten: „Vor einer Woche sandten wir Ihnen unseren Steckbrief zur Fahndung nach der am 17. 5. 84 in Palma de Mallorca gestohlenen Hallberg-Rassy 38 Barabas. Diese Yacht wurde jetzt in Ihrer Marina entdeckt. Die Carabinieri sind noch an Bord. Unglücklicherweise hat die dortige Polizei noch nicht ein förmliches Amtshilfeersuchen von Interpol erhalten und dadurch noch keinen Auftrag in Händen, die Yacht zu beschlagnahmen. Bitte geben Sie die bei Ihnen vorliegende Fahndungsmeldung *unverzüglich* an die dortige Polizei und versuchen Sie alles Menschenmögliche, die Barabas am Auslaufen zu hindern. Sagen Sie den Carabinieri bitte auch, daß sie in Kürze den entsprechenden Interpolauftrag erhalten werden."

In diesem Rennen gegen die Zeit sitzen Renate und Dirk Bergmann sowie der Beauftragte der Versicherung in ihrem Hotelzimmer und überlegen fieberhaft, wie sie die Identität der belgischen Lena mit der gestohlenen deutschen Barabas während der für den nächsten Tag vielleicht erlaubten zweiten kurzen Besichtigung möglichst augenscheinlich und handgreiflich nachweisen könnten. Mit seinen belgischen Papieren vom 3. 8. 83 und 7. 2. 84, die nachweislich echt sind und weit vor dem behaupteten Tag des Diebstahls, dem 17. 5. 84, datieren, hatte der Belgier den Diebstahl nicht nur von langer Hand vorbereitet, sondern sie auch mit der Baunummer überlistet. Natürlich kann ein Kenner dieses schwedischen Yachttyps wissen, daß an der Unterseite jedes Bodenbretts die Typ- und Seriennummer eingestanzt ist, in ihrem Fall also „HR 38 – 29.“ Die Endnummer 29 hatte der Dieb mit dem Stecheisen eliminiert und dafür die Kennzeichnung „XX“ eingeschlagen. Die Motornummer als weiteres wichtiges und unverwechselbares Kennzeichen der Yacht hatte er offenbar abgeschliffen und eine neue angebracht.

An einigen Rissen im Schandeckel und geringfügigen Fahrschäden an der Außenhaut erkannten die Eigentümer zwar ihre Yacht einwandfrei wieder, aber für Dritte hatten ihre diesbezüglichen Behauptungen keine Beweiskraft. Man mußte den Dieb also mit seinen eigenen Waffen schlagen, ohne daß die örtliche Polizei bemerken durfte, daß auch die legalen Eigner mit gezinkten Karten spielten. Da hatte Renate Bergmann die erste rettende Idee: Sie kramte einen zwar etwas verknitterten, aber noch gut lesbaren, an sie auf der BARABAS nach Palma de Mallorca vor nicht allzu langer Zeit adressierten Briefumschlag aus ihrer Handtasche. Auf die Fragen ihrer Gesprächspartner sagte sie: „Diesen Umschlag müssen wir morgen während der Besichtigung der Innenräume in ein Wäschefach der Achterkajüte hineinfingern. Ich werde mich dann am Ende des Besuchs plötzlich und zufällig an Brief und Versteck erinnern, und der Carabinieri wird den Brief dann selbst und ohne mein Zutun herausziehen können.“

Unter den bewundernden Blicken der beiden sprachlosen Männer fuhr die Bordfrau dann fort: „Und wenn das nicht genügt“, dabei fingerte sie an ihrem Ehering, zog ihn ab, legte ihn auf den Tisch, nahm auch ihre Armbanduhr und ihr Goldarmband ab und packte alles in ein Kästchen, das sie aus ihrer Handtasche hervorzauberte. „Und wenn das nicht genügt, wird der Carabinieri noch dieses hinter die Rückenlehne der Sofakoje gerutschte Kästchen finden, dessen Inhalt nur mir gehören kann. Denn in meinem Trauring“, und damit hielt sie ihn dem Versicherungsvertreter zwischen Daumen und Zeigefinger vor die Nase, „sind mein Vorname und das Datum unserer Hochzeit eingraviert. Diese persönlichen Schmuckstücke können sich nur auf unserer BARABAS und niemals auf der belgischen LENA befunden haben.“

Mit diesen Tricks, die beide gelangen, wurde Decleer anderntags als Dieb entlarvt und von den italienischen Behörden festgenommen. Er war in der Tat ein Profi, der wohl nicht zum ersten Mal eine Yacht erbeutet hatte. Während man ihn mit der gestohlenen BARABAS auf der üblichen Fluchtroute nach Süden und Westen, die in den betreffenden Tagen noch dazu durch die Windrichtung begünstigt wurde, mit großem Aufwand suchte, hatte er sich gegen Wind und Seegang nach Nordosten auf den Weg gemacht.

In seiner Brieftasche entdeckte Unterlagen wiesen den großen, blonden, schlanken und sportlichen Mann nicht nur „per Adresse belgisches Konsulat in Fort de France/Martinique“ aus. Fotos zeigten ihn auch auf einer Ketsch im Atlantik, die er offenbar erst vor kurzer Zeit von Casablanca nach Martinique überführt hatte – wahrscheinlich die vor der BARABAS gestohlene Segelyacht.

Wo und wann Jaap Decleer sich anschließend die nächste Hallberg-Rassy 38 vorknöpfte, da ihm die auf den Bootsnamen LENA lautenden ordentlichen und gültigen Papiere nicht abgenommen werden konnten, bleibt ungewiß. Sicher ist nur, daß der belgische Yachtpirat auf kürzestem Wege und schon wenige Tage später aus Italien abgeschoben wurde. Yachtdiebstahl ist leider immer noch ein meistens risikoloses Verbrechen, mit dem unbeteiligte Behörden nichts zu tun haben wollen.

Der Gutachter der Versicherung konnte in seinem Identifizierungsprotokoll für Versicherung und Behörden nur noch einmal festhalten: „An der Achterkante der Steuersäule war das Werftschild mit der Baunummer und dem Baujahr entfernt. Ein entsprechender dunkler Fleck auf dem bereits etwas ausgebleichten Holz war leicht nachgeschmirgelt und nachlackiert worden, aber mit den offenen vier Schraubenlöchern doch gut erkennbar.

An allen Bodenbrettern, Spindbrettern und Einrichtungsgegenständen der serienmäßigen Montage war die Baunummer ausgekratzt und ausgeschliffen. So verblieb beispielsweise bei den Bodenbrettern statt der Bezeichnung ‚HR 38-29‘ lediglich die Bezeichnung ‚HR 38-XX‘. Gleichwohl konnte in zwei Fällen unter zwei Bodenbrettern die komplette Bezeichnung festgestellt werden, die offenbar von dem Täter nicht gefunden wurde.

Die Motor- und Getriebenummern waren ausgeschliffen, der Wulst im Motorblock durch diverse Schlagstellen absolut unleserlich gemacht. Mit Tuschestift war eine neue Motornummer aufgetragen worden, die aber nicht mit der Herstellungsserie von Volvo identisch war. Motor und Getriebe sind jedoch eindeutig vom vorgenannten Bautyp und Baujahr.

In der Yacht wurden die Originalnummern von SATNAV, Autopilot, Außenborder, Schlauchboot und Fernglas festgestellt. Diese sind identisch mit den Angaben von der gestohlenen Yacht.“ Und diese genauen

Wer sich mit offenen Augen auf einer fremden Yacht umsieht, kann Merkmale wie diese entdecken, die auf einen Diebstahl hinweisen: An der Steuersäule in der Plicht fehlt das Werftschild mit der Baunummer. *Foto: Archiv*

Daten waren ja seit der ergänzenden Anzeige des Eigners bei der Polizei auch aktenkundig.

Im Sachverständigengutachten ist natürlich – der Wahrheit die Ehre! – auch vermerkt, „daß von Frau Renate Bergmann aus einer versteckten Stelle der an sie adressierte Brief einer Freundin hervorgeholt und dem Carabinieri gezeigt und daß ein Schmuckkästchen von Frau Renate in dem sequestrierten Schiff gefunden wurde, das der Dieb zu vernichten bzw. zu verlagern vergessen hatte. Auch ein alter, verwaschener Rettungskragen zeigte noch Reste des Namens BARABAS."

Die Erfahrungen aus diesem Akt moderner Yachtpiraterie müssen hier nicht noch einmal aufgelistet werden. Zu vermerken ist nur, daß die italienische Polizei eine Untersuchung der Yacht hinsichtlich der durch den Diebstahl verursachten möglichen Schäden ausdrücklich untersagte und nach der Abschiebung des Diebes darauf bestand, daß die BARABAS die italienische Marina umgehend wieder verließ und mit ihrer deutschen Besatzung in ihren spanischen Heimathafen zurückkehrte.

Und der Ordnung halber muß vermerkt werden, daß der Versicherer noch einmal einige hundert Fernschreiben an die nebenberuflichen Fahnder in allen wichtigen Hafenstädten des Mittelmeers sowie der europäischen und afrikanischen Atlantikküste sandte und darin nicht nur das Wiederfinden der BARABAS mitteilte, sondern auch allen Mitfahndern für ihre Aufmerksamkeit dankte. Nicht wenige dieser Empfänger liquidierten die ihnen bei der Suche entstandenen Auslagen, die der Versicherer natürlich prompt bezahlte. Denn nur dank vertrauensvoller Zusammenarbeit läßt sich das weitflächige und engmaschige Fahndungsnetz in einem neuerlichen Diebstahlsfall schnell und zuverlässig wieder auswerfen.

Der Freibeuter mit dem Ballermann

Geboren am 6. 5. 1943 in Freilassing bei München und ausgestattet nicht nur mit einem deutschen Paß aus München, sondern auch einem Schweizer Paß, der ihn als den am 7. 1. 1939 in Marbach-Luzern geborenen Bruno Schindelholz ausweist, hat sich der Yachtpirat Willi Wulff überaus lange intensiver internationaler Fahndung erfolgreich entzogen. Er stahl zwischen dem 10. und 13. August 1986 in Puerto Addaya auf der spanischen Insel Menorca den Schweizer Kunststoff-Seekreuzer ATHENA, nach Einrichtung und Ausstattung ideal zum Fahrtensegeln: Die 12,20 m lange und 3,58 m breite Yacht mit 1,67 m Tiefgang und 11 Tonnen Verdrängung besaß einen 68-PS-Dieselmotor und hatte mit ihrem festen Steuerhaus und einer Vorsegel-Rollreffanlage vom Autopiloten über UKW-Seefunk und Loran-Anlage bis zum Radargerät alles, was das Seglerherz begehrt.

Wulff hatte sich diesen fetten Brocken von See her ausgesucht und sich mit seinem Freund Franz Bong einen ganz besonderen Diebstahlstrick ausgedacht: Beide brachten zuerst den Motorsegler WIESEL vom Typ Finn-Clipper 29 in ihren Besitz und schipperten mit ihm an der Küste Menorcas entlang. Sie ankerten hier und dort neben den zahlreichen Yachten der Urlauber in den Buchten und suchten unter ihnen jene Seekreuzer aus, die ihnen nach Art, Größe und Ausstattung optimal erschienen. Hatten sie ein geeignetes Diebstahlsobjekt auf dem Kieker, mußten sie es nur so lange beobachten, bis die Crew für mindestens eine Nacht oder besser noch für einige Tage von Bord ging. Dann konnten beide bei der wechselnden Belegung der Ankerplätze zuerst ganz unverfänglich an Bord gehen, sich mit den technischen Einrichtungen vertraut machen und nur auf das Büchsenlicht des folgenden Morgens warten, damit einer von beiden mit der gestohlenen Yacht den Ankerplatz verlassen konnte und der andere auf der WIESEL so lange zurückblieb, bis er sicher sein konnte: Niemand hat Verdacht geschöpft, daß die verschwundene Yacht einem Diebstahl zum Opfer gefallen ist.

Mit dieser Methode brachte Wulff die ATHENA in Puerto Addaya und Bong die ONDA mit Heimathafen Stade vor dem Yachtclub in Mahon auf Menorca an sich. Da den beiden Verbrechern, die nun drei Yachten besaßen, eine überflüssig schien, versenkten sie die WIESEL mit dem geringsten Wert 35 Seemeilen südlich von Menorca auf ihrer Fahrt Richtung Süden zum spanischen Festland.

Schon in den ersten Tagen auf See änderten beide Yachtpiraten die Namen der gestohlenen Seekreuzer: Aus ATHENA wurde WALLU, aus ONDA wurde TAURUS. Die entsprechenden falschen Bootspapiere für die WALLU mit Heimathafen München hatte sich Wulff schon vorher bei einem deutschen Wassersportverband besorgt. Solche Zertifikate werden dort auf Treu und Glauben und ohne Vorlage von Kaufverträgen ausgestellt, da sie ja keinen Eigentumsnachweis darstellen.

Das Diebesduo segelte aber nur bis zum Hafen Calpe an der spanischen Südostküste gemeinsam. Dort zerstritten sie sich, und während Bong nach Portugal weiterlief, führte die WALLU-Spur zu den Kanarischen Inseln. Dort kann die Yacht erst Ende November 1986 wieder identifiziert werden, nachdem Wulff die ebenfalls gestohlene MEZZA LUNA, die unter dem Eignernamen DREAMBOAT seit Oktober 1983 gesucht wird, einen Seekreuzer vom Typ Amphora 40, vor der Insel Gomera ausgeräumt hat. Die gestohlenen elektronischen Geräte sollen ihm das nötige Handgeld für die Weiterführung seines Aussteigerdaseins verschaffen.

Aber die Fahnder der Versicherungen sind den Dieben nach dem Ende der Hurrikanzeit in der Karibik, besonders in den Absprunghäfen der Kanaren, auf den Fersen. Sie entdecken hier zwar am 6. 12. 86 die TAURUS ex ONDA, die jetzt einem deutsch-schweizerischen Pärchen mit falschen Pässen und mit Kind gehört, und können sie schließlich sicherstellen. Willi Wulff kann mit der WALLU jedoch in der Flotte vieler hundert Fahrtenyachten, die zum Trip über den Nordatlantik gestartet sind, verschwinden, ehe die Versicherer die Identität der entdeckten WALLU mit der gestohlenen ATHENA nachweisen und einen Arrest der Yacht bei den spanischen Behörden erwirken können.

Orte der kriminellen Vorfälle vor der westafrikanischen Küste und an den Kanarischen Inseln

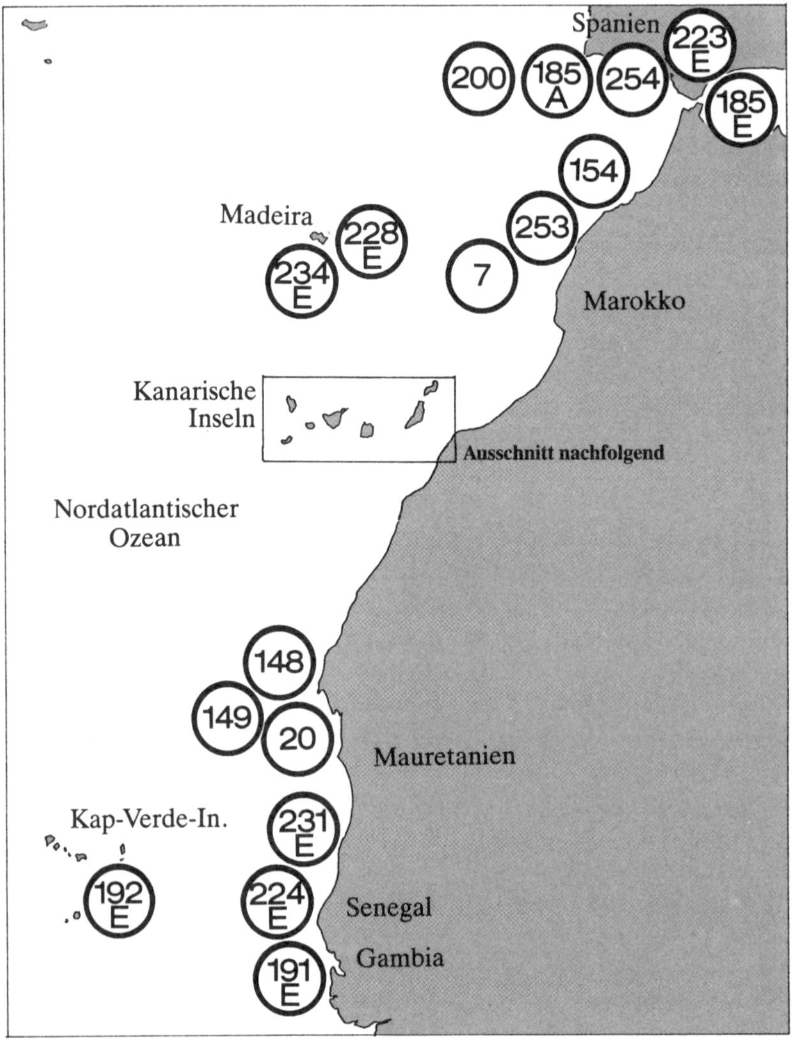

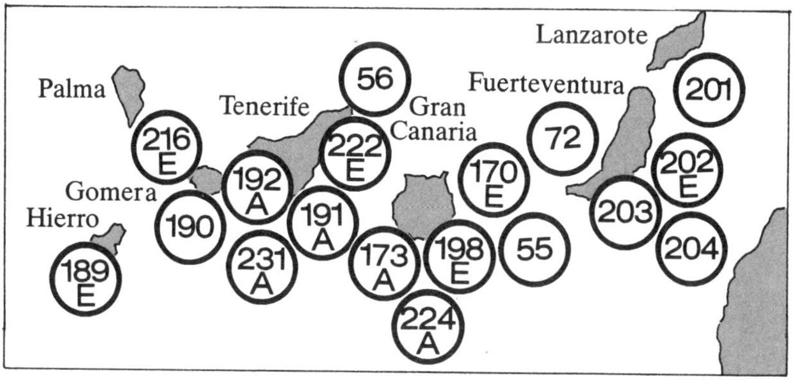

7 „Orion“ (s. Seite 22)
20 Englische Yacht (s. Seite 41)
55 „Solveig III“ (s. Seite 75)
56 Deutsche Yacht (W. Clemens) (s. Seite 76)
72 Mehrere Yachten (s. Seite 80)
148 Deutsche Yacht (s. Seite 162)
149 Schwedische Yacht (s. Seite 163)
154 „Atlanta“ (s. Seite 176)
170 E „Strawinski“ (s. Seite 199)
173 A „Sue“ (s. Seite 203)
185 A „Euphoria“ (s. Seite 231)
185 E „Euphoria“ (s. Seite 231)
189 E „Onda“/„Taurus“ (s. Seite 263)
190 „Mezza Luna“ (s. Seite 263)
191 A „Bellavista“ (s. Seite 207)
191 E „Bellavista“ (s. Seite 207)
192 A „Bazi“ (s. Seite 237)
192 E „Bazi“ (s. Seite 243)
198 E „Shearmyste“ (s. Seite 216)
200 „Askania“ (s. Seite 213)
201 „Orion“ (s. Seite 214)
202 E „Carlito“ (s. Seite 214)
203 „Glücksblatt“ (s. Seite 215)
204 „Nordstern“ (s. Seite 215)
216 E „Dreamboat“ (s. Seite 263)
222 E „Scharlatan III“ (s. Seite 230)
223 E „Targa“ (s. Seite 230)
224 A „Bellavista“ (s. Seite 234)
224 E „Bellavista“ (s. Seite 236)
228 E „Alavia“ (s. Seite 274)
231 A Nauticat 33 (s. Seite 243)
231 E Nauticat 33 (s. Seite 243)
234 E „Alavia“ (s. Seite 274)
253 „Gravita“ (s. Seite 337)
254 „Northern Light“ (s. Seite 338)

Bei Doppelnennung bedeutet A den Ausgangs-, E den Endpunkt des Kurses.

Aber immerhin ist man Willi Wulff jetzt auf die Spur gekommen, und so zeitigt die Fahndung am 17. Februar 1987 einen weiteren Erfolg: Die WALLU ankert vor der Insel Martinique in der Karibik. Als die Vertreter der deutschen Versicherung, an die das Eigentum an der Yacht seit Auszahlung der Versicherungssumme an den bestohlenen Eigner inzwischen übergegangen ist, an Bord der WALLU gehen, finden sie den hilflosen, schwerkranken Yachtdieb mit geschwollenen Armen und Beinen sowie vielen offenen, eitrigen Wunden, der halb verhungert ist. Wulff läßt sich von den drei deutschen Landsleuten widerstandslos überwältigen und gibt schließlich auch zu, den Seekreuzer im vergangenen Jahr in Menorca gestohlen zu haben.

Und nun geschieht das eigentlich Unbegreifliche: Der private Yachtfahnder läßt sich von dem reumütigen Yachtdieb, der natürlich Angst vor dem karibischen Gefängnis hat, einwickeln und engagiert ihn als Bootsmann mit der Aufgabe, den gestohlenen Seekreuzer wieder sauber herzurichten. Auch soll er ihm bei der Rückführung nach Europa helfen. Da hat er nun tatsächlich den Bock zum Gärtner gemacht. Selbst für die notwendige ärztliche Versorgung kommt der private Yachtfahnder auf.

Besser könnte es einem professionellen Yachtpiraten wohl nicht gehen. Wulff läßt sich in den nächsten Tagen wieder hochpäppeln und segelt anschließend mit einem gutgläubigen Fahnder von Martinique nordwärts nach St. Maarten. Hier wechselt sein „Arbeitgeber“, und obwohl man dem neuen Skipper der Versicherung genaue Anweisungen gab, wie er sich Wulff gegenüber verhalten sollte und welche Vorsichtsmaßnahmen er in jedem Falle zu beachten hätte, übertölpelt ihn der wieder genesene Dieb. In einer unbeobachteten halben Stunde geht er ankerauf und verschwindet mit der ATHENA Anfang März wieder in der blauen Weite der Karibik.

Alle Welt wähnt den gerissenen Yachtpiraten nun endgültig über alle Berge, entweder an der Küste von Venezuela oder unentdeckt vor einem Bahama Cay. Aber wo auch immer sich der Pirat mit seiner Yacht, die er wie kein Zweiter kennt, versteckt haben mag – völlig unerwartet kehrt er nach fünf Wochen Mitte April 1987 wieder an denselben Platz in der Lagune von St. Maarten zurück. Vielleicht meint er, daß man ihn hier am wenigsten sucht und daß niemand in dem holländischen Seekreuzer EEN, dessen Name jetzt am Heck prangt, die ATHENA oder WALLU vermuten wird. Natürlich zaubert er beim Einklarieren auch wieder passend gefälschte Bootspapiere aus der Tasche.

Aber die Versicherung liegt noch auf der Lauer. Ein Informant benachrichtigt sie und anschließend die Polizei, und Wulff wird zumindest vorläufig festgenommen. Der Fahnder an Land freut sich, als er sieht, wie Wulff von den Polizisten von Bord geholt und in Handschellen abgeführt wird. So bereitet er alles vor, mit einigen Helfern bei Nacht die gestohlene Yacht entern und wieder in Besitz nehmen zu können. Aber die Behörden an Land müssen den vorgelegten Bootspapieren des Een-Skippers notgedrungen erst einmal Glauben schenken und Wulff wieder freilassen. Unbemerkt kehrt er an Bord zurück. Und als sich die Versicherungsvertreter in der Dunkelheit arglos mit einem Schlauchboot an die Yacht heranpirschen, peitscht plötzlich ein Schuß auf. Wulff verteidigt seine Beute mit der Waffe!

Vor Schreck fällt einer der beiden Versicherungsfahnder über Bord und muß von den beiden anderen, die mit Vollgas fliehen wollen, erst einmal aufgefischt werden, ehe alle drei zum Ufer zurückrasen können.

Zwar wird die Athena gerettet, obwohl sie Wulff anderntags noch in Brand zu setzen versucht, damit sie nicht wieder in die Hände der Versicherung gerät. Aber er selbst entwischt den Fahndern, weil sie nicht fristgerecht einen Haftbefehl aus Deutschland vorlegen können.

Die Polizei zu dem verbitterten Yachtfahnder nach dem Verschwinden des Piraten: „Die Händel von Deutschen gegen Deutsche interessieren uns nicht. Die Yachties fremder Länder sollten uns nicht mehr Arbeit als notwendig machen. Solche Konflikte regeln Sie besser intern. Es gibt hier schließlich genug Geschäfte, wo man sich eine Waffe kaufen kann."

Bleiben wir zuerst beim Schicksal der Athena: Mitarbeiter der Versicherung segeln sie Anfang Juni zurück nach Europa und legen sie nahe dem südwestlichsten Punkt des Kontinents vor dem offenen Hafen Faro in Portugal erst einmal vor Anker. Sie haben genug von der Atlantiküberquerung. Hier liegt die Athena im Fischereihafen und mit einer holländischen Nachbarbesatzung als Wächter in sicherer Obhut, bis sie einen neuen Käufer findet.

Willi Wulff aber blieb in der Karibik und versuchte sein Piratenleben fortzusetzen. Neuerlich gefaßt wurde er noch im Herbst desselben Jahres beim Einbruch auf einer Yacht in Trinidad. Dort verhaftete die Polizei den berühmt-berüchtigten Yachtdieb und schob ihn nach Amsterdam ab, von wo er nach Presseberichten am 5. Januar 1988 in die Justizvollzugsanstalt München eingeliefert wurde. Hier sollte ein Verfahren wegen bewaffneten Überfalls, Yachtdiebstahls, Mordversuchs, diverser Einbrüche auf Yachten, Versicherungsbetrugs, Yachtversenkung und anderer Delikte eingeleitet werden.

Ob es inzwischen stattfand und ob bzw. wie Wulff bestraft wurde, ist mir nicht bekannt geworden. Ich erhielt nur im März 1989 die zuverlässige Nachricht, daß Wulff bereits wieder auf freiem Fuß lebt und in Algier mit einer Yacht gesichtet wurde, die er kaum käuflich erworben haben dürfte. Die Warnung vor ihm bleibt also aktuell.

Über die Methode, wie der Yachtpirat Willi Wulff fremde Boote ausräumt, um aus dem Verkaufserlös teurer elektronischer Navigationsgeräte seinen Lebensunterhalt zu finanzieren, berichtet Reiner Collmann: „Gemeinsam mit einem zweiten Schiff, das ein Komplice fährt, wird im Konvoi gesegelt. Nach dem Einlaufen beider Yachten in einen Hafen werden andere Yachteigner dann auf diesem Lockvogelschiff zum Abendbrot und gemütlichen Beisammensein eingeladen. In diesem Zeitraum räumt Willi Wulff die Yachten jener Besatzungen leer, die als Gäste auf dem Fahrzeug seines Komplicen sitzen."

Wenn Collmann anschließend ein gesundes Mißtrauen gegenüber den Gastgebern während solcher nächtlicher Besuche auf anderen Booten empfiehlt, dann ist eigentlich schon der Gedanke daran bei der sonst selbstverständlichen Kameradschaft unter Fahrtenseglern bedrückend. Aber seine Warnung vor diesem und anderen Piraten sollte man doch immer im Gedächtnis behalten, wenn man überraschend mit seiner gesamten Besatzung auf eine fremde Yacht eingeladen wird und die eigene Yacht während dieser Zeit an einem entfernten Liege- oder Ankerplatz unbeaufsichtigt bleibt. Denn „durch Ein- oder Ausschalten der Topp- oder Ankerlichter wird Willi Wulff angezeigt, wann die Gäste aufbrechen und wann er sich daher zu verdrücken hat", berichtet Collmann weiter. Er rät: „Es sollte auch darauf geachtet werden, ob auf einem anderen Sprechweg als dem UKW-Kanal 16 Standby geschaltet ist. Er könnte dann für schnelle Warnungen an den Yachtpiraten benutzt werden. Man sollte auch das eigene Fahrzeug während eines solchen Besuchs unvorhergesehen kontrollieren. Da Willi Wulff weiß, wo die Eigentümer an Bord sind, läßt er sein Schlauchboot im allgemeinen auf der abgewandten Seite des zu bestehlenden Schiffes liegen."

Nach Angaben Collmanns hat Wulff auf diese Weise schon mehrere Segler geschädigt. Er gibt den Tip: „Falls ein Einbruchsdiebstahl während einer solchen Einladung passiert ist, sollte man den Gastgeber, bei dem man weilte, die Personen an Bord und dessen Yacht sorgfältig registrieren und nach Möglichkeit auch fotografieren, weil Wulff selbst, dessen Verbindung zu dem Gastgeber ja nicht ersichtlich ist, dann bereits mit seiner Yacht den Hafen oder Ankerplatz verlassen hat. Außerdem lohnt es sich, der Yacht des Gastgebers möglichst unauffällig zu folgen, weil sich der Komplice meistens mit Willi Wulff im nächsten Hafen trifft und die Beute teilt."

Abzüge der geschossenen Bilder kann man unverzüglich der örtlichen Kriminalpolizei und auf dem schnellsten Wege auch der Schadenabteilung seiner Versicherung zusenden, weil hier vielleicht sofort die Identität der Täter festgestellt werden kann.

Der „freundliche" Nachbar am Liegeplatz

Der Schweizer Hochseesegler Louis Boulanger hatte sich 1985 eine neue Aluminiumslup vom Typ Nouanni 47 in Frankreich bauen lassen, die mit ihrem Rumpftiefgang von 1,05 m bei 2,48 m Schwerttiefe nicht nur ein ideales Fahrtenboot sein sollte, sondern mit der er auch an Transatlantikregatten mit kleiner Besatzung teilnehmen wollte. Die 14,20 m lange und 4,32 m breite Yacht mit 78 m^2 Segelfläche, 12 t Verdrängung und einem Dieselmotor von 50 PS hatte Basel als Heimathafen und eigentlich Cap d'Agde als ständigen Liegeplatz, doch ließ der Eigner sie gelegentlich auch in einem der Yachthäfen Monacos liegen, weil er von dort einen kürzeren Heimweg hatte.

Im Sommer 1987 hatte diese Aluminiumyacht mit Namen ALAVIA einen mehrmonatigen Trip rund ums Mittelmeer hinter sich und mit Segelschülern, deren wechselnde Wochentörns der Schweizer Yachtklub „Horizont" organisiert hatte, viele Länder von Jugoslawien im Osten bis Algerien im Westen besucht. Nach dem Schluß dieses Ausbildungsprogramms ließ Louis Boulanger die ALAVIA Ende August in Port de Fontvieille am Ostrand der Altstadt von Monaco zurück, wo der Hafenmeister ihm einen verhältnismäßig billigen Liegeplatz an der Außenmole zuteilte, der dem Hafenmeisterbüro, wenn auch mit beträchtlichem Abstand, gegenüberlag. Hier wollte Boulanger seine ALAVIA vier bis sechs Wochen liegen lassen, ehe es zu einem Transatlantikrennen in Richtung Casablanca gehen sollte.

Die Betonmole, die gleichzeitig als seewärtiger Wellenbrecher vor dem Hafen liegt, wurde während dieser Nachsaison noch von anderen Gastyachten zu längerem Überliegen benutzt, kleineren wie größeren

Die Alavia, *die von einem einzelnen Yachtpiraten nonstop von der französischen Mittelmeerküste nach Madeira gesegelt wurde.* *Foto: Archiv*

Segelyachten, Motoryachten und Motorkreuzern sowie auch von zwei Trimaranen, die unmittelbare Nachbarn der Alavia waren. Eines dieser Mehrrumpfboote gehörte einem italienischen Segler namens Pinelli, der schon wiederholt in Fontvieille übergelegen hatte und daher dem Hafenmeister als seriöser Skipper gut bekannt war.

Mit dem anderen Trimaran, der Tonga hieß, war Ende August der deutsche Segler Friedrich Karl Rombach eingelaufen. Er wohnte auf der Tonga und hatte natürlich auch Bekanntschaft mit seinem Liegeplatznachbarn Pinelli geschlossen, mit dem er einige Geldgeschäfte machte und dem er offenbar elektronische Geräte und andere Ausrüstungsteile seiner Yacht verkaufte. Im nachhinein betrachtet, könnten es natürlich von fremden Yachten gestohlene Bordgeräte gewesen sein, durch deren Verkauf Rombach schon lange Zeit für seinen Lebensunterhalt sorgte, und wahrscheinlich trampte der deutsche Aussteiger mit seiner Tonga ohnehin nur durch die Häfen an der Côte d'Azur, um bei passender Gelegenheit mit einer geeigneten Yacht ohne Aufhebens mit einem Zielhafen jenseits des Atlantiks auf und davon gehen zu können.

Als der Hafenmeister wenige Tage nach dem Einlaufen der Tonga die Alavia unmittelbar daneben legte, kam Louis Boulanger zwangsläufig mit seinem Nachbarn ins Gespräch. Dabei ließ er vielleicht auch verlauten, daß er seine für die Transatlantikfahrt ausgerüstete Aluminiumyacht hier vier Wochen zurücklasse, ehe sie nach Casablanca und dann weiter über den Großen Teich gesegelt werden sollte. Jetzt lag eine fette Beute für Rombach wie bestellt zum Anfassen nahe an seiner Bordwand.

So nutzte der deutsche Einhandsegler die Tage nach der Abreise von Boulanger gemächlich aus, sich zuerst einmal über das Vorluk, dessen Scharniere er mit einer Metallsäge durchtrennte, einen kaum sichtbaren Zugang zur Alavia zu verschaffen, um sich dann ganz ungestört im Inneren mit allen technischen Einrichtungen vertraut machen zu können. Dabei bohrte er zum Beispiel ein Loch in den Deckel des Dieseltanks, um dessen Füllung zu kontrollieren, weil die Tankanzeige nicht funktionierte, und er übte auch, wie man den Motor, für den der Eigner natürlich Zündschlüssel und Elektrik-Hauptschalter mitgenommen hatte, zum Starten kurzschließen und mit Hilfe eines Schraubenziehers jederzeit anlassen konnte.

Die Bordkatze der Tonga kam bei allen Diebstahlsvorbereitungen mit auf die Alavia, und wenn gelegentlich Leute von anderen Booten Rombach auf dem fremden Seekreuzer sahen, war sie als „entlaufen“ immer für eine Legende gut, die sein Übersteigen auf die Nachbaryacht rechtfertigte.

Erfahrungsgemäß herrscht an den Wochenenden in jedem Yachthafen, so natürlich auch am 13. September 1987 in Port de Fontvieille von Monaco, ein lebhaftes Kommen und Gehen sowohl unter den Besuchern und Besatzungen an Land als auch bei den ein- und auslaufenden Yachten. Es fiel daher unter den freigewordenen und neu belegten Liegeplätzen erst am 22. September auf, daß die Alavia nicht mehr an ihrem Platz lag. Natürlich schlug der Hafenmeister gleich Alarm.

Während der Eigner, der sofort in den Mittelmeerhafen gekommen war, die örtliche Polizei und auch seine Versicherung verständigte, waren deren Vertreter bereits damit beschäftigt, ihre eigenen Nachforschungen anzustellen. So hatten zum Beispiel ein örtlicher Fischer und der Nachtwächter in einem der direkt am Wasser liegenden Häuser das Auslaufen der Alavia bereits in der Nacht von Sonntag auf Montag, also am 14. 9. 87, gegen 0200 Uhr beobachtet, aber natürlich keinen Verdacht geschöpft. Verdacht erweckte dagegen Friedrich Karl Rombach, der noch in der letzten Dienststunde des Freitags, am 11. 9., einen Winterliegeplatz für die TONGA gebucht und für drei Monate bezahlt hatte. Und während der Deutsche, der fließend französisch sprach, bis zu dem besagten Wochenende an Bord seines Trimarans lebte und dabei selbstverständlich auch mit vielen Leuten an Land Kontakt hatte, war er seit dem Verschwinden der ALAVIA von niemandem mehr gesehen worden. Doch reichte ein solch vager Verdacht natürlich nicht aus, um ihn des Diebstahls zu verdächtigen oder gar mit den beim Hafenamt bekannten Personendaten nach ihm fahnden zu lassen.

Dafür geriet der Eigner selbst in Verdacht: Louis Boulanger suchte nach dem Verschwinden seiner ALAVIA mehrere Male den örtlichen Polizeikommissar auf, um sich nach dem Stand der Ermittlungen zu erkundigen. Der Polizeichef fand diese Eile und Sorge ungewöhnlich, und bei der Suche nach möglichen Gründen dafür stellte er fest, daß die ALAVIA mit 270 000 SFR bei Totalverlust wohl etwas überversichert sei. Der Eigner legte es offenbar darauf an, diese Summe schnellstens zu erhalten, falls die Aluminiumyacht in der entsprechenden Karenzzeit nicht wiedergefunden würde.

Andererseits mußte man Boulanger Zeitdruck zubilligen: Er hatte die ALAVIA für die Ende November auf den kanarischen Inseln beginnende ARC-Rallye der Fahrtensegler über den Atlantik gemeldet und sich vorgenommen, anschließend sechs Monate mit seiner Yacht in der Karibik zu segeln. Er hatte auch dafür gesorgt, daß seine Kinder während dieser Zeit ihre schulische Ausbildung fortsetzen konnten. Dennoch traute man ihm nicht zu, einen so langen Segelurlaub im Ausland auch finanzieren zu können, weil seine bei den Behörden in Monaco bekannte Tätigkeit in der Gastwirtschaft seiner Eltern nicht so viel abwarf. Und wie sollte es zu verstehen sein, daß Boulanger unmittelbar nach dem Diebstahl seiner Yacht den italienischen Trimaran-Eigner Pinelli an dessen Wohnort in Mailand aufsuchte und ihn nach dem Grundsatz: „Da mich einmal ein Italiener bestohlen hat, stehlen alle Italiener“ der Beteiligung am Diebstahl seiner Yacht bezichtigte?

So entstand durch das Verschwinden des Schweizer Seekreuzers viel Ärger und Unruhe. Dabei gab es genau besehen eigentlich drei Möglichkeiten der Täterschaft:

- Einen vom Eigner inszenierten Diebstahl mit dem Ziel, entweder die Yacht zu versenken und hierfür die Versicherungsprämie zu kassieren, oder die Yacht in ein fremdes Land zu bringen, dort zu verkaufen und mit dem Versicherungsbetrug gleich zweimal zu verdienen.

- Spontanen Diebstahl durch Segler, die sich ohne eigenen Aufwand ein sportlich-erholsames Leben leisten wollten.
- Diebstahl der Yacht durch eine internationale Bande von Drogenschmugglern, die damit im Mittelmeer Rauschgift von der afrikanischen zur europäischen Küste transportieren wollten und ihr Transportfahrzeug anschließend versenken würden.

In der Zeit seit dem 22. 9. hatten natürlich die Versicherer ihre Kontaktleute im Mittelmeer und seinen angrenzenden Gewässern benachrichtigt, und die genauen Daten und Fotos der ALAVIA waren in allen erreichbaren Hafenplätzen ausgehängt worden.

Währenddessen war die gestohlene Yacht unerkannt und einhand mit einem Mann und seiner Katze unterwegs nach Westen. Der Yachtpirat wollte kein Risiko eingehen und hielt sich fernab der üblichen Routen frei von allen Häfen. Unter Segeln erreichte er respektable Etmale, und bei Flaute nutzte er den Motor konsequent aus. Aber schließlich ging auch der Vorrat von 450 Litern Dieselkraftstoff im vollgefüllten Tank zur Neige, und der Yachtpirat mußte nachtanken. Doch auch bei diesem eiligen Tankstopp, offenbar kurz vor dem Erreichen der Straße von Gibraltar, wurde er nicht entdeckt.

Friedrich Karl Rombach hatte sich für seinen geplanten direkten Weg über den Atlantik auf der Passatroute den letztmöglichen europäischen Hafen zur Ergänzung seiner Vorräte ausgesucht, die hierfür eigentlich selten angelaufene kleine Yachtreede von Funchal auf Madeira. Aber auch hier warteten die beauftragten Beobachter der Versicherung schon auf ihn. Und als sowohl beim Eigner in der Schweiz als auch bei der Hafenpolizei in Monaco nur noch wenig Hoffnung auf ein Wiederfinden der gestohlenen ALAVIA herrschte, ging am 14. 10. 87 nachmittags das erlösende Fernschreiben bei der Hamburger Versicherung ein: „Wir glauben, wir haben die Segelyacht ALAVIA, die gegenwärtig am Yachtsteg des Hafens von Funchal liegt, identifiziert“, drahtete ein dort ansässiges portugiesisches Sachverständigenbüro. „Ein Besatzungsmitglied deutscher Nationalität wird gerade von den portugiesischen Hafenbehörden vernommen.“

Natürlich antwortete der Versicherer prompt: „Wenn es sich tatsächlich um die ALAVIA handelt, wird ein Mitarbeiter unseres Hauses sofort auf Ihre Insel fliegen. Welche Einzelheiten über die Yacht benötigen Sie noch? Wie ist der Name des deutschen Seglers? Ist der Dieb verhaftet? Wird er ins Gefängnis kommen und dort bleiben? Bitte lassen Sie die Yacht sichern und bewachen!“

Dem Sachverständigenbüro gelingt es, die gestohlene Yacht in Funchal sicherzustellen, und die portugiesischen Informanten erhalten anderntags auch noch den Auftrag dazu von Louis Boulanger und der Hafenpolizei Monaco. Aber alle diese Interventionen reichen nicht aus, um auch den Dieb in Haft zu halten. Bereits am 16. 10. vormittags, genau 48 Stunden nach seiner Festnahme, wird Rombach aus dem Gefängnis entlassen; er verschwindet natürlich mit dem ersten Flugzeug. Als Boulanger und der Versicherungsvertreter in Funchal landen, ist er – mit Katze – längst über alle Berge.

Immerhin ist der Seekreuzer, mit dem Rombach in knapp 30 Tagen 1 500 Seemeilen einhand und ohne Selbststeuerung zurückgelegt hat (von kleineren Schäden abgesehen), in gutem Zustand. Zu den wenigen Veränderungen, die er unterwegs vorgenommen hat, gehört der Transport der Rettungsinsel aus dem Inneren der Yacht auf den Heckspoiler, eine aus Sicherheitsgründen verständliche Maßnahme. Die Distanz von 1 500 sm ergibt sich durch den Meilenzähler auf dem Log, das Nachtanken durch die nachgewiesenen 200 Betriebsstunden des Motors.

Die im Tank fehlenden 300 Liter Dieselkraftstoff muß die Versicherung dem Eigner Louis Boulanger natürlich ersetzen – neben den Flügen seiner fünfköpfigen Besatzung von Genf nach Funchal, damit die wiedergefundene Yacht zuerst einmal nach Casablanca segeln kann, um von dort aus pünktlich zum Start der Atlantikrallye nach Las Palmas auf Gran Canaria weiterzulaufen.

So summieren sich die Kosten für die Wiederbeschaffung der ALAVIA, die der Versicherung entstanden sind: Da ist der Finderlohn zu entrichten, müssen die Beträge für Druck und Versand der Steckbriefe erstattet werden, da sind die Flugkarten der Versicherungsvertreter und der Crew zu bezahlen, sind kleinere Reparaturen auszuführen und fehlende Ausrüstungsteile zu ersetzen. Dies ergibt über 61 000 DM, für die natürlich der Verursacher geradestehen muß. Und dieser Verursacher ist der Yachtpirat Friedrich Karl Rombach, gegen den die Versicherer nun einen Schadenersatzprozeß führen müssen.

Selbst gegenüber deutschen Staatsangehörigen mit einem deutschen Wohnort, die sich in Deutschland aufhalten, sind solche Verfahren vor einem deutschen Gericht zeitraubend und nicht unbedingt erfolgversprechend. Denn der Beklagte muß erst einmal über ein Bar- oder Sachvermögen in der geforderten Höhe verfügen, ehe man es ihm nach seiner rechtsgültigen Verurteilung abnehmen kann. Da die Versicherung herausgefunden hat, daß Rombach ein 10-m-Trimaran gehört, der nach wie vor in Monaco liegt, betreibt sie jetzt erst einmal unverzüglich die Sicherung dieses Wertgegenstandes am gegenwärtigen Platz: Bereits am 28. 10. plaziert sie eine andere Yacht vor den Liegeplatz der TONGA und blockiert so ein mögliches Auslaufen des Trimarans. Wenige Tage später erwirkt sie nicht nur die offizielle Beschlagnahme, sondern auch einen Haftbefehl gegen Rombach. Und so wird er, für ihn völlig überraschend, in Handschellen abgeführt, als er einige Tage später auf der Außenmole von Port de Fontvieille erscheint. Am 15. November kommt es schließlich in Monaco zu einem Prozeß, in dem Rombach nicht nur wegen des Diebstahls der ALAVIA zu einer Haftstrafe, sondern auch zu Schadenersatz mit allen aufgelaufenen Nebenkosten verurteilt wird.

Die Versicherung sucht sich durch die beschlagnahmte Yacht schadlos zu halten, aber der Trimaran TONGA deckt mit seinem Zeitwert alle diese Kosten kaum.

So glaubte Friedrich Karl Rombach, mit dem Diebstahl ein zweites Boot zu gewinnen. Aber tatsächlich hat er am Ende mit der ALAVIA und seinem eigenen Trimaran TONGA zwei Boote verloren. Er zahlte einen teuren Preis für eine nicht erlaubte Charterreise: über 40 DM für jede mit der fremden Aluminiumslup gesegelte Seemeile.

Der ungetreue Charterkapitän

Wenn ein Yachtpirat nicht die Nerven hat, in eine fremde Yacht einzubrechen, sich in begrenzter Zeit mit ihren technischen Einrichtungen vertraut zu machen, ihre Fahrbereitschaft unverzüglich herzustellen und so schnell wie möglich Liegeplatz und Hafen zu verlassen, hat er heutzutage noch ganz andere Diebstahls-Möglichkeiten: Er sucht seine Beute bei einer Chartergesellschaft aus und bucht ganz einfach einen kurzen Törn. Natürlich muß er hierzu etwas Geld investieren, aber in der Vor- oder Nachsaison ist ein Wochentrip auch mit einer größeren Yacht nicht teuer. Daß gerissene Verbrecher solche Chartergebühren mit ungedeckten oder gestohlenen Schecks bezahlen, soll hier nur nebenbei erwähnt werden.

Der Charterskipper mit kriminellen Zielen gewinnt auf diese Weise verschiedene Vorteile: Der Vercharterer weist ihn bei Übergabe seines Seekreuzers nicht nur genau in die Bedienung allen seemännischen und technischen Geräts von der Rollreffanlage bis zum Motor, vom Kocher bis zum Lot ein, er übergibt ihm mit dem vollgetankten und mit Lebensmitteln und Trinkwasser ausgestatteten Schiff auch alle seine Papiere. Der Yachtpirat wird damit ganz offiziell zum Treuhänder von Yachtzertifikat und Cruising Permit. Er kennt das Rufzeichen der Yacht für Seefunkgespräche, die Daten aller elektronischen Geräte sowie wichtige Angaben über Bauwerft, Baumaterial und was sonst noch zur Identifizierung des ihm anvertrauten Schiffes gehört. Diese Angaben sind vor allem dann unverzichtbar, wenn die von einem solchen Verbrecher gecharterte Yacht an andere Personen weiterverkauft werden soll.

Denn das ist hauptsächlichstes Ziel solcher Yachtpiraten: Geld. Nur selten wollen sie mit dem veruntreuten Schiff eine Weltreise machen. Ihr eigentliches Bestreben ist es meistens, die Yacht möglichst bald zu einem günstigen Preis an einen gutgläubigen Dritten abzugeben und mit dem so erschlichenen Bargeld sich andernorts ein fröhliches Leben zu leisten – bis zum nächsten Coup, für den die eingezahlte Chartergebühr nicht schmerzt, weil sie noch aus dem vorherigen Raubzug stammt.

So finden wir zunehmend mehr Schlagzeilen für kurze Meldungen wie diese in der Yachtpresse: „Alu-Yacht Ovni 41 unterschlagen“ oder „Chartergast verschwand mit Aluminium-Yacht“. In diesem Fall hatte ein Franzose namens Christian Basset den 12,50 m langen Kielschwerter POLARIS eines beliebten französischen Serientyps am 14. Mai 1988 für eine Woche bei einer deutschen Charterfirma in der Marina Cogolin an der französischen Mittelmeerküste gemietet.

Nach Ablauf seines Chartervertrags am 21. Mai brachte der Skipper, der offenbar allein auf Fahrt gegangen war, die Yacht nicht zurück, und die deutsche Nachfolgecrew wartete umsonst auf das ihr zugesagte Schiff. Die Firma mußte erkennen, daß sie ihre Yacht einem Piraten verchartert hatte. Denn einen Christian Basset gab es an der von ihm hinterlassenen Heimatanschrift nicht.

So blieb ihr nur die Fahndung über das Bundeskriminalamt nach der 350 000 DM teuren Yacht mit den Daten jener Bootspapiere, die der Pirat ganz offiziell schon viele Tage lang in Händen hatte und die zu einem solchen Boots-Steckbrief gehören: Eingetragen im Hamburger Schiffsregister unter Nr. 15577, Länge 12,80 m, Breite 4,30 m. Baujahr 1988, Werft-Nr. 41011 auf einer Plakette im Cockpit. Rufzeichen DPZV; Motor Yanmar 4 JHE; Motornummer 2671. Dazu weitere Einzelheiten: Der Mast trägt eine Radarantenne auf halber Höhe, eine Loran-C-Antenne am Heck, die Silva-Instrumente gehören zur Serie 1000.

Da Yachtpiraten dieser Art vor dem Beginn der Fahndung immer einen Mindestvorsprung von der zeitlichen Dauer ihres Chartervertrags besitzen, können sie sich praktisch bis zu einer Distanz von eintausend Seemeilen von ihrem Ausgangsort nicht nur vollkommen ungehindert bewegen, sie können sich auch vor Ablauf des Vertrags überall ungehindert und unverdächtig für einen sich anschließenden längeren Trip versorgen. Der falsche Christian Basset hatte wahrscheinlich am 21. Mai 1988 die veruntreute POLARIS längst durch die Straße von Gibraltar in den Atlantik gebracht und damit das Gebiet, in dem nach ihm gefahndet werden mußte, unendlich weit ausgedehnt.

Daß nicht immer das Versilbern einer Charteryacht die Triebfeder eines ungetreuen Charterkapitäns ist, bewies der angebliche Siegbert Mrowka aus Augsburg, als er sich am 3. April 1987 bei Gerke Gerritsma in Holland den stählernen Seekreuzer BRANDGANS vom Typ Wibo 835 charterte. Der 36jährige Einhandsegler bestieg den 8,35 m langen und 2,70 m breiten Seekreuzer mit 1,05 m Tiefgang und 30 m^2 Segelfläche in Heeg, und niemand mißtraute ihm, weil er nicht nur seine Chartergebühr für 14 Tage ordnungsgemäß bezahlt hatte, sondern auch sein Auto, einen wenn auch etwas betagten Sportwagen, wie alle übrigen Chartergäste am Hafen zurückließ.

Der Vercharteter nahm natürlich an, daß auch dieser Segler wie üblich höchstens den Ärmelkanal oder die südwestliche Nordsee befahren würde, wo in diesen ersten Apriltagen ohnehin recht rauhes Segelwetter herrschte, falls er nicht nur die holländischen Kanäle und das Ijsselmeer zum Wasserwandern während dieser frühen Jahreszeit benutzen wollte. Der Wibo-Typ gilt allgemein nur als Küstenkreuzer, weil er neben einer langen, selbstlenzenden Plicht ein breites, durch Seeschlag verletzliches Niedergangsluk hat. Mit Kompaß, Log, einem einfachen nautischen Besteck und den Seekarten nur für die holländischen Küstengewässer war er für unbegrenzte Hochseefahrten weder geeignet noch ausgerüstet.

Niemand hatte jedoch bemerkt, ob der Einhandcharterer unter den persönlichen Utensilien, die er an Bord brachte, nicht auch einen Sextanten und die notwendigen Tafelwerke der astronomischen Navigation verbarg. Auch wußte niemand in Holland, wann und wo der Charterschipper unterwegs noch Proviant und Wasser für eine mehrmonatige Transozean-Reise an Bord nahm. Gerritsma war nur betroffen, als die BRANDGANS am 17. April 1987 nicht wieder zum Steg zurückkehrte, und er hatte Mühe, den Nachfolgecharterern eine Ersatzyacht zur Verfügung zu stellen. Danach blieb es still um diesen Küstenkreuzer, und der holländische Vercharterer mußte mehr damit rechnen, daß der gemäßigte Kurzkieler im schiffahrtsreichen Ärmelkanal von einem Frachter überlaufen worden oder auf andere Art zu Schaden gekommen war, als daß ein ungetreuer Charterskipper die BRANDGANS, deren Zeitwert weniger als 30 000 DM betrug, für andere Zwecke unterschlagen hatte.

Natürlich meldete er seinen Verlust bei der Polizei, und die BRANDGANS wurde in die Liste der gestohlenen Yachten aufgenommen, die von Interpol weltweit abrufbar ist. Dennoch staunte Gerke Gerritsma nicht schlecht, als er im März 1988 vom britischen Konsulat in Amsterdam die Nachricht erhielt, daß seine BRANDGANS vor der britischen Insel Tristan da Cunha im Südatlantik vor Anker lag. Die Gruppe kleiner Felseninseln, die nur einen Anleger für den alle drei Monate von Kapstadt aus verkehrenden Postdampfer hat, wird von kaum 200 Menschen bewohnt. Sie liegt praktisch am Ende der Welt, am Nordrand der Brüllenden Vierziger, und wurde von der Weltöffentlichkeit eigentlich nur zur Kenntnis genommen, als die kleine britische Kolonie vor etwa 20 Jahren wegen eines Vulkanausbruchs evakuiert werden mußte und nur ein kleiner Teil der Bewohner vor etwa zehn Jahren aus ihrem Exil in England wieder in diese Meereseinöde zurückkehrte. Dort lag nun der Küstenkreuzer BRANDGANS, den der ungetreue Charterkapitän mit dem Falschnamen Siegbert Mrowka, 36, in zehn Monaten nach dort anstatt in zehn Tagen nach Heeg zurückgesegelt hatte!

Geradewegs beträgt die Distanz zwischen Heeg und Tristan da Cunha knapp 6 000 Seemeilen, aber es ist nicht sicher, ob der Einhandsegler diese Strecke direkt gesegelt ist. Unwahrscheinlich ist auch die Vermutung, daß er die einsame Inselgruppe nur erreichte, weil er sein mutmaßliches Ziel Kapstadt auf einem küstenfernen Kurs verfehlte. Um 1 500 Seemeilen in westlichem Querabstand zum Kap der guten Hoffnung wird er sich kaum verfranzt haben. Mir erscheint es eher möglich, daß er zuerst nach Brasilien segelte und die einsame Inselgruppe auf dem Weg von Südamerika nach Südafrika als Wegemarke ansteuerte. Dort verließ er die BRANDGANS, weil er von seinem Segelabenteuer genug hatte und der Postdampfer wie bestellt kam, und weil er offenbar auch Schulden gemacht hatte, für die er das Boot als Sicherheit zurückließ.

Dem Vercharterer nützte das unerwartete Wiederauftauchen seiner kleinen Stahlyacht wenig. Sie war ohnehin nicht versichert gewesen, und ein Transport als Decksladung eines Frachters in die niederländische Heimat hätte mehr gekostet, als die Yacht noch wert war.

Nicht selten machen ungetreue Charterbesatzungen winzige Fehler, durch die zumindest ihre Fluchtrichtung geortet werden kann. Das gilt zum Beispiel für ein „Piratenpärchen mit Anzahlung“, das sich für die Zeit vom 14. bis 28. September 1980 von dem Eigner Uwe Römpke in Kiel dessen 9,75 m langen und 2,85 m breiten Seekreuzer DENNEBOLA vom Typ Mistress 32 für einen angeblich 14tägigen Segeltörn nach Bornholm lieh. Hier muß festgehalten werden: Ungetreue Charterkapitäne gibt es ja erst, seitdem es Chartergesellschaften gibt, bei denen man Yachten für eine Urlaubsreise mieten kann. Dieses Chartergeschäft steckte um 1980 zumindest in europäischen Revieren noch in den Kinderschuhen. Entweder waren es zu dieser Zeit wenige Eigner, die ihr (einziges) Schiff vor und nach ihrer eigenen Urlaubsfahrt noch einmal gegen Entgelt an andere Leute abgaben, um mit dem Erlös einer solchen Vercharterung die Unterhaltungskosten ihres Bootes decken zu helfen. Oder es waren kleine Firmen, die kaum ein halbes Dutzend eigene oder fremde Yachten unter Vertrag hatten und diese Yachten unter der hauptsächlichen Verpflichtung, sie pfleglichst zu behandeln, auch nur an persönlich bekannte Segler oder solche Skipper abgaben, die entsprechende Referenzen eines Yachtklubs vorlegen konnten.

So hatte auch Uwe Römpke seine DENNEBOLA nicht nur an den Skipper Eike Kirsten und seine Ehefrau Imme vergeben, sondern auch an ein angeblich mitsegelndes Ehepaar, das ebenfalls mit seinen Personaldaten auf der Crewliste erschien. Daher ging die Rechnung des ungetreuen Charterkapitäns zuerst auch auf: Denn wenn zwei Ehepaare zusammen und nur nach Bornholm segeln wollen, können weder das Fahrtenziel noch die Besatzung Argwohn erregen.

Also übergab Eigner Römpke seine DENNEBOLA, und der Charterskipper klarierte am 14. September 1980 mit seiner Besatzungsliste von vier Personen in Strande für eine Fahrt zur dänischen Ostseeinsel Bornholm aus. Von da an meldeten sich die Charterer nicht mehr. Römpke wurde jedoch erst unruhig, als die DENNEBOLA am 28. September 1980 nicht wieder termingerecht an ihrem angestammten Liegeplatz in Kiel festgemacht hatte. Erste Nachforschungen bestätigten einen schlimmen Verdacht: Das angeblich mitsegelnde Ehepaar war nicht nur nicht an Bord, es hatte auch seit drei Jahren keine Verbindung mehr zu den Kirstens. Hatte es nur als Alibibesatzung dienen sollen? Immerhin gab es ein Lebenszeichen der DENNEBOLA, jedoch nicht aus Bornholm, sondern aus Skagen. Es war eine Postkarte an die Mutter des Skippers, die diese dem Eigner auch ganz selbstverständlich zeigte.

Zweifellos war die DENNEBOLA nicht nur vom Typ her, sondern auch mit ihrer Ausrüstung einschließlich Rettungsinsel für einen Langzeittörn gut geeignet. Befand sie sich also bereits auf dem Weg in den Atlantik und auf einem anschließenden Südkurs? Die Yachtfahndung über Interpol wurde eingeleitet.

In der Zwischenzeit erhärtete sich der Verdacht, daß die entführte Yacht offensichtlich planmäßig für einen Transatlantiktörn ausgesucht worden war. Denn die Kirstens hatten vor Beginn ihres angeblichen Segeltörns nach Bornholm ihre Wohnung aufgelöst und ihre Autos verkauft.

Die ersten Fahndungsspuren führten über Skagen nach Mandal an der norwegischen Südküste, wo ein deutscher Segler die DENNEBOLA Ende September 1980 gesehen hatte. Die Entführung einer Yacht war zu damaliger Zeit noch ein Ereignis, und so konnte sich der Eigner vieler helfender Freunde sicher sein. So hatte auch der Amateurfunker und Yachtelektronik-Händler Klaus Knopf aus Kiel an seine Gesprächspartner rund um die Nordsee eine Fahndungsmeldung weitergegeben und genau beschrieben, wie die DENNEBOLA aussah. Ein Funkamateur aus Greenock in Schottland griff diese Meldung auf und gab sie an schottische Gesprächsteilnehmer weiter, die wiederum ihre Segelfreunde mobilmachten.

Während Eigner Römpke noch mit einem gecharterten Hubschrauber die norwegische Küste abfliegen und auch in den Mandal benachbarten Fjorden nach seiner DENNEBOLA suchen ließ, wurde die Slup bereits in Schottland gesichtet. Hier fanden sie Ende Oktober, wenn Gastyachten in fremden Revieren ohnehin mehr auffallen als im Sommer, agile schottische Segler in Inverness am Eingang zum Caledoniankanal. Sie trug jetzt den Namen POINT und war wenige Tage später im Kanal mit Westkurs unterwegs. Noch vor Einbruch des Winters wurde die veruntreute Yacht an der schottischen Westküste in Oban an der Fraser Bay von der Polizei an die Kette gelegt. Der unehrliche Skipper Eike Kirsten wurde festgenommen und die Yacht im Frühjahr 1981 wieder nach Deutschland zurückgeführt.

So bekam Yachteigner Römpke zwar seine DENNEBOLA zurück, aber es wurde eine für ihn kostspielige Unterschlagung: Die Überführungscrew mußte für Reparaturen an Rumpf und Motor sowie für die Instandsetzung der elektrischen Anlage an die schottische Werft, in deren Obhut die DENNEBOLA während des Winters gelegen hatte, 14 400 DM bezahlen. Von den Tätern erhielt er dieses Geld nicht zurück. Denn wie in Norwegen, so traten die Eheleute Kirsten auch in Schottland als Weltumsegler auf. Ihren Lebensunterhalt hatten sie offenbar aus veruntreuten Mitteln bestritten, die sie in hohen Einzelsummen mit Kreditkarten einnahmen, insgesamt 47 000 DM.

Und die Bestrafung des ausgekochten Pärchens? Juristisch handelte es sich bei der Entführung der DENNEBOLA genauso wie bei der BRANDGANS und den folgenden Fällen nicht um einen Diebstahl, sondern um Unterschlagung. Dementsprechend geringer sind die Strafen, die einem Segler für solche kriminellen Handlungen drohen.

Wenn man 1981 noch aus dem DENNEBOLA-Fall die Lehre ziehen konnte, sich bei der Vercharterung seiner Yacht die Vertragspartner genau anzusehen, ist heutzutage eine solche Vorsorge nahezu unmöglich. Zwar läßt sich der Vercharterer Ausweise und Führerscheine seiner Mieter vorlegen, bevor er eine Yacht für zwei oder drei Wochen nach irgendwo entläßt, aber auch solche Dokumente können natürlich gefälscht sein. Die Chartergesellschaften unserer Tage vermieten jedoch nur Yachten, die versichert sind. Das Risiko, das sie dadurch für sich vermindern (und für das die Prämienzahlungen bereits in den Charterpreisen enthalten sind), tragen dann im Falle des Verschwindens einer Charteryacht natürlich alle versicherten Yachteigner mit.

Sie interessiert daher besonders der Fall Meesig, weil er nicht nur typisch für die gegenwärtige Zeit ist, sondern auch im negativen Sinne beispielhaft für eine neue kriminelle Dimension der ungetreuen Charterkapitäne.

Heinz Meesig ist einer jener Leute, die auf den immer schneller fahrenden Zug der vielfältigen Geschäfte mit dem Yachtsport aufgesprungen sind. In Neunhagen in Norddeutschland verhökerte er kleine Boote, die sich zum Rudern, Segeln und Motoren gleichermaßen eignen. Da auch seine Frau noch ein gutgehendes Ladengeschäft unterhielt, mußte sein Handel für ihn nicht mehr als ein Taschengeld abwerfen.

Wichtiger aber als das Bootsgeschäft war ihm seine seglerische Aktivität: Während der Sommermonate war er mit einer kleinen Jolle zum gelegentlichen Regattasegeln an den norddeutschen Küsten unterwegs, und hierbei genoß er die große und vornehme, fröhliche und sportliche Seglerwelt, zu der er sich so hingezogen fühlte. Dabei bedrückte ihn zunehmend: Viele Segler, die ihm in den Yachthäfen begegneten, besaßen große Schiffe, die sie für sechsstellige Summen kaufen konnten. Er aber, Heinz Meesig, würde es auf legalem Wege niemals zu solch köstlichem mobilem Eigentum bringen, wie fleißig er auch in seinen Geschäften sein mochte.

Mit dieser Begehrlichkeit reifte sein Plan, zu dessen Verwirklichung ihm die nötigen Papiere mit kaum auffallenden Unkorrektheiten eigentlich ganz leicht in die Hände fielen: Pässe und Personalausweise von Seglern, die in den Jackentaschen ihrer Parkas steckten, wenn sie mit Meesig nach einer Regatta unter der Dusche standen, und Segelführerscheine für die verschiedenen Fahrbereiche, die man schon einmal aus Versehen verwechseln und für ein Stündchen mitnehmen konnte, wenn man seine eigenen Papiere in der Wettfahrtleitung vorlegte oder abholte.

Durch die Korrespondenz mit Firmen, von denen der Bootshändler Meesig Boote oder Ausrüstungsteile kaufte, durch die Anfragen von Kunden auf ihren persönlichen oder geschäftlichen Briefbogen und durch schriftliche Angebote oder Prospekte, wie sie zu hunderten auf den Bootsmessen für jedermann frei ausliegen, hatte sich Meesig im Lauf der Zeit einen Fundus von Schriftstücken oder deren Kopien verschafft, aus dem er nach Belieben neue „Dokumente" selbst fertigen konnte.

In unserem Zeitalter der Fotokopierer bis hin zum Farblaser-Kopierer, mit dem man sogar Geldscheine täuschend ähnlich herstellen kann, bereitet es bekanntlich einem findigen kriminellen Kopf keine Schwierigkeiten, in fremde Führerscheine das eigene Paßbild mit der eigenen Unterschrift hineinzukopieren, so daß solche Falsifikate wie echte Dokumente aussehen, oder die Kopie des eigenen Paßbildes auf die Kopie eines anderen Ausweises zu legen und hieraus die Kopie eines neuen „Dokumentes" zu fertigen, das einen Menschen mit dem Gesicht von Heinz Meesig aus Neunhagen schließlich als den deutschen Staatsbürger Werner Meister mit einem Wohnsitz in Köln ausweist.

Wenn man bei einer Charteragentur heutzutage den Antrag für das Chartern einer Yacht stellt, legt man natürlich nur Kopien seines Passes, seines Personalausweises, des Sportbootführerscheins oder seines DSV-Scheins vor. Wer gibt schließlich noch die Originale aus der Hand? Und die Vercharterer schließen ganz selbstverständlich ihre Verträge mit den ihnen durch solche Kopien ausgewiesenen Kunden ab – vorausgesetzt, die vereinbarten Beträge gehen fristgerecht auf ihren Konten ein. Da viele Charteragenturen heutzutage mehr als 100 Yachten betreuen, für die sie jährlich bis zu zweitausend Verträge ausfertigen können, überprüft natürlich niemand mehr die Identität der Kunden. Wenn Heinz

Meesig seine Chartergebühr zum Beispiel in Köln und in bar zugunsten der Firma „Charteryacht“ in Ulm einzahlte, fiel dies in deren Kontenverkehr gar nicht oder zumindest nicht negativ auf.

Heinz Meesig hatte sich die Veruntreuung seiner Charteryacht (oder sollte man dieses von langer Hand vorbereitete Verbrechen doch besser Diebstahl nennen?) viele sorgfältige Vorbereitungen kosten lassen: Er hatte sich eine Sun-Kiss 43 aufs Korn genommen, einen Kunststoff-Seekreuzer von 13,25 m Länge, der etwa 80 m^2 Segel führte, fast zehn Tonnen verdrängte und bei Jeanneau in Frankreich für knapp 300 000 DM käuflich zu haben war. In Deutschland vercharterte diesen Typ die Firma „Charteryacht“ in Ulm vom Übergabehafen Marseille aus für 14 Tage in der Nachsaison für 5 535 DM. Die Hälfte war bei der Anmeldung, der Rest spätestens sechs Wochen vor Übergabe der Yacht fällig. Die Kaution in Höhe von 3 000 Mark in bar oder der entsprechenden Anzahl von Euroschecks mit Scheckkarte mußte bei Übernahme der Yacht am Stützpunkt entrichtet werden.

Leider ist mir nicht bekannt geworden, ob, wann und in welcher Art Heinz Meesig alias Werner Meister diesen Betrag auf den von ihm am 25. November 1987 – und damit nur zehn Tage vor dem Beginn des Törns – mit der Ulmer Firma geschlossenen Vertrag eingezahlt hat. Denn die Firma „Charteryacht“ ist im juristischen Sinne nur eine Agentur, die den „Vertrag auf die Überlassung einer Sun-Kiss vom 5. 12. bis 18. 12. 1987“ nur „im Namen und auf Rechnung“ der in Marseille residierenden Firma „Med-Charter“ abgeschlossen hatte. Aber da die Firma „Charteryacht“ am 25. 11. 1987 mit ihrer Unterschrift unter den Chartervertrag die Anzahlung von 5 535 DM ausdrücklich bestätigte, müßten die vereinbarten Beträge wohl geflossen sein.

Was erst sich später ergibt, wirft nicht nur ein bezeichnendes Licht auf die schnell und mit aller Kraft expandierende Branche der Yachtcharterei, sondern auch auf die entsprechende Kapitaldecke mancher Charterunternehmen: Der eigentliche Eigner des Seekreuzers vom Typ Sun-Kiss 43, den die Agentur „Charteryacht“ vermittelte und die Firma „Med-Charter“ in Marseille zur Verfügung stellte, war eine Leasing-Gesellschaft in Paris, die dafür monatliche Leihgebühren von „Med-Charter“ erhielt. Und diese Leasingfirma hatte dementsprechend auch ein Interesse, ihr Eigentum gegen alle Schäden bis hin zum Totalverlust zu versichern.

Bevor sich Heinz Meesig am 4. Dezember 1987 in Neunhagen auf den Weg nach Marseille machte, hatte er sich selbst einen Kaufvertrag für die Charteryacht ausgefertigt. Hierzu hatte er sich den Kopf einer auf den Kanalinseln residierenden, alten englischen Firma mit Adresse, Telefon- und Telefax-Nr. sowie ihren Stempel mit Unterschrift aus mehreren Kopien zusammengeschnippelt und daraus eine neue, harte Kopie gezogen, auf der zum Teil noch die Schnitt- und Klebestellen als schwarze Striche zu erkennen waren. Daraus hatte er ein „Dokument" hergestellt, dem man bereits auf den ersten Blick die plumpe Fälschung ansah. Es enthielt nämlich im Anschriftenfeld die Adresse von „Heinz Meesig, Landstr. 7, Neunhagen (mit Postleitzahl), Germany" und dann am üblichen Briefplatz für Ort und Datum „Porto Cervo, Italy, 06 07 87". Unter einem dicken schwarzen (verstärkten) Klebestrich folgte dann das gedruckte Schnippelwort „CONTRACTORDER" und dahinter „Kaufvertrag", ehe mit betagter, nicht ganz gleichmäßiger Schreibmaschinenschrift zu lesen war:

„Hiermit bestätigt Herr Heinz Meesig den Erwerb der Segelyacht vom Typ Sun-Kiss der Firma Jeanneau, gebraucht wie besichtigt und gesegelt, zum vereinbarten Festpreis von 230 000 DM (zweihundertdreißigtausend) Deutsche Mark."

Die folgenden Angaben sind mit einer anderen Schreibmaschine nachgetragen. Es sind die tatsächlichen Bootsdaten, die etwas schief in das Schriftbild eingezogen sind: „Schiffsname WANDA, Baujahr 1986, Seriennummer 24392, aus Polyester, Motor 4 Zylinder Perkins, 64 PS, Kraftstoff: Diesel, Segel: Genua-Reff und Großreffanlage." Dann folgt wieder der vorbereitete Text: „Elektronik und Bootszubehör in reichlichem Umfang (gemeinsam mit Checkliste kontrolliert). Zahlung: Der Betrag wird in Bargeld bei Übergabe fällig. – Meesig, Heinz, Paß-Nr. E 3207170, (Unterschrift)".

Dazu klebte in der ganz unteren rechten Ecke ein kleiner Stempel der englischen Firma mit einem durchgezogenen Kringel als Unterschrift, der auch von Meesig stammen konnte.

Dieses kopierte „Dokument", das später noch eine besondere Bedeutung bekommen wird, ist somit nichts anderes als eine von Meesig an sich selbst adressierte Bestätigung, daß er diesen Seekreuzer erworben hat und daß der Betrag in 230 Tausend-Mark-Scheinen dabei fällig war. Es fehlt jede Bestätigung der englischen Firma als des bisherigen Eigners, daß sie die Yacht WANDA mit dem in der Checkliste erwähnten Zubehör tatsächlich übergeben und – zur Entlastung des Käufers Meesig – die hohe Summe Bargeld auch in Empfang genommen hat.

Dieserart ausgestattet, konnte Meesig unter dem Falschnamen Werner Meister mit zwei Kumpanen unter den Falschnamen Carl Flottrong und Udo Fink, deren Kopien frisierter Führerscheinkopien zur Crewliste gehörten, am 5. 12. die Sun Kiss 43 LOTUS mit den entsprechenden französischen Papieren übernehmen. Natürlich waren die Mitarbeiter der Chartergesellschaft sehr vertrauensselig. Aber welcher Vercharterer läßt sich von seinen Kunden noch Originale von Dokumenten vorlegen, wenn deren Kopien bereits bei den Verträgen liegen und in der Übergabemappe den Vermerk „alles in Ordnung" tragen?

Das kriminelle Trio tankte also voll, übernahm Wasser und Proviant und legte nach einer gründlichen Einweisung durch die Techniker der Chartergesellschaft mit guten Wünschen für den fast winterlichen und daher besonders sportlichen Mittelmeertörn ab. Nur die Leute an Bord der LOTUS wußten, daß es ein Abschied auf Nimmerwiedersehen war.

Das Verbrechertrio dürfte unverzüglich den Bootsnamen in WANDA und den Heimathafen Marseille in Bremen geändert haben, und dann ist die Yacht wohl ohne Halt in das westliche Mittelmeer gelaufen und durch die Straße von Gibraltar mit Südkurs in den Atlantik gesegelt. Es galt ja, bis zum 18. Dezember, dem vertraglich vereinbarten Ende der Charterzeit, eine möglichst große Distanz zurückzulegen.

Und so verschwand die LOTUS nicht nur unerkannt, als die Vercharterer in der ungünstigen Arbeitszeit vor Weihnachten und zwischen den Festen ohnehin nicht zügig und flexibel reagieren konnten, ungesehen auf den Meeren, ihre möglichen Ziele lagen von Afrika über Südamerika bis in die Karibik und zu den Bahamas zu dieser Jahreszeit auch zu weit entfernt und zu weit gefächert, als daß schnell und gezielt nach ihr gefahndet werden konnte.

Wer war auf Verchartererseite auch jetzt zuständig? Die Leasing-Gesellschaft als Eigner der LOTUS? Die Chartergesellschaft „Med-Charter", die das Boot übergeben hatte? Oder die Firma „Charteryacht", die jenen Vertrag abschloß, der jetzt gebrochen wurde? Als die Kriminalpolizei die Wohnungen der auf der Crewliste Verzeichneten aufsuchte, gab es jedenfalls diese Personen an den angegebenen Orten nicht.

Da also mehrere Büros der Vercharterer in die Suche eingeschaltet waren und die Feiertage manchen Sofortkontakt nicht zuließen, begann die polizeiliche Fahndung mit der Benachrichtigung von Landesbehörden und Interpol erst Anfang Januar 1988. Dabei wurden als Zeit des Diebstahls erst der 2. 1. 1988 und nicht Marseille, sondern die Marina Cogolin als Ort des Verschwindens angegeben. Deutsche Segler erhielten erst Anfang März 1988 von dieser Fahndung Kenntnis. Der guten direkten Verbindung deutscher Trans-Ozean-Segler untereinander und mit ihren Angehörigen in Deutschland war es zu verdanken, daß schon Ende März in Hamburg eine Sichtmeldung der gesuchten Sun-Kiss 43 einging: Klaus Hofmeister, der mit seinem Seekreuzer VAGANT nach einem Atlantiktörn in Brasilien eingetroffen war, erzählte in einem Telefongespräch mit seinen Angehörigen in der Hansestadt, daß ein deutscher Seekreuzer vom Typ Sun-Kiss 43 neben ihm am Ankerplatz von Natal läge. „Die beiden Typen an Bord passen eigentlich nicht auf dieses Schiff“, sagte Hofmeister am Telefon zu seinem Bruder. „Sie treiben hier illegale Chartergeschäfte, obwohl dies von den Behörden streng verboten ist. Als wir neulich mit anderen Besatzungen zusammen ein Fest feierten, ist ihnen in angeheitertem Zustand die verdächtige Bemerkung entschlüpft, sie wären froh, endlich wohlbehalten in Brasilien zu sein, aber ihre WANDA dürfe niemals wieder nach Europa zurückkehren.“

Dies war für die Versicherungen eine so heiße Spur, daß bereits wenige Tage später deutsche Experten auf dem Weg nach Brasilien waren. Als sie Anfang April die verlassen vor Anker liegende WANDA inspizierten, konnten sie anhand der Nummern auf Rumpf und Motor ihre Identität mit der gestohlenen LOTUS schnell nachweisen. Bei der Beschaffung weiterer Angaben, vor allem über die Täter, halfen die örtlichen Hafenbehörden. Danach hatte die WANDA am 13. Januar 1988 in Natal einklariert, angeblich aus Salvador kommend. Tatsächlich dürfte Natal ihr erster Hafen in Brasilien gewesen sein, weil Heinz Meesig, der hier unter seinem richtigen Namen auftrat, für die 3700 Seemeilen Distanz und durch die Mallungen mit ihren vielen Flauten wirklich 37 Tage unter Segeln unterwegs gewesen sein kann. Als Bootspapier und Eigentumsnachweis legte er beim Einklarieren eine Kopie des gefälschten „Kaufvertrags“ vor.

Bereits einige Tage nach dem Einlaufen machte Meesig die Bekanntschaft einer seit mehreren Jahren in Natal lebenden Deutsch-Brasilianerin, mit deren Hilfe er seinen „Kaufvertrag“ durch eine Beglaubigung der Hafenbehörden zu einem offiziellen brasilianischen Schiffspapier aufwertete. Im Februar nahm Meesig zusammen mit seinem Mitsegler einige illegale Charterfahrten vor, für die die reichen Geschäftsleute der Hafenstadt großes Interesse zeigten, weil einheimische Yachten hierfür nicht zur Verfügung stehen (dürfen). Damit nahm er nicht nur Chartergebühr und Kaution wieder ein, sondern verdiente sich auch die Rückflugtickets nach Europa.

Orte der kriminellen Vorfälle im Nordseegebiet

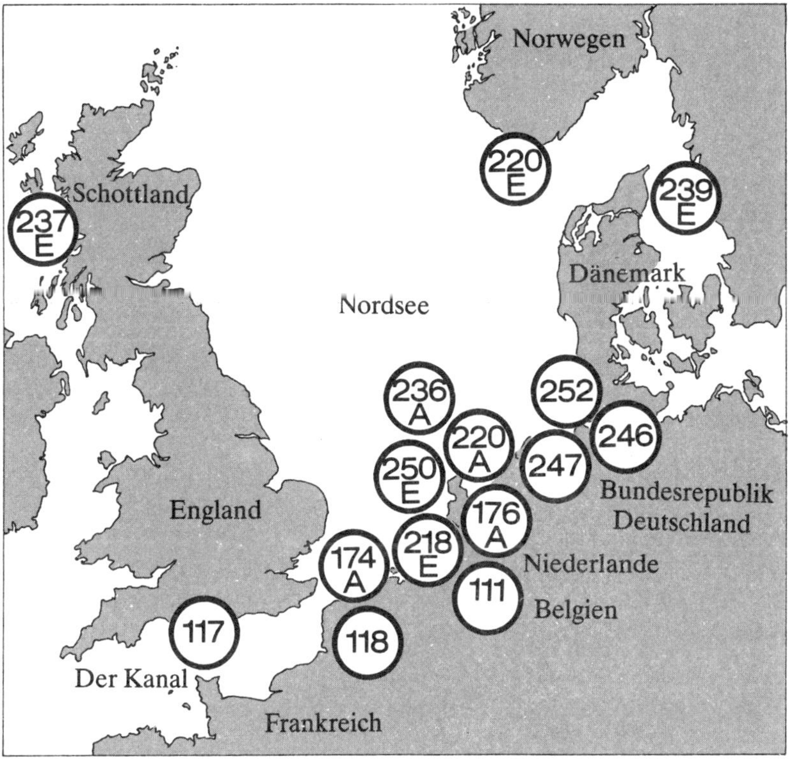

111 Französische Yacht (s. Seite 131)
117 Holländ.-amerik. Yacht (s. Seite 131)
118 Französische Yacht (s. Seite 128)
174 A „Tjike Tjake“ (s. Seite 203)
176 A „Taloah II“ (s. Seite 203)
218 E „Julia“ (s. Seite 326)
220 A „Krabbe“ (s. Seite 230)
220 E „Krabbe“ (s. Seite 230)
236 A „Brandgans“ (s. Seite 277)
237 E „Dennebola“ (s. Seite 280)
239 E „Uranus“ (s. Seite 290)
246 Moody (s. Seite 317)
247 „Bolero“ (s. Seite 318)
250 E „Julia“/„Calypso“ (s. Seite 326)

Bei Doppelnennung bedeutet A den Ausgangs-, E den Endpunkt des Kurses

Wenige Tage vor der Ankunft der deutschen Versicherungsvertreter flogen Meesig und seine Mitsegler Ende März nach Deutschland zurück; die Deutsch-Brasilianerin bewahrte jetzt nicht nur die vorsorglich ausgebaute Elektronik in ihrem Hause auf, sie erhielt von Meesig auch eine Pauschale für die Bewachung und Pflege der verankerten Yacht aus weiteren illegalen Charterfahrten, die sie in seinem Auftrag organisieren sollte.

Nachdem die Mitarbeiter der Schadenabteilung die noch ausstehenden Betreuungskosten beglichen und das Eigentum an der von Meesig gestohlenen Yacht auf den ursprünglichen Eigner gerichtlich rückübertragen hatten, war ihre Aufgabe erfüllt. Unter Verwendung ihrer Unterlagen und Aussagen konnte jetzt die deutsche Kriminalpolizei gegen Heinz Meesig und seine Kumpane ermitteln, doch kam es erst im Januar 1989 zum Prozeß vor dem Landgericht in Waben. Die Anklage lautete nicht nur auf Veruntreuung, sondern auch auf Diebstahl der Charteryacht LOTUS aus dem französischen Hafen Marseille am 19. Dezember 1987. Nach Vernehmung mehrerer Zeugen wurde Heinz Meesig zu sechs Monaten Gefängnis auf Bewährung und 2000 DM Geldstrafe verurteilt. Ob die geschädigte Gesellschaft anschließend ihre Schadensersatzansprüche in einem Zivilverfahren geltend machte, ist mir nicht bekannt.

Werden wir immer und überall mit solchen Charterpiraten leben müssen? Oder werden wir Mittel und Wege finden, uns gegen sie zu schützen? Und werden Gefängnisstrafen wie oben andere Täter vor ähnlichen Piratenakten abschrecken?

Der angestellte Charterboß stiehlt selbst

Im Herbst 1980 suchte eine Duisburger Charterfirma zur Leitung ihres neuen Stützpunkts in Heiligenhafen an der Ostsee und zur Betreuung von vorerst zwei Charteryachten des Typs Optima 92 über eine Zeitungsanzeige eine Vertrauensperson. Sie sollte nicht nur die Wartung der Yachten, sondern auch die gesamte Abwicklung des Chartergeschäfts einschließlich Einweisung der Chartergäste, Übergabe der Schlüssel und Rücknahme der Yachten nach den Seetörns übernehmen. Aus dem guten Dutzend Bewerber wählte die Firma schließlich den 46jährigen Schiffsingenieur Paul Fink aus, weil er ihr nach Lebens- und Berufserfahrung sowie Segel- und Technik-Kenntnissen am geeignetsten erschien. Fink begann seinen Job im März 1981 bei der Indienststellung der ersten Charteryacht mit Namen URANUS. Als angestellter Vertrauensmann der Firma verließ er mit ihr Ende April ganz selbstverständlich die Marina Heiligenhafen zu einer vermeintlichen Probefahrt. Aber an die Liegeplätze der Chartergesellschaft und an seinen dortigen Arbeitsplatz kehrte er nicht zurück.

Sein Verschwinden fiel erst auf, als am 7. Mai 1981 die erste Charterbesatzung die URANUS übernehmen wollte und weder die Yacht vorfand, für die sie gebucht und bezahlt hatte, noch den Stützpunktleiter selbst antraf.

Nachforschungen ergaben, daß Paul Fink Heiligenhafen schon vor längerer Zeit mit der URANUS und ohne Angabe eines Zieles verlassen hatte, so daß eine Probefahrt nicht mehr als Entschuldigung in Frage kam. Er hatte das ihm anvertraute Boot gestohlen! Die schnell anlaufende Interpolfahndung führte dann auch bereits am 15. Mai zur ersten Spur: Fink hatte in den ersten Maitagen den Hafen Varberg an der schwedischen Westküste angelaufen und von dort aus mit seiner deutschen Bank telefoniert. Offenbar benötigte er Geld oder einen Kredit für eine angebliche Motorenreparatur. Aus demselben Grund rief er einige Tage später auch das deutsche Konsulat in Göteborg an, doch wollte man ihm dort finanzielle Hilfe nur bei einem persönlichen Besuch gewähren.

Zumindest war durch diese Kontakte das Revier geortet, in dem sich die entwendete URANUS mit ihrem bezahlten Skipper aufhielt. Eine Fahndung an Ort und Stelle und die Suche der Firma mit einem Motorboot im Schärengebiet bis zur norwegischen Grenze blieben im Monat Juni 1981 erfolglos. Immerhin hingen jetzt in jedem Hafen die Fahndungsblätter mit dem Bild der URANUS und einer Beschreibung nicht nur der Yacht, sondern auch ihres Entführers aus. Die letzte Sichtung der Yacht wurde schließlich im August aus Grebbestad an der schwedischen Westküste nahe der norwegischen Grenze gemeldet, wo sich der Hafenmeister daran erinnerte, die deutsche Optima 92 Anfang Juni 1981 registriert zu haben.

Es konnte nicht geklärt werden, aus welchen Motiven sich Paul Fink um eine Vertrauensstellung bei der Chartergesellschaft bemüht und warum er sie unverzüglich zum Diebstahl ausgenutzt hatte. Auch bleibt rätselhaft, was er mit der Yacht an der schwedischen Westküste suchte: Wollte er nur einen kostenlosen Segelurlaub machen? Wollte er hier Segelerfahrungen sammeln, um anschließend, in der Mittsommerzeit, weiter in die Nordsee und in den Atlantik zu segeln? Suchte er eine Gelegenheit, um die neue Optima bei erstbester Gelegenheit in Bargeld zu verwandeln? Oder handelte er gar für Auftraggeber? Jedenfalls blieb die URANUS verschwunden.

Anfang September 1981 brachten dänische Fischer acht Seemeilen östlich von Läsö mit ihren Netzen aus dem hier etwa 40 m tiefen Wasser den Bug eines abgebrannten Kunststoffbootes mit Bugkorb und Bugbeschlag sowie verkohlte Teile eines Segels mit an die Oberfläche. Untersuchungen ergaben, daß sie zu der URANUS gehören mußten. Auch waren keine anderen Yachten dieser Art und Größe als vermißt gemeldet worden. Einen zusätzlichen Beweis lieferte das Kattegat zwei Monate später: Am Strand von Läsö trieb eine schon stark entstellte männliche Wasserleiche an, der ein 8 kg schwerer Danforthanker auf die Brust gebunden war. Gerichtsmedizinische Untersuchungen ergaben, daß der Tote Paul Fink war, und beschwert hatte man ihn (oder er sich) mit dem Zweitanker einer Optima.

Nun mußte man nicht mehr lange suchen, um Mitte Dezember 1981 im selben Seegebiet auch den Rumpf der URANUS auf dem Meeresgrund zu finden. Er war bis zur Wasserlinie abgebrannt und somit fast unkenntlich, doch die Bootsschlüssel, die im Wrack lagen, waren mit den Doubletten der Duisburger Charterfirma identisch.

Nach Ansicht der Sachverständigen muß die URANUS Mitte bis Ende Juni 1981 abgebrannt und versunken sein. Der Brand, den niemand bemerkte oder zumindest nicht meldete, muß auf See und nahe jener Stelle erfolgt sein, wo die URANUS schließlich gefunden wurde. Wahrscheinlich hatte Paul Fink die Yacht angezündet und anschließend mit seinem Sinkgewicht den Freitod gesucht, weil es für ihn nach der Veruntreuung, die er wohl erst allmählich als Piratenakt zu begreifen lernte, keine Rückkehr mehr in ein normales Seglerleben gab.

Ein Unfalltod, weil die URANUS – vielleicht durch eine Explosion – in Brand geriet, scheidet aus mehreren Gründen aus. Unwahrscheinlich ist auch, daß der ungetreue Skipper ein Mordopfer wurde. Denn dann hätte man ihn nicht auf hoher See umgebracht und auch die Charteryacht hier anschließend mit beseitigt. Das Geheimnis um seine letzten Stunden und die Motive für seine Tat hat der Yachtpirat mit in den Tod genommen.

Interessant ist die versicherungsrechtliche Behandlung dieses Falles: Da ein bezahlter und verantwortlicher Angestellter der Charterfirma die URANUS veruntreut hatte, war sie nach Ansicht der Versicherung unterschlagen und nicht gestohlen worden. Entsprechend den Versicherungsbedingungen war die Gesellschaft bei Unterschlagung von jeder Zahlung befreit. Die Charterfirma hatte natürlich das Verschwinden der URANUS im Mai 1981 als Diebstahl gemeldet, weil die Identität des Täters und die Begleitumstände damals noch nicht erkennbar waren. Bei Diebstahl hätte der Charterfirma die volle vereinbarte Versicherungssumme zugestanden.

Diebstahl oder Unterschlagung, das war anschließend Gegenstand eines Rechtsstreits zwischen der Versicherung und der Chartergesellschaft, bei dem es um Rückzahlung der bereits ausgezahlten Versicherungssumme für Totalverlust ging. Ob der geschlossene Vergleich, nach dem dieser Piratenakt zu „80 % Diebstahl und 20 % Unterschlagung" war, allgemeine Gültigkeit erhalten könnte, möchte ich bezweifeln. Gegen ungetreue Mitarbeiter müssen sich die Chartergesellschaften wohl anders absichern als über die Kaskoversicherung ihrer Yachten, die aus dem großen Topf der privaten Eignerprämien bezahlt werden.

Deutscher Yachtpirat in der Südsee

Im Oktober 1986 wurde in Kieta, Bougainville (Papua-Neu-Guinea), eine erst ein Jahr alte 9-m-Yacht gestohlen, für die der Dieb wohl extra aus Deutschland angereist war. Offenbar glaubte er, damit nicht nur die lange Anreise in die Südsee auf dem Wasserwege vorteilhaft abzukürzen, sondern in diesem riesigen Seegebiet mit seinen wenigen Inseln das Aussteigerdasein auf einer gestohlenen Yacht auch sicher genießen zu können. Er hatte jedoch nicht mit „Tonys Netz" bei den Amateurfunkern gerechnet, mit dem sich hauptsächlich anglo-amerikanische Langfahrtsegler zu täglichen Programmzeiten regelmäßig verständigen.

So war die Crew des amerikanischen 12-m-Seekreuzers YAWARRA sehr erstaunt, als sie bei ihrer Ankunft in Tarawa, Fidschi, die gestohlene Yacht anhand der vielen Einzelheiten aus der drahtlos übermittelten Diebstahlsfahndung schnell identifizieren konnte. Die Ehepaarcrew Nick und Jan Wooller benachrichtigte sofort Polizei und Zoll, und diese nahm den deutschen Piratenskipper Kuno Weingärtner unverzüglich fest.

Nach zweiwöchiger Untersuchungshaft machte man ihm den Prozeß, und die Geschworenen befanden ihn für schuldig. Obwohl nach dem Gesetz jedoch eine Haftstrafe von sieben Jahren verhängt werden konnte, verurteilte der Richter den deutschen Piraten nur zu einer Geldstrafe von 150 australischen Dollar – etwa 100 US-Dollar oder weniger als 200 DM – und setzte ihn wieder auf freien Fuß. Nicht nur der Eigner, der von Neu-Guinea herüberfliegen mußte, um seine Yacht wieder in Empfang nehmen zu können, sondern alle Yachtsegler im Zuhörerraum waren betroffen über diese milde Strafe. Aber auch ein Staat in der Südsee will natürlich (wie die zahlreichen europäischen Länder, die Yachtpiraten milde verurteilen) keinen unnützen Esser zu lange in seinen Gefängnissen haben, und so muß man wohl oder übel für das Verhalten des Richters Verständnis aufbringen.

13. Versicherungsbetrug durch Schreibtischpiraten

Eine gesunkene Yacht segelt nach Venezuela · Yachten werden gestohlen, die es gar nicht gibt · Welcher Yachtdieb versenkt seine Beute? Gekauft – überführt – veruntreut – gestohlen? · Yachtentführung im Firmenauftrag

Auch Betrüger sitzen mit im Pool der versicherten Yachteigner, und nicht immer ist die Yacht, die sie versichert haben, tatsächlich vorhanden. Kürzere oder längere Zeit zahlen sie artig ihre Prämie, einige wohl schon von Beginn an mit dem Ziel, nicht nur diese investierte Summe auf betrügerische Weise wieder in die eigene Tasche zurückfließen zu lassen, sondern sich auch die vereinbarte, oft sechsstellige Versicherungssumme durch einen fingierten Schadensfall zu ergaunern.

Wir Yachteigner zahlen unsere jährlichen Prämien, damit wir bei wirklichen Unfällen versichert sind. Es sind ja nicht nur beträchtliche Vermögenswerte, die wir auf diesem Weg erhalten wollen. Wir nehmen auch die jährlich wachsenden Schadensfreiheitsrabatte gern entgegen, wenn wir durch sorgfältige Seemannschaft und umsichtige Nautik viele Monate lang unfallfrei geschippert sind. Schäden durch Einbruch oder gar den Diebstahl seines Schiffes kann jedoch auch der beste Skipper nicht verhindern. So muß er den dann zwangsläufigen Verlust seines Schadensfreiheitsrabattes zähneknirschend akzeptieren. Ungehalten darf er hingegen werden, wenn durch das Anwachsen des Schadenrisikos die Prämien selbst vom Versicherer angehoben werden müssen – für alle Verträge.

Versicherung ist ein Geschäft auf Gegenseitigkeit: Viele Personen zahlen eine relativ geringe Summe in einen großen Topf, aus dem jene wenigen Partner eine große Summe erhalten, die einen unerwarteten und unverschuldeten Verlust erleiden. Zahlung und Risiko bzw. eingesetzte Versicherungsprämie und ausgezahlter Versicherungsbetrag sind dabei nach vieljährigen Erfahrungswerten wie auf einer riesigen Waagschale austariert. Ungleichgewicht entsteht nur, wenn für *wenige* Versicherte *mehr* aus dem Topf genommen werden muß, als die große Mehrzahl hineingeschüttet hat. Ein gelegentliches jährliches Ungleichgewicht können die Yachtversicherer durch ihre Rückstellungen ausgleichen. Eine ständige Überforderung des Gemeinschaftstopfes muß hingegen zwangsläufig zu einer Prämienerhöhung für alle führen.

Dieser Gefahr der Überforderung durch fingierte Totalverluste von Yachten sehen wir uns alle gegenüber. Sie droht uns durch die wachsende Anzahl von Versicherungsbetrügern. Sie entlarven zu helfen, sind deshalb alle versicherten Yachteigner aufgerufen. Vier typische Beispiele zeigen, daß es sich hierbei nicht um Kavaliersdelikte handelt, sondern um Verbrechen, bei denen es um sehr hohe Summen geht.

- Da ist zum Beispiel ein Yachteigner, den man zu den Aussteigern rechnen muß und der für seinen Seekreuzer, der sein Ein und Alles ist, jahrelang seine Versicherungsprämie bezahlt hat. Eines Tages ist er dieser Leistung nicht nur überdrüssig, er sieht die vereinbarte Versicherungssumme auch als jenen erstrebenswerten Betrag an, mit dem er in den folgenden zehn Jahren ein geruhsames und gesichertes Aussteigerdasein führen könnte. So meldet er der Versicherung aus Übersee, gleichsam vom Ende der Welt, daß ein Totalschaden eingetreten sei, obwohl er nach wie vor quietschvergnügt auf seiner Yacht am Ankerplatz liegt; er fügt nicht nur schriftliche Aussagen seiner Crew bei, sondern auch eine Bestätigung der örtlichen Polizei des Entwicklungslandes, unter welchen Umständen und an welcher Stelle seine Yacht gesunken ist und wo die schiffbrüchige Crew das rettende Ufer erreichte. Was bliebe dem Versicherer übrig, als zu zahlen?
- Oder da gibt es eine Yacht, die versichert wird, ohne daß sie vorhanden ist. Der angebliche Eigner zahlt anhand von Papieren, unter denen eine gutgläubige ausländische Behörde die gar nicht nachweisbare Yacht mit den Daten eines Serientyps registriert hat, einige Jahre seine Prämien und meldet der Versicherung irgendwann, daß diese Yacht von ihrem Liegeplatz gestohlen worden sei. Die Fahndung nach der nicht existierenden Yacht bleibt zwangsläufig erfolglos, und die vereinbarte Versicherungssumme für einen Totalverlust würde fällig werden.
- Oder da entführt der Eigner seine eigene Yacht von ihrem Liegeplatz, nachdem er vorher alle wertvollen Einrichtungs- und Ausrüstungsgegenstände entfernt hat, versenkt sie an einer möglichst tiefen Stelle im Meer, wo sie niemand vermutet und keiner wiederfinden

könnte, und meldet ihr Verschwinden als Diebstahl. Die Motive solcher zunehmenden Sink-Diebstähle sind einleuchtend: Wer seine Yacht loswerden will, um sich eine andere zu kaufen, erlöst durch einen betrügerischen Totalverlust natürlich einen höheren Betrag, als er für sie auf dem Gebrauchtboot-Markt erhalten würde – und er gewinnt ihn ohne Mühe. Natürlich bleibt ein Risiko des Entdecktwerdens, wenn auch oft nach Jahr und Tag. Aber zuerst muß auch hier die Versicherung zahlen, und der spätere Nachweis eines Versicherungsbetruges bleibt ein langwieriges und mühevolles Unterfangen.

● Ganz gerissene Yachteigner lassen klauen: In ihrem Auftrag tritt ein Komplize als vermeintlicher Eigner auf, der entweder die Yacht weit unter Preis an Schnellentschlossene verkauft, die ohnehin auf Nimmerwiedersehen nach Übersee verschwinden, oder er heuert eine Überführungscrew mit Zahlungsverpflichtung für ihre Leistungen erst bei Ablieferung an, die die Yacht zu einem weit entfernten Auslandsliegeplatz versegeln. Geht die verschwundene Yacht den Fahndern dennoch ins Netz, behalten die Eigner eine weiße Weste: Die Versicherungssumme für einen Totalverlust mußte ihnen zwei Monate nach Meldung des „Diebstahls" ausgeschüttet werden, und die Kaufsumme vor Abfahrt oder nach Ankunft haben sie als Zubrot. So haben sie sich Kapital erschwindelt, um vielleicht eine bessere Yacht zu kaufen. Gutgläubige Käufer können dabei ihre Yacht und den gezahlten Kaufpreis verlieren. Die Lehre daraus: Eine Überführungscrew muß sich, wenn sie keinen schriftlichen Eignerauftrag vorweisen kann, gegen den Vorwurf des Diebstahls verteidigen. Neuen Eignern ohne rechtsgültige Kaufverträge geht es wie den Hehlern, die nicht besser sind als die Stehler. Die Versicherung, auf die das Eigentum an der Yacht übergegangen ist, kann sich nur mit ihrem Zeitwert auf dem Gebrauchtbootmarkt schadlos halten. Eine für Betrüger lukrative, aber sehr riskante Methode.

Eine gesunkene Yacht segelt nach Venezuela

Als die Mitarbeiter der Schadenabteilung einer Yachtversicherung am 6. Oktober 1987 ihre Morgenpost durchsehen, finden sie darin einen Brief, der am 22. 9. in der Hafenstadt Puerto Plata in der Dominikanischen Republik abgeschickt ist. Absender ist ihr Kunde Karl Pansow, dessen 11,50 m langer Seekreuzer MATA HARI vom Typ Finnsailer 38 seit einigen Jahren für 200 000 DM bei ihr versichert ist.

„Am 15. 9. 1987 bin ich mit drei kanadischen Freunden von Puerto Plata in Richtung der Silverbanks zum Fischen ausgelaufen“, schreibt Pansow mit eigener Hand auf einem liniierten Briefbogen. „Auf dem Rückweg nach Dominikanische Republik Nord-Ost am Freitag gegen 2000 Uhr hatte ich eine *Kollision*. Es gab einen *fürchterlichen Knall* im Vorschiff. Wir saßen im Cockpit. Als ich im Salon das Licht einschaltete, schoß das Wasser aus dem WC-Bad-Raum in den Salon. An ein Abdichten war nicht mehr zu denken, denn der Salon stand in Sekunden unter Wasser. Ich machte die *Rettungsinsel* klar, und als wir gerade in der Insel waren, sank das Schiff. Den Kollisionsgegenstand haben wir weder vor- noch nachher gesehen. Wir haben Ausguck nach allen Seiten gehalten. Im Radar, das bei Nacht immer läuft, war auch nichts zu sehen. Wir vermuten, es war ein Wal. Die Position war ca. 19° 50′ Nord und 69° 50′ West. Wir liefen unter Maschine ca. 6 bis 7 Knoten.

Am nächsten Morgen um 0445 Uhr sichteten wir einen großen Tanker, und ich schoß Rot. Der Tanker stoppte für einige Minuten und fuhr dann Richtung Puerto Rico weiter. Wir hatten gehofft, er gab unsere Position an die Küstenwache, aber nichts geschah.

Nach ca. 30 Stunden hatte uns der Nordwind an die dominikanische Steinküste getrieben. Die Brandung an den Klippen war ca. 1 m hoch und warf uns auf die Klippen. Wir haben alles ohne Knochenbrüche überstanden. Als Einhandsegler habe ich immer eine Plastiktonne für Signalpistole und Papiere griffbereit an Bord. Diese Tonne habe ich noch retten können. Alles andere habe ich verloren. Die Klippen mit etwas höheren Wellen hätten uns sicherlich das Leben gekostet.

Sicherlich haben Sie noch Fragen, ich gebe Ihnen eine Adresse mit Telex ... Ich werde für einige Wochen hierbleiben. Mit meinem Schiff habe ich auch ca. 20 000 US-Dollar in bar verloren. Ich wäre Ihnen für eine schnelle Bearbeitung dankbar“ (Unterschrift).

Beigefügt war ein in spanischer Sprache abgefaßtes und mit der Maschine geschriebenes Schriftstück der „Republica Dominica, Marina de Guerra, Direcion General de Comandancias de Puertos“, ein offizielles Formular der Kriegsmarine der Dominikanischen Republik also, das von einem „Comandante Ju Puerto“ unterzeichnet und mit einem großen Siegel abgeschlossen war. Auch der Name des Versicherungsnehmers und seine Unterschrift prangten am Fuß dieses zweifellos echten Dokuments, das offenbar eine „Verklarung“ in Form einer eidesstattlichen Erklärung war und in dem es hieß:

„Heute, am 21. 9. 1987 um 1200 Uhr, erscheint in San Felipe de

Puerto Plata, Republica Dominicana, vor mir, Korvettenkapitän Evangelista de La Cruz Acosta der Kriegsmarine und Kommandant des Hafens Puerto Plata, Herr Karl Pansow, deutscher Nationalität, Kapitän des Segelschiffs MATA HARI, und macht folgende Aussage: ,Ich, Karl Pansow, deutsch, Paß Nr. 4484994, Kapitän des Segelschiffs MATA HARI, mein Eigentum, Länge 11,4 m, Breite 3,58 m und 1,80 m Höhe, Gewicht 5 Tonnen brutto und 3 Tonnen netto, bestätige: Um 2040 Uhr am 15. 9. 1987 verließ ich den Hafen von Puerto Plata mit Ziel Samana. Wir fuhren mit vier Mann Besatzung inklusive dem Unterzeichnenden. Während der Fahrt entschied ich mich, in Richtung Banco de la Plata zu fahren, um zu fischen. Als wir wendeten, Richtung Küste nördlich von unserem Kurs, hörten wir *Krach im Inneren* des Segelschiffs, und plötzlich bemerkten wir, daß viel Wasser im Schiff war. Ich machte mich daran, die Ursache zu erforschen, aber das Schiff war schon so voller Wasser und sank so schnell, daß wir uns entschlossen, das Schiff zu verlassen, und zwar in unserer Rettungsausrüstung, bestehend aus einem *Rettungsboot und einem Zodiac-Boot.* Wir blieben für ca. 30 Stunden in den Booten und feuerten Leuchtkugeln ab, aber niemand kam uns zu Hilfe. Später kam ein unbekannter Tanker nahe an uns vorbei. Wir signalisierten ihm ebenfalls, daß er anhalten sollte, aber er setzte seine Fahrt fort. Schließlich trieb uns die Strömung an die Küste nahe bei Cabrera, wo wir empfangen wurden, aber dort sagte man uns, wir müßten nach Puerto Plata zurück, um dort den Fall vorzutragen. *Ich schwöre, daß das oben Dargelegte die reine Wahrheit ist.*' "

Ein Blick auf die Seekarte zeigte den Mitarbeitern der Schadenabteilung schnell das Umfeld dieses angeblichen Schiffbruches: Die Untergangsstelle der MATA HARI lag nach Angaben des Versicherungsnehmers bei einer Meerestiefe von etwa 2 800 m und ca. 15 sm von der steinigen Felsenküste am Cap Viejo Frances entfernt. Während man an der Küste entlang etwa 50 Seemeilen benötigt, um nach Puerto Plata zu gelangen, wo das amtliche Dokument ausgefertigt war, brauchte man durch das unwegsame Hinterland bis zum nächsten Feldweg und dann über befestigte Landstraßen zum Hafenort wohl mindestens eine Tagesreise.

Bevor 200 000 DM für solche Papiere ausgezahlt wurden, waren noch einige Rückfragen nötig. Sie stellte die Schadenabteilung noch am selben Tag in einem Telefongespräch an Pansow, und dieser antwortete am 13. 10. 1987 prompt und schriftlich: „Bezugnehmend auf unser Telefongespräch teile ich Ihnen noch folgendes mit:

In der Anlage die drei Crew-Member mit ihren Paßnummern und anderen Daten: Robert Burgess und Jane Webb sind nicht mehr hier, sind wahrscheinlich wieder nach Kanada zurückgekehrt. Andrew Attwood lebt hier in Puerto Plata, siehe seine Stellungnahme.

Mit der Rettungsinsel sind wir in Cabrera angelandet. Wir waren dort bei der *Militärstation*, nur zwei Mann. Dort wurde uns gesagt, wir müßten zur Meldung zum Hafenkommandanten in Puerto Plata. *Ich vermute, daß diese Leute nicht schreiben können. Ich habe heute dort noch einmal vorgesprochen*, Bier ausgegeben, usw. Man war sehr freundlich, *aber schriftlich war leider nichts zu erreichen. Hier sind leider viele Analphabeten*, die nur ein Gewehr halten können.

Wir sind ca. an der gleichen Stelle mit der Insel getrieben, an der letzte Woche ca. 100 Dominikaner von Haien zerfetzt wurden. Das gibt Alpträume!

Daß ich mit dem Schiff auch noch 20000 US-Dollar verloren habe, ist sehr einfach zu erklären: Ich hatte das Geld an einem sicheren Platz im Vorschiff versteckt. Leider war keine Zeit mehr, um in das Vorschiff zu gelangen. Unser Leben in dem Haigewässer war mir wichtiger. Nicht auszudenken, wenn die Autoflug-Insel versagt hätte!

Ich beabsichtige nicht, nach Europa zu kommen. Es ist dort zu kalt. Ich werde mir hier ein anderes Schiff kaufen und in Südamerika bleiben.

Hiermit hoffe ich, Ihre Fragen ausführlich genug beantwortet zu haben. Mit freundlichen Grüßen . . ."

Beigefügt ist eine Bestätigung des Hafenkapitäns, daß sich der deutsche Kapitän Pansow mit seinen kanadischen Mitseglern Attwood, Burgess und Webb mit den genannten Paßnummern am 15. September 1987 von Puerto Plata nach Puerto de Samana, ebenfalls in der Dominikanischen Republik, ordnungsgemäß abgemeldet habe.

Auf einem weiteren Beiblatt gleichen Briefpapiers finden die Mitarbeiter der Schadenabteilung dann eine Erklärung von Attwood mit seiner Anschrift in Puerto Plata:

„Meine Freunde und ich begleiteten Karl Pansow auf einem Trip zum Fischen zu den Silver Banks, die nördlich der Dominikanischen Republik liegen. Auf unserem Rückweg, es war bereits dunkel geworden, hörten wir ein *lautes Krachen* im Vorderteil des Bootes. Als ich in die Kajüte guckte, kam Wasser schneller in das Boot geströmt, als wir es auspumpen konnten. Da das Wasser so schnell in das Boot eindrang, bereitete Kapitän Pansow die Rettungsinsel vor und griff schnell nach einigen Gegenständen, die wir benötigen könnten, und brachte uns dann in die Rettungsinsel, immer in dem Bestreben, daß keiner von uns dabei ins Wasser fiel, weil in dieser Gegend Haie leben. Das Boot sank fast sofort. Wir trieben über einen Tag lang, gaben Notsignale und schossen Raketen ab, aber niemand kam. Schließlich drifteten wir an die Küste der Dominikanischen Republik nahe der Stadt Cabrera. Wir meldeten uns bei den örtlichen Behörden, die uns anwiesen, zurück nach Puerto Plata zu gehen und den Fall dort dem Marinekommandanten zu melden. So geschah es. Er nahm unsere Meldung auf. Dieses Erlebnis hat mir endgültig den Spaß am Fischen und Segeln verdorben." (Unterschrift Andrew Attwood).

Bewertete man alle unterschiedlichen Papiere, dann gab es neben den beiden Briefen von Pansow nur persönliche Erklärungen des Versicherungsnehmers über einen angeblichen Totalverlust der MATA HARI und die Auslaufmeldung aus Puerto Plata mit der von den Behörden bestätigten Besatzungsliste. Die Anschrift der drei Mitsegler fehlte. So bestand auch keine Möglichkeit mehr, sie über das Sinken der deutschen Yacht zu befragen. Eigentlich wäre es selbstverständlich gewesen, daß auch die drei Mitsegler die Verklarung von Pansow bei der Hafenkommandantur am 21. 9. 1987 unterzeichnet und – wie dieser – *beschworen* hätten.

Der Hafenkommandant hatte nichts anderes getan, als die Aussage des deutschen Yachteigners zur Kenntnis zu nehmen, aufzuschreiben und – mit dem Charakter einer polizeilichen Vernehmung – im Wortlaut zu bestätigen. Mehr Beweiskraft besaß dieses wunderschön verzierte Dokument eines fremden Staates nicht.

Zweifellos hatte Andrew Attwood eine Aussage gemacht, die man – falls sie nicht den Tatsachen entsprach – als betrügerisch oder zumindest als „Gefälligkeitsaussage" werten mußte. Aber der in Puerto Plata ansässige, etwa 35 Jahre alte Kanadier hatte ja seine Erklärung weder mit der Einleitung „zur Vorlage bei der Versicherung" noch als „eidesstattliche Versicherung" geschrieben. Genaugenommen enthielt dieses Papier weder ein Datum der Ausfertigung, noch ein Datum, wann denn diese Unglücksfahrt tatsächlich stattgefunden hatte. Insoweit war sie nicht nur völlig wertlos, sie nährte im Gegenteil den bereits bestehenden Verdacht, daß Pansow durch einen behaupteten Verlust seiner MATA HARI die Versicherung auf plumpe Art um 200 000 DM prellen wollte. Auch seine beiden Briefe und seine Verklarung deckt sich nicht in allen Einzelheiten:

So gab er zum Beispiel am 21. 9. 87 bei der Kriegsmarine zu Protokoll, daß er ein *Krachen* im Inneren der Segelyacht vernahm und dann feststellte, daß das Schiff viel Wasser genommen hatte. In seiner Schadensmeldung vom 22. 9. 87 spricht er jedoch davon, „daß es einen fürchterlichen *Knall* im Vorschiff gab und Wasser aus dem WC-Bad-Raum in den Salon schoß". Objektiv gesehen liegt schon ein beträchtlicher Unterschied zwischen „Krachen" als stärkster Form der Geräuschbildung und „Knall", einem kurzen, scharfen und schußartigen Geräusch. Auch die Lage des behaupteten Lecks „im Vorschiff" oder im „WC-Bad-Raum", der sich in Mastfußhöhe befand, wie man aus der Zeichnung des Serientyps erkennen konnte, war widersprüchlich.

Weiterhin war es nach der bisherigen Erfahrung mit Schiffsuntergängen völlig undenkbar, daß eine Yacht mit einem Loch im Rumpf, selbst wenn es noch so groß gewesen sein sollte, so schnell auf Tiefe ging, daß Rettungsmaßnahmen mit einer vierköpfigen Besatzung überhaupt nicht versucht werden konnten. Die Floskeln über Haigefahr oder steinige Felsen, die angeblich zur Rettung zu erklettern waren, machten keinen Eindruck. Wichtiger war die Frage, ob ein Anlanden an dieser – wie aus der Seekarte und den Küstenbeschreibungen ersichtlich – schroffen, hohen Felsenküste überhaupt möglich war.

Im Antwortbrief schrieb daher die Versicherung Ende Oktober an Pansow, daß er bei dieser Sachlage und den dargelegten Widersprüchen die Versicherer mit dem von ihm geschilderten Sachverhalt nicht überzeugt hätte und daß es nun seiner genaueren Beweisführung obliege, ob ein Totalverlust tatsächlich eingetreten sei.

Pansow beantwortete diesen Brief überraschenderweise aus Venezuela, schickte eine weitere Bestätigung der Marinebehörden von Puerto Plata vom 26. November 1987 mit und ließ darin noch einmal den schon bekannten Schiffsort des Sinkens 15 Seemeilen nördlich von Cabo Frances Diego, das Datum des Unglücks vom 19. 9. 1987, sowie Geburtsdatum und Paßnummern seiner damaligen Mitsegler mit Stempelmarke und Siegel bestätigen. Gleichzeitig mahnte er am 4. 12. aus einem Apartment in Porlamar auf der Insel Margarita in Venezuela die Überweisung der Versicherungssumme von 200 000 DM an: „Erbitte noch heute Bescheid, wann Sie bezahlen wollen. Habe meinerseits alles von Ihnen Geforderte zur schnellen Bearbeitung getan."

Aber zu diesem Zeitpunkt war ein Mitarbeiter der Schadenabteilung bereits in die Dominikanische Republik gereist, um an Ort und Stelle die Angaben von Karl Pansow nachzuprüfen. Er fand Erstaunliches, was zwar befürchtet worden, aber erst noch zu beweisen war.

Der Mitarbeiter der Schadenabteilung fuhr zuerst mit einem Leihwagen nach Cabrera und suchte dort die einzige Polizeistation des Ortes auf. Aufgrund des außergewöhnlichen Vorfalls holte man sofort alle sechs Polizisten der Wache zusammen und stellte sie dem deutschen Versicherungsvertreter vor. Im Gegensatz zu den Angaben von Pansow konnten sie sehr wohl lesen und schreiben, hatten jedoch nichts von in Cabrera angelandeten Schiffbrüchigen gehört. Diese wären nach ihrer Meinung auch kaum unverletzt über die 5 m hohen Klippen gekommen. Sie seien durch Seegang und Schwell für die Besatzung aller anlandenden Fahrzeuge lebensgefährlich. Auch die direkt an der Küste wohnenden Einwohner hatten weder zu der angegebenen Zeit noch sonst von Schiffbrüchigen gehört.

Anschließend fuhr der deutsche Versicherungsvertreter mit einem ortskundigen Yachtskipper zum Hafen Samana an der Ostküste der Dominikanischen Republik, der üblicherweise – wie auch von Pansow in seiner Auslaufmeldung vom 15. 9. 1987 – als Zwischenstation für die Karibik besuchende europäische Fahrtensegler dient. Hier befragten sie einen Schweizer und einen amerikanischen Yachteigner, deren Schiffe in der Bucht vor Anker lagen, nach der Mata Hari. Beide Skipper kannten den deutschen Finnsailer 38 gut und gaben an, daß er bis Mitte Oktober fast vier Wochen lang neben ihnen geankert hätte und dann in Richtung Venezuela ausgelaufen sei.

Also gab es die Mata Hari noch, und das behauptete Sinken der Yacht war nichts anderes als ein versuchter Versicherungsbetrug! Natürlich konnten auch die beiden ausländischen Yachtskipper als Zeugen fungieren, aber eine behördliche Bestätigung war wichtiger. Der Hafenkapitän von Samana bestätigte dann auch nicht nur deren Angaben, er ließ auch hilfsbereit die Ein- und Ausklarierungsunterlagen heraussuchen und fotokopieren. Aus der Abmeldung in Puerto Plata am 15. 9. 1987, die der Eigner einer Yacht bei der Anmeldung im nächsten Hafen vorlegen muß, und der Anmeldung in Samana am folgenden Tag sowie der Abmeldung in Samana am 16. Oktober 1987 nach San Juan in Puerto Rico ging bereits eindeutig hervor, daß die Mata Hari nicht nur immer noch segelklar vorhanden war, sondern anstatt zu sinken den Hafen von Samana am angeblichen Unglückstag, dem 16. 9. 1987, auch wohlbehalten erreicht hatte. Da Pansow anschließend wochenlang in Samana vor Anker gelegen hatte, wurde er in dieser Zeit von der Hafenpolizei auch gelegentlich auf Schmuggelware und unerwünschte Personen kontrolliert. Auf Wunsch des Versicherungsvertreters stellte der Hafenkommandant am 28. 12. 87 noch ein gesondertes Anwesenheitsdokument aus.

So konnte die Versicherung dem „Señor Pansow“ am 4. Januar 1988 nach Venezuela schreiben:

„Unsere Ermittlungen ergaben, daß Ihre Yacht am 15. 9. 1987 nicht untergegangen sein kann. Eine amtliche Bestätigung, daß Ihre Yacht sich zum Zeitpunkt des angeblichen Sinkens in Samana befunden hat, liegt uns vor. In Ihrem Handeln sehen wir einen Versuch, sich unrechtmäßig die Versicherungsleistung zu verschaffen. Das ist ein grober Verstoß gegen die vertragliche Treuepflicht, der uns veranlaßt, den Versicherungsvertrag fristlos zu kündigen. Wenn Sie mit dieser Ablehnung nicht einverstanden sind, müssen Sie Ihren Anspruch innerhalb von sechs Monaten vor dem Landgericht in Hamburg gegen uns geltend machen. Lassen Sie die Frist ungenutzt verstreichen, greift der Ausschlußgrund der Verjährung durch.“

Pansow gab Ende Januar nur noch eine kurze Antwort. Er hatte sich den Prämienrest seiner gekündigten Versicherung ausgerechnet und erbat ihn „mit Zinsen“ auf sein Konto in den USA. Weiter schrieb er: „Bestätige den Erhalt des Ablehnungsschreibens. Melde mich vor Ablauf der Verjährungsfrist wieder.“ Aber diese Zusage erfüllte er natürlich nicht. Denn nach Deutschland wird er ohnehin in nächster Zeit nicht zurückkehren wollen. Hier läuft seit dem 22. August 1988 gegen ihn eine Strafanzeige wegen versuchten Betruges gemäß § 263, Absatz 2 StGB mit der Begründung, „daß die MATA HARI am 16. 10. 1987 noch existierte und der den Behörden am 21. 9. 1987 angezeigte Untergang der Yacht nicht stattgefunden haben kann ...“ Da Pansow die Klagefrist von sechs Monaten verständlicherweise ungenutzt verstreichen ließ, schlossen die Versicherer zu Recht, daß seine Yacht nicht untergegangen war, und erstatteten Anzeige wegen versuchten Betruges.

Man könnte die Handlungsweise des deutschen Yachtskippers als dummdreisten gescheiterten Versuch abtun, wenn nicht die Kosten der Wahrheitsfindung zu bedenken wären, die die Versicherung aufwenden mußte und die aus dem Treuhandtopf aller versicherten Yachteigner zu entnehmen waren. Aber schließlich ist es der Fachkenntnis ihrer Mitarbeiter zu verdanken, daß dadurch nur ein kleiner Prozentsatz jener Summe verbraucht wurde, die andernfalls hätte ausgezahlt werden müssen.

Versicherungsgesellschaften arbeiten bekanntlich weltweit und See- und Ländergrenzen übergreifend. Sie stehen auch mit Versicherungsvertretern in fernen, überseeischen Staaten in Geschäftsbeziehung. Die Wohnsitze der bei ihnen versicherten Yachteigner sind daher nicht nur über ganz Europa, sondern weltweit verstreut. Gerissene Betrüger, die in anderen Ländern wohnen, versuchen deshalb immer wieder, für fingierte Schäden abzusahnen, die gar nicht entstanden sind. Manch einer von ihnen kommt sogar auf den Gedanken, es bei einer anderen Versicherung mit dem gleichen Trick noch einmal zu versuchen. Und wer nicht an das Sprichwort denkt, daß der Krug so lange zum Brunnen geht, bis er bricht, läßt den gleichen Versicherungs- und Diebstahlfahrplan vielleicht sogar noch ein drittes Mal ablaufen, ehe er entlarvt und gerichtlich bestraft werden kann.

James Mauro war ein solcher skrupelloser Betrüger. Er lebte auf Korfu, wo er nach dem Briefkopf seiner Geschäftsbögen eine Werft unterhielt. Tatsächlich baute er nur in einem kleinen Schuppen ein Boot der Spirit-32-Klasse für fremde Rechnung aus. Er war nicht fleißig und brauchte etwa zwei Jahre für diese Handwerksarbeit. Von ihr und den Liegegebühren weniger Yachten vor seinem Wassergrundstück konnte er leben, aber Reichtümer ließen sich für den Junggesellen dadurch nicht erwerben. So sondierte der etwa dreißigjährige James Mauro bei ausländischen Gesellschaften nach einer Kaskoversicherung für die Spirit 32, die ihm nicht gehörte und deren Innenausbau erst kurz vor der Fertigstellung stand. Eine solche Anfrage ging im Februar 1980 auch bei der Versicherung A in Hamburg ein, und es entspann sich ein reger Briefwechsel, der schließlich zur Übersendung eines Gutachterberichts aus Korfu und am 20. 7. 1981 zum Abschluß einer Kaskoversicherung über 130 000 DM für eine Spirit 32 mit Namen Hera führte. Das war ein guter Preis für die 9,60 m lange und 3,12 m breite Kunststoffyacht von 1,64 m Tiefgang, die angeblich bereits 1977 in der „James-Mauro-Bootswerft" in Korfu gebaut war und James Mauro gehörte.

Mit Siegel bestätigte ein örtlicher Gutachter, daß die angeblich mit einem 9,9-PS-Dieselmotor und 52m^2 Segelfläche ausgestattete Yacht „sich in hervorragendem Zustand befinde, sorgfältig ausgerüstet sei" und daß „der polizeilich unter der Nr. S 7 333 registrierte Seekreuzer mit dem Namen Hera am Heck nach Art und Ausrüstung absolut seetüchtig" sei.

Die Tinte unter dem Vertrag war kaum getrocknet, als sich James Mauro an eine englische Versicherungsgesellschaft wandte, die in Cornwall residierte, und dort einen fast gleichlautenden Versicherungsantrag für ebenfalls eine Spirit 32, aber diesmal „ohne Namen“ stellte. Wichtiger als das den englischen Versicherern gemachte Eingeständnis, daß dem Yachteigner James Mauro bereits „vor drei Jahren eine Yacht gestohlen worden war“ – eine wichtige Angabe, die Mauro der deutschen Versicherung verschwieg –, war die Tatsache, daß der so clevere Mann aus Korfu die Spirit 32 jetzt ein zweites Mal versicherte. Zum Nachweis der Existenz des Seekreuzers „ohne Namen“ bemühte er einen anderen Gutachter in Korfu, und er gab auch eine andere polizeiliche Registriernummer mit „S 7 403“ in den Versicherungspapieren an. Wieder erhielt Mauro durch diesen Versicherungsvertrag über 32 310 £ die Zusicherung, daß ihm bei einem Totalverlust umgerechnet etwa 130 000 DM auszuzahlen wären. Exakt gesagt: Bei Diebstahl des Bootes war diese Summe zwei Monate nach Verschwinden des Seekreuzers fällig, falls er bis dahin nicht wiedergefunden sein würde.

Kaum hatte Mauro die Police der englischen Versicherung für seine Yacht None, was sinngemäß „namenlos“ heißt, in Händen, als er seinen Coup gegen die Versicherung A begann. Unbeholfen im Stil, mit vielen Streichungen und Verbesserungen geht im Hamburger Büro der Versicherung A am 21. 12. 1981 ein aus Korfu datierter Brief vom 8. 12. 1981 ein, in dem James Mauro schreibt:

„Seit der Nacht von Sonntag, den 6., auf Montag, den 7. Dezember, vermisse ich meine Yacht Ora von ihrer Muring vor meiner Werft, wo sie mit einer Kette und einem Vorhängeschloß festgemacht war. Ich hatte gerade einen Kran gebucht, um die Yacht zum Winterlager aus dem Wasser zu heben. Unmittelbar nach dieser Entdeckung habe ich mich telefonisch mit der Polizei und den Küstenwachbooten in Verbindung gesetzt und gebeten, die Suche nach meiner verschwundenen Yacht aufzunehmen und nach ihr in jeder Bucht unserer Insel zu sehen. Ich habe auch versucht, einige Leute in Italien anzurufen, um nach der verschwundenen Ora zu sehen. Vor vier Jahren war mir bereits eine andere Yacht abhanden gekommen, die ich dann im italienischen Hafen Syrakus wiederfand, wo die Diebe sie zurückgelassen hatten. Ich hoffe, in Kürze etwas von meiner Yacht zu hören, und bitte Sie um Hilfe. Selbst bis nach Spanien bin ich mit einem Telefongespräch zur Hilfe um Fahndung nach meiner Yacht durchgekommen. Bisher vielen Dank. James Mauro“.

Die Versicherung A antwortete unverzüglich am 22. 12. 1981: „Anbei drei Formblätter zur Schadensmeldung. Bitte senden Sie zwei von ihnen schnellstmöglich zurück. Außerdem fügen wir unsere Anweisungen für Raub und Diebstahl bei. Bitte geben Sie uns einen genauen Bericht über die Geschehnisse."

Luftpostbriefe fliegen schnell, und James Mauro antwortet ebenso prompt – wie er glauben machen möchte. Tatsächlich hält er hin: „Vielen Dank für Ihre Papiere", schreibt er am 27. 12. 1981, „aber ich verstehe kein Deutsch. Können Sie mir nicht englische Übersetzungen schicken?" Und beruhigend schließt er seinen Brief: „Ich habe Freunde in Spanien, Italien und Frankreich, die mich sofort benachrichtigen werden, wenn sie meine HERA sehen. Vielleicht fahre ich selbst in diese Länder hinüber, um mich umzuhören. Beste Grüße und ein erfolgreiches Neues Jahr!"

So geht der verzögernde Schriftwechsel über die angeblich gestohlene, aber gar nicht existierende HERA weiter. Die Versicherung A sendet Formulare für die Fahndung und bittet um Fotos von der gestohlenen Yacht. Mauro bedauert wieder, daß er die deutschen Formblätter nicht beantworten kann. So geht die Zeit ins Land, und erst am 15. Januar 1982, nun bereits fünf Wochen nach dem „Diebstahl", entlockt die Schadenabteilung dem Versicherungsnehmer weitere Einzelheiten über das angebliche Verschwinden seiner Yacht. Er berichtet mit einer betrügerischen Phantasie, die von Mitarbeitern der Versicherung vor Ort erst viele Jahre später aufgedeckt werden wird:

„Am Sonntag, dem 6. Dezember 1981, ging ich an Bord, um meine HERA zum Kranen am folgenden Montag vorzubereiten. Ich ließ den Motor eine Stunde lang laufen, setzte zwei Batterien in mein Beiboot, zog das Großsegel aus dem Baum und begann, die Spannschrauben des Riggs zu lösen. Bevor ich von Bord ging, legte ich eine 8-mm-Kette von der Muringboje über Deck rund um den Mast und sicherte sie mit zwei Vorhängeschlössern, so daß die Yacht gegen Diebstahl gut gesichert war. Das war gegen 1030 Uhr."

Diese Angaben sind wie die folgenden Einzelheiten natürlich erstunken und erlogen: „Als ich am Montag, dem 7. Dezember 1981, um 0900 Uhr mit den entsprechenden Leinen zum Kranen an den Hafen kam, lag meine Yacht nicht mehr an der Muring. Auch alle Leute, die ich fragte, hatten das Verschwinden der Yacht nicht bemerkt – es muß in der Nacht geschehen sein. Als ich den Diebstahl der Polizei meldete, bekam ich ein Schnellboot mit zwei Motoren, mit dem ich in jede Bucht rund um Korfu hineinfuhr. Die Polizei sagte mir dann, sie hätte bereits Interpol eingeschaltet.

Auch vor vier Jahren war mir bereits eine Yacht gestohlen, aber später im Hafen von Brindisi in Italien mit meiner und der Hilfe von Interpol wiedergefunden worden. Ich habe schon viel Geld ausgegeben, um mit meinen Freunden im Ausland zu telefonieren und sie um Mithilfe bei der Suche nach der HERA zu bitten. Ich füge Ihnen zwei Fotos bei, um deren Rückgabe ich bitte. Es sind die einzigen von meiner Yacht.

Übrigens habe ich meine goldene Armbanduhr in der Yacht vergessen, als ich am Sonntag von Bord ging. Sollten Sie etwas von meiner Yacht hören, rufen Sie mich schnell an, ich bin, ob per Schiff oder mit Flugzeug, in wenigen Stunden an Ort und Stelle."

Nach den Angaben von James Mauro fertigt die Versicherung ein Fahndungsblatt, auf dem nicht nur alle unterschiedlichen Einzelheiten des zweifarbigen Rumpfes, sondern auch die elektronischen Geräte an ihren speziellen Befestigungspunkten, z. B. Vorderkante Plicht, genau verzeichnet sind. Auf ein nicht existentes Boot bezogen, mag die Phantasie des Eigners verblüffen. Später werden wir sehen, daß es James Mauro nicht anders machte als ein Maler, der ein Modell benutzt: Exakt dieses so unverwechselbar charakterisierte Fahrzeug sollte Jahre später vor seiner Haustür im selben Hafen wieder aufgefunden werden.

Da bislang keine heiße Spur für den Verbleib der am 6./7. 12. 1981 in Korfu verschwundenen Yacht HERA existiert, gibt Versicherung A am 9. 2. 1982 noch eine ergänzende Fahndungsmeldung an ihre ausländischen Kontaktleute. Nach der Wiederholung der bekannten Einzelheiten telext die Schadenabteilung darin gutgläubig: „Im Tank der HERA befand sich nur wenig Kraftstoff, weil die Yacht anderntags ins Winterlager gehen sollte. Entsprechend dem Typ nehmen wir an, daß man damit nicht mehr als 100 Seemeilen hätte fahren können. Da die Yacht bereits 1978 gestohlen und mit der Hilfe von Interpol im nicht weit entfernten Hafen von Brindisi gefunden wurde (offenbar hatten sie damals Schmuggler entführt und benutzt), konzentrieren Sie sich bitte bei Ihren Nachforschungen auf die nächstgelegenen Küsten."

In der Zwischenzeit läuft die Fahndung der Versicherer auch im eigenen Netz, aber die Chancen auf ein Wiederfinden sind nach sechswöchiger Verzögerung ohnehin gering geworden. Auch werden Zweifel an der Redlichkeit von James Mauro laut. Außerdem ist eine umfassende Rasterfahndung teuer. Selbst wenn man die (vielleicht beschädigte) Yacht wiederfindet, werden Aufwand und Ertrag in keinem günstigen Verhältnis zueinander stehen. So erhält James Mauro Ende April die Aufforderung der Versicherungsgesellschaft A, die Diebstahlsmeldung an die Polizei in Korfu, das Yachtzertifikat oder entsprechende offizielle Dokumente, eine vollständige Liste derjenigen Teile, die vor dem Diebstahl an Land gebracht wurden, und eine Liste des übrigen Zubehörs, das sich noch an Bord befand, an die Schadenabteilung einzureichen, damit man ihm die Versicherungssumme auszahlen könne.

In seiner Antwort tut Mauro so, als wolle er die Schadensabwicklung noch nicht, sondern hoffe eher, sein Boot wieder übernehmen zu können, wenn man es findet. Die gewünschten Dokumente kann er gar nicht vorlegen: „Alle Papiere waren an Bord der HERA, auf der ich den Sommer über gelebt habe“, schreibt er entschuldigend und schließt: „Übrigens waren noch viele teure Ausrüstungsteile mehr an Bord, als ich vorher mitgeteilt habe, darunter eine Leica-Kamera, Fernglas, Honda-Generator, zwei Taucherausrüstungen mit Sauerstoffflaschen und mehr.“

Aber dann nimmt er natürlich doch einen Scheck über 130 000 DM entgegen und unterschreibt, daß hiermit alle seine Ansprüche aus dem Verschwinden seiner Yacht abgegolten sind.

James Mauro hat gut lachen: Seine angeblich verschwundene Spirit 32 dümpelt (immer noch oder schon wieder) an der Muring seines Wassergrundstücks. Natürlich heißt sie nicht HERA und hat auch vorher – außer für die Stunden im Juni 1980, als ein Gutachter sie besichtigte – diesen Namen nie getragen. Nur im Yachtregister der Polizei ist (und bleibt) sie unter der Nr. S 7 333 aktenkundig – eine fiktive Yacht, die niemals existierte und die zu streichen natürlich auch James Mauro gar nicht für erforderlich hielt.

Seine Phantomyacht heißt jetzt NONE, und für sie zahlt er brav die Prämien an die englische Versicherung. Er hat ja nun Geld und betrachtet diese Kosten als langfristige Investition für einen neuerlichen Versicherungsbetrug in nicht allzu ferner Zukunft.

Über den Trick, eine Yacht als „namenlos“ versichert zu haben, scheint sich der Mann besonders zu freuen: Sollte jemand kommen, um die Existenz dieser Yacht zu prüfen, könnte er entweder die Spirit 32 CORVUS vorstellen, die ein deutscher Eigner ihm schon viele Jahre lang zur Betreuung übergeben hat, oder die VIATOR III, die einer Engländerin an einer benachbarten Muring gehört. Den passenden Namen hätte er eben seiner namenlosen Yacht einige Tage vorher schnell verpaßt.

So wächst Gras über den vorangegangenen Versicherungsbetrug. James Mauro zahlt seit Vertragsbeginn im November 1981 seine jährlichen Prämien für die NONE mit den Abmessungen einer Spirit 32, die diesmal jedoch einen *7-PS-Benzinmotor* hat, äußerst pünktlich nach England und steht bei seiner letzten Zahlung im Jahre 1986 bereits auf einem 30 %igen Schadenfreiheitsrabatt. Seine erstaunliche Geduld hat einen triftigen Grund: Die Firma in Cornwall, die seine Versicherung führte, ist eingegangen und von einer anderen Gesellschaft, der Versicherung B, übernommen worden, die – wie seine vorherige Versicherung A – in Hamburg residiert. Da heißt es vorsichtig sein!

So gehen drei weitere Jahre ins Land, ehe im Hamburger Büro der Versicherung B ein Luftpostbrief vom 18. November 1986 eintrifft, in dem der Eigner und Werftbesitzer James Mauro mit fast den gleichen Worten wie am 8. 12. 1981 den Diebstahl seiner Spirit 32 mit der polizeilichen Registriernummer S 7 403 von derselben Muring vor seinem Wassergrundstück meldet:

„Als ich heute morgen meine für das Kranen vorbereitete Yacht zur Winterlagerung aus dem Wasser heben wollte, lag sie nicht mehr an ihrer Muring. Ich hatte sie gestern gegen 1530 Uhr verlassen und bemerkte den Verlust heute gegen 0730 Uhr in meiner Marina. Nicht weit entfernt ist der Liegeplatz des Polizei-Patrouillenbootes, und genau neben der Marina liegt die Polizeistation, wo ich den Verlust sofort meldete. Das Polizeiboot lief sofort zu einer Suchfahrt rund um die Insel aus und suchte dabei jede Bucht auf, ohne jedoch eine Spur meines Bootes zu finden. Es sind in diesem Sommer schon mehrere Boote in Korfu gestohlen worden, aber ich habe meine Yacht immer durch eine Kette mit Vorhängeschlössern zur Muring gesichert und den Schlüssel immer mit an Land genommen. Mein Boot ist vollständig ausgerüstet, weil ich den ganzen Sommer über an Bord gelebt habe.“ Und dann folgt eine kurze Beschreibung des Yachtäußeren.

Der Makler der Yachtversicherung B aus Hamburg meldet sich schnell, und Mauro schreibt am 26. 11. 86 in kaum leserlicher Handschrift einen zweiten Brief, der äußerlich zwar seinem Schriftwechsel um die Jahreswende 1981/82 über die HERA nicht ähnelt, inhaltlich aber fast austauschbar ist:

„Ich habe mich mit Hafenämtern und Marinas in Italien, Spanien, Jugoslawien und anderswo in Verbindung gesetzt und dort das Verschwinden meiner Yacht von der Muring gemeldet. Auch mit dem

Hubschrauber und mit einem Schiff bin ich auf eigene Kosten unterwegs gewesen, um alle Buchten abzusuchen. In der Nacht des Diebstahls drehte der Wind zuerst von West auf Süd und dann von Süd auf Ost. Ich beabsichtige jetzt, mit einem Sportflugzeug die benachbarte Küste von Italien abzusuchen und hoffe, dort meine Yacht wiederzufinden."

Am 5. Dezember 1986 meldet Mauro nach Anforderung, daß die Registriernummer S 7 403 mit dem Heimathafen Kerkyra am Heck beschriftet und innerhalb des Rumpfes zwei Platten mit Namen und Adresse des Eigners und der Registernummer befestigt seien.

Für die Yachtversicherer gibt es mehrere Sofortmaßnahmen, wenn ihnen der Diebstahl einer Yacht gemeldet wird: Da ist zuerst natürlich die Meldung an Interpol. Aber diese Routinemaßnahme erhält eigentlich erst Bedeutung, wenn man eine Spur der verschwundenen Yacht gefunden hat und im Ausland kurzfristig Amtshilfe benötigt, um die wiedergefundene Yacht an die Kette zu legen, ihre Identität nachzuweisen und die Diebe dingfest zu machen.

Bevor die eigene Rasterfahndung ausgelöst wird – eine sehr kostenträchtige Alarmierung der zahlreichen Vertrauensleute in einem benachbarten Küstenbereich oder einem weitflächigen Seegebiet –, wird erst einmal die internationale Liste abgefragt, in der die Namen und Adressen aller Eigner erfaßt sind, die in den vergangenen Jahren einen Yachtdiebstahl gemeldet haben, mit dem Ort des Verschwindens sowie den Daten des abhanden gekommenen Bootes. Dieses vertraulich geführte Register, zu dem nur wenige ausgewählte Vertreter der Versicherungsgesellschaften Zugriff haben, ist mit einer ähnlich geführten Kartei der deutschen bzw. internationalen Banken zu vergleichen, mit der Scheckbetrüger und andere „faule Kunden" ermittelt werden. Was früher eine Durchsicht langer Listen bedeutete, liefert heutzutage der Computer in kürzester Zeit.

So wurde den Mitarbeitern der Schadenabteilung, die diesen Yachtdiebstahl bearbeiten mußten, schon wenige Tage später, im Dezember 1986, der mutmaßliche Versicherungsbetrug deutlich. Denn der Computer warf dem Hamburger Yachtversicherer B nicht nur jenen Diebstahl aus, den Mauro in seinem Versicherungsantrag vom August 1981 mit „gestohlen vom Liegeplatz in Korfu vor drei Jahren" erklärt hatte, sondern auch das „Abhandenkommen" des Seekreuzers HERA am 6./7. 12. 81, für das die Versicherung A 130 000 DM gezahlt hatte. Die charakteristischen Daten der am 6./7. 12. 81 und am 18. 11. 86 als gestohlen gemeldeten Yachten HERA und NONE erwiesen sich als identisch.

Nach dem Sprichwort „die Nürnberger hängen keinen, sie hätten ihn denn", wartete nun auf einen Mitarbeiter der Schadenabteilung die schwierige und delikate Aufgabe, James Mauro des Versicherungsbetrugs zu überführen – nicht nur im Fall HERA, für den die hohe Versicherungssumme bereits vor Jahr und Tag gezahlt worden war, sondern auch im Fall NONE, für den sie noch ausstand. Und vor allem sollte der Betrüger James Mauro vor Gericht gestellt werden. Ausgestattet mit den entsprechenden Vollmachten beider Versicherungsgesellschaften sowie den detaillierten Schadensmeldungen von 1981 und 1986, machte sich ein Hamburger Yachtfahnder am 1. Februar 1987 auf den Weg nach Korfu. Nun, detektivische Kleinarbeit ist ein harter Alltagsjob, zu dem man Gespür und Erfahrung, Energie und Kombinationsfähigkeit benötigt. Als sich der Fahnder wie ein ganz normaler Yachtsegler in Korfu auf den Bootslagerplätzen und den Murings des Yachthafenbeckens umsah, entdeckte er eine Spirit 32 mit Namen CORVUS, die auf einem Mauro benachbarten Werftgelände an Land aufgepallt war. Sie gehörte einem deutschen Eigner, der sie einem ortsansässigen Yachtmakler zum Verkauf übergeben hatte, erwies sich aber in allen Einzelheiten als identisch mit der HERA, die James Mauro im November 1981 als gestohlen gemeldet hatte. Das Foto der HERA entsprach genau der aufgepallten CORVUS.

Beide Yachten gehörten zwar der Spirit-32-Klasse an, hatten aber nicht die Breite von 2,95 m eines Standardschiffs, sondern die Breite von 3,12 m eines selbstgebauten Decks, wie es auch Mauro für seinen „Selbstbau" angab. Motor, Propeller, die gemalten Streifen an der Außenhaut, das vom Serientyp abweichende Niedergangsluk, die an der gleichen Stelle vom gleichen Hersteller im Cockpit befestigte Elektronik und andere Einzelheiten stimmten bei HERA und CORVUS überein.

Der Mitarbeiter der Schadenabteilung suchte zuerst den Sachverständigen für die HERA auf, der die Yacht im Juni 1980 für die Versicherung A besichtigt hatte, und dann den anderen Sachverständigen, der die Yacht im Juli 1981 für den Hamburger Yachtversicherer B inspiziert hatte. Beide Herren bestätigten unabhängig voneinander, daß die hier aufgepallte Spirit 32 identisch mit der von ihnen besichtigten HERA bzw. NONE war. Der in einer Versicherungsanmeldung angeblich vorhandene Dieselmotor war von dem Gutachter schon in dem Originalgutachten gestrichen und als identisch mit dem Benzinmotor bezeichnet worden.

Somit war von dem angereisten Fahnder auch der erste Beweis erbracht, daß nicht nur die HERA gar nicht gestohlen worden war, sondern daß auch die NONE, um deretwillen er jetzt hergekommen war, in Gestalt der CORVUS noch in Korfu an Ort und Stelle lag.

Auf dem Registeramt erhielt der Mitarbeiter der Versicherung die Auskunft, daß Segelyachten mit Motoren unter 10 PS – wie HERA und NONE – nur nach dem Protokoll eines Besichtigers eingetragen würden, ohne weitere Unterlagen wie Ursprungszeugnis, Kaufvertrag o. ä. Mauro hatte also keine Schwierigkeit gehabt, die von zwei Sachverständigen besichtigte Yacht, die ihm nicht einmal gehörte, mit deren beiden Gutachten unter zwei verschiedenen Nummern, nämlich S 7 333 für die HERA und S 7 403 für die NONE, in das Register von Korfu eintragen zu lassen. Dadurch war er der verbriefte Eigner einer zwar vorhandenen, aber nicht ihm gehörenden Yacht geworden, die er mit den solcherart erworbenen Bootspapieren auch einem im fernen Deutschland oder England residierenden Versicherer andienen konnte.

Erst nach der Aufdeckung dieser betrügerischen Tatbestände suchte der Versicherungsvertreter James Mauro in seiner „Werft“ auf. Sie erwies sich als ein von gebrauchten Teilen überfüllter und unaufgeräumter Lagerschuppen. Etwa sechs Yachten von 8 m Länge waren zur Winterlagerung auf dem Gelände aufgepallt.

Der Fahnder gab sich hier nur als Beauftragter der Hamburger Yachtversicherung B aus, vermied aber jeden Hinweis auf seine Tätigkeit auch für den Versicherer A. James Mauro war zwar gesprächsbereit, doch durch die geschickten Fragen des Fahnders, der ja nun die Hintergründe der fingierten Yachtdiebstähle kannte, erwiesen sich seine Aussagen immer deutlicher als Lügen. So konnte Mauro von dem am 17./18. November 1986 angeblich gestohlenen Boot NONE, das er nach Formen aus England selbst gebaut haben wollte, weder Fotos noch andere Unterlagen vorweisen. Angeblich hätten alle Bilder, Zeichnungen, Schiffspapiere und sonstigen Belege für einen Existenznachweis an Bord gelegen und wären somit wie die Yacht selbst verschwunden.

Auch für die angebliche Suche mit einem Motorboot und sogar mit einem Sportflugzeug konnte er keine Quittungen vorweisen. Hinsichtlich weiterer Diebstähle seiner Yachten befragt, gab er nur an, daß ihm 1979 ein Boot entwendet worden sei, das wenige Tage später in Brindisi an der Ostküste Italiens wiedergefunden wurde. Offenbar hatten es nur Schmuggler benutzt, um ihre Ware ohne Risiko zur italienischen Küste zu bringen. Den Diebstahl der HERA vom gleichen Spirit-32-Typ, für den er von der Versicherung A im Jahre 1981 mit 130 000 DM entschädigt worden war, verschwieg er. Dies war für den Fahnder der letzte Beweis für einen vollendeten und einen versuchten Versicherungsbetrug und veranlaßte ihn dazu, den Fall den örtlichen Gerichten zu übergeben.

Sicherheitshalber suchte er den Werftbesitzer am folgenden Tag noch einmal auf und ließ sich die betrügerischen Aussagen vom Vortage bestätigen, ehe er die Kriminalpolizei einschaltete. Sie bat ihn, sich nicht weiter mit dem Fall zu beschäftigen, damit die Ermittlungsbehörden James Mauro eine Falle stellen konnten. Er war ohnehin bei den zuständigen Behörden kein unbeschriebenes Blatt mehr. Über den inzwischen mit der Vertretung der beiden Versicherungsgesellschaften beauftragten örtlichen Rechtsanwalt erfuhr der Fahnder außerdem, daß noch eine weitere deutsche Versicherung bereits einen Prozeß gegen ihn führte.

Anfang April 1987 wurde James Mauro in Griechenland der Prozeß gemacht. Die beiden deutschen Versicherer hatten weder Arbeit noch Kosten gescheut, einem Betrüger das Handwerk zu legen, sobald seine verbrecherischen Machenschaften durchsichtig wurden. Durch diesen Einsatz sparten sie nicht nur die Versicherungssumme für einen Totalverlust. Mehr noch bewiesen sie, daß ihr engmaschiges Fahndungs- und Informationsnetz in der Lage war, Betrüger auch an fernen Küsten zu entlarven und der Bestrafung zuzuführen.

So kann der Fall Mauro für uns, die Versicherungsnehmer, eine Beruhigung und für mögliche Nachfolgetäter eine abschreckende Warnung sein.

Welcher Yachtdieb versenkt seine Beute?

Am Freitag, dem 10. Juli 1987, sah der Hafenmeister des Yachthafens Strande an der Kieler Außenförde die HOL DI RAN zum letzten Mal an ihrem Liegeplatz. Der Eigner, der an diesem Tage noch nicht zum Hafen gekommen war, hatte mit der 7 m langen Regattayacht vom Serientyp Sprinta Sport nicht nur an Wettfahrten auf der Kieler Förde teilgenommen, sondern sie auch für Urlaubsfahrten in der westlichen Ostsee benutzt. Das unverwechselbare Kennzeichen der 1 100 kg schweren Traileryacht war der 2,5 m lange und etwa 50 cm hohe rote Bootsname in Kleinbuchstaben an Backbord- und Steuerbordseite auf dem weißen Rumpf mit dunkelroten Streifen.

Als der Hafenmeister seinen Dienst am Abend beendete, zog eine regenschwere Sommernacht über dem Hafen auf, in der die Sichtweite kaum mehr als 500 m betrug.

Am Morgen des 11. Juli, eines Samstags, hatte sich die Sicht gebessert, und als der Eigner wie üblich zum Segeln kam, stellte er fest, daß sein Boot verschwunden war.

Natürlich erstattete er sofort Vermißtenanzeige bei der Polizei und bei seiner Versicherung, doch konnte letztere die Schadensmeldung erst am folgenden Montag bearbeiten. Und als die üblichen Fahndungsplakate mit Bildern und Daten einige Tage später gefertigt waren, mußte die Sprinta Sport längst über alle Berge sein.

Die Versicherung hatte wie üblich zehn Prozent des geretteten Werts als Belohnung für die Wiederbeschaffung ausgesetzt, bei einer Versicherungssumme v“n 37 400 DM immerhin ein interessanter Betrag. Vielleicht deshalb wollte der erste Informant die HOL DIE RAN am 20. 7. 87 auf der Autobahn Kiel–Hamburg auf einem selbstgebauten Yachtanhänger gesehen haben, der von einem Pkw-Transporter mit vorwiegend weißem Führerhaus gezogen wurde. Der Hinweis, so detailliert er sich auch anhörte, war jedoch zu vage, um weiter verfolgt zu werden. So zogen sich die polizeilichen Ermittlungen, bei denen der Eigner nicht viel mitwirken konnte, erfolglos hin, und als schließlich die übliche Karenzzeit von zwei Monaten vergangen war, pochte auch der HOL DI RAN-Eigner auf Vertragserfüllung und ließ sich die Summe auszahlen. Da auch in der Folgezeit keine weiteren Hinweise auf den gestohlenen Seekreuzer eingingen, mußte die Akte schließlich geschlossen werden.

Eine Wiederbelebung des Falles erfolgte unerwartet am 13. Oktober 1988: An diesem Tag, etwa 15 Monate nach dem Verschwinden der Yacht, fanden Taucher der Bundesmarine die HOL DI RAN mit stehendem Rigg in der Eckernförder Bucht, unmittelbar neben Tonne 8 b am Rand des militärischen Warngebietes auf dem hier 22 m tiefen Meeresgrund. Es war ein gutes Versteck, das die Taucher der Bundesmarine im Sperr- und Übungsgebiet bei Surendorf nur zufällig fanden. Hier darf auch nicht gefischt werden, so daß Netze, die sich sonst an solchen Unterwasserhindernissen leicht verfangen, nicht zu fürchten waren. Und in unmittelbarer Nähe eines vermurten Fahrwasserzeichens macht sich ohnehin niemand zu schaffen.

Als das Bergungsfahrzeug die HOL DI RAN, die nach der Schadensregulierung in den Besitz der Versicherung übergegangen war, schließlich Anfang November aus dem Wasser geholt hatte, gab es für die Behörden eine weitere Überraschung. Das Loch im Unterwasserschiff, das die HOL DI RAN zum Sinken gebracht hatte, war nicht ein etwa durch Kollision entstandenes Leck, sondern mit einer Axt von innen nach außen in die Bordwand geschlagen worden. Ein Sachverständiger konnte dies durch Brüche im Kunststoff eindeutig feststellen. Die Backskisten in der Plicht waren aufgebrochen und leer, und es fehlten die beleuchteten Silva-Kompasse, die an beiden Bootsseiten neben dem Niedergang eingebaut gewesen waren. Neben anderen kleinen Ausrüstungsteilen war auch der 6-PS-Johnson-Außenbordmotor, der als Flautenschieber diente, nicht mehr vorhanden.

Zweifelsohne war die HOL DI RAN absichtlich versenkt worden, und nicht nur die sorgfältig ausgesuchte Position an der Begrenzungstonne eines militärischen Sperrgebiets nährte natürlich den Verdacht auf Versicherungsbetrug. Auch die Nähe des Fundorts zum Heimatliegeplatz der kleinen Sprinta Sport mußte zwangsläufig zu kriminalistischen Spekulationen führen. Zwischen Strande und Surendorf gibt es eine gute direkte Straßenverbindung, für die man mit dem Auto nur eine halbe Stunde braucht. Die Entfernung über See beträgt etwa 15 Seemeilen, eine Distanz, die mit Hilfsmotor in längstens vier Stunden zurückzulegen ist. Und nach der Versenkung der Yacht mußte man mit einem bereitgehaltenen Schlauchboot nur etwa 1000 m bis zum nahen Ufer fahren. Wer auch immer für die Entführung und Versenkung der kleinen Traileryacht verantwortlich war, er hätte seine kriminelle Tat also auch in einer kurzen, regenschweren Sommernacht, wie sie zwischen dem 10. und 11. Juli 1987 gegeben war, ohne Zeitnot verüben können.

Solche Sinkdiebstähle sind sehr belastende Schadensfälle, für die Versicherungen wie für die versicherten Yachteigner. Mehr als einmal ist es vorgekommen, daß man versenkte Yachten wie die HOL DI RAN Monate oder gar Jahre nach ihrem Verschwinden auf dem Meeresgrund entdeckte. Da meldete zum Beispiel ein Eigner, daß sein mit 120 000 DM versicherter Seekreuzer JEANS, eine schnelle Regattayacht, am 14. September 1980 gegen 1800 Uhr aus dem Hafen von Glücksburg an der Flensburger Förde gestohlen wurde und seit dieser Zeit spurlos verschwunden blieb. Da die Yacht auch in den nächsten Monaten nicht wieder auftauchte, mußte man davon ausgehen, daß der Dieb mit seiner Beute längst entkommen war. Und so wurden schließlich auch die Ermittlungen der Polizei eingestellt.

Fast drei Jahre später, im August 1983, hatten jedoch dänische Fischer plötzlich in der Nähe von Höruphav südöstlich von Sonderburg einen Netzhaker. Solch neue Hindernisse auf bislang reinem Meeresgrund stören die Fischerei und zerreißen die Netze. Daher vermerkten die Fischer den Fundort des Wracks auf ihrer Seekarte so genau wie

Orte der kriminellen Vorfälle im Ostseegebiet

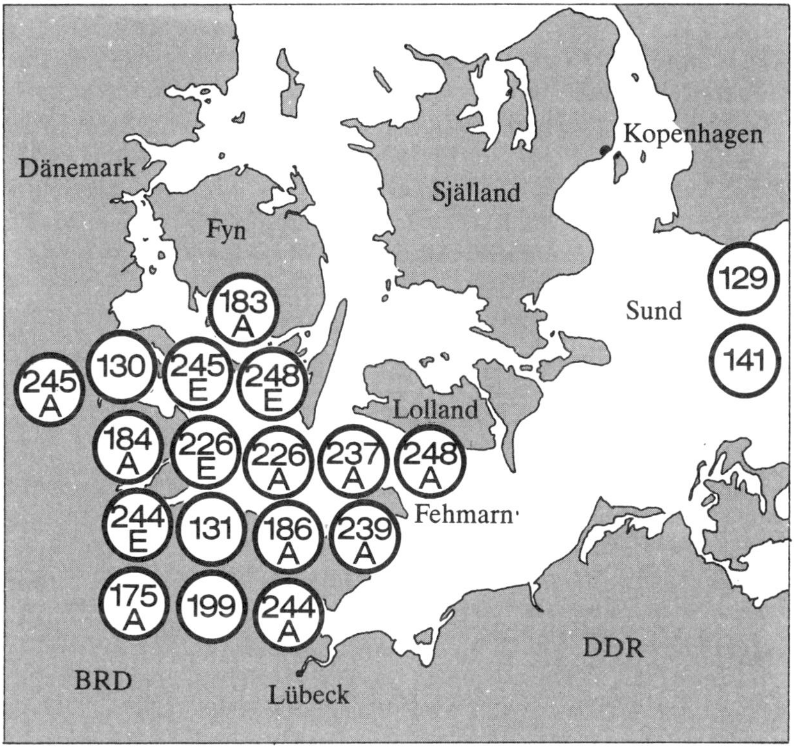

129 „Cormoran I"
130 „Cormoran II" (s. Seite 191)
131 „Cormoran III"
141 „Cormoran I" (s. Seite 152)
175 A „Opus" (s. Seite 203)
183 A „Jenten" (s. Seite 203)
184 A „Floh" (s. Seite 203)
186 A „Jabalina" (s. Seite 203)
199 „Harlekin" (s. Seite 213)
226 A „Da Capo" (s. Seite 317)
226 E „Da Capo" (s. Seite 317)
237 A „Dennebola" (s. Seite 279)
239 A „Uranus" (s. Seite 289)
244 A „Hol di ran" (s. Seite 312)
244 E „Hol di ran" (s. Seite 313)
245 A „Jeans" (s. Seite 314)
245 E „Jeans" (s. Seite 316)
248 A „Lady Rosa" (s. Seite 316)
248 E „Lady Rosa" (s. Seite 316)

Bei Doppelnennung bedeutet A den Ausgangs-, E den Endpunkt des Kurses

möglich und benachrichtigten die Schiffahrtsbehörden, damit es beseitigt werden konnte.

Die bald darauf entsandten Taucher staunten nicht schlecht, als sie etwa eine Seemeile vor Klinting Hoved an der einzigen tiefen Stelle des sonst flachen Haffs eine Segelyacht fanden. Es war die JEANS. Als sie gehoben und nach Gelting eingeschleppt war, stellte man fest: Die Yacht war offenbar von einer einzigen Person in die Außenförde gebracht worden. Vor dem Versenken hatte man das Vorstag mit einem Bolzenschneider gekappt, so daß der Mast nach achtern auf das Deck fallen mußte und dabei zerbrach. Dann hatte der Dieb alle Segel an den Spieren und alle Polster in der Kajüte festgelascht, damit sie nicht aufschwimmen konnten, und zum Schluß die Verbindungsschläuche von Waschbecken und Toilette zu den Borddurchlässen zerschnitten bzw. abgezogen. Die Yacht war auf ebenem Kiel gesunken und hatte sich genau in die tiefe Mulde im Meeresgrund gelegt, wie durch exakte Standortbestimmung wahrscheinlich auch beabsichtigt.

Natürlich mußten die Ermittlungen der Polizei drei Jahre nach dem Yachtdiebstahl ergebnislos bleiben.

Fischern ging auch der versenkte Seekreuzer LADY ROSA ins Netz, der in der Nacht vom 29. zum 30. Juni 1983 aus der Marina Wendtorf an der Kieler Außenförde verschwand. Zwei Kutter aus Kappeln hatten am 17. August knapp acht Seemeilen östlich von Schleimünde auf etwa 20 m Wassertiefe einen Netzhaker. Da die Fischer in diesem Gebiet bislang ungehindert gearbeitet hatten und zufällig ein Taucher an Bord war, gingen sie der Sache buchstäblich auf den Grund und fanden dabei den 9,75 m langen, auf dem Grund stehenden Seekreuzer. Der Kutter FALKE III hob die Yacht mit eigenem Geschirr bis dicht unter den Wasserspiegel und schleppte sie bis vor Schleimünde an die Küste, wo sie der Seenot-Rettungskreuzer KUCHENBECKER aus Maasholm lenzte und nach dem Dichten der geöffneten Seeventile nach Kappeln schleppte.

Es bedurfte keines Sachverständigen, um zu erkennen, daß die LADY ROSA an der Fundstelle mutwillig versenkt worden war. Denn alle Seeventile und Außenbordanschlüsse waren geöffnet, der Kühlwasserschlauch des Motors war abgezogen, und die beiden Lenzrohre der Plicht waren abgesägt. Vor dem Versenken waren alle teuren Teile der Decksausrüstung abmontiert und alle nautischen Instrumente mit Teilen der Kajütausstattung entfernt worden.

Besonders auffällig war das mit unzähligen schwarzen Fettflecken gesprenkelte Überwasserschiff auf Steuerbordseite hinter dem Bug. Sie stammten wahrscheinlich vom Auspuff jenes unbekannten Fahrzeugs, das die LADY ROSA in einer mindestens vierstündigen Nachtfahrt an kurzer Schleppleine über die Distanz von ca. 18 Seemeilen vom Liegeplatz zu ihrem nassen Grab geschleppt hatte.

Die LADY ROSA war 1975 nicht nur Seglern, sondern einer breiten Öffentlichkeit durch eine Nachmittagssendung im Fernsehen bekanntgeworden, in der ein Redakteur seine Selbstbauerfahrungen vor den Fernsehkameras dokumentierte. War sie daher eine zwar gut gebaute, aber fehlerhaft konstruierte und schlecht segelnde Yacht gewesen? Gründe für diesen Sinkdiebstahl und Angaben über den Täter habe ich leider nicht ermitteln können.

Den umgekehrten Weg legte bei seiner vorgeblich letzten Reise im selben Jahr der Seekreuzer DA CAPO zurück. Das Eignerehepaar aus Berlin hatte den Diebstahl des nagelneuen 10,20 m Seekreuzers vom Typ Najade 343 erst am 2. Oktober 1983 bei der Polizei gemeldet. Nach Aussagen des Hafenmeisters war der Diebstahl vom Liegeplatz in Maasholm jedoch bereits zwischen dem 21. und 29. September erfolgt. Aufgefunden wurde das Boot schon wenige Tage später von einem Nebenerwerbsfischer auf einer Sandbank vor Neu-Stein östlich von Laboe, nicht weit von der Einfahrt zur Marina Wendtorf entfernt. Hier war die DA CAPO mit laufendem Motor, Fahrhebel auf „Voll Voraus", offenbar erst kurz zuvor aufgebrummt. Der Fischer mußte nur übersteigen und den Fahrhebel auf „Voll Zurück" legen, damit die Yacht von der Untiefe freikam, um sie dann unbeschädigt in die Marina Wendtorf zu bringen.

Unbekannte Täter hatten vorher das Schiebeluk der Najade 343 aufgehebelt und neben den elektronischen Navigationsgeräten alle anderen teuren Ausrüstungs- und Einrichtungsgegenstände ab- und ausgeräumt. Anschließend schalteten sie den Autopiloten ein, starteten den Motor und ließen die Yacht auf See hinauslaufen. Mit einem Bootshaken, der noch auf dem Achterdeck lag, schoben sie zum Schluß von Bord eines anderen Bootes den Motorhebel an der Steuersäule auf „Voll Voraus". Der am Autopiloten eingestellte östliche Kurs deutete darauf hin, daß die DA CAPO nach dem Ausschlachten am Eingang der Kieler Förde irgendwo an der dänischen Südküste statt bei Laboe stranden sollte, falls sie nicht schon vorher im dichten Schiffsverkehr vor der Kieler Förde einem Frachter vor den Bug gelaufen wäre.

Ähnliche Motive mußten auch den Dieb eines 8-m-Seekreuzers vom Typ Moody 27 zu seiner Tat veranlaßt haben: Er entführte die Yacht in der Wochenendnacht vom 5. auf den 6. Mai 1984 aus dem Hafen von Neuenschleuse-Cranz an der Niederelbe und schlachtete sie anschließend irgendwo aus. Dann versenkte er sie am Rand des Elbfahrwassers bei Hahnöfersand. Als Bootsnachbarn das Verschwinden der Moody 27 entdeckt hatten, weckten sie den Eigner am 6. Mai frühmorgens in seiner Wohnung in Jork an der Niederelbe, und als sich anschließend mehrere Boote auf der Elbe auf die Suche machten, erregte ein Tampen an der Backbord-Fahrwassertonne 14 ihre Aufmerksamkeit. Dann entdeckte man in deren Nähe am Ufer eine angeschwemmte Gräting des kleinen Seekreuzers.

Taucher fanden wenig später die Yacht, die vor dem Versenken an der Tonne festgemacht worden war; sie wurde anschließend gehoben und nach Finkenwerder eingeschleppt. Nach dem Aufslippen stellte man fest, daß der Dieb unter Deck alles demontiert hatte, was nicht niet- und nagelfest war. Es fehlten auch Mast, Baum, die Verstagung und alle Segel. Die Reling war entfernt worden. Man hatte die Belegklampen abgeschraubt, den Kompaß aus dem Schott entfernt und aus der Kajüte Kochherd und Spüle mitgenommen. Anschließend waren die Seeventile geöffnet worden. Aber auch rote Kratzer an der Steuerbordseite des Rumpfes, die nicht von der Fahrwassertonne stammten, halfen nicht, den Yachtpiraten zu ermitteln.

Der Dieb, der im Oktober 1985 im Hafen des Delmenhorster Segelklubs den Seekreuzer Bolero aufbrach und nautische Instrumente im Wert von 4 000 DM stahl, war offenbar verärgert. Vielleicht hatte er sich eine wertvollere Beute versprochen. Oder wollte er nur Spuren verwischen, als er anschließend die Schläuche zu den Seeventilen durchschnitt, ihre Schieber öffnete und die Yacht gleich an ihrem Liegeplatz auf den Grund sacken ließ? Dadurch entstand natürlich ein zusätzlicher hoher Sachschaden.

Viel öfter aber bleiben solche Versenkungen unentdeckt, weil man zum Beispiel in der Adria in weitflächigen Seegebieten mit über 1 000 m Wassertiefe oder in anderen Teilen des Mittelmeers versenkte Yachten niemals wird entdecken können.

Man weiß von Yachtpiraten, daß sie ihre Prisen nur zwecks Ausschlachtung stahlen und die Boote versenkten, wenn sie die Fahnder in ihrem Kielwasser orteten. Ihr Augenmerk galt dann jenen fetten Beuten, aus denen mit SATNAV, Radar, Kurzwellensendern und Wetterkartenschreibern elektronische Geräte für hohe fünfstellige Summen zu versilbern waren. Risiko und Erlös standen somit in gewissem Verhältnis zueinander. Die HOL DI RAN war dementsprechend aber nicht mehr als eine magere Hulk. Denn für zwei Kompasse von je 185 DM Neuwert und einen kleinen gebrauchten Außenborder riskiert ein Dieb vielleicht einen Einbruchsdiebstahl auf einer festgemachten Yacht, aber er entführt nicht das ganze Fahrzeug und macht sich noch die Arbeit, ihm anschließend eine ausgesuchte Seebestattung zu bereiten.

Könnte der Eigner also der Täter sein? Nun, die Sprinta Sport kostete als kleine Yacht nur 37 400 DM. Sie läßt sich auf dem Gebrauchtbootmarkt erfahrungsgemäß schnell und leicht verkaufen, auch wenn dabei vielleicht nur 25 000 DM zu erlösen sind. Aber kein Eigner, der in gesicherten finanziellen Verhältnissen lebt, würde das Risiko eines Versicherungsbetrugs wegen der Differenz von gut 10 000 DM auf sich nehmen. Polizeiliche Ermittlungen nach dem Dieb, der die HOL DI RAN bewußt versenkte, waren 15 Monate nach der Tat nicht mehr zu erwarten, und auch für die Versicherungsgesellschaft hätten die Aufwendungen für die Aufklärung des mysteriösen Falles in keinem gesunden Verhältnis zur ausgezahlten Summe gestanden. Glücklicherweise kaufte ein schnell entschlossener Interessent die noch muschelbepackte HOL DI RAN zum Restwert von 4500 DM und trug damit wenigstens etwas zur Schadensminderung bei.

Gekauft – überführt – veruntreut – gestohlen?

Über viele Yachtdiebstähle könnten die Drehbücher abendfüllender Kriminalfilme geschrieben werden, die wahrscheinlich mehr Zuschauer als bei den üblichen Krimis um den Fernsehschirm versammeln würden, wenn alle Ereignisse eines solchen spannend-abenteuerlichen Handlungsverlaufs an den Originalschauplätzen nachgespielt würden. Der Fall JULIA III ist ein Beispiel dafür, wie vielschichtig und umfassend die Versicherer nicht nur zur Aufdeckung des Diebstahls arbeiten müssen, sondern auch welche Wechselbeziehungen zur Polizei, zu den Staatsanwälten oder Gerichten hergestellt werden. Aus Platzgründen können hier nur die wichtigsten Daten und Fakten wiedergegeben werden:

25. 07. 85: Der Seekreuzer JULIA vom Typ Baltic 42 (12,78 x 4,07 x 2,41 m, 78 m^2 Segelfläche, 52 PS Dieselmotor) läuft unter Skipper Sachs, Miteigner mit 50 % des Versicherungswertes von 350 000 DM, nach einem Balearentörn in Arenys de Mar bei Barcelona ein, wo die JULIA ihren ständigen Liegeplatz hat.

26. 07. 85: Sachs und seine Crew verlassen Arenys und fliegen nach Deutschland.

30. 07. 85: Bootsnachbarn bemerken einen jungen blonden Mann, der mehrfach auf die JULIA geht und sie wieder verläßt. Am Nachmittag werden zwei junge Spanier auf dem deutschen Seekreuzer gesehen.

12. 08. 85: Der kleine Seekreuzer CALYPSO vom Typ Jeanneau 27 (8,20 x 2,85 x 1,45 m, 2,1 t Verdrängung, 30 m^2 Segelfläche, 8 PS Dieselmotor) macht in Arenys in der Nähe der JULIA fest. An Bord der kleinen Yacht unter holländischer Flagge sind ein offenbar deutscher Mann, groß, blond, blauäugig, schlank, ca. 35 Jahre alt, und eine etwa 25jährige Engländerin, klein, schlank, dunkles glattes Haar und braune Augen.

20. 08. 85: Das deutsch-englische Paar läßt seinen kleinen Seekreuzer am Liegeplatz zurück und verläßt ohne Aufsehen den Hafen mit der JULIA.

24. 08. 85: Auf dem Weg von Malta zur südspanischen Küste trifft der deutsche Segler Dirk Bücking mit seiner ATAIR im Hafen von Almerimar den holländischen Seekreuzer CALYPSO vom Typ Baltic 42 mit einem deutsch-englischen Seglerpaar an Bord, etwa 35 und 25 Jahre alt. Die Besatzungen kommen ins Gespräch. Die Baltic 42 ist angeblich auf dem Weg von Rotterdam nach Griechenland, wohin der Skipper die Yacht im Auftrag ihres Eigners gegen einen angemessenen Preis überführen soll. Sie soll in griechischen Gewässern verchartert werden. Almerimar sei nur zum Tanken angelaufen worden.

Tatsächlich hat die CALYPSO ex JULIA die etwa 400 sm zwischen Arenys und Almerimar in vier Tagen und – bei den leichten Mittelmeerwinden – wohl hauptsächlich unter Motor zurückgelegt. So muß der fast leere 450-Liter-Tank dringend aufgefüllt werden. Wahrscheinlich wählte die Crew die riesige Marina mit fast 1000 Liegeplätzen jedoch auch als Tankstopp, weil die Yacht in dieser Masse von Schiffen am wenigsten auffallen würde.

Der blonde Skipper fährt die CALYPSO mit guter Seemannschaft an die Tankstelle, doch springt der Motor nicht wieder an, als er ablegen will. Er fragt Dirk Bücking, ob er eine ortsansässige Motorenwerkstatt kennt. Dirk Bücking sagt: „Den Schaden kann ich selbst beheben." So muß Bücking an Bord gehen und sich bei der möglichen Fehlersuche selbstverständlich im Maschinenraum genau umsehen. Er entdeckt am Relais für die Glühkerzen einen Kurzschluß. Dadurch hatten die Glühkerzen ständig geglüht und die Batterien voll entleert. Bücking baut anderntags aus seinen Ersatzteilen ein neues Relais ein.

Während die Batterie geladen wird, bis der Motor wieder vom Bordnetz aus anspringen kann, trinkt das Paar auf der CALYPSO mit Bücking und seiner Frau nach getaner Arbeit einen spanischen Campari. Hierüber wundert sich vor allem Frau Bücking. Denn wenn Almerimar, wie der fremde Skipper erzählt, tatsächlich sein erster spanischer Hafen gewesen wäre, hätte man sie nicht mit einer nur in Spanien erhältlichen Marke bewirten können. Frau Bücking, selbst Holländerin, erfährt dabei noch, daß der Skipper ein Deutsch-Holländer mit deutschem Paß ist, der beide Sprachen perfekt beherrscht.

27. 08. 85: Gegen Mittag verabschiedet sich die CALYPSO-Crew vom Ehepaar Bücking und verläßt mit ihrem Seekreuzer Almerimar.

27. 08. 85: Ein Elektroniker, der im Hafen von Arenys auf der JULIA Reparaturen ausführen soll und dafür einen Bootsschlüssel besitzt, findet den deutschen Seekreuzer nicht an seinem Platz, mißt aber seinem Fehlen keine Bedeutung zu.

27. 08. 85: Auf dem Flughafen von Barcelona treffen Frau Hartmann und ihre Tochter ein, um einen Badeurlaub zu verleben. Ihr Hotel liegt an der Eusenada de Tossa, einer Bucht, in der auch die JULIA gelegentlich geankert hat. Frau Hartmann, Ehefrau des anderen Miteigners, liebt das Segeln nicht, und sie denkt mit Unbehagen an eine unruhige Nacht in eben dieser Ankerbucht zurück. Zu dem JULIA-Skipper äußerte sie damals: „Jetzt könnte ich da oben, wo die Lichter sind, friedlich in meinem Hotel sitzen. Stattdessen hocke ich hier auf diesem verdammten Schiff. Das passiert mir nur einmal und nie wieder!"

31. 08. 85: Frau Hartmann sucht nach vier Tagen Erholung im telefonischen Auftrag ihres Mannes den Yachthafen von Arenys auf, um die Vertäuung der JULIA zu kontrollieren. Dabei entdeckt sie, daß die JULIA offenbar gestohlen worden ist. (Art und Zeitpunkt dieser Entdeckung sowie andere eigenartige Begleitumstände machen die beiden deutschen Eigner verdächtig, am Verschwinden ihres Seekreuzers nicht unbeteiligt zu sein.)

01. 09. 85: Die Eigner melden an ihrem Wohnort in Nienburg den Diebstahl der JULIA an ihre Versicherung, und diese übermittelt fernschriftlich einen Fragebogen zur Anfertigung eines Fahndungsblattes. Hartmann und Sachs beantworten den Fragebogen am selben Tag.

02. 09. 85: Die Rasterfahndung der Versicherung läuft an. Etwa 1000 Fernschreiben mit dem Steckbrief der JULIA gehen von Hamburg aus in alle Häfen des Mittelmeers und der anschließenden Atlantikküste. Am selben Tag beginnt der Druck von 1500 Steckbriefen mit dem Bild der gestohlenen Yacht, mit ihren charakteristischen Daten und dem wichtigen Vermerk: „Wer die gestohlene Yacht findet oder wichtige Hinweise für ihre Wiederbeschaffung gibt, erhält einen Finderlohn von 10% des wiederbeschafften Wertes." Das bedeutet im Fall der JULIA 35 000 DM Finderlohn, wenn die Yacht unversehrt an einem Liegeplatz entdeckt wird. Und gut 30 000 DM, falls man sie entmastet auf See antrifft. Aber vielleicht nur 1 000 DM, falls sie nach einer Strandung beschädigt an einer Felsenküste liegt.

04. 09. 85: In Hamburg beginnt der postalische Versand der Steckbriefe mit der Bitte an die Empfänger, sie in den einzelnen Häfen an gut sichtbarer Stelle auszuhängen.

05. 09. 85: Während die Versicherer und ihre Fahnder sich bei der Suche aufgrund ihrer Erfahrung auf die Ausgänge des Mittelmeers, auf die Kanarischen Inseln und Madeira konzentrieren, passiert die entführte CALYPSO ex JULIA auf ihrem Weg nach Norden Kap Finisterre und beginnt die Überquerung der Biskaya. Mit ihrer nur zweiköpfigen Crew legt sie – ob unter Segeln oder mit Motor – erstaunlich sportliche Etmale von 100 sm zurück.

12. 09. 85: Die Eigner Hartmann und Sachs erstatten bei der Staatsanwaltschaft ihres Heimatorts wegen Diebstahls ihrer Yacht „Anzeige gegen Unbekannt".

13. 09. 85: Nach mehrtägiger Sturmfahrt steht die CALYPSO ex JULIA vor Ushant am Ausgang des Ärmelkanals und läuft nonstop weiter Richtung Holland.

15. 09. 85: Unter holländischer Flagge läuft der 12-m-Seekreuzer CALYPSO durch das Zeegat von Texel nach Den Helder ein. Bei dem täglichen Schiffsverkehr nimmt niemand von der einheimischen Yacht Notiz, die natürlich auch – wie täglich unzählige andere holländische Yachten – an diesem Sonntag von einem kurzen Tagestörn auf See oder einer Urlaubsfahrt nach England – ohne Einklarierungszwang – zurückgekehrt sein könnte. Der holländische Skipper macht mit seiner englischen Freundin im Hafen fest, wo er für vorerst fünf Tage 85 Gulden Liegegebühr entrichtet.

16. 09. 85: Zwei Wochen nach Entdeckung des Diebstahls gibt es weder bei der Versicherung noch über Interpolfahndung irgendwelche Hinweise auf den Verbleib der JULIA. Die Eigner bitten die Zeitschrift YACHT um einen redaktionellen Hinweis über den Diebstahl, doch kann dieser wegen der Produktionstermine erst später abgedruckt werden. Da sich die Spuren langsam zu verwischen beginnen, setzt die Versicherung ihre örtlichen Vertrauensleute zu Sonderfahndungen ein. Sie besuchen zum Beispiel im westlichen Mittelmeer, an der iberischen Atlantikküste und auf den atlantischen Inseln alle Yachthäfen und benachbarten Ankerbuchten, ohne jedoch die JULIA zu entdecken.

25. 09. 85: Die CALYPSO läuft nach Harlingen, wo ihr „Eigner" den Liegeplatz 108 erhält. In seinem Anmeldeformular gibt er die Maße der Yacht mit 12,00 x 3,50 m und als Bootstyp Nordic statt Baltic 42 an.

30. 09. 85: Der „Eigner" der CALYPSO reist mit seiner englischen Freundin nach Arenys de Mar, wo er wieder an Bord seines kleinen Seekreuzers gleichen Namens geht. Bereits anderntags verläßt er den Hafen, segelt an die französische Küste und bringt das Boot über die Rhône und die französischen Kanäle ebenfalls zurück nach Holland, wo er Ende Oktober eintrifft.

15. 10. 85: Dirk Bücking, Eigner der deutschen Segelyacht ATAIR, der mit seiner Frau jetzt an Bord in Benalmadena an der spanischen Südküste überwintert, sieht zufällig einen der Steckbriefe, der – wie üblich leider unter und neben vielen anderen Papieren – am Schwarzen Brett seines Hafenamts ausgehängt ist. Die Baltic 42 ist sein Traumschiff, und als er sich das Foto, die charakteristischen Daten und vor allem das Diebstahlsdatum näher ansieht, verbindet sich der optische Eindruck mit der nur wenige Zeilen langen Suchmeldung, die er einige Tage vorher in der YACHT fast überlesen hätte. Natürlich ist er sich seiner Sache nicht sicher, ob die Baltic 42, die er unter dem Namen CALYPSO getroffen hat, die gesuchte JULIA ist. Aber er riskiert einen Brief an die Versicherer – und das ist, zumindest für Dirk Bücking, eine glückliche Entscheidung.

21. 10. 85: Die Hamburger Versicherer finden in ihrer Post einen Brief von der südspanischen Mittelmeerküste, in dem ein Segler Bükking schreibt: „Ich habe Ihre Baltic 42 vermutlich am 23. 8. gesehen und an diesem Schiff als Freundschaftsdienst einen Regler ausgewechselt. Um sicher zu sein, brauche ich von Ihnen aber die Marke des Motors, Typ des Generators, Anzahl der Batterien, Typ des Kurzwellenempfängers. Wenn alles zutrifft, was ich im Inneren des Schiffes gesehen habe, und Sie mir mitteilen, wieviel Prozent bei Wiederbeschaffung aufgrund meiner Hinweise gezahlt werden, kann ich Ihnen Personenbeschreibung sowie Namen der Mitsegler und den wahrscheinlichen Kurs oder Aufenthaltsort der Yacht mitteilen, auch unter welcher Flagge sie fährt."

Dies verrät natürlich die weise Absicht des Informanten, sich erst nach einer entsprechenden Erklärung des Versicherers detailliert zu äußern. Aber er kann dann doch nicht umhin, bereits in diesem ersten Brief fortzufahren: „Wenn der Motor ein Vierzylinder-Volvo ist und der Generator ein BMW-Silent, oberhalb der Hauptmaschine eingebaut, und wenn die rechte eine Femsa-Batterie ist und der Kurzwellenempfänger ein FRG 7700, der über der Navigationsecke installiert ist, dann ist es das gestohlene Schiff."

Natürlich antwortet die Versicherung sofort per Telefon und bestätigt Bücking auch seinen Anspruch auf Finderlohn; der deutsche Skipper sucht stehenden Fußes den Hafenmeister in Almerimar auf, so daß er der Versicherung nach Einsicht in die Einklarierungspapiere sofort alle wichtigen Angaben über die Yachtdiebe liefern kann. Über Telex sind seine schriftlichen Aufzeichnungen noch am selben Tag in Hamburg, während sein Brief auf dem Postweg erst später eintrifft.

21. 10. 85: Eine Vielzahl von Fernschreiben verläßt das Hamburger Versicherungshaus mit der wichtigen Kurzinformation: „Betrifft am 20. 08. 85 in Arenys gestohlene JULIA, unser Fahndungsersuchen vom 05. 09. 85: Wir haben die nahezu 100 %ig sichere Information erhalten, daß die Yacht jetzt unter dem Namen CALYPSO und unter holländischer Flagge mit der Registernummer 19696 oder 79696 läuft. Eigner gemäß Schiffszertifikat Johannus W. Smits, Rotterdam. An Bord Willy Roozen, Skipper, Deutscher mit Paß-Nr. 9784251, in Holland ansässig, und Miss Mary Wells, wahrscheinlich britisch, Paß Nr. 641497. Bitte prüfen Sie nach, ob die CALYPSO zwischen dem 27. 08. 85 nach dem Verlassen von Almerimar irgendwo in Ihrem Revier eingelaufen ist. Wahrscheinlich ist sie auf dem Weg in die Karibik."

22. 10. 85: Die Versicherung informiert auch das Bundeskriminalamt in Wiesbaden und gibt ihm alle Einzelheiten von Bückings Nachforschungen weiter.

25. 10. 85: Neben diesen bereits vorab durchgegebenen Daten enthält der Brief von Dirk Bücking, der jetzt in Hamburg eingeht, die Einzelheiten, die ich unter dem 24. 08. 85 geschildert habe, und noch viel mehr „Ausgekramtes" und „Zusammengetragenes", das Bücking in Erinnerung hatte.

25. 10. 85: Die Hamburger Versicherung beauftragt ein Büro von Schiffsexperten in Holland mit den Nachforschungen nach dem Skipper Roozen und dem Eigner Smits, und der Laie ist mehr als überrascht, wenn er erfährt, welche Fakten deren Vertreter durch detektivische Kleinarbeit nach den spärlichen, aber wichtigen Informationen von Dirk Bücking zusammentragen:

28. 10. 85: „Wir haben uns in Verbindung gesetzt mit allen Instanzen, die eine Registrierung von Yachten vornehmen, und herausgefunden, daß auf den Namen J. A. Smits aus Rotterdam beim ANWB (Allgemeene Nederlandsche Wielrijders Bond, später Koninklije Nederlandsche Toeristenbond) keine Yacht registriert ist, wohl jedoch auf J. W. Smits aus Amsterdam. Die Yacht ist aber 11,40 m lang und heißt auch nicht CALYPSO. Eine Yacht dieses Namens, ebenfalls von Jeanneau gebaut, hatte J. W. Smits aus Amsterdam jedoch beim Ministerium für Verkehr registrieren lassen."

4. 11. 85: Die Schiffsexperten stellen die Adresse von Johannus W. Smits fest und ermitteln, daß sein Seekreuzer CALYPSO von 8,50 m Länge jene Yacht mit ordnungsgemäßen Papieren ist, die er 1981 an Roozen verkauft hatte. Mit dem Diebstahl hat Herr Smits, der ein kleines Hotel besitzt, nichts zu tun.

Das ANWB verweigert (mit Hinblick auf den Datenschutz) weitere Auskünfte über Roozen. Privat erfahren die Experten jedoch, daß die Registernummer 19696 die richtige und offizielle war, das Yachtzertifikat jedoch schon am 31. 12. 1985 ungültig werden würde.

08. 11. 85: Über das deutsche Generalkonsulat in Rotterdam und die örtlichen Melderegister in Holland wird nach der angegebenen Paßnummer festgestellt, daß der Name Roozen richtig ist und der am 5. 12. 1950 in Wesel geborene Mann in Leeuwarden wohnt. Da kein Beruf eingetragen ist, setzt man sich mit der Sozialfürsorge in Verbindung, wo tatsächlich Roozen als Sozialhilfe-Empfänger registriert ist. Er soll am 14. 11. 85 dort wieder erscheinen, um seine fällige Monatsunterstützung in Empfang zu nehmen. Der Dieb könnte also in wenigen Tagen gestellt werden.

11. 11. 85: Die Versicherung ermächtigt das Expertenbüro mit Fernschreiben, Roozen am 14. 11. 85 von der Polizei vernehmen zu lassen, damit man den Liegeplatz der gestohlenen Yacht erfährt. Die Wasserschutzpolizei kann jedoch nicht tätig werden, weil sie nur auf Anweisung einer deutschen Polizeidienststelle operieren darf. Die Experten erbitten einen entsprechenden Auftrag vom Bundeskriminalamt.

12. 11. 85: Als die holländische Polizei erfährt, daß die gesuchte Yacht aus Südspanien kommt, hegt sie den Verdacht, daß die CALYPSO möglicherweise für Rauschgiftschmuggel eingesetzt sein könnte. Aufgrund des holländischen Opiumgesetzes kann die Polizei dadurch aus eigener Befugnis handeln. Sie stellt daher von sich aus einen Kriminalbeamten, um Roozen in jedem Fall am 14. November vorläufig festzunehmen.

14. 11. 85: Nach umfassender Fahndung der Experten nach der gesuchten Yacht, insbesondere in Bezug auf die Lage von Leeuwarden in Friesland, wird um 1440 Uhr die CALYPSO ex JULIA im Hafen von Harlingen gefunden. Längsseits liegt die kleine Jeanneau, die morgens an der Schleuse eingetroffen und während des Tages ebenfalls in den Innenhafen verholt worden war. Auch sie trägt den Namen CALYPSO, aber am Spiegel. Roozen hat morgens um 0830 Uhr seine Sozialunterstützung abgeholt. Als er am Nachmittag mit einem Freund auf die JULIA kommt, wird er dort von der Polizei empfangen und anschließend auf der Wache ausführlich über die Eigentumsverhältnisse der Baltic 42 befragt. Er erklärt, daß er die JULIA von einem Unbekannten für 130 000 holländische Gulden, die er bar in der Tasche hatte, gekauft und von Arenys nach Holland gesegelt habe.

21. 11. 85: Die Versicherung schickt ein Telex an die beiden Eigner, nimmt Bezug auf die persönlichen Daten von Roozen und das Wiederfinden der Yacht, die jetzt den Namen CALYPSO trägt, und schreibt: „Roozen behauptet, die Yacht in Arenys de Mar gekauft zu haben. Er besteht darauf, der rechtmäßige Eigentümer der Yacht zu sein. Die holländische Polizei kann, da das Gegenteil zur Zeit nicht zu beweisen ist, nur auf Ersuchen deutscher Behörden weitere Ermittlungen gegen Roozen einleiten. Aus diesem Grund ist es unbedingt erforderlich, daß Sie als Geschädigter im Nachgang zu Ihrer ‚Anzeige gegen Unbekannt' vom 12. 9. 85 Anzeige gegen Roozen als mutmaßlichen Täter erstatten und auf Weiterleitung dieser Anzeige nach Holland über das BKA und Interpol drängen. Nur bei einer nachgewiesenen Täterschaft von Roozen hätten die Versicherer die Möglichkeit, die Differenz zwischen Versicherungssumme und Verwertungserlös der Yacht als Regreßforderung gegen diesen geltend zu machen."

22. 11. 85: Die beiden Eigner erstatten diese Strafanzeige gegen Roozen und fügen die Kopie des Schiffszertifikats als Beweis der Besitzverhältnisse bei. Da die JULIA nach dem Flaggenrechtsgesetz ein deutsches Schiff ist, kann nunmehr ein Auslieferungs-Haftbefehl beantragt werden.

25. 11. 85: Die Versicherer fahren mit den Eignern nach Holland, um sie dort Roozen gegenüberzustellen. Dieser wiederholt noch einmal seine polizeiliche Aussage:

„Ich befand mich mit meinem eigenen Boot CALYPSO zusammen mit meiner Freundin Mary Wells auf einer Weltumsegelung. Wir waren im Frühsommer 1985 in Holland gestartet und hatten alle Ersparnisse zusammengekratzt. Mit dem optimal ausgerüsteten Schiff wollten wir den Sommer im Mittelmeer verbringen und im Herbst Richtung Karibik segeln.

Als ich eines Morgens im Hafen von Arenys an meinem Boot arbeitete, sprach mich ein ca. 35 Jahre alter, gutgekleideter Mann, wie es unter Seglern in fremden Häfen üblich ist, auf mein Boot hin an. Nachdem der Fremde von meinen Weltumsegelungsplänen hörte, meinte er, daß meine Yacht doch wohl etwas zu klein für ein derartiges Unternehmen sei. Kurz und gut, er fragte mich, ob ich nicht ein größeres Schiff kaufen wollte. Er sei der Eigner einer einige Plätze entfernt gelegenen Baltic 42, die er weit unter Preis verkaufen müsse, da die Steuerfahndung hinter ihm her sei und der sofortige Verkauf der Yacht die einzige Möglichkeit sei, noch etwas Geld davon zu behalten.

Ich wandte ein, daß selbst bei einem günstigen Kauf ein so teures Schiff meine finanziellen Möglichkeiten weit übersteigen würde. Der Fremde sagte jedoch, daß er bei einem schnellen Abschluß mit jedem Preis zufrieden sei und ich mir die Yacht zumindest einmal unverbindlich ansehen könnte.

Wir gingen daraufhin zum Liegeplatz der JULIA und betraten das Schiff über eine Laufplanke. Der Fremde bewegte sich offen und sehr geschickt an Deck, schloß die Yacht auf, zeigte mir alle Einzelheiten und führte mir auch den Betrieb aller elektronischen Geräte vor. Er war so mit allen Dingen an Bord vertraut, daß ich keinen Augenblick daran zweifelte, den Besitzer der Yacht vor mir zu haben.

Als ich erklärte, daß ich lediglich 130 000 Gulden, unsere gesamten Ersparnisse, für die Weltumsegelung zur Verfügung habe, antwortete der Fremde, wenn er diesen Betrag unverzüglich bekäme, wäre der Handel perfekt. Ich überlegte mir dieses Angebot, übergab dem Fremden anderntags das Geld und war der Überzeugung, daß Geschäft meines Lebens gemacht zu haben."

Frage der Versicherer: „Woher hatten Sie das Geld?"

Antwort Roozen: „Ich habe jahrelang Gelegenheitsjobs im Ausland ausgeübt, für die ich schwarz bezahlt wurde, und habe jeden Pfennig für meine Weltumsegelung gespart." (Überlegung der Zuhörer im Hinterkopf: Roozen war wegen epileptischer Anfälle arbeitsunfähig geschrieben und erhielt nur Arbeitslosenunterstützung bzw. Sozialhilfe.)

Frage: „Haben Sie nie an der Rechtmäßigkeit des Kaufes gezweifelt, weil Sie weder einen Vertrag noch die Bootspapiere erhielten?"

Antwort: „Doch, aber erst in Holland. Der Fremde wollte mir die

Bootspapiere nach Holland schicken. Als wir ankamen und die Papiere nicht da waren, habe ich mir Gedanken gemacht." (Überlegung: Roozen hat die vielen Papiere an Bord, die auf den Namen Hartmann und Sachs lauteten, nicht angetastet, aber sich auch mit ihnen, den nachgewiesenen Eignern und möglichen Verkäufern, nicht in Verbindung gesetzt.)

Die Reaktion der Eigner war unterschiedlich: Hartmann wütend, aber wohl mehr gekünstelt, Sachs ohne jede persönliche Reaktion.

28. 11. 85: Die Eigner überlegen als Möglichkeiten der Schadensregulierung:

- Die Yacht nach einer vollständigen Überholung durch die Versicherung wieder zu übernehmen oder
- Das Schiff nicht zu akzeptieren und sich die vollständige Versicherungssumme von 350 000 DM auszahlen zu lassen.

Die Überlegungen der Versicherung: Manches spricht dafür, daß Roozen ein Yachtpirat wie viele andere ist, der mit der fadenscheinigen Behauptung, er hätte die JULIA gekauft und bar bezahlt, nur seiner gerechten Bestrafung entgehen will. Auch könnte ein Hehler, der sich der bezahlten Dienste von Roozen und Freundin bediente, hinter der Überführung in die Niederlande stecken. Denn ein Pärchen, das am Beginn einer Weltumsegelung steht, wäre mit einem gestohlenen und erst recht mit einem gekauften Schiff nicht in die Heimat zurück, sondern geradewegs weiter in den ewigen Frühling auf blauem Wasser gesegelt. Seine Seemannschaft und Navigation war so hervorragend, daß es auch noch vor Ende der Hurrikanzeit mit sicheren Umwegkursen über den Atlantik jedes mögliche Fahrtenziel erreicht hätte.

Rechtlich ist anzumerken: Bis zum Beweis des Gegenteils blieb Roozen mit seiner Behauptung vom Kauf der Yacht Eigner der CALYPSO. Gegen einen deutschen Staatsbürger auf einem deutschen Schiff konnte die holländische Polizei erst auf Ersuchen deutscher Gerichte vorgehen. Gegebenenfalls hätte sie auf Anweisung der spanischen Behörden tätig werden können, weil dort der Diebstahl begangen wurde. Roozen hätte hingegen auch von holländischen Behörden zur Verantwortung gezogen werden können, wenn er – als Deutscher mit einem holländischen Elternteil – zu irgendeiner Zeit vorher einen Antrag auf holländische Staatsangehörigkeit eingereicht hätte.

Sein Besitzverhältnis an der CALYPSO büßte Roozen erst durch ein Enteignungsverfahren (am 7. 12. 85) ein, das die Eigner auf Verlangen der Versicherer einleiten mußten. Vorher mußte die Yacht aus einer gerichtlichen (über das Bundeskriminalamt) in eine zivile Beschlagnahme übergehen. Freunde rieten Roozen, einen gefälschten Kaufvertrag vorzulegen, nachdem die Yacht beschlagnahmt worden war. Dies hätte das Verfahren verlängert und die Regelung zugunsten der Eigner Hartmann und Sachs erschwert.

Kurz und gut: Als möglicher deutscher Dieb einer deutschen Yacht blieb Roozen in Holland ungeschoren, weil sich die strafbare Handlung in Spanien ereignet hatte und die spanischen Behörden an einer Strafverfolgung nicht interessiert waren. Würde man auch auf solche Entführungen von Yachten über See die international gültigen Gesetze der Piraterie anwenden, hätte ihn eine längere Freiheitsstrafe wahrscheinlich von weiteren dubiosen Unternehmungen solcher Art ferngehalten.

Was bleibt nach diesen Turbulenzen?

Da ist die Julia, eine bildschöne Baltic 42 mit allen Extras und einer teuren elektronischen Ausrüstung, die zum Liebhaberpreis von 350 000 DM versichert ist, so unbeschädigt wie in Arenys, wo sie vor wenigen Wochen gestohlen wurde.

Da ist der eine Eigner, dessen Frau die Segelei nicht liebt und der sich daher seinen Anteil an der Versicherungssumme auszahlen lassen möchte.

Da ist der andere Eigner, der diesen Wunsch zu respektieren hat, obwohl er sich für seinen Anteil von 175 000 DM natürlich keine solche 42-Fuß-Yacht wieder kaufen könnte.

Da ist Willy Roozen, ein zwielichtiger Deutsch-Holländer, der angeblich die Julia in Arenys kaufte und sie mit 130 000 Gulden bar aus der Hosentasche bezahlt haben wollte. Setzt man soviel Kapital ein, ohne darüber einen Vertrag abzuschließen? Und bleibt man so unverständlich still, wenn einem das Objekt, das man für eine sechsstellige Summe gekauft hat, wieder verlorengeht? Oder war die alternative Schutzbehauptung richtig, er habe die Julia im Auftrag ihres Eigners überführt, für den er sich den Namen Smits ausdachte? Steckten noch andere Leute hinter diesem vorgeschobenen Auftraggeber? Und wollte irgendwer über die Versicherungssumme hinaus durch den Verkauf des entführten Seekreuzers noch etwas Bargeld machen? Oder war Willy Roozen nur ein schnöder Dieb? Aber warum ist er dann nicht mit der Julia genauso sportlich und nonstop, wie er Holland erreichte, in die Karibik gesegelt, die ohnehin sein Ziel mit einem sehr viel kleineren Boot war? Da Roozen, mit knapp 40 Jahren schon „Invalide", von einer winzigen Rente lebte, ist der Besitz von über 100 000 DM unwahrscheinlich. Und kein Segler nimmt wohl das Risiko in Kauf, so viel Bargeld auf einer Weltreise mit einer 8-m-Yacht mitzuführen. Aber die deutsche Polizei hatte keine Möglichkeit und die holländische Polizei keine Lust, bei diesen verwickelten Verhältnissen gegen ihren doppelstaatlichen Landsmann vorzugehen. So blieb Roozen nicht nur ein freier, sondern auch ein unbescholtener Mann.

Und da ist Dirk Bücking, der mit kritischem Mißtrauen und etwas Glück die JULIA entdeckte und die wichtigsten Hinweise gab. Ohne seinen Scharfsinn, seine geheimen Notizen und sein Gedächtnis hätte man die Yacht wohl nicht wiedergefunden, und wenigstens einer der oben genannten zahlreichen und möglichen, aber nicht nachweisbaren Pläne wäre in Erfüllung gegangen. Die Versicherung hat Bücking überaus großzügig entlohnt, auch wenn der Informant ursprünglich eine noch größere Summe erhofft hatte. Aber Spuren finden und die gesuchte Yacht dingfest machen – das sind zwei wichtige Voraussetzungen, von denen Bücking nur eine erfüllen konnte.

Und da ist das Konsortium der Versicherer, das auf solche Schadensfälle vorbereitet sein muß, aber von ganz speziellen Geschehnissen doch immer wieder überrascht wird. Da setzt es alle Hebel in Bewegung, um die verschwundene Yacht wiederzufinden, und wendet Kosten in fast sechstelliger Höhe auf, bis es den Eignern melden kann: „Ihre JULIA ist wohlbehalten wiedergefunden worden." Und dann wollen die Eigner ihre Yacht gar nicht mehr. Die Yachtversicherung ist bei einer solchen Schadensregulierung ohnehin an kurze Fristen gebunden und sogar mit der Gefahr konfrontiert, daß das aufgespürte Eigentum ihrer Versicherungsnehmer wieder verschwinden kann, wenn die Eigner nicht schnell ihre polizeilichen Anzeigen machen und fristgerecht ihre Eigentumsnachweise ausländischen Gerichten zuleiten. So blieb der Versicherung eine gebrauchte Yacht im Zeitwert von höchstens 250 000 DM, nachdem sie für das gesamte JULIA-Verfahren fast die doppelte Summe ausgeschüttet hatte.

Verlierer im Hintergrund: Alle versicherten Yachteigner, die über ihre Prämien auch ein Scherflein zu solchen Fällen beitragen müssen.

Yachtentführung im Firmenauftrag

Ende September 1983 hatte Rolf Schneider seinen großen Seekreuzer PONTUS EUXINUS in der jugoslawischen Marina Dubrovnik festgemacht und mit der Direktion einen Vertrag für eine Winterlagerung im Wasser abgeschlossen. Gleichzeitig hatte er den Auftrag erteilt, daß ein Mechaniker den Motor einmal monatlich anwerfen und warmlaufen lassen sollte. Ein Bootsmann sollte die PONTUS EUXINUS jeden zweiten Tag lenzen, da sie Wasser machte. Vertrag und Wartungsanweisung waren, wie in jugoslawischen Marinas üblich, schriftlich niedergelegt worden.

So war Rolf Schneider aus der schön gelegenen und gegen alle Einwirkungen von Wind und See ideal geschützten Marina beruhigt abgefahren. Aber er hatte wohl doch kein ganz gutes Gewissen: Denn es gab da einen noch anhängigen Rechtsstreit mit der Firma Kappa-Marine, von der er den 14,20 m langen und 4 m breiten Taiwanklipper mit 100 m² Segelfläche, 1,95 m Tiefgang und 80-PS-Motor zwei Jahre zuvor gekauft hatte. Schneider hatte Mängelrügen geltend gemacht und vom ursprünglichen Kaufpreis, der bei über 250 000 DM lag, etwa 50 000 DM einbehalten. Seit über einem Jahr prozessierte die Verkaufsagentur gegen ihn, und sie hatte sogar schon ein Versäumnisurteil erstritten, weil Schneider mit der PONTUS EUXINUS unterwegs gewesen war und sich daher nicht termingerecht zu den Klagepunkten hatte äußern können.

Aber Agentur und Eigner residierten in einer norddeutschen Stadt, während die Yacht sicher in jugoslawischem Gewahrsam lag. Dort war sie vor dem Zugriff der deutschen Gesellschaft sicher, falls diese überhaupt versuchen sollte, ihren Eigentumsvorbehalt auch außerhalb der Legalität durchzusetzen. Einen Arrest gegen die PONTUS EUXINUS konnte die Lieferfirma nicht erwirken. Die Yacht war Schneiders verbrieftes Eigentum.

In den folgenden Wochen rief Schneider nicht mehr in Dubrovnik an. Denn wenn die PONTUS EUXINUS nicht wohlbehalten an Ort und Stelle läge, so glaubte er, hätte sich die Marina bestimmt sofort mit ihm in Verbindung gesetzt. Was er jedoch nicht wußte: Seine dort hinterlegte Telefonnummer war falsch abgeschrieben worden, und so rief ihn Anfang November ein Jugoslawe aus Deutschland an und übermittelte ihm die Bitte des Marinabüros, telefonisch Kontakt zu ihm aufzunehmen.

Ein wenig unruhig wählte Schneider bald darauf die lange Auslandsnummer. Als er den verantwortlichen Mitarbeiter an der Strippe hatte, wollte dieser jedoch angeblich nur einige belanglose Vertragsunterlagen überprüfen. „Natürlich ist bei Ihrem Schiff alles in Ordnung", sagte er auf seine erwartete Frage.

Tatsächlich war zu dieser Zeit bereits nichts mehr in Ordnung. Denn schon am 20. Oktober, zwei Wochen vor diesem Telefonat, war die

Pontus Euxinus aus der Marina Dubrovnik verschwunden. Die entsprechende Nachricht kam mit der Post, datierte vom 4. 11. und lautete: „Dear Sir, we are sorry to inform you that in the night of October 19/20 1983 your yacht Pontus Euxinus has disappeared from our harbour. We have immediately advised the police and taken all steps necessary in such a case. Investigations are in progress. We will let you know about its results and about any news.“ (Gez.: der Hafenmeister und der Marinadirektor.)

Das war nicht nur eine schlechte, sondern auch eine späte Nachricht: Denn vom angeblichen Zeitpunkt des Verschwindens bis zur schriftlichen Mitteilung waren zwei Wochen ins Land gegangen, und noch eine weitere Woche war der Brief an Schneider unterwegs gewesen, bevor er ihn am 10. November endlich erreichte.

Das war ein Werk von Profipiraten, sagte sich Schneider nach dieser unerwarteten Information. Von der Marina, die am Ende eines schmalen Fjords liegt, war es eine gute Motorstunde bis zur eigentlichen historischen Stadt Dubrovnik an der steilen Felsenküste. Von hier aus hatte man mindestens noch drei bis vier Stunden zu motoren, um die Hoheitsgewässer Jugoslawiens zu verlassen. Ende Oktober gab es hier kaum noch Yachtsport in den Küstengewässern, und eine einzeln segelnde Yacht hätte schon auffallen müssen – auch bei Nacht und mit Kurs nach Italien. Denn wohin hätte der Taiwanklipper sonst auslaufen sollen? In Jugoslawien lassen sich so teure Objekte nicht verkaufen. Aber natürlich hätte auch der Westausgang des Mittelmeers Ziel des großen Seekreuzers sein können.

Die Polizeibehörden schrieben später, eine unbemerkte Weiterfahrt der Pontus Euxinus sei ohnehin unmöglich gewesen, da das jugoslawische Küstengebiet unter ständiger Radarkontrolle des Militärs stünde und eine Nachprüfung der entsprechenden Schiffsbewegungen bis nach Sibenik stattgefunden hätte. Aber diese Suche erfolgte, wenn überhaupt, offenbar nur nach Norden, und somit wohl in falscher Richtung.

Den Schwarzen Peter hatte nun die Versicherung, der Schneider den Diebstahl natürlich sofort meldete. Inzwischen lief bereits eine Anzeige der jugoslawischen Behörden bei Interpol, der sich die deutsche Versicherungsgesellschaft anschloß. Die Fahndung erstreckte sich zuerst einmal auf das östliche Mittelmeer einschließlich der Yachthäfen in den benachbarten Ländern Italien und Griechenland.

Es paßte zum Vorgehen der jugoslawischen Behörden, die den Fall Pontus Euxinus zuerst nur als „Verschwinden“ einstuften und nicht als

Yachtdiebstahl verstanden wissen wollten, daß sich postwendend die Kappa-Marine bei Schneider mit dem Bescheid meldete, sie hätte die Yacht „behördlich unter Arrest stellen lassen und die Zwangsvollstrekkung in die Wege geleitet". Die Firma hatte also die Yacht mit einem Piratenakt in ihren Besitz gebracht! Aber hatte sie sie damit auch gestohlen? Juristisch hatte sie „bei der Wegnahme verbotene Eigenmacht verübt", die durch keinerlei Gerichtstitel gerechtfertigt war und lediglich der Vorbereitung der später durchzuführenden Zwangsvollstreckung dienen sollte. Aber selbst dadurch wurde die Wegnahme der Yacht noch nicht rechtens. Zuerst jedoch mußte geklärt werden: Wo war der große Seekreuzer tatsächlich geblieben?

Während dieser juristischen Plänkeleien waren die Sachverständigen und Agenten der Versicherung ausgeschwärmt,um nun selbst nach dem Verbleib der PONTUS EUXINUS zu suchen. Denn den Schwarzen Peter hatte der Versicherer so oder so: Er mußte Rolf Schneider die Versicherungssumme auszahlen, wenn die Yacht nicht in der vertraglich vereinbarten Frist von zwei Monaten wiedergefunden wurde. Selbst wenn man sie binnen kürzerer Zeit wieder dingfest machen konnte, hatte die Versicherung für alle Schäden aufzukommen, die inzwischen an der Yacht entstanden waren – zumindest gegenüber Schneider, ihrem Vertragspartner. Möglicherweise hatte der Versicherer später die Möglichkeit, für Reparaturen verauslagtes Geld von einem Dritten wieder einzutreiben, das war jedoch nur ein schwacher Trost. Denn auch dieses Unterfangen wäre für die Versicherung wiederum mit Kosten und Arbeit verbunden gewesen.

Glücklicherweise wurden die Yachtfahnder schon nach kurzer Zeit fündig: Im Yachthafen von Piräus-Zea lag die PONTUS EUXINUS wohlbehalten am Steg. Allerdings hatte sie etwas Schlagseite nach Backbord und war mit einem behördlichen Auslaufverbot belegt. Aber dies ist eine übliche Sicherung, die jeder Skipper, der eine Yacht in einer griechischen Marina festmacht, gegen alle anderen Personen außer gegen sich selbst erwirkt; die „Auslaufgenehmigung" gehört auch in der Saison zu den Papieren, die jeder Skipper beim Abmelden beantragt und erhält.

Ein deutsches Gericht beendete durch einstweilige Verfügung diesen eigentlich für alle deutschen Yachtsegler beschämenden Streitfall, bei dem es um ungesetzliche Handlungen deutscher Segler im Rechtsbereich dreier unbeteiligter fremder Staaten ging: Die PONTUS EUXINUS, die unter österreichischer Flagge segelte und einem deutschen Eigner gehörte, war von gedungenen Dieben einer deutschen Firma aus der gesicherten Obhut eines jugoslawischen Hafens über die freie See in eine griechische Marina gebracht worden, wo man sie ohne gültige Bootspapiere einklarierte. Die Firma Kappa-Marine wurde verurteilt, die PONTUS EUXINUS unverzüglich an Rolf Schneider herauszugeben und gleichzeitig die nicht unbeträchtlichen Kosten des Verfahrens zu tragen.

„Der durch verbotene Eigenmacht in seinem Besitz Gestörte kann im Wege der einstweiligen Verfügung die Wiederherstellung des vorherigen Zustandes erwirken und die Herausgabe einer Sache an sich verlangen", heißt es im Bürgerlichen Gesetzbuch. Die Handlungsweise der Kappa-Marine war auch nicht durch Selbsthilfe gerechtfertigt. Die Piratenfirma gab die Namen der eigentlichen Täter nicht preis. Sie hatten bei Nacht und Nebel die große Einfahrtskette vor den Molen der Marina Dubrovnik, die zur Verhinderung solcher Diebstähle gespannt war, vor ihrem Auslaufen gelöst. Die jugoslawischen Behörden haben den Diebstahl eines Schlauchbootes, den die Piratencrew in der Marina Dubrovnik beging, um nicht nur die Kette entfernen zu können, sondern auf ihrer Fahrt nach Griechenland auch ein Rettungsboot an Bord zu haben, nicht weiterverfolgt. Insofern wurden weitere ungesetzliche Handlungen zugedeckt.

Die Lehren aus diesem nicht alltäglichen Fall von Yachtpiraterie: Wer eine Yacht wegnehmen will, muß sich hierzu staatlicher Hilfe bedienen. Zur Selbsthilfe darf er höchstens greifen, wenn solche Hilfe nicht rechtzeitig zu erlangen ist und ohne sofortiges Eingreifen einer Behörde die Gefahr bestünde, daß er seinen Anspruch nicht verwirklichen kann. Dann muß er jedoch einen Arrest erwirken. Insoweit ist eine Yacht nach dem BGB nichts anderes als jede „Sache".

Die Kappa-Marine hatte jedoch in Jugoslawien nicht einmal den Versuch unternommen, amtliche Hilfe zu erlangen. Im Gegenteil, sie hatte die Yacht widerrechtlich von Jugoslawien nach Griechenland gebracht, weil sie wußte, daß in Jugoslawien keine entsprechende Hilfe der Behörden erteilt wird. Der Geschäftsführer der Kappa-Marine mußte gleichzeitig dazu verurteilt werden, den Arrest des Taiwanklippers in Griechenland aufheben zu lassen.

In den Akten von Interpol wird der Fall der PONTUS EUXINUS als „aufgeklärter Yachtdiebstahl" geführt. Eigner Rolf Schneider konnte sein Boot wieder in Besitz nehmen und es bereits wenige Tage nach dem vollstreckbaren Urteil nach Jugoslawien rücküberführen. Hinsichtlich noch ausstehender Forderungen haben sich Schneider und die Kappa-Marine verglichen, und die „verbotene Eigenmacht“ ist der Gesellschaft dabei mit einer fünfstelligen Summe, zusätzlich zu den Verfahrenskosten, noch einmal teuer zu stehen gekommen. Profitiert hat die Yachtagentur aus diesem Piratenakt nicht, und sie wird ihn sicher auch kein zweites Mal versuchen.

Aber auch Rolf Schneider hat einen Denkzettel bekommen: Die Versicherung hat ihren Vertrag mit ihm gekündigt. Sie liebt solche Kunden nicht. Yachtversicherung ist schließlich ein Geschäft auf Gegenseitigkeit zwischen zuverlässigen Eignern mit klaren Eigentumsverhältnissen an ihren Yachten und seriösen Versicherungen, die im Schadensfall prompt regulieren.

In diesem Fall gab es jedoch noch eine nachträgliche späte Versöhnung: Als Rolf Schneider mit der Kappa-Marine endlich ins Reine gekommen war und nachweisen konnte, daß er alle finanziellen Verpflichtungen gegenüber der Yachtagentur erfüllt hatte, schloß die Versicherung mit ihm einen neuen Vertrag ab.

14. Strandraub – eine moderne Form der Yachtpiraterie

Deck und Kajüte leergeräumt · Treibendes Wrack ausgeplündert · Erpressung mit „geborgenem“ Beiboot · Fender mit Namen zeichnen!

Das Völkerrecht verpflichtet alle Küstenstaaten, bei Überfällen auf Yachten und Schiffe auf dem offenen Meer, das heißt auch außerhalb ihrer Hoheitsgewässer, gegen Piraten vorzugehen und sie entweder zur Bestrafung an ihr Heimatland auszuliefern oder sie für ihr Verbrechen selbst zur Rechenschaft zu ziehen. Ereignen sich solche kriminellen Handlungen des Seeraubs hingegen in den Häfen, dicht vor der Küste eines Landes und somit innerhalb der Hoheitsgewässer, ist der betreffende Staat allein zu einer entsprechenden Strafverfolgung befugt.

Wir haben gesehen, wie schwierig heutzutage noch immer die polizeilichen Ermittlungen gegen Yachtdiebe und ihre Bestrafung sind, weil sich die strafbaren Ereignisse in unterschiedlichen Rechtsbezirken abspielen: Die eigentliche „Tat“ wird innerhalb der Hoheitsgewässer eines Landes, nämlich im Hafen begangen, und erst später festgestellt. Während des eigentlichen Aktes der Piraterie, der Entführung geraubten fremden Eigentums auf hoher See, ist ein Yachtpirat bisher selten entdeckt und wohl noch nie gestellt worden. Dingfest gemacht wird er fast immer in den Hoheitsgewässern eines fremden Staates, und zu einer Bestrafung nach Landesgesetzen, aber niemals wegen Piraterie, kommt es nur, wenn die Behörden des Tatort-Landes einen Auslieferungsantrag an den Verhaftungs-Staat stellen (und vor allem vorab die bezahlten Flug- oder Fahrscheine für den verhafteten Verbrecher ihrem Fahndungsersuchen beifügen).

Aus diesen Gründen ist nicht nur die Verfolgung von Yachtdieben, sondern auch der internationale Schmuggel mit Menschen, Alkohol oder (heutzutage vornehmlich) Rauschgift so schwer zu bekämpfen. Aber gerade auf diesem Gebiet ist die internationale Zusammenarbeit von der Fahndung bis zur Strafverfolgung in den letzten Jahren enger und erfolgreicher geworden.

Die Reedereien müssen zwar keine Angst mehr haben, daß ihre großen Frachtschiffe wie kleine Yachten aus den Häfen gestohlen werden. Aber sie haben ähnliche Sorgen mit kriminellen Handlungen, bei denen die Tatorte sowohl im Hoheitsbereich eines Landes als auch auf der hohen See liegen. Da erhielt zum Beispiel vor einiger Zeit eine Reederei in Hongkong einen Brief, in dem es hieß: „Ihr Frachter, der am 21. August auslaufen soll, wird am 28. August auf See angegriffen und ausgeplündert werden. Sie können diesen Überfall jedoch verhindern und für die Sicherheit von Schiff und Ladung sorgen, wenn Sie folgende Heiratsanzeige bis spätestens 25. August in den hiesigen drei Tageszeitungen aufgeben: ‚Junge Frau mit schönen, weißen Zähnen, langem, blondem Haar, Augen blau wie eine Wasserrose, der Stimme eines Vogels und freundlichem Charakter sucht Ehemann, der 20000 Hongkong-Dollar gebrauchen kann.'" Die Erpresser nannten dann Ort und Zeit der Übergabe dieses „Schutzgeldes" und „einen armen Kuli, der von der ganzen Sache nichts weiß; er wird Ihr entsprechendes Paket entgegennehmen". Die Reederei zahlte, denn nur polizeilicher Schutz oder militärische Begleitung hätten den angedrohten Überfall verhindern können. Damit wäre auch die Strafverfolgung im Hoheitsbereich des Auslaufhafens verblieben.

Bei allen Fällen von Strandraub, die sich in unseren Tagen gegenüber Yachten viel häufiger ereignen, als man annehmen mag, ist die Gerichtsbarkeit des betreffenden Landes unbestritten. Die Behörden sind auch bei einer entsprechenden Anzeige durch Ausländer verpflichtet, die Täter und den Tathergang zu ermitteln und die Strandräuber, falls sie die feststellen können, zu bestrafen. Aber die Praxis sieht anders aus.

Deck und Kajüte leergeräumt

Überfälle von Strandräubern ereignen sich meist unverzüglich, sobald die Besatzung ein Schiff verlassen hat, und es ist wirklich erstaunlich, wie schnell die Küstenbewohner Informationen über Schiffbrüche oder Strandungen erhalten und wie prompt sie dann zur Stelle und am Werk sind: Das mußte zum Beispiel am 21. Oktober 1985 die Besatzung des Seekreuzers GRAVITA feststellen, die mit ihrer bildschönen, 12,27 m langen und aus Teak gebauten Yawl kaum eine Stunde nach dem Auslaufen aus dem marokkanischen Fischerhafen Al Yadida auf einem weitflächigen Küstenriff strandete.

Um 2250 Uhr hatte die Yacht die Molenköpfe des kleinen Atlantikhafens passiert. Um 2305 Uhr erfolgte die erste Grundberührung auf den Felsen. Um 2345 Uhr verließ die Crew und um 0300 Uhr am 21. Oktober der Skipper als letzter die für eine Atlantiküberquerung optimal ausgestattete Yacht. Als sich gegen Mittag desselben Tages herausstellte, daß die gestrandete Yacht mit schweren Rumpfschäden zu einem Totalverlust geworden war, kehrte die Crew an Land zurück und wartete dort auf den von der Versicherung bestellten Sachverständigen. Er war schon am anderen Morgen in dem kleinen Fischerhafen und fuhr zur Erledigung der Bergungsformalitäten unverzüglich um 1000 Uhr zum Riff hinaus.

Zu dieser Stunde gesellte sich bei der Besatzung zum Schock der Strandung der Schock des Strandraubs: In der vergangenen Nacht hatten Plünderer, die mit aufblasbaren Schläuchen ausgerüstet waren, trotz der Überwachung des Wracks durch örtliche Polizeikräfte die gestrandete GRAVITA aufgesucht, den Motor von seinem Lager gelöst, ihn in Einzelteile zerlegt und weggeschafft. Das Brückendeck wurde im Bereich der Winschen zum Teil zersägt, um die teuren Navigationsgeräte besser ausbauen und die Winschen ohne zeitraubende Demontagen abtransportieren zu können. Auch alle übrigen Ausrüstungsteile und das, was die Crew an persönlichen Gegenständen zurückgelassen hatte, waren in dieser kurzen Zeit abgebaut und in Verstecke an der Küste transportiert worden, wo sie natürlich niemand fand, bis Gras über den Strandraub gewachsen war.

Ähnlich erging es nicht weit von diesem Ort am 10. September 1982 der Ehepaarcrew des 13,70-m-Gaffelkutters NORTHERN LIGHT. Er strandete auf dem Weg von Amerika nach Europa (durch einen Navigationsfehler) an der spanischen Atlantikküste bei Chipiona nördlich von Cadiz. Die Grundberührung erfolgte auf einem der Küste vorgelagerten Riff in einem militärischen Gebiet am Südufer der Guadalquivir-Mündung. Natürlich versuchte der 62jährige Skipper, den Wassereinbruch mit den Lenzpumpen zu beherrschen, aber schließlich besiegte das Seewasser doch die Pumpe, und das amerikanische Ehepaar mußte ins Beiboot gehen und etwa zwei Seemeilen pullen, ehe es den Strand erreichte.

Erst fünf Tage später erhielten die Eigner die Genehmigung der Militärbehörden, für einen Bergungsversuch ihrer gestrandeten NORTHERN LIGHT zum Unfallort zurückzukehren. Enttäuschender als die

Erkenntnis, daß der Seekreuzer, der die Ehepaarcrew bereits viermal über den Atlantik getragen hatte, nicht mehr zu retten war, war bei dieser Rückkehr die Tatsache, daß Strandräuber inzwischen alle Teile der Decksausrüstung abmontiert und aus der Kajüte alle Gegenstände gestohlen hatten, die noch nicht mit Seewasser in Berührung gekommen waren. Da das angrenzende Küstengebiet von Zivilpersonen nicht betreten werden durfte, mußten auch hier die Strandräuber über See gekommen und verschwunden sein.

Noch kürzer als bei der Strandung von GRAVITA und NORTHERN LIGHT war die Zeit, in der am 18. Januar 1982 der 8-m-Kimmkieler SONG zwischen Strandung und Bergung von seinem Einhandskipper alleingelassen wurde. Die SONG strandete gegen Mitternacht vor der belebten Nordostküste von Puerto Rico im Angesicht der Lichter des Ferienortes Fajardo und der beiden Marinas an seinem Ortsrand. Nach einem Notruf über UKW wurde der Einhandskipper kurz nach Mitternacht von der nahegelegenen Küstenwache abgeborgen und in deren Station gebracht. Den Notruf und die anschließenden Seefunkgespräche hatten natürlich auch andere Leute auf See und an Land mitgehört; sie waren deshalb schnell zur Stelle.

Als der Einhandskipper am frühen Morgen mit dem flachen Coast-Guard-Rettungsboot über das Riff zum Wrack der SONG zurückkehrte, um wenigstens seine persönliche Habe sowie die seemännische und nautische Ausrüstung zu bergen, machte er eine bestürzende Entdekkung: Nautische Aasgeier, vor denen die Rettungsboot-Mannschaft den Einhandsegler schon beim Verlassen der SONG gewarnt hatte, waren mit ihrer Ortskenntnis im Morgengrauen tätig und fündig geworden: Der Großbaum mit dem festgemachten Großsegel, Genua und Arbeitsfock, Reservesegel und Anker, Festmacher, Leinen und Laternen waren von Deck verschwunden, und in der Kajüte fehlten Kleidung und Bücher, Kamera und Radio, Kücheneinrichtung und Kocher. Wo vorher der Kurzwellensender und das UKW-Seefunkgerät gestanden hatten, waren nur offene Löcher in der Wegerung zurückgeblieben.

„Das Schlimmste aber war für mich der Verlust meines Logbuchs, das alle Aufzeichnungen meiner bisherigen Trans-Ozean-Reise enthielt, und meines Sextanten“, erzählt der SONG-Skipper. „Ich hatte mich mit dem Gedanken vertraut gemacht, im Kampf mit der See meine Yacht zu verlieren und vielleicht selbst zu ertrinken. Aber als ich jetzt sehen mußte, wie mein braves Boot geplündert worden war, wäre es mir lieber gewesen, wenn die SONG ehrenvoll im tiefen Wasser versunken wäre –

zwar durch meinen navigatorischen Fehler, aber ohne lieblose, räuberische Hände an seinen Planken."

An allen abgelegenen Orten sind die Küstenbewohner schnell zur Stelle, wenn eine Yacht gestrandet ist und die Crew sie auch nur kurzzeitig verläßt, um Hilfe zum Abbergen zu holen. So liegt zum Beispiel auch auf dem Riff Sail Rock nicht weit vom Einklarierungshafen Porvenir der San-Blas-Inseln im Golf von Panama das ausgeplünderte Wrack der englischen Yacht LA BANDIDA nicht nur als nautische Warnung.

„Der Unfall passierte im November 1983", erzählt Wolfgang Hausner. „Ian und Terry Deas, die Eigner der LA BANDIDA, meinten, das Riff schon eine Meile zuvor ausgemacht zu haben. Dann kam einer dieser typischen tropischen Regengüsse, bei denen sich die Sicht praktisch auf Null reduziert. Ian und Terry behielten ihren ursprünglichen Kurs bei. Das erste, was der am Bug Ausschau haltende Terry dann von Porvenir sah, war der Sail Rock unter seinen Füßen. Die kleine Yacht wurde rasch höher auf die Korallen gehoben. Eine Rettung war unmöglich. Nach einigen Stunden mußten Ian und Terry das Schiff verlassen.

Während die beiden in Porvenir mit Kaffee und Kuchen gelabt wurden, kam Bewegung in die Einwohner des Ortes. Die Eingeborenen der San-Blas-Inseln sind Kuna-Indianer, und wie die Einwohner der Malediven betrachten sie alles, was aufs Riff geht, als ihr unbestreitbares Eigentum – sei es ein Plastikeimer oder eine Yacht. Die Plünderung setzt praktisch in dem Augenblick ein, da das Schiff verlassen wird. Manchmal kommt es sogar vor, daß die Kuna zu einer aufgelaufenen Yacht hinauspaddeln und die Besatzung auffordern, rasch das Schiff zu verlassen, da mit sie eher mit der Arbeit beginnen können. Als Ian wenig später zur LA BANDIDA zurückruderte, um ein paar Habseligkeiten aus dem Schiff zu holen, waren die Indianer gerade dabei, die Schotten herauszureißen."

Muß man dafür den Stab über die Eingeborenen brechen? Die meisten fristen auf ihren Inseln ein kümmerliches Dasein und leben nur von dem Verkauf von Kokosnüssen. Deren Diebstahl wird natürlich streng bestraft. Strandraub ist kein Delikt.

Treibendes Wrack ausgeplündert

Nicht mehr nur Strandraub im juristischen Sinne, sondern echten Seeraub und damit unzweideutig Piraterie betrieb der Skipper einer

Charteryacht, der am 6. Juni 1984 mitten im Atlantik auf den entmasteten und kurz zuvor von seiner Besatzung verlassenen 8,50-m-Seekreuzer Escape überstieg und diesen in fünfstündiger Arbeit vollständig ausschlachtete.

Der Charterskipper hatte vorher den Funkverkehr verfolgt, den die Crew der Escape, zu der auch ein Kleinkind gehörte, während des Notfalls mit dem hilfsbereiten Kapitän eines Frachters führte, und kannte daher alle tragischen Einzelheiten, die die südafrikanische Besatzung schließlich zwangen, aus Sorge um ihre 13 Monate alte Tochter ihren gesamten Besitz, den sie für den Kauf des kleinen Seekreuzers aufgelöst hatten, hier mitten im Atlantik schweren Herzens aufzugeben.

Die Kenntnis dieser Zusammenhänge hinderte ihn jedoch nicht daran, die Charteryacht, deren bezahlter Kapitän er war, dicht neben die gerade erst verlassene Escape zu legen und mit mehreren Schlauchbootfahrten alle brauchbaren Teile zu „bergen“. Der Charterskipper verwischte anschließend die Spuren seiner Piratenhandlung, indem er die Seeventile der Yacht aufdrehte und sie als angebliches Schiffahrtshindernis im Atlantik versenkte.

Hätte der Charterskipper nach seiner Rückkehr nach Deutschland in angemessener Zeit alle abmontierten und ausgeräumten Teile an die inzwischen in England angekommenen südafrikanischen Eigner (natürlich mit der berechtigten Forderung nach Bergelohn) zurückgegeben, hätte er juristisch eine Bergung vorgenommen und dafür Dank und Anerkennung verdient. Da er diesen Weg jedoch nicht beschritt und alle Escape-Ausrüstungsteile behielt, muß er sich den Vorwurf der Piraterie gefallen lassen, weil er im Prinzip nicht anders als die vorher genannten und unbekannt gebliebenen Strandräuber gehandelt hat. Glücklicherweise haben dies auch einige seiner Chartergäste so gesehen, die ihm bei der Leichenfledderei auf See zusehen mußten. Nicht nur den fast neuen Außenborder, der mitten auf dem Atlantik noch an der Heckreling der Escape hing, das unter Deck gestaute Schlauchboot, die gesamte nautische Elektronik und alle brauchbaren Ausrüstungsteile nahm der Piratenskipper in seinen Besitz, er montierte auch alle Winschen rund um die Plicht und den Autopiloten ab und nahm auch alle Segel und Leinen als Beute.*

* Die Rechtsverhältnisse bei einer auf See treibenden, havarierten und verlassenen Yacht habe ich an vielen anderen Beispielen in meinem Buch „Mayday – Yachten in Seenot“ ausführlich erläutert.

Der in entlegenen Häfen und besonders bei den armen Leuten unentwickelter Länder beliebte Dingidiebstahl wirkt nur äußerlich harmloser. Tatsächlich hat er, ähnlich wie der eingangs genannte Drohbrief an die Reederei in Hongkong, oft den Charakter einer Erpressung. Diese Art der Geldbeschaffung hat gegenüber einem Diebstahl noch den Vorteil, daß man die gestohlene Ware – hier: das Beiboot – nicht mit langer zeitlicher Verzögerung und auch dann nicht ohne Risiko weiterverkaufen muß, sondern einen – als Finderlohn deklarierten – kleineren Betrag sofort, ganz legal und als Lohn für scheinbare Hilfsbereitschaft kassieren kann.

Trans-Ozean-Segler werden mit diesem beliebten Diebstahlstrick meist zuerst in Barbados konfrontiert, wenn sie am Ende eines mehrwöchigen Seetörns und nach dem Ankern in der Carlyle Bay ihr Dingi an der sogenannten Esso-Pier in Bridgetown festmachen. Der schmale, auf vielen hohen Stahlträgern ruhende Steg reicht gut hundert Meter weit ins Wasser und liegt mit seinen begehbaren Platten bei Hochwasser etwa drei Meter, bei Niedrigwasser gut sechs Meter über dem Wasserspiegel. Rund um die beiden Stahlleitern, die man nach dem Verlassen des Beibootes erklimmen muß, werden die Dingis der oft einhundert hier überliegenden Bootsbesatzungen an den Stelzen der Pier festgemacht, wenn sie an Land gehen. Besonders zahlreich scharen sich feste und aufblasbare Beiboote abends um die Festmachepunkte, und da die Tropennacht das Ufer bereits gegen 1800 Uhr mit tiefem Schwarz zudeckt, hüllt das undurchsichtige Dunkel nicht nur die weite Wasserfläche, sondern auch die auf ihr dümpelnden Dingis ein.

Mindestens zwei Stunden brauchen die Yachtbesatzungen, um an Land einzukaufen oder zu essen, und wenn sie dann wieder an die Pier zurückkehren, um zu ihren verankerten Yachten zurückzufahren, sind einige Beiboote erfahrungsgemäß nicht mehr vorhanden.

Als ich vor mehreren Jahren zum ersten Mal mit unserem CORMORAN vor Barbados ankerte und dabei eine solche bedauerliche Tatsache registrieren mußte, hatte ich vielleicht nur Glück gehabt: Ich hatte, wie ich es immer machte, die kurze Vorleine unseres Beiboots an der untersten Treppenstufe belegt, aber eine lange Achterleine mit nach oben genommen und 10 m weiter am Steggeländer festgemacht.

Mein Dingi hing nur noch an dieser offenbar nicht bemerkten Leine, als wir gegen Mitternacht von einem Landbummel zurückkehrten, aber das starre, größere Kunststoffdingi meines Freundes George war mit dem neuen Außenborder verschwunden. Natürlich hatte es keinen Sinn, während der Nacht nach dem verschwundenen Beiboot zu suchen. Als wir am Morgen ankerauf gingen und in Passatrichtung nach dem offenbar vertriebenen Beiboot suchten, fanden wir es nicht. Stattdessen meldete sich gegen Mittag ein einheimischer Fischer bei George und sagte, er hätte das Dingi, das den Namen seines Mutterschiffs unübersehbar an den Bordwänden trug, morgens auf See entdeckt, eingefangen und in den Hafen zurückgebracht. Gegen einen angemessenen Berge- oder Finderlohn von 300 EC-Dollar, etwa gleichviel in D-Mark, würde er es wieder herausrücken. Natürlich tobte George ob eines solchen Ansinnens, denn er wie ich und auch der Fischer wußten natürlich, daß das Beiboot bei Nacht losgemacht und gleich um die Huk zum Fischerboot verholt worden war. Aber beweisen ließ sich ein solcher Diebstahl, wie wir ihn sahen, genausowenig wie die behauptete Bergung.

George wollte es genau wissen und ging mit dem Fischer vor Gericht. Der weise Mann in seiner weißen Perücke belehrte jedoch den aufgebrachten Yachtskipper aus Deutschland: „Können Sie einen Diebstahl beweisen? Nein? Dann rate ich Ihnen, den geforderten Finderlohn von 300 Dollar zu bezahlen. Ein Dingi mit Außenborder? Das ist doch sicher mindestens 2000 DM wert. Dafür müßte ich einen Bergelohn von mindestens einem Drittel – also das Doppelte der bisher geforderten Summe – festlegen. Bezahlen Sie also den geforderten Finderlohn?“

Was blieb da George anderes übrig, als zuzustimmen und sein Dingi von da ab mit unauffälligen Zusatzleinen besser zu sichern – wie wir es taten. Der Fischer aber konnte bei Gelegenheit ein neues Dingi losmachen und anderntags wieder den beanspruchten Finderlohn einfordern. Gegebenenfalls würde der „Finder“ die Summe auch reduzieren – besser jedenfalls, als zu früh mit der Legende von der Bergung wieder vor demselben Richter erscheinen zu müssen.

Mit solchen Dingidiebstählen muß man auch in Häfen rechnen, wo Yachten mit Bug- und Heckanker zum Kai liegen. So berichtet zum Beispiel Dan Bauer, der mit seinem 11-m-Seekreuzer LONG GONE im Juli 1987 in Moorea bei Tahiti festgemacht hatte: „Ich wachte gegen vier Uhr morgens auf und merkte, daß jemand die Leinen unseres Dingis löste, das an der Wasserseite unseres Liegeplatzes zwischen Ankerkette und Vorschiff festgemacht war. Obwohl ich wie ein Feuerwehrmann von meiner Koje hochschoß und in wenigen Sekunden auf dem Vordeck stand, war mein Beiboot schon einige Meter von der Bordwand entfernt und am Heck eines anderen Dingis mit zwei Eingeborenen unterwegs ins freie Wasser. Als die Diebe, die beide Boote zuerst lautlos mit zwei Riemen bewegt hatten, mich erblickten, nahmen sie die Riemen ein und griffen zu den Anreißleinen der Außenborder. Der Motor im Diebesboot sprang auch sofort an, aber meinen Motor konnte der andere Bandit glücklicherweise nicht starten. So stieg er geistesgegenwärtig in das Mutterboot über, und die beiden Diebe verschwanden mit hoher Fahrt in der Dunkelheit.

Unser Boot schwamm jetzt mitten im Hafen, aber mit Hilfe eines Nachbarn, der durch den Lärm aufgeschreckt worden war und uns sein Beiboot zur Verfügung stellte, konnten wir unser bewährtes 3-m-Kunststoffdingi bald wieder einfangen."

Als Dan Bauer anschließend mit seinem Dingi die Beibootdiebe verfolgte, fand er an einer abgelegenen Stelle des Hafens mehrere andere Yachtboote, die ebenfalls in der Nacht gestohlen worden waren und offenbar darauf warteten, an Land gebracht zu werden, um nach einer Karenzzeit vielleicht weiterverkauft zu werden. Mit anderen Yachtseglern zusammen konnte er auch zwei weitere Dingis bergen, die schon zur freien See drifteten, wo sie dann wohl am nächsten Morgen von Einheimischen „wiedergefunden" und gegen Finderlohn zurückgebracht werden sollten. Verschiedene Häfen – gleiche Methode.

Auch in Pago-Pago waren Dingidiebstähle das wichtigste Problem, das die Trans-Ozean-Segler bewältigen mußten. Hier war es aber wohl mehr ein Versuch der Eingeborenen, den Seglerbesatzungen Schaden zuzufügen. So berichtet zum Beispiel Joy Smith von der BANSHEE vom August 1987: „Als wir eines Abends zum Liegeplatz zurückkehrten, war unser Dingi mitsamt den Riemen verschwunden. Glücklicherweise fuhr uns ein Bekannter mit seinem Auto an der Kaianlage entlang, und wir entdeckten unser Beiboot hinter einer Ecke des Hafens. Es lag hier halb voll Wasser, mit nur einem Riemen, und war nicht festgemacht, so daß es bald auf das nahe Riff getrieben wäre. Wir suchten eine weitere Stunde nach dem zweiten Riemen und entdeckten ihn schließlich auf den Klippen am Ende des Hafens. Ich hatte die Blätter der Beibootriemen weiß gestrichen, damit das Boot beim nächtlichen Rudern auch ohne Licht besser auffiel. Diese Vorsorge erwies sich jetzt als nützlich, weil das weißgestrichene Ruderblatt das Licht des Suchscheinwerfers besser reflektierte."

Wiederholen wir die Lehren aus diesen Erlebnissen: Das Beiboot nicht nur mit einer kräftigen Vorleine, sondern auch mit einer längeren Achterleine festmachen und beide Leinen an unterschiedlichen, so weit wie möglich voneinander entfernten Beschlägen auf der Pier belegen. In besonders diebstahlgefährdeten Regionen das Dingi am Bug an die Kette legen und diese mit einem Vorhängeschloß sichern.

Fender mit Namen zeichnen!

Eine solche zusätzliche Sicherung ist gelegentlich auch bei Fendern angebracht, die in entlegenen Revieren die Begehrlichkeit von Fischern erregen. Befriedigende Sicherungen sind mir dazu jedoch noch nicht eingefallen.

Große Lang- oder Kugelfender aus Vinyl-Kunststoff mit Ventil zum Füllen, zweifarbig mit Köpfen, in deren Ösen kräftige Leinen befestigt werden können, sind nämlich auch ideale Netzhalter. Sie sind nicht nur auffallender als die üblichen Schwimmflaggen oder einfachen Plastik-Kanister, sie haben auch eine größere Tragfähigkeit für das daran befestigte Netzwerk.

Mehr als über den Verlust meiner großen Kugelfender im Sommer 1984 auf der griechischen Insel Astypalaia und im Jahr darauf auf der nicht weit entfernten Ägäisinsel Karpathos war ich erbost über die hinterhältige Art und Weise, wie man mir bei Nacht an einer hell erleuchteten Pier bzw. unmittelbar neben einem beleuchteten und bewachten Kriegsschiff die an Bord belegten Fender von unserem CORMORAN abhakte.

Dabei hätte ich gewarnt sein müssen, wenn ich beim abendlichen Ortsbummel nicht nur die altertümlichen, formschönen Kaiken betrachtet, sondern auch etwas mehr in die offenen Fischerboote selbst hineingesehen hätte. Denn in jedem der zahlreichen Fischereifahrzeuge lag ein halbes Dutzend großer Yachtfender unterschiedlicher Form, Farbe und Größe. Mit Sicherheit hatten die Fischer diese Menge, wie mich anderntags der Hafenmeister glauben machen wollte, nicht in den letzten Monaten treibend auf See gefunden. Auch meine eigenen Fender glaubte ich auf einem der Boote zu erkennen, aber beweisen konnte ich ihre Identität natürlich nicht.

Als Konsequenz aus diesen unliebsamen Erlebnissen zeichne ich seit dieser Zeit meine Fender groß und deutlich mit Bootsnamen, Heimathafen und Rufzeichen, und wenn die eigentlich wasserfeste Schrift nach einem Jahr etwas verblaßt ist, male ich sie mit einem dicken Filzstift nach. Zumindest ist mir seit dieser Zeit kein Fender mehr abhanden gekommen. Die Fenderbojen auf See sehe ich jetzt jedoch mit anderen Augen an.

Verglichen mit Überfällen auf Yachten, bei denen es um Leben und Tod geht, und dem Diebstahl von Booten, bei dem hohe Summen auf dem Spiel stehen, sind Strandraub, Dingi- und Fenderdiebstähle eigentlich Bagatellen. Aber auch Kleinigkeiten verursachen Ärger, und in der Kriminalität gilt es, den Anfängen zu wehren.

Damit es nicht den Anschein hat, ich würde mir nur die „armen Leute an Land“ für solche Diebstahlsbeispiele vorknöpfen, hier eine Meldung, die ich kürzlich in unserer Fachpresse las:

„Es gibt viele Menschen, die sich Wassersport in der gewünschten Form nicht leisten können. Einer von diesen kam auf die Idee (und da ist er leider nicht der einzige), alles, was er sich nicht kaufen konnte, auf anderem Wege zu besorgen. Er stattete fremden Yachten unerlaubte Besuche ab und klaute das begehrte Zubehör. Das ging so lange gut, bis eines Tages einem Bestohlenen ein Beiboot mit Außenborder neben einer anderen Yacht verdächtig bekannt vorkam. Als die alarmierte Wasserschutzpolizei nicht nur das Beiboot sichergestellt, sondern auch die Yacht selbst durchsucht hatte, stellte sie fest: Fast alles Zubehör stammte aus fremdem Besitz. Nicht nur die Ausrüstungsgegenstände waren gestohlen, auch Tassen, Töpfe und Pfannen stammten aus dem Bootshaushalt anderer Wassersportler. Sogar Bettwäsche, Fender, Seekarten und nautische Geräte hatte der Yachteigner unrechtmäßig in Besitz genommen.

Da die meisten Gegenstände und ihre Herkunft nicht identifiziert werden konnten, legte der ertappte Dieb kein Geständnis ab, sondern berief sich auf Gedächtnislücken und dubiose Vorgänge. Aber auch das nützte dem Vorbestraften nichts. Er wurde im April 1987 in Kiel zu 15 Monaten Freiheitsstrafe ohne Bewährung verurteilt.“

Quellen- und Literaturverzeichnis

Bücher

Wilfried Erdmann: „Gegenwind im Paradies“, Verlag Kiepenheuer & Witsch, Köln 1980 (Seite 12 ff.).

Heide Wilts: „Weit im Norden liegt Kap Hoorn“, Verlag Delius, Klasing & Co, Bielefeld 1984 (Seite 179 ff.).

Gaby Scheurer: „Wir schenken uns ein Stückchen Zeit“, Verlag Delius, Klasing & Co., Bielefeld 1986 (Seite 176 ff.).

Roger Villar: „Piracy Today“, Conway Maritime Press Ltd., London 1985.

Hans Leip: „Bordbuch des Satans“, Paul-List-Verlag, München 1959 (Seite 38 ff.).

Heinz Neukirchen: „Piraten“, Verlag für Verkehrswesen, Berlin 1976.

Wolfgang Hausner: „taboo III“, Verlag Delius Klasing & Co, Bielefeld 1986.

Joachim Schult: „Yachtunfälle – und wie man sie vermeiden kann“, Edition Maritim, Hamburg 1982.

Joachim Schult: „Mayday – Yachten in Seenot“, Verlag Delius, Klasing & Co, Bielefeld 1986.

John M. Waters jr.: „Rescue at Sea“, New York 1966.

Ilsemarie Gieseking: „Zwischen Brückendeck und Kochtopf“, Elmshorn 1981.

Joshua Slocum: „Allein um die Welt“, Verlag Delius, Klasing & Co, Bielefeld 1977 (Seite 31 und 34 ff.) bzw. (dto): „Erdumseglung – ganz allein!“, Verlag F. A. Brockhaus, Leipzig 1937.

Rollo Gebhard: „Ein Mann und sein Boot“, Verlag Molden/Nymphenburger Verlagshandlung, München 1980 (Seite 75 ff.).

Wolfgang J. Krauss (Hrsg.): „Ihr Hafen ist die See“, Beitrag von Eugen und Hilde Roth: „Mit Piraten muß gerechnet werden“, Verlag Ullstein GmbH, Frankfurt/M – Berlin 1985 (Seite 105 ff. und 157 ff.).

Peter Bufe: „Die gestohlene Yacht“, Verlag Dorothea Bufe, Berlin 1981.

Zeitungen und Zeitschriften

„Trans-Ocean“, Mitteilungen des Vereins zur Förderung des Hochseesegelns, Cuxhaven. – „Yacht“, Hamburg, – „boote“, Hamburg. – „Segler-Zeitung“, Timmendorfer Strand. – „Segeln“, Hamburg. – „Yachting“, Schweiz – „Yachtrevue“, Wien. – „Proceedings of the Marine Safety Council“, Washington D.C., USA. – „Coast-Guard-Bulletin“, USA. – „Sail“, USA – „Yachting“, USA. – „Yachting Monthly“, England. – „Yachting World“, England. – „Seven Seas Cruising Association“, Mitteilungen, USA. – „Spray“, Boston, USA. – „Die Welt“, Bonn. – „Frankfurter Allgemeine Zeitung“, Frankfurt. – „Ja“, Hamburg. – „Hamburger Abendblatt“, Hamburg. – „Bild“, Hamburg. – „Bild am Sonntag“, Hamburg. – „Fairplay, Shipping Weekly“, London. – „Lloyd’s of London“-Press Ltd, London. – „The New York Yacht Club“, Mitteilungen. – „Cruising Association of South Afrika“, Mitteilungen, Kapstadt. – Bundesministerium für Verkehr, Abteilung Seeverkehr, Hamburg, Mitteilungen.

Spannende Erlebnisse in der Reihe Segeln & Abenteuer

Hannes Lindemann
Ein Mann, ein Boot, zwei Kontinente

Die eindrucksvolle Reiseschilderung seiner dritten Atlantik-Überquerung, diesmal in einem knapp neun Meter langen Segelboot.
230 Seiten mit 50 Fotos und 1 Routenkarte, kart. DM 16,80

Bernard Moitessier
Der verschenkte Sieg

Eines der gedankenreichsten Bücher der Segelliteratur über den Verzicht auf Sieg und Geld am Ende einer Nonstop-Einhand-Regatta um die Welt.
272 Seiten mit 31 Farbfotos u. 53 Zeichn. u. Karten, kart. DM 16,80

David Lewis
Ice Bird
Einhand in Eis und Sturm

An die Grenzen seiner Leistungsfähigkeit führte den Autor der ehrgeizige Plan, mit einer nur knapp zehn Meter langen Stahlyacht von Australien aus die Antarktis zu umrunden.
248 Seiten mit 32 Fotos, davon 19 farbig, 7 Zeichn. u. 3 Routenkarten, kart. DM 16,80

Bernard Moitessier
Kap Hoorn – der logische Weg

Nach einem längeren Aufenthalt in der Südsee wählte Moitessier den kürzeren, aber weitaus gefährlicheren Kurs um das berüchtigte Kap Hoorn.
268 Seiten mit 33 Fotos, 28 Zeichn. u. 1 Routenkarte, kart. DM 16,80

Ernst-Jürgen Koch
Hundeleben in Herrlichkeit

Gut vorbereitet hatte das Ehepaar Koch seine dreijährige Weltumsegelung. Die Erzählungen zur Entwicklung der angelaufenen Stationen runden die Erlebnisse auf See und an Land anschaulich ab.
288 Seiten mit 34 Fotos, 6 Zeichn. u. 1 Routenkarte, kart. DM 16,80